Ungeschriebene „Holzmüller"-Zuständigkeiten der Hauptversammlung im Lichte der „Macrotron"- und „Gelatine"-Entscheidungen des BGH

Europäische Hochschulschriften

Publications Universitaires Européennes
European University Studies

Reihe II
Rechtswissenschaft

Série II Series II
Droit
Law

Bd./Vol. 4631

PETER LANG
Frankfurt am Main · Berlin · Bern · Bruxelles · New York · Oxford · Wien

Peter Stukenberg

Ungeschriebene „Holzmüller"-Zuständigkeiten der Hauptversammlung im Lichte der „Macrotron"- und „Gelatine"-Entscheidungen des BGH

PETER LANG
Internationaler Verlag der Wissenschaften

Bibliografische Information der Deutschen Nationalbibliothek
Die Deutsche Nationalbibliothek verzeichnet diese Publikation in der Deutschen Nationalbibliografie; detaillierte bibliografische Daten sind im Internet über <http://www.d-nb.de> abrufbar.

Zugl.: Trier, Univ., Diss., 2007

D 385
ISSN 0531-7312
ISBN 978-3-631-57179-8

www.peterlang.de

Meinen Eltern Renate und Hans Stukenberg

Vorwort

Die vorliegende Arbeit wurde im Sommersemester 2007 vom Fachbereich Rechtswissenschaft der Universität Trier als Dissertation angenommen. Literatur und Rechtsprechung sind auf dem Stand von Anfang 2007.

Ganz herzlich möchte ich mich an dieser Stelle bei meinem Doktorvater, Herrn Professor Dr. Peter Reiff, für die kontinuierliche Betreuung dieser Arbeit und die sehr zügige Erstellung des Erstgutachtens bedanken. Für die mir bei der Arbeit überlassene Freiheit bin ich ebenso dankbar wie für die wohldosierten, wertvollen Anregungen und die Ermahnungen zur Konzentration auf das Wesentliche.

Gleicher Dank gebührt Herrn Professor Dr. Gregor Bachmann, LL.M. für die bereitwillige Übernahme und ebenso zügige Erstellung des Zweitgutachtens. Bei dieser Gelegenheit möchte ich mich auch für die äußerst angenehme und lehrreiche Zeit sowie die fortwährende Unterstützung während meiner Tätigkeit an seinem Lehrstuhl für Bürgerliches Recht, Handels- und Wirtschaftsrecht sowie Zivilprozessrecht bedanken.

Ferner gilt mein Dank allen, die mir bei der Entstehung der Arbeit zur Seite gestanden haben. Für die Endkorrektur bin ich insbesondere Frau Daniela Atorf zu Dank verpflichtet, sowie darüber hinaus Renate Stukenberg, Dr. Britta Wiegand, Christine Kaufmann, LL.M, Sonja Fahrenholz und Christoph Frieling, LL.M

Ganz besonderer Dank gilt meinen Eltern Renate und Hans Stukenberg, die mir die Ausbildung und die Erstellung dieser Arbeit ermöglicht und mich dabei immer tatkräftig, geduldig und umfassend unterstützt haben. Ihnen widme ich diese Arbeit.

Trier im August 2007 *Peter Stukenberg*

Inhaltsverzeichnis

Einleitung

Das Schlagwort „Holzmüller" steht seit der gleichnamigen Entscheidung des BGH aus dem Jahre 1982[1] als Synonym für die Unsicherheit im Umgang mit den vom BGH in dieser Entscheidung angenommenen ungeschriebenen Mitwirkungsrechten der Hauptversammlung. Dieses Urteil ist eines der meistdiskutiertesten Entscheidungen des Aktienrechts, denn über die Tatsache der höchstrichterlichen Anerkennung ungeschriebener Mitwirkungsrechte hinaus waren in Rechtsprechung und Wissenschaft weitere Fragen nicht geklärt. Weder konnten rechtssicher handhabbare Fallgruppen entwickelt werden, noch ein abgegrenzter Katalog von Kriterien, die für das Eingreifen der ungeschriebenen Mitwirkungsrechte erfüllt sein müssen. Dies führte zu einem fast unüberschaubaren und diffusen Meinungsspektrum im Hinblick auf zahlreiche Problemstellungen, die das Finden allgemein anerkannter und vor allem gesicherter Ergebnisse nahezu unmöglich machte. Dementsprechend groß war die Verunsicherung der Praxis, die im Hinblick auf die bestehende Rechtsunsicherheit vorsorglich Zustimmungsbeschlüsse eingeholt hat, was nicht nur die Häufigkeit von Holzmüller – Vorlagen erhöhte, sondern auch den Anwendungsbereich der Rechtsprechungsgrundsätze stetig ausdehnte.

Es dauerte über 20 Jahre ehe der Bundesgerichtshof in der Macrotron – Entscheidung zum regulären Delisting[2] den Gedanken ungeschriebener Mitwirkungsrechte aufgriff und dabei zumindest eine Negativabgrenzung zur Holzmüller – Rechtsprechung vornahm. Zur unmittelbaren Anwendung und Geltung der Holzmüller – Grundsätze konnte der BGH sich jedoch sodann in den Gelatine – Urteilen vom 26.04.2004[3] äußern. Hier bot sich die Gelegenheit für den zuständigen zweiten Zivilsenat, seiner Folgeverantwortung für die Holzmüller – Grundsätze nachzukommen und der bestehenden Rechtsunsicherheit entgegenzuwirken. Ob ihm dies gelang, wird nicht zuletzt angesichts des materiell - rechtlichen Kernproblems unterschiedlich beurteilt[4] und gerade im Hinblick auf die Macrotron – Entscheidung nicht widerspruchsfrei verstanden[5].

Die Aufgabe der vorliegenden Untersuchung besteht darin, den Grundlagenbereich, aber auch den konkreten Anwendungsbereich ungeschriebener Mitwirkungsrechte im Lichte der aufgezeigten Rechtsprechung zu beleuchten. Dabei soll verdeutlicht werden, dass nicht nur die ausdrücklich den Gelatine - Urteilen zu entnehmenden Vorgaben, sondern auch die sich daraus ableitenden Konsequenzen den Problembereich ungeschriebener Mitwirkungsrechte handhabbar machen und einen wesentlichen Schritt

[1] BGHZ 83, 122 ff.

[2] BGHZ 153, 47 ff. = ZIP 2003, 387 ff. = NJW 2003, 1032 ff. = NZG 2003, 280 ff. = WM 2003, 533 ff. = DB 2003, 544 ff.

[3] Gelatine I: BGHZ 159, 30 ff. = ZIP 2004, 993 ff. = NJW 2004, 1860 ff. = NZG 2004, 571 ff. = AG 2004, 384 ff; Gelatine II: BGH, ZIP 2004, 1001 ff. = NZG 2004, 575 ff. = WM 2004, 1085 ff.

[4] *Noack*, LMK 2004, 162 f. (163) spricht von Steinen statt Brot; bei *Fleischer*, NJW 2004, 2335 ff. (2335) regnet es hingegen Manna in der Wüste.

[5] Vgl. dazu *Liebscher*, ZGR 2005, 1 ff. (12 ff.); *Reichert*, AG 2005, 150 ff. (152 ff.).

hin zu mehr Rechtssicherheit darstellen. Dies wird nicht zuletzt auch durch die zwischenzeitlich ergangene Rechtsprechung zu ungeschriebenen Mitwirkungsrechten unterstrichen, die zunehmend von einem neuen, restriktiven Umgang mit der Holzmüller – Problematik geprägt ist[6].

Die Arbeit gliedert sich in drei Kapitel. Im ersten Kapitel werden, nach der Einordnung der Hauptversammlung in die Organtrias der Aktiengesellschaft, die geschriebenen Hauptversammlungszuständigkeiten aufgearbeitet. Dies ist erforderlich, um einen ersten groben Rahmen abzustecken, der verdeutlicht, wann zusätzliche ungeschriebene Zuständigkeiten überhaupt Platz greifen können.

Im zweiten Kapitel wird sodann auf ungeschriebene Zuständigkeiten eingegangen. Dazu wird zunächst ein kurzer Überblick über die Rechtsprechungsentwicklung sowie die Reaktionen im Schrifttum gegeben werden. Daran anschließend werden die vier Prinzipalfragen ungeschriebener Mitwirkungsrechte untersucht: Schutzzweck, Rechtsgrundlage, Schwellenwert und erforderliches Mehrheitsquorum bei der Beschlussfassung in ungeschriebenen Angelegenheiten. Im Rahmen der Untersuchung des Schutzwecks werden die verschiedenen jeweils vertretenen Konzeptionen und Meinungen aufgegriffen und im Lichte der neuen Rechtsprechung analysiert und bewertet. Dabei ist in diesem Zusammenhang insbesondere eine Einordnung der Macrotron – Entscheidung zum Delisting in den Kreis ungeschriebener Hauptversammlungszuständigkeiten vorzunehmen. Ferner wird versucht, anhand der neuen Rechtsprechung abstrakte Kriterien für ein Eingreifen der Holzmüller – Grundsätze zu entwickeln. Anschließend ist der Frage der Rechtsgrundlage nachzugehen. Nach einem Überblick über den Meinungsstand ist vor dem Hintergrund der Gelatine - Urteile die dazu bereits ergangene Literatur einzuordnen und das Vorgehen des BGH in der neuen Rechtsprechung kritisch zu beleuchten. Besonders aus rechtspraktischer Sicht von Interesse sind hierbei die beiden letzten Prinzipalfragen nach den Grenzwerten für ein Eingreifen der Holzmüller – Grundsätze sowie dem zu erreichenden Beschlussquorum. Diese sind zu hinterfragen sowie auf ihre Schlüssigkeit zu den bisherigen Ergebnissen zu untersuchen. Nachfolgend setzt sich die Arbeit dann zunächst mit dem immer wieder im Zusammenhang mit der Holzmüller – Doktrin diskutierten Verhältnis der ungeschriebenen Hauptversammlungszuständigkeiten zu Unternehmensgegenstand und satzungsmäßiger Konzernklausel auseinander und endet schließlich mit der Untersuchung der weiteren (formalen) Anforderungen an den Hauptversammlungsbeschluss im Falle eines ungeschriebenen Mitwirkungsrechts.

Das dritte Kapitel der Arbeit befasst sich schließlich mit der Zustimmungspflichtigkeit einzelner Maßnahmen aufgrund der Holzmüller – Doktrin nach den Gelatine – Urteilen. Hierbei wird sowohl auf die unter den Stichworten Konzernbildungskontrolle als auch Konzernleitungskontrolle diskutierten Maßnahmen eingegangen und versucht, rechtssichere Lösungen für Praxis und Wissenschaft zu entwickeln. Dies beinhaltet auch eine Beleuchtung der Rechtslage im Recht der KGaA. In einer abschließenden

[6] Vgl. LG Frankfurt/M., Der Konzern 2005, 397 ff.; LG Frankfurt/M., ZIP 2005, 579 ff.; OLG Frankfurt/M., ZIP 2005, 1419 ff.; BGHZ 164, 249 ff.; OLG Schleswig, ZIP 2006, 421 ff.

Gesamtbetrachtung sind schließlich die im Laufe der Arbeit gefundenen Ergebnisse im Hinblick auf künftige Entwicklungen zu resümieren.

Erstes Kapitel: Geschriebene Hauptversammlungszuständigkeiten

I. Einordnung der Hauptversammlung als Organ der Aktiengesellschaft

Das geltende aktienrechtliche Modell der Kompetenzverteilung in der Aktiengesellschaft sieht eine Verteilung der Machtbefugnisse auf drei Organe vor. Dies sind der Vorstand (§§ 76 – 94 AktG), der Aufsichtsrat (§§ 95 – 116 AktG) und die Hauptversammlung (§§ 118 – 147 AktG). Jedem der Organe ordnet das Gesetz einen eigenen Kompetenzbereich zu. So hat der Vorstand unter eigener Verantwortung die Gesellschaft zu leiten, § 76 I AktG, der Aufsichtsrat als Kontrollorgan hat diese Geschäftsführung zu überwachen, § 111 I AktG, und den Vorstand zu bestellen, § 84 I AktG. Die Hauptversammlung ist demgegenüber der Sitz der Aktionärsdemokratie[1]. Nach § 118 I AktG üben die Aktionäre ihre Rechte in den Angelegenheiten der Gesellschaft in der Hauptversammlung aus, soweit das Gesetz nichts anderes bestimmt.

Um den Gegenstand der Untersuchung, die Frage nach ungeschriebenen Hauptversammlungszuständigkeiten, deutlich herausarbeiten zu können, ist zunächst das Wesen des Organs Hauptversammlung in Abgrenzung zu den anderen Organen zu beleuchten[2] und sodann auf geschriebene Hauptversammlungszuständigkeiten einzugehen.

1. Funktionen der Hauptversammlung

Neben den Bestimmungen des vierten Abschnitts des Aktiengesetzes, der ausdrücklich der Hauptversammlung gewidmet ist, finden sich zahlreiche andere Normen des Aktiengesetzes und anderer Kodifikationen, wie etwa des Umwandlungsgesetzes oder des Wertpapiererwerbs- und Übernahmegesetzes, die für bestimmte Maßnahmen auf die Hauptversammlung als zwingendes Beschluss- und Entscheidungsorgan verweisen[3]. Nach § 118 I AktG üben die Aktionäre in der Hauptversammlung als der an einem Ort konzentrierten Mitgliederzusammenkunft aber zugleich auch ihre Mitgliedschaftsrechte aus. Folglich lassen sich zwei Funktionen der Hauptversammlung unterscheiden.

---

[1] Vgl. *K. Schmidt*, GesR S. 638; kritisch zu diesem Verständnis *Hirte*, KapGesR, S. 141.

[2] Zur Stellung der Hauptversammlung als Organ der Aktiengesellschaft überhaupt vgl. Geßler/Hefermehl – *Eckardt*, Vor § 118 RN 1; KK AktG – *Zöllner*, § 119 RN 2; GK AktG – *Mülbert*, Vor § 118 RN 19; Münch.Hdb.GesR IV – *Wiesner*, § RN 1 ff.

[3] Vgl. z.B. § 33 II WpÜG; §§ 65, 73, 179a I, 174 ff., 226 ff. UmwG; aus dem AktG beispielhaft: §§ 119 I, 274 I, 293, 295I, 319I, II, 320 I AktG; dazu sogleich, Erstes Kapitel, II, III, IV.

a) Willensbildungsorgan

Die Aktiengesellschaft als zum Rechtssubjekt erhobener Personenverband ist nur in ihren Organen entscheidungs- und handlungsfähig. In organschaftlicher Hinsicht kommt der Hauptversammlung daher zuvörderst die Funktion zu, den Willen der Gesellschaft beschlussförmig und, auf ihren Zuständigkeitsbereich beschränkt, kraft organschaftlicher Zurechnung zu bilden[4]. Diese Organstellung der Hauptversammlung ist unstreitig und folgt aus zahlreichen Einzelvorschriften[5].

b) Mitgliederorgan

Zugleich ist die Hauptversammlung auch Mitgliederorgan. Als im Grundsatz einziges Mitgliederorgan der Aktiengesellschaft sind in ihm die Aktionäre „geborene" Mitglieder. In diesem üben die Mitglieder ihre mitgliedschaftlichen Rechte in Angelegenheiten der Gesellschaft aus[6]. Mitverwaltungsrechte des Aktionärs sind insbesondere das Recht auf Teilnahme an der Hauptversammlung (§ 118 I AktG), das Auskunftsrecht (§ 131 AktG), das Stimmrecht (§ 134 AktG), sowie, gebunden an enge formale Voraussetzungen, das Anfechtungsrecht (§ 245 Nr. 1 – 3 AktG). Wichtige Vermögensrechte des Aktionärs als Mitglied der Aktiengesellschaft sind der Dividendenanspruch (§ 58 IV, 60 AktG), das Recht zum Bezug neuer Aktien bei Kapitalerhöhungen (§ 186 AktG) und das Recht auf Teilhabe am Liquidationserlös (§ 271 AktG).

Diese Mitgliedschaftsrechte des Aktionärs entstehen durch die Übernahme von Aktien im Zuge der Gründung oder im Rahmen einer Kapitalerhöhung; Formen nachträglichen Erwerbs oder Verlustes der Aktionärsrechte sind der Erwerb oder die Veräußerung von Aktien[7].

c) Beschlussfassung als Tätigkeitsform der Hauptversammlung

Die regelmäßige Tätigkeit der als Verbandsmitglieder zusammengekommenen Aktionäre besteht in der Beschlussfassung[8]. Sofern es sich um Angelegenheiten handelt, die in die Zuständigkeit der Hauptversammlung fallen, werden die Aktionäre als geborene Organmitglieder im Wege organschaftlicher Beschlussfassung über Angelegenheiten der Gesellschaft tätig[9].

---

[4] Vgl. GK AktG – *Mülbert,* Vor § 118 RN 9, 19; *Hüffer,* AktG, § 118 RN 3.

[5] Vgl. Nachweise in FN 2.

[6] Münch.Hdb.GesR IV – *Semler,* § 34 RN 1; *Henn,* BB 1982, 1185 ff.; vgl. eingehend zur Dogmatik der Mitgliedschaft *K. Schmidt,* GesR, S. 403 ff. m.w.N.

[7] Näher *K. Schmidt,* GesR, S. 417 f.; 591 ff. m.w.N. zum Wertpapierhandel und Kapitalmarktrecht; *Hirte,* KapGesR, S. 191 f., 202; *Grunewald,* GesR, S. 309 f.; *Hüffer,* GesR, S. 27.

[8] GK AktG – *Mülbert,* Vor § 118 RN 48.

[9] Dazu s.o.; GK AktG – *Mülbert,* Vor § 118 RN 48 f.; MüKo AktG – *Kubis,* § 118 RN 1.

Nicht organschaftliche Beschlussfassung soll hingegen bei rein internen Verfahrensbeschlüssen, etwa unverbindlichen Meinungsäußerungen der Hauptversammlung, der Fall sein[10].

2. Begriff der Hauptversammlung

a) Definition der Hauptversammlung

Eine Definition oder auch nur eine sonstige Umschreibung des Begriffs „Hauptversammlung" findet sich weder im AktG noch in verwandten Gesetzeswerken. Nach allgemeiner Auffassung meint das Gesetz mit Hauptversammlung gem. §§ 118 ff. AktG die Versammlung der Aktionäre, die unter dieser Bezeichnung und unter Beachtung bestimmter im Gesetz vorgesehener Förmlichkeiten[11] durchgeführt wird[12].

Neben diesen auf die Einhaltung bestimmter prozeduraler Förmlichkeiten abstellenden Hauptversammlungsbegriff wird in Anlehnung an die bereits oben erwähnte Funktion der Hauptversammlung ein weiterer zweigliedriger Hauptversammlungsbegriff unter Bezugnahme auf die Organfunktion vertreten[13]. Danach ist die Hauptversammlung einerseits als Rechtsgebilde das verbindliche (Willensbildungs-) Organ, durch das die Aktionäre als kraft Verbandsmitgliedschaft geborene Organmitglieder für die Gesellschaft willensbildend tätig werden (Hauptversammlung im organschaftlichen Sinn). Andererseits ist sie als tatsächliches Geschehen die Versammlung der Aktionäre, die als Verbandsmitglieder zusammenkommen, um ihre Rechte in Angelegenheiten der Gesellschaft, insbesondere ihr Stimmrecht, auszuüben (Hauptversammlung im tatsächlichen Sinn).

b) ordentliche und außerordentliche Hauptversammlung

Das AktG unterscheidet zwei Erscheinungsformen der Hauptversammlung, die ordentliche und die außerordentliche. Ohne dass seitens des Gesetzes weitere Rechtswirkun-

---

[10] GK AktG – *Mülbert,* § 118 RN 48; auf die bzgl. beschlussloser Tätigkeiten der Hauptversammlung bestehende Streitfrage ist in diesem Zusammenhang nicht einzugehen. Umstritten ist insoweit, ob neben gesetzlich vorgesehenen beschlusslosen Tätigkeiten auch so genannte geplant beschlusslose Tätigkeiten zulässig sind. Einzelheiten dazu bei KK AktG – *Zöllner,* § 119 RN 6; GK AktG – *Mülbert,* Vor § 118 RN 51 ff. m.w.N.

[11] Etwa Einberufung, §§ 121 ff. AktG, Teilnehmerverzeichnis und Verhandlungsniederschrift § 129 f. AktG oder Regeln über die Beschlussfassung gem. §§ 133 ff. AktG.

[12] Vgl. zur Definition GK AktG – *Mülbert,* Vor § 118 RN 13; KK AktG – *Zöllner,* § 118 RN 12; *Hüffer,* AktG, § 118 RN 5; Geßler/Hefermehl – *Eckardt,* § 118 RN 6.

[13] Vgl. mit Begründung für einen zweiten Hauptversammlungsbegriff GK AktG – *Mülbert,* Vor § 118 RN 14 f.; in diese Richtung auch Geßler/Hefermehl – *Eckardt,* § 118 RN 5.

gen an diese Unterscheidung geknüpft werden[14], nennt das Gesetz unter entsprechender amtlicher Überschrift in §§ 175, 176 AktG als Aufgaben der ordentlichen Hauptversammlung die Fassung so genannte Regularbeschlüsse wie Entgegennahme des Jahresabschlusses, Gewinnverwendung, Organentlastung und Wahl des Abschlussprüfers, die gem. §§ 175 III S. 2 und 120 III S. 2 AktG miteinander verbunden werden[15]. In allen anderen Fällen handelt es sich um eine außerordentliche Hauptversammlung, für die die §§ 121 ff., 129 ff. und 133 ff. AktG gleichermaßen gelten, mit der Folge einer allein begrifflichen Unterscheidung der Erscheinungsformen der Hauptversammlung[16].

c) Hauptversammlung als ständiges oder punktuelles Organ

Bereits aus dem bisher Gesagten folgt, dass die Hauptversammlung nur zu den gesetzlich bestimmten Beschlusszwecken, also zumeist einmal jährlich als ordentliche Hauptversammlung, zusammentritt. Sie wird daher von der ganz hM anders als Aufsichtsrat und Vorstand als kein ständiges Organ der Aktiengesellschaft bezeichnet[17].

Vereinzelt wird dieser Argumentation entgegengehalten, dass die Hauptversammlung zwar als organisationsrechtliches Element der aktienrechtlichen Organverfassung nur von Fall zu Fall zusammentrete und insoweit kein ständiges Organ darstelle, indes aber funktional von Kontinuität geprägt sei[18]. Sie entstehe mit Gründung der Gesellschaft und überdaure sogar den Wegfall sämtlicher Aktionäre und ihre Beschlüsse wirkten auch für den Fall eines nachfolgenden Aktionärswechsels. Insofern sei die Hauptversammlung durchaus ein ständiges Organ der Gesellschaft, mit der Besonderheit, dass sie als Organisationsform nur punktuell handlungsfähig sei[19].

---

[14] Dazu GK AktG – *Mülbert,* Vor § 118 RN 16; MüKo AktG – *Kubis,* § 118 RN 2; *Hüffer,* AktG, § 118 RN 5; Geßler/Hefermehl – *Eckardt,* Vor § 118 RN 6; Obermüller/Werner/Winden/*Butzke,* RN B 34.

[15] Ausgenommen davon ist die Wahl der Abschlussprüfer, vgl. § 120 I S. 2 AktG.

[16] *Hüffer,* AktG, § 118 RN 5; Geßler/Hefermehl – *Eckardt,* Vor § 118 RN 6; Obermüller/ Werner/Winden/*Butzke,* RN B 34.GK AktG – *Mülbert,* Vor § 118 RN 16; MüKo AktG – *Kubis,* § 118 RN 2.

[17] Vgl. Münch.Hdb.GesR IV – *Semler,* § 34 RN 7; *Hüffer,* AktG, § 118 RN 5; Geßler/Hefermehl – *Eckardt,* Vor § 118 RN RN 2.

[18] MüKo AktG – *Kubis,* § 118 RN 11; GK AktG – *Mülbert,* Vor § 118 RN 25.

[19] MüKo AktG – *Kubis,* § 118 RN 11.

3. Einordnung der Hauptversammlung in die aktiengesetzliche Organtrias

a) Das Verhältnis von Hauptversammlung, Aufsichtsrat und Vorstand

Hinsichtlich der Stellung der Hauptversammlung in der Organverfassung wurde des Öfteren der Versuch unternommen, eine Hierarchie der Organe zu begründen mit dem erklärten Ziel, die Hauptversammlung als oberstes Organ der Aktiengesellschaft zu determinieren[20]. Diese herausgehobene Stellung sei darin begründet, dass die Hauptversammlung nicht nur über die Bestellung und Abberufung der Aufsichtsratsmitglieder sowie die Abberufung der Vorstandsmitglieder (§ 84 III 2 3. Alt. AktG) entscheide, sondern vor allem in ihrer exklusiven Satzungsänderungskompetenz mit der Folge, dass allein sie über Unternehmensgegenstand und Gesellschaftszweck bestimmen kann und damit als einziges Organ in der Lage ist, verbindliche inhaltliche Vorgaben auch für die Tätigkeit der anderen Organe zu formulieren.

Die ganz hM folgt dem zu Recht nicht[21]. Die Stellung der Organe bestimmt sich eindeutig anhand der gesetzlichen Kompetenzverteilung; danach hat die Hauptversammlung weder ein Weisungsrecht gegenüber dem Vorstand noch eine Letztentscheidungskompetenz in Geschäftsführungsfragen[22]. Allein gem. § 83 II AktG besteht eine Folgepflicht des Vorstands hinsichtlich der Ausführung der von der Hauptversammlung in ihrem Zuständigkeitsbereich beschlossenen Maßnahmen, was einen eng begrenzten Rahmen darstellt. Daher ist festzuhalten, dass das geltende Aktienrecht gerade keine hierarchische Organverfassung kennt und vielmehr die gesetzliche Machtbalance zwischen Vorstand, Aufsichtsrat und Hauptversammlung als hierarchiefreies Kompetenzgefüge zu verstehen ist[23]. Auch besteht Einigkeit dahingehend, dass eine solche Einordnung der Hauptversammlung als rechtliche Kategorisierung untauglich ist, da es ihr nach geltendem Recht ja gerade an einer rechtlichen Dominanz gegenüber den anderen Organen fehlt, sodass der Versuch der Einordnung der Hauptversammlung an die oberste Stelle der Organhierarchie auch ohne praktischen Wert ist[24]. Auf die erwähnte gesetzliche Machtbalance zwischen den Organen wird indes später noch zurückzukommen sein.

---

[20] Vgl. die weiteren Nachweise in KK AktG – *Zöllner,* § 119 RN 2; Geßler/Hefermehl – *Eckardt,* Vor § 188 RN 5; *v.Godin/Wilhelmi,* § 118 RN 2.

[21] *Hüffer,* AktG, § 118 RN 4, § 119 RN 1; GK AktG – *Mülbert,* Vor § 118 RN 43; Münch.Hdb.GesR IV – *Semler,* § 34 RN 5; KK AktG – *Zöllner,* § 119 RN 2.

[22] Vgl. Münch.Hdb.GesR IV – *Semler,* § 34 RN 5; KK AktG – *Zöllner,* § 119 RN 43.

[23] *Hüffer,* AktG, § 118 RN 4, § 119 RN 1; *Lutter,* FS Quack, S. 301 ff. (312 f.); *v. Rechenberg,* Hauptversammlung, S. 165; *Müller,* FS Semler, S. 195 ff. (198); GK AktG – *Mülbert,* Vor § 118 RN 43; Münch.Hdb.GesR IV – *Semler,* § 34 RN 5; KK AktG – *Zöllner,* § 119 RN 2; *Stützle/Walgenbach,* ZHR 155 (1991), 516 ff.; Geßler/Hefermehl – *Eckardt,* Vor § 118 RN 5; Obermüller/ Werner/Winden/*Butzke,* RN A 7; *Raiser,* KapGesR, § 16 RN 1.

[24] MüKo AktG – *Kubis,* § 118 RN 10; Obermüller/ Werner/Winden/*Butzke,* RN A 7; *Lutter,* FS Quack, S. 301 ff. (312 ff.).

b) Unterschiede der Hauptversammlung gegenüber Vorstand und Aufsichtsrat

Während der Vorstand die Aktiengesellschaft leitet (vgl. § 76 I AktG) und der Aufsichtsrat die Geschäftsführung durch den Vorstand überwacht (vgl. § 111I AktG), fungiert die Hauptversammlung in dieser Organtrias als (internes) Willensbildungsorgan. Diese Willensbildung vollzieht sich durch Beschlüsse, die der Gesellschaft kraft organschaftlicher Zurechnung als ihr Wille zugerechnet werden[25]. In der Kennzeichnung der Hauptversammlung als Willensbildungsorgan liegt die Funktionsabgrenzung gegenüber Vorstand und Aufsichtsrat, die demgegenüber als Handlungsorgane anzusehen sind[26].

Ein struktureller Unterschied zwischen Hauptversammlung einerseits und Aufsichtsrat sowie Vorstand andererseits ergibt sich aus der Organmitgliedschaft der Aktionäre[27]. Diese gehören dem Organ als „geborene" Mitglieder mit dem Erwerb der Mitgliedschaft an, wogegen die gekorenen Mitglieder von Aufsichtsrat und Vorstand durch einen besonderen Akt bestellt werden müssen. Daran anknüpfend ergibt sich, dass die Hauptversammlung als mitgliedergetragenes Organ nur tätig werden kann, wenn eine Mitgliederzusammenkunft tatsächlich stattfindet[28], folglich als solche ausdrücklich bezeichnete, unter Beachtung der §§ 121 ff. AktG einberufene und gem. §§ 129 f., 133 ff. AktG durchgeführte Versammlung der Aktionäre[29].

Ein weiterer Unterschied ergibt sich aus den für die Organe geltenden Zielvorgaben[30]. Vorstand und Aufsichtsrat als Verwaltungsorgane unterliegen bei ihrer Tätigkeit der Bindung an einen exogen vorgegebenen Gesellschaftszweck. Das Mitgliederorgan Hauptversammlung hingegen kann nun genau diese, für alles Organhandeln geltende normative Leitlinie durch zweckändernden Beschluss selbst umformen.

Unterschiede ergeben sich abschließend noch aus dem bereits angesprochenen satzungsfesten gesetzlichen Kompetenzgefüge selbst. Danach ist allen Organen je ein charakteristischer, gegen Übergriffe der jeweils anderen Organe resistenter Zuständigkeitsbereich zugewiesen. Im Grenzbereich genau solcher Zuständigkeiten des Organs Vorstand und des Organs Hauptversammlung liegt der Schwerpunkt dieser Untersuchung.

---

[25] *Hüffer*, AktG, § 118 RN 3; ders., FS 100 Jahre GmbHG, S. 521 ff. (529).

[26] So die ganz hM, vgl. *Hüffer*, AktG, § 118 RN 3; MüKo AktG – *Kubis*, § 118 RN 9; KK AktG – *Zöllner*, § 118 RN 3; anders wohl nur GK – *Mülbert*, Vor § 118 RN 41, der unter Hinweis auf die Ausnahmefälle der unmittelbaren Vertretungsbefugnis der Hauptversammlung für die Gesellschaft eine so geartete funktionale Unterscheidung ablehnt, zumal auch Aufsichtsrat und Vorstand in ihrem Zuständigkeitsbereich Willensbildungsorgane seien. Diese sicherlich zutreffenden Einwendungen können aber den Blick im Rahmen einer Gesamtbetrachtung auf die grundsätzlichen Zuständigkeiten nicht verstellen, denn Ausnahmefällen sollen hierbei doch gerade außer Acht bleiben.

[27] Vgl. GK AktG – *Mülbert*, Vor § 118 RN 42.

[28] Vgl. *Hüffer*, AktG, § 118 RN 5; GK AktG – *Mülbert*, Vor § 118 RN 42.

[29] Geßler/Hefermehl – *Eckardt*, Vor § 118 RN 1; KK AktG – *Zöllner*, RN 12.

[30] GK AktG – *Mülbert*, Vor § 118 RN 43.

II. Gesetzliche Zuständigkeiten der Hauptversammlung

Die gesetzlich bestimmten Fälle der Hauptversammlungszuständigkeit sind auf zahlreiche Vorschriften verstreut und daher recht unübersichtlich. Der Gesetzgeber hat diese Verwirrung nun noch dadurch gesteigert, dass er in § 119 I Nr. 1 – 8 AktG Beispielsfälle nennt, die heterogen und völlig willkürlich zusammengestellt sind. Der Katalog des § 119 I AktG schafft daher selbst keine originären Hauptversammlungszuständigkeiten, sondern zählt nur einige im Gesetz an anderer Stelle begründeten Zuständigkeiten beispielhaft auf. Die eigentliche Bedeutung des § 119 I AktG liegt demnach in der negativen Kompetenzabgrenzung[31]. Danach gibt es außerhalb der in Gesetz oder Satzung ausdrücklich genannten Fälle grundsätzlich keine Hauptversammlungszuständigkeit, insbesondere keine so genannte subsidiäre Zuständigkeit[32] derart, dass sie alles zu regeln und zu beschließen hat, was nicht Vorstand und Aufsichtsrat ausdrücklich übertragen ist. Auch eine Kompetenz der Hauptversammlung dahingehend, zweifelhafte Zuständigkeiten zu entscheiden (so genannte Kompetenz – Kompetenz), kann nach ganz überwiegender Meinung nicht anerkannt werden, denn § 119 I AktG verleiht sämtlichen gesetzlichen Zuständigkeitszuweisungen an die Hauptversammlung mit der Wendung „ausdrücklich" abschließenden Charakter[33].

Um zu einer Kategorisierung der Zuständigkeitsanordnungen (zunächst) des AktG für die Hauptversammlung zu kommen, wird daher üblicherweise in Anlehnung an den Katalog des § 119 I AktG zwischen regelmäßig wiederkehrenden Maßnahmen (Abs. I Nrn. 1 – 4), Strukturmaßnahmen (Abs. I Nr. 5, 6 und 8) sowie Sonderfällen (Abs. I Nr. 7) unterschieden[34].

1. Regelmäßig wiederkehrende Maßnahmen

Innerhalb des Katalogs des § 119 I AktG sind als regelmäßig wiederkehrende Maßnahmen die Bestellung der Mitglieder des Aufsichtsrats gem. § 101 I AktG (§ 119 I Nr. 1 AktG)[35], die Verwendung des Bilanzgewinns gem. § 174 I AktG (§ 119 I Nr. 2 AktG), die Entlastung der Mitglieder des Vorstands und des Aufsichtsrats gem. § 120 I S. 1 AktG (§ 119 I Nr. 3 AktG) sowie die Bestellung des Abschlussprüfers gem. § 318 I S. 1 HGB (§ 119 I Nr. 4 AktG)[36] genannt.

Allein § 286 I AktG, der die Feststellung des Jahresabschlusses einer KGaA betrifft, ist als regelmäßig wiederkehrende Maßnahme nicht auch in § 119 I Nrn. 1 – 4 AktG

---

[31] Vgl. MüKo AktG – *Kubis*, § 119 RN 9 ff.

[32] *Henn*, Hdb. AktR, RN 688; MüKo AktG – *Kubis*, § 119 RN 9; Münch.Hdb.GesR IV – *Semler*, § 34 RN 9.

[33] MüKo AktG – *Kubis*, § 119 RN 9; GK AktG – *Mülbert*, § 119 RN 5; *Kuhnt*, FS Lieberknecht, S. 45 ff.

[34] Vgl. hierzu *Hüffer*, AktG, § 119 RN 5 ff.; GK AktG – *Mülbert*, § 119 RN 11 ff.; KK AktG – *Zöllner*, § 119 RN 14 ff.; MüKo AktG – *Kubis*, § 119 RN 10 ff.

[35] Vorbehaltlich bestimmter Sonderfälle.

[36] Und damit regelmäßig auch die Bestellung des Konzernabschlussprüfers gem. § 318 II S. 1 HGB.

aufgeführt, so dass, von dieser Ausnahme abgesehen, alle Maßnahmen der Kategorie „regelmäßig wiederkehrende Maßnahmen" im Katalog des § 119 I AktG enthalten sind.

2. Strukturmaßnahmen

Als Strukturmaßnahmen, die in die Zuständigkeit der Hauptversammlung fallen, nennt § 119 I AktG die Satzungsänderungen gem. § 179 I AktG (§ 119 I Nr. 5)[37], Maßnahmen der Kapitalbeschaffung, mithin Kapitalerhöhungen gem. §§ 182 I, 192 I, 202 II S. 2, 207 I AktG, sowie der Kapitalherabsetzung gem. §§ 222 I, 229 I, 237 II AktG (§ 119 I Nr. 6 AktG) und den Beschluss der Auflösung der Gesellschaft gem. § 262 I AktG Nr. 2 (§ 119 I Nr. 8 AktG).

Weitere gesetzlich normierte Strukturmaßnahmen, die im Katalog des § 119 I AktG nicht enthalten sind, in dieser Arbeit aber dennoch Bedeutung haben, ist die vertragliche Verpflichtung zur Übertragung des gesamten Vermögens, § 179 a AktG, und die umwandlungsrechtliche Vermögensübertragung gem. §§ 174 ff. i.V.m. § 65 I UmwG. Ferner ist eine Hauptversammlungsmitwirkung erforderlich bei der Entscheidung zur Fortsetzung der Gesellschaft nach beschlossener Auflösung gem. § 274 I AktG, bei der Änderung und dem Abschluss von Unternehmensverträgen durch die Gesellschaft, §§ 293 I, 295 I S. 2 AktG, bei Eingliederungsmaßahmen gem. § 319 I, 320 I S. 3 (hins. der einzugliedernden Gesellschaft), bzw. gem. §§ 319 II, 320 I S. 3 AktG (hins. der Hauptgesellschaft), beim Squeeze – Out gem. § 327 a AktG, bei der Verschmelzung gem. §§ 65 I, 73 UmwG, bei der Spaltung gem. §§ 65 II, 73 i.V.m. § 125 UmwG sowie der Rechtsformumwandlung gem. §§ 226 i.V.m. 193 I UmwG.

3. Sonderfälle

Aus der Kategorie „Sonderfälle" enthält § 119 I AktG mit der in Nr. 7 angeordneten Hauptversammlungszuständigkeit für die Bestellung von Sonderprüfern gem. §§ 142 ff. AktG nur eine Maßnahme. Um weitere Maßnahmen, bei denen als Sonderfälle eine Hauptversammlungszuständigkeit angeordnet ist, handelt es sich etwa bei dem Ver-

[37] Kontrovers diskutiert wird in Bezug auf Satzungsänderungen die Frage, ob dies nur Änderungen materieller Art erfasst oder auch formelle Änderungen umfasst sein sollen, sofern solche nicht bereits durch gem. § 179 I S. 2 AktG durch die Satzung selbst auf den Aufsichtsrat delegiert werden. Vertreten wird, dass bei formellen Satzungsänderungen, die keine Rechtswirkung mehr entfalten, die strengen Vorschriften über Satzungsänderungen nur eingeschränkt angewendet werden sollen und so eine einfache Mehrheit für die Änderung ausreichen soll, im Übrigen besteht aber über den Umfang dieser Einschränkung Uneinigkeit, vgl. dazu KK AktG – *Zöllner*, § 119 RN 84; *Lutter/Hommelhoff*, GmbHG, § 53 RN 29. Ganz überwiegend wird jedoch zutreffend vertreten, die §§ 179 ff. AktG fänden uneingeschränkt Anwendung, was vor allem auch unter Berücksichtigung von § 23 V AktG geboten sei, vgl. *Hüffer*, AktG, § 179 RN 6, MüKo AktG – *Kubis*, § 119 RN 13; Geßler/Hefermehl – *Bungeroth*, § 179 RN 31; *Groß*, RPfl 1972, 242 ff.; *Priester*, ZHR 151 (1987), 40 ff. (41 f.).

zicht oder Vergleich über Ersatzansprüche gegen Gründer und Organmitglieder gem. §§ 50, 93 IV S. 3 AktG, bei der Zustimmung zum Erwerb oder Veräußerung eigener Aktien gem. § 71 I Nr. 8 AktG[38], bei dem Vertrauensentzug gegenüber dem Vorstand nach § 84 III S. 2 AktG, bei der Abberufung von Aufsichtsratsmitgliedern gem. § 103 I AktG, bei der Festsetzung der Aufsichtsratsvergütung gem. § 113 I AktG und der Entscheidung über die Geltendmachung von Ersatzansprüchen gem. § 147 I AktG, einschließlich der Bestellung besonderer Vertreter hierfür gem. § 147 II AktG.

III. Satzungsmäßige Zuständigkeiten der Hauptversammlung

Gem. § 119 I 2. Alt. AktG besteht weiter die Möglichkeit einer Zuständigkeit der Hauptversammlung durch eine ausdrückliche Bestimmung in der Satzung. Doch aufgrund des in § 23 V AktG niedergelegten Grundsatzes der Satzungsstrenge, verbleibt hier nur wenig Regelungsspielraum[39]. Eine originär satzungsmäßig begründete Zuständigkeit kommt nur dort in Betracht, wo § 23 V AktG dies ausdrücklich zulässt, also z.B. die Entscheidung über die Zustimmung zur Übertragung vinkulierter Namensaktien gem. § 68 II S. 3 AktG[40]. Möglich ist weiterhin eine satzungsmäßig angeordnete Zuständigkeit der Hauptversammlung zur Einsetzung von Beiräten und Aktionärsausschüssen, sowie die Vergabe von Ehrenämtern in der Aktiengesellschaft[41]; bei all diesen möglichen Zuständigkeiten ist jedoch sicherzustellen, dass die Hauptversammlung dabei nicht in ihrer Organfunktion[42] beschnitten wird[43].

Ausgeschlossen ist indes die Verlagerung von gesetzlichen Kompetenzen des Vorstands oder des Aufsichtsrats auf die Hauptversammlung durch eine Satzungsanordnung, und dies auch in mittelbarer Form, wie etwa bei der Bindung bestimmter Geschäftsführungsmaßnahmen an die Zustimmung der Hauptversammlung[44]. Dies gilt auch hinsichtlich der Einsetzung der Hauptversammlung als Schiedsrichter für Streitigkeiten zwischen der Gesellschaft und einzelnen Aktionären[45], denn dann würde die Hauptversammlung zum Richter in eigener Sache bestimmt. Ferner gilt dieses Verla-

---

[38] Wegen der benötigten einfachen Stimmenmehrheit ist die Zustimmung zum Erwerb eigener Aktien entgegen GK AktG – *Mülbert*, § 119 RN 15 nicht als Strukturmaßnahme einzuordnen, sondern stellt vielmehr einen Sonderfall normierter Hauptversammlungszuständigkeiten dar.

[39] *Hüffer*, AktG, § 119 RN 10; *K. Schmidt*, GesR, S. 661.

[40] *Hüffer*, AktG, § 119 RN 10; MüKo AktG – *Kubis*, § 119 RN 17; *K. Schmidt*, GesR, S. 661; Münch.Hdb.GesR IV – *Semler*, § 34 RN 33; GK – *Mülbert*, § 119 RN 35 f.; 61; KK AktG – *Zöllner*, § 119 RN 43; Geßler/Hefermehl – *Eckardt*, § 119 RN 10.

[41] Münch.Hdb.GesR IV – *Semler*, § 34 RN 33; GK AktG – *Mülbert*, § 119 RN 37; MüKo AktG – *Kubis*, § 119 RN 17; KK AktG – *Zöllner*, § 119 RN 44; Geßler/Hefermehl – *Eckardt*, § 119 RN 11.

[42] Dazu siehe oben, Erstes Kapitel, I, 1.

[43] Vgl. *Hüffer*, AktG, § 119 RN 10; MüKo AktG – *Kubis*, § 119 RN 17.

[44] MüKo AktG – *Kubis*, § 119 RN 92; *K. Schmidt*, GesR, S. 661; Münch.Hdb.GesR IV – *Semler*, § 34 RN 33; KK AktG – *Zöllner*, § 119 RN 43 GK AktG – *Mülbert*, § 119 RN 65; Geßler/Hefermehl – *Eckardt*, § 119 RN 17.

[45] Vgl. MüKo AktG – *Kubis*, § 119 RN 17; Münch.Hdb.GesR IV – *Semler*, § 34 RN 33; KK AktG – *Zöllner*, § 119 RN 45.

gerungsverbot für Streitigkeiten der Aktionäre untereinander[46], sowie der Aktionäre mit einem Dritten[47].

Insoweit bleibt festzuhalten, dass satzungsmäßige Hauptversammlungszuständigkeiten zwar vorkommen, ihnen aber insbesondere im Hinblick auf ihre in rechtlicher Sicht annähernde Bedeutungslosigkeit in der Praxis keine gesteigerte Bedeutung zukommt.

IV. Zuständigkeit der Hauptversammlung in Geschäftsführungsangelegenheiten

1. Subsidiäre Zuständigkeit der Hauptversammlung ohne Vertretungskompetenz

Grundsätzlich besteht in Geschäftsführungsfragen keine Zuständigkeit der Hauptversammlung und dementsprechend auch keine Vertretungsbefugnis der Hauptversammlung, denn dies ist gerade der Aufgabenbereich des Vorstands[48] (§§ 76 ff. AktG). Eine subsidiäre Entscheidung über Geschäftsführungsfragen durch die Hauptversammlung kann vielmehr grundsätzlich nur durch ein Verlangen des Vorstands nach § 119 II AktG begründet werden, was aber in der Konsequenz keine Vertretungsbefugnis der Hauptversammlung begründet. Denn ungeachtet einer etwaigen Vorlagepflicht oder eines Vorlagerechts bleibt allein der Vorstand zur Vertretung der Gesellschaft berechtigt[49].

2. Voraussetzungen der subsidiären Geschäftsführungszuständigkeit der Hauptversammlung

a) Vorstandsvorlagen nach freier Ermessensausübung

Zur Anrufung der Hauptversammlung ist nach § 119 II AktG allein der Vorstand als Organ der Aktiengesellschaft berechtigt. Hier besteht insoweit Einigkeit, dass ein Verlangen des Aufsichtsrats nicht ausreicht, auch dann nicht, wenn dieser gem. § 112 AktG die Gesellschaft vertritt[50]. Die Anrufung der Hauptversammlung nach § 119 II AktG erfolgt durch den Vorstand als Kollegialorgan, das diese Entscheidung durch

[46] KK AktG – *Zöllner*, § 119 RN 45; GK AktG – *Mülbert*, § 119 RN37.
[47] KK AktG – *Zöllner*, § 119 RN 45; GK AktG – *Mülbert*, § 119 RN37.
[48] *Hüffer*, AktG, § 119 RN 11 f.; Geßler/Hefermehl – *Eckardt*, § 119 RN 28; KK AktG – *Zöllner*, § 119 RN 23.
[49] MüKo AktG – *Kubis*, § 119 RN 19; Geßler/Hefermehl – *Eckardt*, § 119 RN 28; GK AktG – *Mülbert*, Vor § 118 RN 21.
[50] Dazu vgl. *Hüffer*, AktG, § 119 RN 13; GK AktG – *Mülbert*, § 119 RN 44; Geßler/Hefermehl – *Eckardt*, § 119 RN 15; KK AktG – *Zöllner*, § 119 RN 34 f.

Beschluss zu treffen hat[51]. Insoweit gelten die für § 77 AktG entwickelten Regeln[52], mit der Notwendigkeit eines einstimmigen Vorstandsbeschlusses, vorbehaltlich abweichender Bestimmungen in der Satzung oder einer Geschäftsordnung für den Vorstand nach § 77 II AktG.

Die Vorlageentscheidung trifft der Vorstand nach freiem Ermessen, was bedeutet, dass es grundsätzlich keine ermessensbindenden Kriterien für eine Vorlage an die Hauptversammlung gibt[53]. Es darf also jede Geschäftsführungsmaßnahme vorgelegt werden, insbesondere existiert keine Bagatellgrenze, die den Vorstand daran hindert auch unwichtige Geschäftsführungsangelegenheiten durch die Hauptversammlung entscheiden zu lassen[54]. Durch § 119 II AktG soll es aber zu keiner Verschiebung der innergesellschaftlichen Zuständigkeitsverteilung kommen, sondern der Vorstand soll die Gesellschaft unter eigener Verantwortung leiten[55]. Ein zweckwidriger und somit missbräuchlicher Einsatz des § 119 II AktG liegt folglich erst dann vor, wenn jede wichtige Geschäftsführungsentscheidung vorgelegt werden würde[56], ganze Bereiche vollständig zur Entscheidung überlassen würden[57], oder wenn im voraus erkennbar wäre, dass sich der Mehrheitsaktionär durch die Abstimmung einen Sondervorteil verschaffen würde[58].

b) Fragen der Geschäftsführung

Die Vorlage einer Entscheidung an die Hauptversammlung ist nach dem Wortlaut nur zulässig in Fragen der Geschäftsführung. Geschäftsführung ist die unmittelbare auf die Verfolgung des Gesellschaftszwecks gerichtete rechtliche oder tatsächliche Tätigkeit[59] und umfasst Entscheidungen auf sämtlichen Wertschöpfungsstufen, sowie aus den Bereichen Investition, Finanzierung oder Personalwirtschaft. Ein Vorgehen nach § 119 II AktG ist dem Vorstand auch dann möglich, wenn es sich um Maßnahmen handelt, die einem satzungsmäßigen oder aufsichtsrätlichen Zustimmungsvorbehalt i.S.v. § 111 IV

---

[51] MüKo AktG – *Kubis*, § 119 RN 20 f.; Münch.Hdb.GesR IV – *Semler*, § 34 RN 16; *Hüffer*, AktG, § 119 RN 13; zum Beschluss des Vorstands vgl. *Hüffer*, AktG, § 77 RN 2.

[52] Vgl. im Einzelnen *Hüffer*, AktG, § 77 RN 1 ff.; der Sache nach ebenso KK AktG – *Zöllner*, § 119 RN 34; Geßler/Hefermehl – *Eckardt*, § 119 RN 20; MüKo AktG – *Kubis*, § 119 RN 21.

[53] BGHZ 83, 122; OLG Celle, NZG 2001, 409 ff. (410); Münch.Hdb.GesR IV – *Semler*, § 34 RN 15; *Hüffer*, AktG, § 119 RN 13; GK AktG – *Mülbert*, § 119 RN 36; MüKo AktG – *Kubis*, § 119 RN 22; *Henze*, FS Ulmer, S. 217 f.

[54] MüKo AktG – *Kubis*, § 119 RN 22; GK AktG – *Mülbert*, § 119 RN 47.

[55] Münch.Hdb.GesR IV – *Semler*, § 34 RN 9; Geßler/ Hefermehl – *Eckardt*, § 119 RN 18.

[56] Geßler/ Hefermehl – *Eckardt*, § 119 RN 18; GK AktG – *Mülbert*, § 119 RN 47.

[57] *Henn*, Hdb. AktR, RN 691.

[58] Geßler/ Hefermehl – *Eckardt*, § 119 RN 18; GK AktG – *Mülbert*, § 119 RN 47.

[59] Vgl. zur Definition des Begriffs Geschäftsführung GK AktG – *Mülbert*, § 119 RN 40; *Hüffer*, AktG, § 119 RN 13; Geßler/Hefermehl – *Hefermehl*, § 77 RN 1; ausführlich KK AktG – *Zöllner*, § 119 RN 28 f.

S. 1 AktG unterliegen, oder weil der Vorstand eine verweigerte Zustimmung des Aufsichtsrats durch die Hauptversammlung nach § 111 IV S. 3 AktG ersetzen lässt[60].

Kontrovers diskutiert wird indes die Frage, ob sich das Anrufungsrecht auf bevorstehende Geschäftsführungsmaßnahmen beschränkt oder auch für abgeschlossene Geschäftsführungsmaßnahmen besteht. Da der Wortlaut des § 119 II AktG insoweit nichts hergibt, sehen einige den Anwendungsbereich auf bevorstehende Maßnahmen deshalb beschränkt, weil es sich anderenfalls um eine unzulässige gesonderte Entlastung für eine Einzelmaßnahme handele[61]. Die überwiegende Meinung geht jedoch davon aus, dass die Billigung einer Maßnahme auch im Nachhinein noch eingeholt werden könne, insbesondere vor dem Hintergrund des § 93 IV S. 1 AktG[62]. Auch ziele ein entsprechender Beschluss weder vom Wortlaut noch vom Inhalt her auf eine unzulässige gesonderte Entlastung für eine bereits abgeschlossene Einzelmaßnahme der Geschäftsführung i.S.v. § 120 AktG oder bedeute einen ebenfalls nicht zulässigen vorsorglichen Regressverzicht. In der Praxis handele es sich bei der nachgeholten Hauptversammlungsentscheidung oft nur um die Grundlage für die Ausübung eines vertraglichen Rücktrittsrechts von der vorgelegten Geschäftsführungsmaßnahme[63].

Das Entscheidungsverlangen hat der Vorstand in der Form einer hinreichend bestimmten Beschlussvorlage an die Hauptversammlung zu fassen, so dass diese darüber auch beschließen kann. Dies setzt voraus, dass der Vorstand sein Entscheidungsverlangen als Tagesordnungspunkt der ordentlichen oder eigens einberufenen Hauptversammlung bekannt macht. Im Normalfall beschließt dann die Hauptversammlung gem. § 133 I AktG mit einfacher Stimmenmehrheit[64], allerdings muss sie den Beschlussantrag nicht durch Sachentscheidung erledigen[65], sondern kann sich auch mit unverbindlichen Empfehlungen begnügen[66], da anderenfalls der Vorstand die Hauptversammlung nötigen könnte, ihn gem. § 93 IV S. 1 AktG von den Haftungsrisiken wegen fehlerhafter Geschäftsführung freizustellen[67].

---

[60] So MüKo AktG – *Kubis*, § 119 RN 24; GK AktG – *Mülbert*, § 119 RN 40 f.

[61] So GK AktG – *Mülbert*, § 119 RN 42; ders., § 120 RN 89; in diese Richtung grundsätzlich auch *Groß*, AG 2001, 111 ff. (113).

[62] So Geßler/Hefermehl – *Eckardt*, § 119 RN 19; MüKo AktG – *Kubis*, § 119 RN 25; und auch der BGH in BGHZ 146, 288 ff. (292 f.) = ZIP 2001, 416 ff. (417).

[63] So BGHZ 146, 288 ff. (292 f.).

[64] Vgl. MüKo AktG – *Kubis*, § 119 RN 26; GK AktG – *Mülbert*, § 119 RN 53; *Hüffer*, AktG, § 119 RN 14; KK AktG – *Zöllner*, § 119 RN 38; Geßler/Hefermehl – *Eckardt*, § 119 RN 23; *Henn*, Hdb. AktR, RN 694; Münch.Hdb.GesR IV – *Semler*, § 34 RN 17. Eine gesetzliche Ausnahme besteht aber z.B. für den Fall des § 111 IV S. 4, wonach eine Dreiviertelmehrheit erforderlich ist, wenn der Beschluss der Hauptversammlung eine vom Aufsichtsrat verweigerte Zustimmung ersetzen soll.

[65] Geßler/Hefermehl – *Eckardt*, § 119 RN 23; KK AktG – *Zöllner*, § 119 RN 38; Münch.Hdb.GesR IV – *Semler*, § 34 RN 13; *Henn*, Hdb. AktR, RN 694.

[66] *Hüffer*, AktG, § 119 RN 15; KK AktG – *Zöllner*, § 119 RN 37.

[67] Darauf weist GK AktG – *Mülbert*, § 119 RN 53 zutreffend hin.

3. Wirkungen der Hauptversammlungsentscheidung

Die Entscheidung der Hauptversammlung über die ihr vorgelegte Geschäftsführungsmaßnahme zieht verbandsrechtliche, haftungsrechtliche und statusrechtliche Folgen nach sich.

a) Bindungswirkung

Zunächst folgt aus der Entscheidung eine Bindung des Vorstands im Innenverhältnis, § 83 II AktG[68]. Danach muss der Vorstand die beantragte und von der Hauptversammlung bestätigte Geschäftsführungsmaßnahme ausführen, bzw. im Fall der Ablehnung diese unterlassen. Gegebenenfalls ist eine sonstige vom Vorstandsantrag abweichende Sachentscheidung der Hauptversammlung durchführen[69].

Die Bindungswirkung tritt nur dann nicht ein, wenn die Hauptversammlung gar keine Entscheidung in der Sache trifft, denn dann bleibt der Vorstand allein zur Entscheidung befugt[70]. Dies gilt auch bei einem gem. § 111 IV S. 3 herbeigeführten Entschluss der Hauptversammlung[71] sowie rechtsfehlerhafter oder sonstiger gesetzeswidriger Entscheidungen[72].

b) Enthaftungswirkung

Befolgt der Vorstand eine herbeigeführte Sachentscheidung der Hauptversammlung, schließt diese als Kehrseite der Bindungswirkung eine Haftung des Vorstands gem. § 93 IV S. 1 AktG gegenüber der Gesellschaft aus[73]; hingegen begründet die Nichtbefolgung einer entsprechenden Hauptversammlungsentscheidung eine Schadensersatzpflicht gegenüber der Gesellschaft[74].

c) Statuswirkung

Wird ein bindender Hauptversammlungsbeschluss von einem oder mehreren Vorstandsmitgliedern nicht befolgt, bildet dies allein einen wichtigen Grund i.S.v. § 84 III S. 1 AktG für die Abberufung der Vorstandsmitglieder durch den Aufsichtsrat, auch

[68] So schon BGH WM 1960, 803 ff. (804) zum AktG a.F.; MüKo AktG – *Kubis*, § 119 RN 27; GK AktG – *Mülbert*, § 119 RN 58 f.; Geßler/Hefermehl – *Eckardt*, § 119 RN 28.

[69] Vgl. BGHZ 146, 289 ff. (293); Münch.Hdb.GesR IV – *Semler*, § 34 RN 18; MüKo AktG – *Kubis*, § 119 RN 27.

[70] KK AktG – *Zöllner*, § 119 RN 38; Münch.Hdb.GesR IV – *Semler*, § 34 RN 18.

[71] Münch.Hdb.GesR IV – *Semler*, § 34 RN 17; MüKo AktG – *Kubis*, § 119 RN 27.

[72] Vgl. GK AktG – *Mülbert*, § 119 RN 54.

[73] Dies gilt gem. § 93 V S. 3 2. Alt. jedoch nicht gegenüber Gesellschaftsgläubigern.

[74] Vgl. dazu im Einzelnen etwa MüKo AktG – *Hefermehl/Spindler*, § 93 RN 67 – 90.

ohne vorherigen (ausdrücklichen) Vertrauensentzug durch die Hauptversammlung[75]. Umgekehrt ist eine Abberufung gem. § 84 III S. 1 AktG ausgeschlossen, wenn der Aufsichtsrat seinerseits mit einer getroffenen Sachentscheidung der Hauptversammlung nicht einverstanden ist[76].

[75] Münch.Hdb.GesR IV – *Semler*, § 34 RN 19.

[76] So GK AktG – *Mülbert*, § 119 RN 57; Geßler/Hefermehl – *Eckardt*,§ 119 RN 25; MüKo AktG – *Kubis* § 119 RN 30.

Zweites Kapitel: Ungeschriebene Hauptversammlungszuständigkeiten

I. Einleitung und Überblick

Jene beschriebenen Zuständigkeiten der Hauptversammlung, die sich aus Gesetz und Satzung ausdrücklich ergeben, sind, insbesondere in Abgrenzung zur Zuständigkeit des Vorstands, abschließender Natur. In allen der Hauptversammlung danach nicht ausdrücklich zugewiesenen Fällen handelt es sich um Entscheidungen in Geschäftsführungsfragen, die in die Zuständigkeit des Vorstands fallen, bzw. um Entscheidungen, die dem Aufsichtsrat ausdrücklich zugewiesen sind. Beließe man es bei § 119 I AktG, so würden auch wesentliche Eingriffe in die Organisationsstruktur oder in die Vermögenssubstanz der Aktiengesellschaft der ausschließlichen Leitungsbefugnis des Vorstands unterfallen, sofern dann nicht bereits eine ausdrückliche Zuständigkeitszuweisung an die Hauptversammlung eingreift. Diese Rechtslage kann jedoch zu einem Kompetenzdefizit der Hauptversammlung führen, wenn sich nämlich der Vorstand mit einer schwerwiegenden Geschäftsführungsmaßnahme zwar noch innerhalb des satzungsmäßigen Unternehmensgegenstandes bewegt, aber trotz Fehlens einer ausdrücklichen Zuweisung die Entscheidungszuständigkeit ausnahmsweise bei der Hauptversammlung anstatt beim Vorstand liegen kann. Voraussetzung dafür ist, dass es sich um grundlegende, das Gepräge der Gesellschaft nachhaltig ändernde Entscheidungen handelt. Zu der Lösung der Frage, wann solche Maßnahmen vorliegen, wie sie zu bestimmen sind und wie sich die Rechtsfolge solcher ungeschriebener Hauptversammlungszuständigkeiten im Einzelnen darstellen, möchte diese Arbeit einen Beitrag leisten.

1. Melasse und Grubeneisenbahn

Im Mittelpunkt der Diskussion dieses soeben umrissenen Problems steht gewissermaßen als Eckpfeiler und Ausgangspunkt die Holzmüller – Entscheidung[1] des BGH aus dem Jahre 1982. Dieser Leitentscheidung kommt für das jüngere Aktienrecht fraglos überragende Bedeutung zu, doch soll hier nicht unerwähnt bleiben, dass sich bereits das Reichsgericht mit ungeschriebenen Generalversammlungszuständigkeiten zu befassen hatte[2]. Im „Grubeneisenbahn" - Fall[3] aus dem Jahre 1895 unter Geltung des Aktienrechts von 1870, verortet im HGB, war das Reichsgericht mit einem Fall befasst, in dem der Vorstand eine Grubeneisenbahn, deren Wert etwa 15 % der Gesellschaftsaktiva betrug, unentgeltlich und ohne Zustimmung der Generalversammlung an

[1] BGHZ 83, 122 ff.
[2] Eine knappe Erwähnung findet sich auch bei *Geßler*, FS Stimpel, S. 771 ff. (772) mit FN 6; jüngstens *Fleischer*, FS Heldrich, S. 597 ff. (607); ausführlich dazu in neuerer Zeit *Schubel*, Verbandssouveränität, S. 368 – 385.
[3] RGZ 35, 83 ff.

den Staat übertragen hatte. Das RG sah hierin eine schadensersatzbegründende Pflichtverletzung, da der Vorstand zwar nicht gegen statutarische Beschränkungen oder einen bestimmten Generalversammlungsbeschluss verstoßen hatte, dies aber nicht die einzigen Schranken seien. Denn Art. 236[4] und 241 II[5] HGB führten zu der Folge, dass „ der Abschluss eines Rechtsgeschäfts, welcher im Interesse der Gesellschaft die Einberufung der Generalversammlung erfordert, zu einer Zuwiderhandlung der ihnen obliegenden Pflichten führt, wenn die Mitglieder des Vorstands den Abschluss dieses Rechtsgeschäfts, sofern die Befragung der Generalversammlung ausführbar ist, ohne dieselbe vornehmen[6].

Im „Melasse“ – Fall[7] einige Jahre später hatten Vorstand und Aufsichtsrat bei einer die Zuckerfabrikation betreibenden Aktiengesellschaft ohne Zustimmung der Generalversammlung ein Melasse – Entzuckerungsverfahren eingeführt, welches zu nutzlosen Ausgaben in Höhe von 80000 M führte, da das Verfahren zu keinem verwertbaren Ergebnis führte. Die Schadensersatzklage der klagenden Aktiengesellschaft hatte in allen Instanzen Erfolg: „Bei der rechtlichen Beurtheilung der Verantwortlichkeit für diesen Schaden geht der Berufungsrichter ganz richtig davon aus, dass Vorstand und Aufsichtsrath schon nach den herangezogenen Vorschriften des Gesetzes (Art. 236 II, 241 II, 225 II, 226 I HGB) verpflichtet sind, sich vor Einlassung auf wichtige, kostspielige, riskante und deshalb das Interesse der Aktionäre im besonderen Maße berührende Unternehmungen der Einwilligung der Generalversammlung zu versichern, ohne die sie auf ihre Gefahr handeln“[8]

Die insbesondere sich in Folge der Melasse – Entscheidung entzündende Aufregung in der Praxis war groß und führte sogar zu einer Beschäftigung des 27. Deutschen Juristentages in Innsbruck 1904 mit ungeschriebenen Generalversammlungszuständigkeiten. Die Gutachter bejahten übereinstimmend die Existenz ungeschriebener Generalversammlungszuständigkeiten im damals geltenden Recht[9]; der Juristentag selbst kam im Ergebnis weder zur Ablehnung der genannten Entscheidungen noch zu dem Ruf nach einer klareren gesetzlichen Regel, und beließ es bei einer Auslegungsempfehlung der fraglichen Gesetzesbestimmung[10].

---

[4] Danach hatte der Vorstand die Generalversammlung einzuberufen, sooft dies im Interesse der Gesellschaft erforderlich erscheint.

[5] Danach hatten die Mitglieder des Vorstands bei der Geschäftsführung die Sorgfalt eines ordentlichen Geschäftsmanns zu beobachten.

[6] RGZ 35, 83 ff. (87).

[7] RG, HoldheimsZ 1902, 26 f.

[8] RG, HoldheimsZ 1902, 26 f.

[9] Vgl. Gutachten von *Karl Lehmann*, Verhandlungen des 27. DJT 1904, Bd. 1, S. 57 ff. (71 ff.); und Gutachten von *Hermann Staub*, Verhandlungen des 27. DJT 1904, Bd. 1, S. 80 ff. (86 ff.).

[10] Vgl. Verhandlungen des 27. Dt. Juristentages (1904), Bd. 4, S. 206 ff.

2. Das Holzmüller – Urteil des BGH

Gut 80 Jahre später ist unter Geltung des (heutigen) Aktiengesetzes von 1965 die Diskussion um ungeschriebene Hauptversammlungszuständigkeiten erneut entbrannt. Entscheidender Anlass dazu war die eingangs erwähnte Holzmüller - Entscheidung[11] des BGH aus dem Jahre 1982. Sie betraf eine Aktiengesellschaft, die einen wesentlichen Unternehmensbereich (ca. 80 % des Gesellschaftsvermögens), nämlich ihren erfolgreichen Seehafenbetrieb, aus ihrem Unternehmen ausgegliedert und auf die ausschließlich von ihr selbst betriebene Hafenbetriebs KGaA als Tochtergesellschaft übertragen hatte. Gegen diese Übertragung klagte ein Einzelaktionär gegen die Aktiengesellschaft als Beklagte. Er begehrte die Feststellung der Nichtigkeit aller die Ausgliederung betreffender Rechtsakte, hilfsweise die Rückübertragung, hilfsweise die Feststellung, der Vorstand müsse, jedenfalls für Kapitalerhöhungen in der Tochter, die Zustimmung der Hauptversammlung einholen. Dies begründete der Kläger mit einer Verletzung des § 361 AktG a.F., wonach eine Vermögensübertragung durch die Aktiengesellschaft nur mit Zustimmung der Hauptversammlung wirksam sein solle und einer Beschlussfassung derselben mit qualifizierter Mehrheit bedürfe. Zudem rügte der Aktionär, die Ausgliederung eines wesentlichen Unternehmensteils sei eine strukturändernde Maßnahme und bedürfe deshalb der Zustimmung der Hauptversammlung.

Der BGH prüfte zunächst den Hauptantrag, um festzustellen, ob die Einbringung des Seehafenbetriebs als Sacheinlage in das Vermögen der KGaA und alle damit zusammenhängenden Rechtsakte nichtig sind. Diesen Antrag wies das Gericht ab, da kein Verstoß gegen § 361 AktG a.F. vorläge[12] und eine entsprechende Anwendung dieser Vorschrift auf den Fall, dass ein wesentlicher oder sogar den Schwerpunkt der bisherigen Unternehmenstätigkeit bildender, aber das Betriebsvermögen nicht erschöpfender selbständiger Vermögensteil ausgegliedert werde[13], an der von § 23 II Nr. 1 GWB a.F. verschiedenen Gesetzesfassung des § 361 AktG a.F., scheitere[14]. Außerdem seien die mit einer analogen Anwendung des § 361 AktG a.F. verbundenen Rechtsunsicherheiten im Hinblick auf die aus § 361 AktG a.F. resultierende eingeschränkte Vertretungsmacht des Vorstands untragbar[15]. Auch eine so genannte faktische Satzungsänderung, also ein Verstoß gegen die Satzung durch Änderung oder Erweiterung des dort beschriebenen Unternehmensgegenstands ohne förmlichen Beschluss nach § 179 AktG läge nicht vor, da die zuvor neu gefasste Satzung die Überlassung des Betriebs an andere Gesellschaften ausdrücklich gestatte, was auch die Übertragung von Betriebsvermögen umfasse[16]. Der BGH begründete die Zustimmungspflicht schließlich mit § 119 II AktG, wonach es zwar grundsätzlich im Ermessen des Vorstands lie-

[11] BGHZ 83, 122 ff.

[12] Da die Gesellschaft mit dem zurückbehaltenen Betriebsvermögen noch ausreichend in der Lage blieb, ihre in der Satzung festgelegten Unternehmensziele, wenn auch in eingeschränktem Umfang, selbst zu verfolgen, vgl. BGHZ 83, 122 ff. (128).

[13] So aber *Timm*, Konzernspitze, S. 114 ff.; *ders.*, AG 1980, 172 ff. (176 f.).

[14] BGHZ 83, 122 ff. (129).

[15] BGHZ 83, 122 ff. (129).

[16] BGHZ 83, 122 ff. (130).

ge, ob er nach § 119 II AktG eine Entscheidung der Hauptversammlung herbeiführen will, um seine Verantwortlichkeit zu mindern (§ 93 IV S. 1 AktG). Dabei sei jedoch zu beachten, dass es grundlegende Entscheidungen gebe, die durch die Außenvertretungsmacht des Vorstands, seine gem. § 82 II AktG begrenzte Geschäftsführungsbefugnis wie auch durch den Wortlaut der Satzung formal noch gedeckt seien, gleichwohl aber so tief in die Mitgliedsrechte der Aktionäre und deren im Anteilseigentum verkörpertes Vermögensinteresse eingriffen, dass der Vorstand vernünftigerweise nicht annehmen könne, er dürfe sie ausschließlich in eigener Verantwortung treffen, ohne die Hauptversammlung zu beteiligen. In solchen Fällen verletze der Vorstand seine Sorgfaltspflicht, wenn er von der Möglichkeit des § 119 II AktG keinen Gebrauch mache[17].

Eine solch schwerwiegende Maßnahme wurde für die Ausgliederung des Seehafenbetriebs angenommen, da sie sich im Kernbereich der Unternehmenstätigkeit abspielte, den wertvollsten Betriebsteil betraf und die Unternehmensstruktur von Grund auf änderte[18].

Das Schutzbedürfnis der Aktionäre ergebe sich daraus, dass auch wenn sämtliche Anteile in den Händen der Muttergesellschaft verblieben, sich die Rechtsstellung der Aktionäre verschlechtere, da sie hierdurch die Möglichkeit, im Rahmen der gem. § 119 I AktG der Hauptversammlung vorbehaltenen Befugnisse den Einsatz des abgespaltenen Betriebskapitals, das Risiko seines Verlustes und die Verwendung seiner Erträge unmittelbar zu beeinflussen, verliere[19]. Diese Verletzung der internen Vorlagepflicht berühre jedoch nicht die Vertretungsmacht des Vorstands nach § 82 I AktG[20]. Der BGH billigte dem Aktionär auch in solchen Fällen grundsätzlich einen Anspruch auf Unterlassung der rechtswidrigen Maßnahme, bzw. Wiederherstellung wegen Verletzung seiner Mitgliedsstellung zu, der aber im konkreten Fall wegen Verwirkung scheiterte[21].

Schließlich entschied der BGH die Frage[22], ob die Aktionäre der Obergesellschaft bei grundlegenden Entscheidungen in der Tochtergesellschaft beteiligt werden müssen. Das Gericht führte aus, dass im Falle der Ausgliederung des wertvollsten Teils des Betriebsvermögens auf eine zu diesem Zweck errichtete 100 %ige Tochtergesellschaft die Obergesellschaft jedem ihrer Aktionäre gegenüber verpflichtet sei, jedenfalls für Kapitalerhöhungen in der Tochtergesellschaft die Zustimmung ihrer Haupt-

---

[17] BGHZ 83, 122 ff. (131).

[18] BGHZ 83, 122 ff. (132).

[19] BGHZ 83, 122 ff. (136); eingehend zu dieser dogmatischen Konstruktion ungeschriebener Hauptversammlungszuständigkeiten noch an späterer Stelle, Zweites Kapitel, III, 1, a.

[20] BGHZ 83, 122 ff. (136).

[21] BGHZ 83, 122 ff. (133 ff.).

[22] Die in §§ 123 III, 125 S. 1, 65 S. 1 UmwG für die Ausgliederung im Wege der Gesamtrechtsnachfolge geregelte Problematik, inwieweit die Aktionäre der übertragenden Gesellschaft einer Ausgliederung von Gesellschaftsvermögen zustimmen müssen, betrifft nur die so genannte Konzernbildungskontrolle, nicht jedoch die Frage, ob etwa die Aktionäre der Obergesellschaft zustimmen müssen, wenn aus der Tochtergesellschaft Vermögensteile ausgegliedert werden, so genannte Konzernleitungskontrolle.

versammlung mit der Mehrheit einzuholen, die für eine entsprechende Maßnahme in der Obergesellschaft selbst erforderlich ist[23].

3. Überblick über Folgen und Bedeutung der Holzmüller – Entscheidung

Die mangelnde Bestimmtheit jener Holzmüller - Kriterien, sowie ihr Verhältnis zueinander, aber auch grundlegende Unsicherheiten über Schutzzweck und dogmatischer Herleitung der vom BGH geforderten Beteiligung der Hauptversammlung, führten in der Folgezeit nicht nur zu einer schier unüberschaubaren Vielzahl von Meinungen in der Literatur[24], sondern auch zu einer erheblichen Verunsicherung in der Rechtspraxis. Immer wieder wurden – mit entsprechendem Aufwand – vorsichtshalber Hauptversammlungen einberufen, um das Risiko von Unterlassungs-, Rückabwicklungs- oder Schadensersatzansprüchen zu begrenzen[25].

a) Unsicherheiten in der Unternehmenspraxis

Das Problem der Rechtsunsicherheit bestand für die Unternehmenspraxis in mehrfacher Hinsicht. So herrschte keine Einigkeit bezüglich der Frage, mit welcher Mehrheit der Zustimmungsbeschluss der Hauptversammlung zu fassen ist. Eine große Rolle in der instanzgerichtlichen Rechtsprechung spielte zudem die Frage, bei welchen gesetzlich nicht geregelten Fällen der Vorstand denn nun verpflichtet sein soll, um die Zustimmung der Hauptversammlung nachzusuchen (so genannte qualitative Kriterien), sowie die Frage nach bestimmten Wertgrenzen oder betragsmäßigen Größenordnungen (so genannte quantitative Kriterien).

Insbesondere letzterer Aspekt hinsichtlich bestimmter Wertgrenzen oder betragsmäßiger Größenordnungen wurde von den Gerichten unterschiedlich beurteilt. Das Spektrum der von den Instanzgerichten verlangten quantitativen Wertgrenzen ist weit und unübersichtlich. So nahm das LG Frankfurt eine Holzmüller – Maßnahme im Falle einer Ausgliederung von bereits 10 % des Gesellschaftsvermögens oder des Grundkapitals an, wobei die ausgegliederte Gesellschaft 50 % der Umsatzerlöse erzielte[26].

---

[23] BGHZ 83, 122 ff.

[24] Dazu sogleich, Zweites Kapitel, II, III, IV und V.

[25] Vgl. dazu die kritische Anmerkung von *Wasmann*, DB 2002, 1096 f.; ebenso *Götze*, NZG 2004, 585 ff. (586).

[26] LG Frankfurt/M., ZIP 1993, 830 ff. (832) (Hornblower Fischer); in einem anderen Fall sah das LG Frankfurt/M., ZIP 1997, 1698 ff. (1701) (Altana/Milupa) die Veräußerung des gesamten Vermögens einer Tochtergesellschaft, deren Bilanzsumme 23 % der Bilanzsumme des Konzerns ausmachte und deren Anteil am Konzernumsatz ca. 30 % betrug, als zustimmungspflichtige Maßnahme an; in einer späteren Entscheidung bejahte das LG Frankfurt/M., AG 2001, 431 ff. (433) (AGIV) eine Holzmüller – Maßnahme, wenn nach den geplanten Beteiligungsveräußerungen bei der Holding – Gesellschaft mit dem Kerngeschäft „Industriebeteiligungen" nur eine Beteiligung an einer Immobilienfirma verblieb, die 2 – 3 % des Konzernumsatzes ausmachte; OLG Celle, AG 2001, 357 ff. (358) (Allied Signal/Riedel de Haen) bejahte eine Holzmüller – Maßnahme bei der Veräußerung des gesamten Vermögens der einzigen Tochtergesellschaft der Aktiengesellschaft; OLG München, AG 1995, 232 ff. (233)

Demgegenüber verneinte das LG Düsseldorf eine Holzmüller – Maßnahme, als es um eine Beteiligung unterhalb der Grenze von 50 % der Aktiva der Aktiengesellschaft ging, die auch nicht den Kernbereich der Unternehmenstätigkeit betraf[27].

In qualitativer Hinsicht soll nach der Rechtsprechung einzelner Instanzgerichte das „charakteristische Gepräge" und das „historisch gewachsene Bild" der Gesellschaft zu berücksichtigen sein[28]. Der Vorgang müsse sich im Kernbereich der Unternehmenstätigkeit abspielen und die Unternehmensstruktur von Grund auf ändern[29]. Daher könne trotz Überschreiten der quantitativen Kriterien die Holzmüller - Pflichtigkeit einer Maßnahme zu verneinen sein, wenn die qualitativen Kriterien nicht erreicht werden[30]. Dies sei zu erwägen bei Verschmelzungen von Tochtergesellschaften, Vermögensübertragungen zwischen Tochtergesellschaften und ähnlichen Vorgängen auf Ebene der Tochtergesellschaften, denen eine weitere Verkürzung von Aktionärsrechten nicht zu eigen sei, da hier das Vermögen lediglich um eine weitere Stufe verlagert werde[31].

b) Farbenfrohes Meinungsbild in der Wissenschaft

Vergleichbare Schwierigkeiten bestehen auch in der Rechtswissenschaft, wo sich ein „impressionistisches, der Phase des Pointillismus entsprungenes Meinungsbild" [32] zu allen in diesem Kontext erörterten Fragen findet. Die im Schrifttum geführte Kontroverse kann nicht in allen Einzelheiten wiedergegeben werden, daher soll es hier mit einem Überblick über die Stellungnahmen in der Literatur sein Bewenden haben.

Nur eine Minderheit im Schrifttum nahm die Entscheidung des Senats so hin, wie sie ist, und hielt auch die Begründung durch Annahme einer Ermessensschrumpfung

(EKATIT Riedinger) sah die Wesentlichkeitsschwelle überschritten, wenn der einzig nennenswerte werthaltige Vermögensgegenstand der Gesellschaft weggegeben wird; LG Karlsruhe, ZIP 1998, 385 ff. (387 ff.) (Badenwerk) bejahte Holzmüller in einem Fall, in dem das gesamte unternehmerisch genutzte Vermögen (44 % des Aktivvermögens) auf verschiedene Tochtergesellschaften übertragen und die Gesellschaft so in eine Holding umfunktioniert wurde, in der lediglich Finanzanlagevermögen und flüssige Mittel verblieben.

[27] LG Düsseldorf, AG 1999, 94 ff. (95) (Neusser Öl und Fett, bestätigt durch OLG Düsseldorf mit Beschluss vom 5.11.1997, 16 U 73/97); das OLG Köln, ZIP 1993, 110 ff. (114) (Winterthur/Nordstern) verneinte ferner eine Holzmüller – Maßnahme bei der Umstrukturierung des Auslandsgeschäfts einer Versicherungsgruppe, das 8, 25 % des Beitragsvolumens der gesamten Gruppe ausmachte.

[28] Vgl. LG Duisburg, AG 2003, 390 ff. (391) (Babcock Borsig/HDW); LG Frankfurt/M., ZIP 1997, 1698 ff. (1700) (Altana/Milupa); aus der Literatur vgl. dazu etwa *Lutter/Leinekugel*, ZIP 1998, 225 ff. (230); *Mecke*, Konzernstruktur, S. 192 f.; GK AktG – *Wiedemann*, § 179 RN 75 f.

[29] So etwa LG Duisburg, AG 2003, 390 ff. (391) (Babcock Borsig/HDW).

[30] So etwa OLG Karlsruhe, DB 2002, 1094 ff. (1095) in der Vorinstanz zur Gelatine – Entscheidung des BGH.

[31] Dafür etwa *Hirte*, Bezugsrechtsausschluss, S. 181; Münch.Hdb.GesR IV – *Krieger*, § 69 RN 37; *Martens*, ZHR 147 (1983), 377 ff. (425); wohl auch *Zimmermann/Pentz*, FS W. Müller, S. 151 ff. (155); eingehend zu Maßnahmen auf Ebene der Tochtergesellschaft unten, Drittes Kapitel, III.

[32] So *Liebscher*, ZGR 2005, 1 ff. (7).

bei Betroffenheit des mitgliedschaftlichen Kernbereichs für akzeptabel[33]. Zwar sei die auf Machtbalance abzielende Kompetenzordnung der Aktiengesellschaft zwingend, jedoch nicht in diesem Sinne auch abschließend, dass der Vorstand jegliche Geschäftsführungsmaßnahme allein ergreifen könne, für die die Gesellschaft nicht ausdrücklich eine Hauptversammlungszuständigkeit begründe. Dies könne etwa für Konzernbildungssachverhalte auf der Ebene des herrschenden Unternehmens[34] dann nicht angenommen werden, wenn es sich um eher krasse, in die Nähe der Vermögensübertragung geratende Fälle handle. Insoweit sei vielmehr von einer Anschauungslücke des Gesetzgebers auszugehen, die der BGH hier geschlossen habe[35]. Die bei solchen krassen (Ausgliederungs-)Fällen an sich nahe liegende Analogie, etwa zur Verschmelzung oder Vermögensübertragung, bleibe fragwürdig[36] und sei jedenfalls nicht praktikabel, solange über rechtssatzartige Eingrenzung ungeschriebener Hauptversammlungszuständigkeiten noch kein Konsens gefunden sei; diese Aufgabe könne aber wohl nur vom Gesetzgeber gelöst werden[37]. Gehe man von diesen Prämissen aus, dann finde sich zur einzelfallorientierten Lösung des BGH de lege lata keine Alternative. Zumal deshalb, da es sich dabei nicht um eine gesetzesübersteigende Rechtsfortbildung handle, denn auf genau eine solche rechtssatzförmige Verdichtung seiner Lösung habe der BGH bewusst verzichtet[38].

Darüber hinaus haben ferner einige Stimmen im Schrifttum die Entscheidung zwar grundsätzlich begrüßt, aber als noch nicht weit genug gehend bewertet[39]. Die Notwendigkeit der Zustimmungspflicht der Hauptversammlung ergebe sich nicht allein aus dem Schutzbedürfnis der Aktionäre, sondern auch aus der Verfassung der Organisationseinheit Konzern selbst, also aus dem Bedürfnis einer konzernspezifischen Binnenordnung[40].

---

[33] *Hüffer*, AktG, § 119 RN 18; Obermüller/Werner/Winden/*Butzke*, RN L 77; *Reichert*, Ausstrahlungswirkungen, S. 25 ff. (44 ff.).

[34] Nicht aber bei der abhängigen Gesellschaft, s. *Hüffer*, AktG, § 18 Rn 4 (Konzernoffenheit).

[35] *Hüffer*, AktG, § 119 RN 18a; *Geßler*, FS Stimpel, S. 771 ff. (780 f.); *Zimmermann/Pentz*, FS W. Müller, S. 151 ff. (160).

[36] Dazu vgl. *Hüffer*, AktG, § 179a RN 23 sowie unten, Zweites Kapitel, III, 2.

[37] *Hüffer*, AktG Vorauflage, § 119 RN 18.

[38] *Hüffer*, AktG Vorauflage, § 119 RN 18; *ders.*, FS Ulmer, S 279 ff. (283 f.); zustimmend in prozessualer und materieller Hinsicht zudem *Großfeld/Brondics*, JZ 1982, 589 ff. (591), die ebenfalls in § 119 II AktG den geeigneten Anknüpfungspunkt sehen, die Verpflichtung zur Vorlage gleichzeitig aber auch als Ausnahme verstanden wissen wollen. Der BGH habe in die Grauzone zwischen gewöhnlichen Geschäftsführungsmaßnahmen und Maßnahmen mit strukturveränderndem Charakter, die mit schwierigen Abgrenzungsschwierigkeiten behaftet sei, Licht gebracht und jedenfalls die Ausgründung des wertvollsten Betriebszweigs für zustimmungsbedürftig erklärt.

[39] Protagonist dieses Standpunktes vor allem *Lutter* in verschiedenen Beiträgen. Vgl. *Lutter*, FS Stimpel, S. 825 ff., *ders.*, ZHR 151 (1987), 444 ff. (452 f.); *ders.*, FS Fleck, S. 169 ff.; *ders.*, FS 50 Jahre BGH, S. 321 ff. (327 f.); auch *Leinekugel*, Ausstrahlungswirkungen des UmwG, S. 69 ff.; zustimmend auch *Geßler*, FS Stimpel, S. 771 ff.; *Habersack*, WM 2001, 545 ff. m.w.N. in FN 4.

[40] Eingehend zu diesem Ansatz unten bei der Frage des Schutzzwecks ungeschriebener Mitwirkungsrechte, Zweites Kapitel, II, 1, a.; vgl. dazu *Lutter*, DB 1973, Beilage 21; *ders.*, Barz S. 199 ff.; *ders.*, FS Westermann, S. 347 ff.; *ders.*, FS Stimpel, S. 825 ff.; *Mecke*, Konzernstruktur; *U.H. Schneider*, FS Bärmann, S. 873 ff.; *ders.*, ZHR 143 (1979), 485 ff.; *ders.*, BB 1981, 249 ff.; *ders.*, BB 1986, 1993 ff.

Überwiegend aber waren die Reaktionen des Schrifttums auf die Holzmüller – Entscheidung ablehnend. Neben einer „Wüste der Rechtsunsicherheit"[41] wurde dem BGH vor allem vorgehalten, über den zur Entscheidung anstehenden Sachverhalt hinaus allgemeingültige Leitsätze zur Mitwirkung der Hauptversammlung mit unabsehbaren Folgen für zukünftige Konstellationen verfasst zu haben[42]. Insoweit bestehe die Befürchtung, mit der Holzmüller – Entscheidung zu einer Zuständigkeit der Hauptversammlung ohne brauchbare, das Zustimmungserfordernis sachgerecht einschränkende Kriterien zu gelangen[43]. Zwar wurde hinsichtlich der Schutzmechanismen zur Konzernbildung die Existenz einer Regelungslücke überwiegend anerkannt[44], aber die Ausfüllung derselben mit Hilfe einer Vorlagepflicht gem. § 119 II AktG stieß auf vehemente Ablehnung[45]. Vernichtende Kritik erfuhren die Grundsätze des BGH auch zur Konzernleitung. Neben dem Vorwurf einer fehlenden dogmatischen Herleitung konzentrierte sich die Ablehnung auf die Mitwirkung der Hauptversammlung der Konzernsitze bei Kapitalerhöhungen in der abhängigen Gesellschaft und dabei vornehmlich auf die Fälle des Verzichts auf das Bezugsrecht (und des Ausschlusses desselben) durch die Obergesellschaft[46]. Kritikpunkte bildeten somit nicht nur der Umfang ungeschriebener Mitwirkungsbefugnisse, sondern auch der Anwendungsbereich der vom BGH zu § 119 II AktG entwickelten Auslegungsgrundsätze. Ebenso wurden im Hinblick auf die Folgewirkungen des Urteils auf frühere Ausgliederungen Bedenken geäußert[47], sowie die Furcht vor einer Pflicht zur sachlichen Rechtfertigung der fraglichen Geschäftsführungsmaßnahme. Nicht zuletzt stellten auch das Unternehmensbild des BGH sowie die an den Aktionär gestellten Anforderungen in Bezug auf die zu treffende Entscheidung weitere Kritikpunkte dar[48].

---

[41] Begriff von *Heinsius*, ZGR 1984, 383 ff. (388); in diese Richtung ebenfalls *Semler*, BB 1983, 1566 ff. (1571 f.); *Sünner*, AG 1983, 169 ff.; *Götz*, AG 1984, 85 ff.; *Hübner*, FS Stimpel, S. 791 ff.

[42] *Semler*, BB 1983, 1566 ff. (1571 f.); *Martens*, ZHR 147 (1983), 377 ff. (381); *Werner*, ZHR 147 (1983), 429 ff. (430 ff.); *Heinsius*, ZGR 1984, 383 ff. (396).

[43] *Beusch*, FS Werner, S. 1 ff.; *Götz* AG 1984, 85 ff.; *Martens*, ZHR 147 (1983), 377 ff. (381); *Werner*, ZHR 147 (1983), 429 ff. (430 ff.); *Heinsius*, ZGR 1984, 383 ff. (396); *Westermann*, ZGR 1984, 352 ff.; *ders.*, ZHR 156 (1992), 203 ff. (214).

[44] Ablehnend allerdings *Werner*, ZHR 147 (1983), 429 ff. (430 ff.); bestenfalls eingeschränkte Zustimmung auch nur von *Götz*, AG 1984, 85 ff. (94); *Ebenroth*, AG 1988, 1 ff. (3).

[45] *Rehbinder*, ZGR 1983, 92 ff. (98); *Werner*, ZHR (147), 1983, 429 ff. (438); *Westermann*, ZGR 1984, 352 ff. (364 ff.); *Heinsius*, ZGR 1984, 383 ff. (393 f.); *Hübner*, FS Stimpel, S. 791 ff (795).; *Geßler*, FS Simpel, S. 773 ff.; auch *Lutter*, FS Stimpel, S. 843; dazu näher unten, Zweites Kapitel, III, 2, a, aa und bb.

[46] Vgl. *Semler*, BB 1983, 1566 ff. (1572); *Sünner*, AG 1983, 169 ff. (172 f.); *Werner*, ZHR 147 (1983), 429 ff. (453); *Heinsius*, ZGR 1984, 383 ff. (400 f.); *Westermann*, ZGR 1984, 352 ff. (375); strikt gegen jede Beteiligung der Hauptversammlung bei allen Kapitalmaßnahmen im Konzern *Martens*, ZHR 147 (1983), 377 ff. (412 ff.);*Götz*, AG 1984, 85 ff. (88).

[47] Vgl. *Werner*, ZHR 147 (1983), 429 ff. (435).

[48] Vgl. dazu *Beusch*, FS Werner, S. 1 ff.

c) Heutiger Meinungsstand

So wie die Rechtsprechung der Instanzgerichte mit der Entscheidung des BGH arbeiten mussten, hat sich auch das Schrifttum der geänderten Rechtslage angepasst. Daher kann behauptet werden, dass die Existenz ungeschriebener Hauptversammlungszuständigkeiten heute durchaus anerkannt ist[49] und jedenfalls im Grundsatz nunmehr eindeutig die zustimmenden Stellungnahmen überwiegen[50]. Gleichwohl bleiben z. T. grundlegende Fragen in diesem Bereich weiterhin ungeklärt. Diese Prinzipalfragen ungeschriebener Mitwirkung betreffen namentlich den Schutzzweck ungeschriebener Hauptversammlungskompetenzen, ihre dogmatische Herleitung, ihren Anwendungsbereich in qualitativer und quantitativer Hinsicht (so genannte Grenzen) und die erforderliche Beschlussmehrheit für einen Zustimmungsbeschluss zu einer Holzmüller – Maßnahme. Ungeklärt sind aber auch weitere an den Hauptversammlungsbeschluss in Holzmüller – Konstellationen zu stellende Anforderungen im Hinblick auf Informations- und Berichtspflichten des Vorstands vor der Beschlussfassung, die Notwendigkeit einer (gerichtlichen) Inhaltskontrolle von Holzmüller – Beschlüssen, sowie die Frage der Vorausermächtigung des Vorstands. Die Untersuchung und Beantwortung genannter Prinzipalfragen im Lichte der neuen Macrotron - und Gelatine – Rechtsprechung des BGH stellt daher einen Schwerpunkt dieser Arbeit dar.

4. Die Gelatine – Urteile

In den so genannten Gelatine – Urteilen vom 26.04.04 hat der BGH die sich ihm endlich bietende Gelegenheit einer erneuten Beschäftigung mit ungeschriebenen Hauptversammlungszuständigkeiten nach der Holmüller – Regel genutzt und sich mit der in der Literatur geführten Diskussion auseinandergesetzt. Mit den beiden fast gleich lautenden Entscheidungen[51] war das Gericht offensichtlich bemüht, seine Rechtsprechung zu konkretisieren und zu präzisieren[52] und dadurch für die Praxis ein höheres Maß an Rechtssicherheit zu erreichen.

---

[49] So Emmerich/Habersack – *Habersack*, Vor § 311 RN 33 m.w.N.

[50] Vgl. etwa *Emmerich*, AG 1991, 303 ff. (307); *Henze*, BB 2000, 209 ff. (211); *ders.*, FS Ulmer, S. 211 ff.; *Hirte*, Bezugsrechtsausschluss, S. 160 ff.; *ders.*, KapGesR, S. 144.; *Hüffer*, AktG, § 119 RN 18; *ders.*, FS Ulmer, S. 279 ff.; *Joost*, ZHR 163 (1999), 164 ff. (179 ff.); Münch.Hdb.GesR IV – *Krieger* § 69 RN 7 f.; *Priester*, ZHR 163 (1999), 187 ff. (194 ff.); *Zimmermann/Pentz*, FS W. Müller, S. 151 ff.; *Sieger/Hasselbach*, AG 1999, 241 ff.; *Wiedemann*, Unternehmensgruppe, S. 50 ff.; *K. Schmidt*, GesR, S. 703, 731; ablehnend aber *Flume*, Jur. Person, § 8 V 4; *Beusch*, FS Werner, S. 1 (21 ff.); *Götz*, AG 1984, 85 ff. (90); *Heinsius*, ZGR 1984, 383 ff. (398); *Martens*, ZHR 147 (1983), 377 ff. (404 ff.); *Sünner*, AG 1983, 169 ff. (171 ff.); *Ulmer*, Richterrechtliche Entwicklungen, S. 47 ff., *Werner*, ZHR 147 (1983), 429 ff. (450 ff.); *Westermann*, ZGR 1984, 352 ff. (371 ff.); *Ebenroth*, AG 1988, 1 (3 ff.); aus neuerer Zeit *Bernhardt*, DB 2000, 1873 ff. (1881).

[51] BGH NZG 2004, 571 ff. und 575 ff.

[52] *Fleischer*, NJW 2004, 2335 ff. (2335) möchte hierin, mit Verweis auf *Heinsius*, ZGR 1984, 382 ff. (388) sogar das „Manna in der Wüste" der Rechtsberater sehen.

a) Sachverhalt

Die in beiden Verfahren beklage Deutsche Gelatine-Fabriken Stoess AG (DGF STOESS AG, seit April 2005 Gelita AG; hier nachfolgend Gelatine Aktiengesellschaft genannt) ist gemäß ihrem satzungsmäßigen Unternehmensgegenstand wesentlich im Geschäftsfeld der Herstellung und des Vertriebs von Gelatine sowie deren Nebenprodukten tätig. Zur Erreichung ihres Geschäftszwecks ist es der Gesellschaft nach ihrer Satzung auch erlaubt, neben der eigenen operativen Tätigkeit Unternehmen im In- und Ausland zu erwerben oder zu gründen sowie sich an Unternehmen zu beteiligen oder solche Unternehmen unter einer einheitlichen Leitung zusammenzufassen. Die Satzung bestimmt darüber hinaus, dass die Beschlüsse der Hauptversammlung mit einfacher Mehrheit gefasst werden, falls nicht Gesetz oder Satzung zwingend etwas anderes vorschreiben.

Die Hauptversammlung hatte nun im Jahre 2000 unter anderem über drei strukturändernde Maßnahmen des Vorstands zu entscheiden. Nachdem sie die Zustimmung zur Umstrukturierung der Aktiengesellschaft in eine reine Holdinggesellschaft verweigert hatte, wurde sie um Genehmigung einer bereits 1998 vorgenommenen Übertragung von zwei 100 %igen ausländischen Tochtergesellschaften in England und Schweden auf eine weitere 100 %ige Tochter gebeten, wodurch die beiden Auslandstöchter zu Enkelgesellschaften der Aktiengesellschaft wurden. Dabei war die englische Tochter ohne wesentliche Bedeutung für die Aktiengesellschaft, die schwedische Auslandsgesellschaft trug hingegen mit bis zu 30 % zum Vorsteuerergebnis des Konzerns bei, hatte einen Anteil an der Bilanzsumme von 8,2 %, am Eigenkapital von 11 %, am Umsatz von 7 %, am Buchwert von 17,1 % und an der Mitarbeiterzahl einen Anteil von 9,3 %. Die Hauptversammlung stimmte diesen Maßnahmen mit 69, 98 % gegen 30,02 % des vertretenen Kapitals zu[53].

Ferner wurde die Hauptversammlung darum gebeten, den Vorstand zur einer steuerlich motivierten Einbringung von 49 % der Gesellschaftsanteile an einer deutschen GmbH und Co. KG in eine 100 %ige Tochter der Aktiengesellschaft zu ermächtigen. Die zu übertragende Gesellschaft ist im Kerngeschäftsfeld der Aktiengesellschaft tätig und trug mit 25 % zum Konzernergebnis, mit 43, 6 % zum Umsatz, mit 31 % zur Bilanzsumme sowie mit 55,3 % zur Mitarbeiterzahl des Konzerns bei. Diesem Vorschlag stimmte die Hauptversammlung der Aktiengesellschaft mit 66, 4 % gegen 30, 02 % des vertretenen Kapitals zu[54].

Gegen diese beiden Beschlüsse erhoben die Kläger, die zusammen 27, 75 % der Aktien der beklagten Aktiengesellschaft halten, Anfechtungsklage. Sie sind der Ansicht, dass hier nach den Holzmüller – Grundsätzen eine ¾ - Mehrheit zur Annahme durch die Hauptversammlung erforderlich gewesen wäre. In Ermangelung dieser Mehrheit sei das Vorgehen der Verwaltung rechtswidrig und die Maßnahmen rückgängig zu machen.

[53] BGH II ZR 155/02 – Gelatine I.
[54] BGH II ZR 154/02 – Gelatine II.

b) Überblick über die Entscheidungsgründe

Der BGH wies die Revisionen der Kläger mit im Wesentlichen gleich lautender Begründung zurück. Die Voraussetzungen für eine Hauptversammlungszuständigkeit seien in keinem der zu entscheidenden Sachverhalte erfüllt, so dass der Versammlungsleiter zu Recht angenommen habe, der angefochtene Genehmigungsbeschluss bedürfe nicht der qualifizierten Mehrheit des vertretenen Kapitals. Folgerichtig habe er ihn als mit dem erzielten Quorum der Stimmen als wirksam zustande gekommen festgestellt.

Dies begründete der BGH im Wesentlichen mit dezidierten Ausführungen zur Holzmüller – Doktrin, deren Grundsätze hier nicht zu einer ungeschriebenen Hauptversammlungszuständigkeit führten. Zum einen sei eine qualifizierte Mehrheit nicht unter dem Aspekt einer faktischen Änderung des Unternehmensgegenstandes notwendig[55], da der satzungsmäßige Unternehmensgegenstand der beklagten Aktiengesellschaft gerade eine so genannte Konzernklausel einschloss[56]. Insoweit halte sich der Vorstand an die satzungsmäßigen Vorgaben. Zum anderen folge aber auch keine Hauptversammlungszuständigkeit aus den im Holzmüller – Urteil aufgestellten Grundsätzen. Dazu nimmt das Gericht in fast lehrbuchartiger Weise Stellung zu Schutzzweck, Rechtsgrundlage, Wesentlichkeitsgrenzen und Mehrheitserfordernis der Holzmüller – Doktrin. Es erkennt ungeschriebene Mitwirkungsbefugnisse der Hauptversammlung bei Maßnahmen, die das Gesetz dem Vorstand als Leitungsaufgabe zuweist, nur ausnahmsweise und in engen Grenzen an. Sie sollen allein dann in Betracht kommen, wenn eine vom Vorstand in Aussicht genommene Umstrukturierung der Gesellschaft an die Kernkompetenz der Hauptversammlung, über die Verfassung der Aktiengesellschaft zu bestimmen, rühre, weil sie Veränderungen nach sich ziehe, die denjenigen zumindest nahe komme, welche allein durch eine Satzungsänderung herbeigeführt werden könnten[57]. Dies könne außer für Fälle von Ausgliederungen jedenfalls auch bei Umstrukturierung einer Tochter- in eine Enkelgesellschaft wegen des mit ihr verbundenen weiteren Mediatisierungseffekts in Betracht kommen. Eine wesentliche Beeinträchtigung der Mitwirkungsbefugnisse der Aktionäre liege aber auch in diesen Fällen erst dann vor, wenn die wirtschaftliche Bedeutung der Maßnahme in etwa die Ausmaße wie im Holzmüller – Fall erreiche. Ist die Hauptversammlung danach ausnahmsweise zur Mitwirkung berufen, bedürfe ihre Zustimmung wegen der Bedeutung für die Aktionäre einer ¾ -Mehrheit[58].

---

[55] BGH, NZG 2004, 571 ff. (572); 575 ff. (576). Insoweit spricht der BGH das durch § 179 II 1, 2 AktG angeordnete Mehrheitserfordernis an, denn die faktische Änderung des Unternehmensgegenstandes hätte zu einer formellen Satzungsänderung gezwungen.

[56] Vgl. BGH, NZG 2004, 571 ff. (572).

[57] BGH, NZG 2004, 571 ff.

[58] So die Leitsätze der genannten Entscheidung BGH, NZG 2004, 571 ff.

c) Überblick über die Stellungnahmen in der Literatur

Als das Ende einer juristischen Irrfahrt"[59], „Manna in der Wüste der Rechtsberater"[60] oder „reading Holzmüller on ist facts"[61] werden die Gelatine – Entscheidungen im bisherigen Schrifttum aus Wissenschaft und Praxis fast einhellig begrüßt[62]. Obwohl sie nicht als abschließende, den Streit entscheidende Entscheidungen gefeiert werden, welche gar unkritisch zu akzeptieren wären, begrüßt die deutliche Mehrheit der Autoren die ausführlichen Darlegungen des BGH in den Urteilsgründen und den Gewinn an Rechtssicherheit[63]. Der Senat habe die sich ihm nach 22 Jahren des Wartens bietende Gelegenheit genutzt, um seiner Folgeverantwortung für die mit Holzmüller aufgeworfenen Rechtsprobleme nachzukommen[64]. Das Gericht bestätige nicht nur seine Holzmüller – Rechtsprechung überhaupt[65], sondern schränke diese zugleich in einigen für die Praxis wesentlichen Punkten ein[66] und betont ausdrücklich, dass es sich angesichts der im Aktiengesetz ausbalancierten Kompetenzverteilung zwischen Vorstand und Hauptversammlung bei Holzmüller immer um Ausnahmefälle handele[67].

5. Zusammenfassung und weiteres Vorgehen

Überlegungen, das geschriebene Zuständigkeitsspektrum der Hauptversammlung um ungeschriebene Hauptversammlungskompetenzen zu ergänzen, hat es in der langen Entwicklung des Aktienrechts immer wieder gegeben. Damit ist aus heutiger Sicht festzuhalten, dass es, unabhängig von dogmatischen und systematischen Feinheiten, jedenfalls ein abstraktes Bedürfnis nach entsprechenden Kompetenzen der Anteilseigner gibt. Im geltenden Recht haben bekanntlich ungeschriebene Hauptversammlungskompetenzen nach ihrer höchstrichterlichen Anerkennung im Holzmüller – Urteil zu einer heftigen Auseinandersetzung über Geltungsgrund, Reichweite und dogmatischer

---

[59] Bezeichnung von *Fuhrmann*, AG 2004, 339 ff.

[60] *Fleischer*, NJW 2004, 2335 ff. (2335).

[61] So *Fleischer*, NJW 2004, 2335 ff. (2336).

[62] Vgl. etwa *Altmeppen*, ZIP 2004, 999 ff.; *Bungert*, BB 2004, 1345 ff.; *Fleischer*, NJW 2004, 2335 ff.; *Fuhrmann*, AG 2004, 339 ff.; *Goette*, DStR 2004, 927 ff.; *ders.*, DStR 2005, 603 ff.; *Götze*, NZG 2004, 585 ff.; *Just*, EWiR 2004, 573 f.; *Noack*, LMK 2004, 162 f.; *Riehmer*, BGHReport 2004, 950 f.; *Hirte*, EWiR 2004, 1161 f. *Lenenbach*, WuB II A § 119 AktG 1.04; *Weißhaupt*, AG 2004, 585 ff.; *Liebscher*, ZGR 2005, 1 ff.; *Pentz*, BB 2005, 1397 ff.; *Habersack*, AG 2005, 137 ff.; *Reichert*, AG 2005, 105 ff.; *Arnold*, ZIP 2005, 1573 ff. (1579); *Becker/Horn*, JuS 2005, 1067 ff. ((1069); *Hall*, jurisPR - BGHZivilR 26/2004 Anm. 1; *Ackermann*, jurisPR - BGHZivilR 23/2004 Anm. 2.

[63] *Fuhrmann*, AG 2004, 339 ff. (341, 342); *Liebscher*, ZGR 2005, 1 ff. (15); *Simon*, DStR 2004, 1482 ff. (1482).

[64] Vgl. *Goette*, DStR 2005, 603 ff. (604).

[65] Zureffender Hinweis darauf von *Hirte*, EWiR 2004, 1161 f.

[66] *Hirte*, EWiR 2004, 1161 f.; *Just*, EWiR 2004, 573 f.; *Altmeppen*, ZIP 2004, 999 ff. (999); *Bungert*, BB 2004, 1345 ff (1345).

[67] Vgl. *Just*, EWiR 2004, 573 f. (574); *Altmeppen*, ZIP 2004, 999 ff. (1000).

Herleitung geführt[68]. In diese über mehr als zwei Jahrzehnte andauernde Diskussion hat der BGH mit den Gelatine – Urteilen klärend eingegriffen, indem er selbst das Holzmüller – Urteil fallbezogen auslegt[69]. Zur Begründung seiner Interpretation nimmt der Senat nacheinander zu den oben genannten Prinzipalfragen Stellung, woran sich auch die weitere Darstellung dieser Arbeit orientiert. Im Anschluss an die Untersuchung dieser Prinzipalfragen auf eine tatsächliche Beantwortung und Klärung der Holzmüller - Doktrin[70] im Lichte der wissenschaftlichen Diskussion sowie der neuen Gelatine - Entscheidungen, soll versucht werden, aus der neuen Rechtsprechung Antworten auf weitere ungeklärte Fragen in der Holzmüller- Diskussion abzuleiten.

II. Der Schutzzweck ungeschriebener Mitwirkungsrechte der Hauptversammlung

Zunächst ist der Schutzzweck ungeschriebener Aktionärsrechte zu beleuchten. Denn nur wenn feststeht, worin überhaupt das Schutzanliegen ungeschriebener Mitwirkung liegt, lassen sich Schlussfolgerungen für die Beantwortung der weiteren offenen Fragen ziehen[71]. Über den Schutzzweck ungeschriebener Mitwirkungsrechte nach der Holzmüller – Rechtsprechung besteht jedoch keine Einigkeit. Dies begründet sich zum einen in der unterschiedlichen Bewertung und Einordnung der Rechtsstellung des Aktionärs im geltenden Aktienrecht, zum anderen in dem Verständnis ungeschriebener Mitwirkungsrechte der Hauptversammlung als Ausdruck eines spezifischen Konzernverfassungsrechts. Zur Klärung dieser Frage hat der BGH mit den Gelatine – Entscheidungen jedoch einen entscheidenden Beitrag geleistet.

---

[68] Vgl. etwa die Bestandsaufnahme bei MüKo AktG – *Kubis*, § 119 RN 31 ff.; *Henze*, FS Ulmer, S. 211 ff.

[69] Die Gelatine – Urteile werden insgesamt fast einhellig begrüßt: vgl. nur *Götze*, NZG 2004, 585 ff. (589); *Habersack*, AG 2005, 137 ff. (149); *Reichert*, AG 2005, 150 ff. (155); *Fuhrmann*, AG 2004, 339 ff. (342); *Fleischer*, NJW 2004, 2335 ff. (2339); *Weißhaupt*, AG 2004, 585 ff. (591); *Pentz*, BB 2005, 1397 ff. (1403); *Arnold*, ZIP 2005, 1573 ff. (1579); trotz Kritik wohl auch *Bungert*, BB 2004, 1345 ff. (1352) und *Liebscher*, ZGR 2005, 1 ff.

[70] Namentlich betrifft dies Schutzzweck, dogmatische Herleitung, Grenzen und erforderliche Beschlussmehrheit der Holzmüller – Regel.

[71] Gegen eine solche Verknüpfung aber grundsätzlich *Reichert*, Ausstrahlungswirkungen, S. 25 ff. (50 f.).

1. Überblick über die zum Schutzzweck ungeschriebener Mitwirkung vertretenen Ansätze und Konzepte

a) Konzernverfassungsrechtlicher Ansatz: Holzmüller als richterrechtliche Keimzelle einer allgemeinen Konzernbildungs- und - leitungskontrolle

Bereits vor der Holzmüller – Entscheidung wurde in der Literatur eine Diskussion angestoßen, die sich mit der Kompetenzverteilung in der Aktiengesellschaft, vor allem im Konzernierungsfall, beschäftigt[72]. Den Ausgangspunkt dazu stellt die Beobachtung dar, dass die Struktur einer Aktiengesellschaft beeinflusst wird, wenn diese Gesellschaft durch die Schaffung abhängiger Unternehmen zu einer Konzernobergesellschaft wird. Insoweit ist die Frage betroffen, ob sich die Verwaltung einer Konzernobergesellschaft der Kontrolle durch die Anteilseigner dadurch entziehen kann, dass sie Teile der unternehmerischen Leitung auf eine Tochtergesellschaft verlagert[73]. Durch die Wahrnehmung der Gesellschafterrechte in der Tochtergesellschaft durch den Vorstand könne etwa die Aktionärsbefugnis zur Bestellung und Abberufung von Aufsichtsratsmitgliedern sowie die Befugnis des Aufsichtsrats zur Bestellung und Abberufung des Vorstands mittelbar dadurch tangiert werden, dass ein unmittelbarer Zugriff auf die abgeleitete Position in der Untergesellschaft eben nicht mehr bestehe[74]. Auch könne bei Beibehaltung der bisher angenommenen Zuständigkeit der Verwaltung der Obergesellschaft für die Gewinnverwendung in der Tochter diese durch Rücklagenbildung in der Tochter in die Gewinnverwendungskompetenz der Hauptversammlung der Obergesellschaft gem. § 58 II AktG eingreifen[75]. Ebenso werde das Entscheidungsrecht der Hauptversammlung, bei Satzungsänderungen und unternehmerischen Grundentscheidungen wie Unternehmensverträgen und Fusionen mitzuwirken, materiell ausgehöhlt, wenn diese Entscheidungen auf der Ebene der Tochter getroffen werden und hierbei der Vorstand der Obergesellschaft allein entscheiden könne[76]. Eine Aushöhlung der den Aktionären in vielen Einzelnormen zugestandenen Mitverwaltungsrechte könne auch dadurch erfolgen, dass etwa der in § 186 AktG zum Ausdruck kommende Entscheidungsvorbehalt der Gesellschafter über den Kreis der Gesellschafter selbst tangiert sei, wenn der Vorstand automatisch neue Gesellschafter in eine 100 %ige Tochter aufnehme[77]. Auch durch eine rechtsformspezifische Mitbestimmung der Tochter in deren Gesellschafterversammlung könnten neue Interesse wirksam werden,

[72] Maßgeblicher Protagonist ist hier *Lutter* in verschiedenen Beiträgen: *Lutter*, DB Beilage 21 zu Heft 46 S. 12 ff.; *ders.*, FS Barz, S. 199 ff.; *ders.*, FS Westermann, S. 347 ff.; später *ders.*, FS Stimpel, S. 825 ff.; *Westermann*, ZGR 1984, 352 ff. (355) bezeichnet daher die Untersuchungen *Lutters* auch als Urknall der Holzmüller – Problematik.

[73] *Lutter*, FS Westermann, S. 347 ff.; *ders.*, FS Barz, S. 199 ff. (211).

[74] Vgl. *Lutter*, FS Westermann, S.347 ff. (360).

[75] *Lutter*, FS Westermann, S. 347 ff. (352).

[76] *Lutter*, FS Westermann, S. 347 ff. (357 ff.).

[77] Vgl. *Lutter*, FS Westermann, S. 347 ff. (364 ff.).

die den Einfluss der Entscheidungsträger der Obergesellschaft, und damit auch deren Anteilseigner, reduzieren könnten.

Um diesem entgegenzuwirken könne man nun entweder den Organen gewisse Kompetenzen im Außenverhältnis zugestehen, die intern wiederum zu beschränken seien, was einen starken Eingriff in die Struktur der Aktiengesellschaft bedeuten würde[78], oder man entscheide sich von vornherein für einen weniger eingriffsintensiven Zuständigkeitsdurchgriff. Dabei sei die gesteigerte Macht der Verwaltung zum Schutz der Anteilseigner durch die Ausweitung ihrer Pflichten zu kompensieren. Dies führe dazu, dass das Konzernrecht nicht nur als Schutzrecht der Aktionäre des abhängigen oder des herrschenden Unternehmens anzusehen sei, sondern vielmehr auch als Organisations- und Verhaltensrecht für eine besondere Unternehmensform[79], den Konzern. Dieser selbst sei Organisationsform des einen Unternehmens im Sinne einer zweckgerichteten Handlungseinheit, dem allerdings eine eigene Rechtsform und Rechtsfähigkeit fehlen[80]. Diese Zweckrichtung entspreche durchaus dem gemeinsamen Zweck des § 705 BGB, nur dass die dort gedachte Gleichordnung der Partner für den Unterordnungskonzern nicht zutreffe[81]. In seinen Grundaspekten aber unterscheide sich der Konzern nicht von anderen Formen partnerschaftlicher Kooperation. Er werde gegründet, müsse finanziert, geleitet und überwacht werden. Auch habe er interne Interessenkonflikte unter seinen Mitgesellschaftern zu lösen, Rechenschaft zu legen und werde eines Tages wieder aufgelöst[82]. Ebenso habe der Konzern eigene Interessen, die durchaus nicht immer mit denen der einzelnen Konzerngesellschaften als Verbandsmitglieder identisch seien[83]. Um handlungsfähig zu sein bedürfe der Konzern daher, wie jede andere Organisationsform auch, eigener Organe[84]. Das Leitungsorgan sei der Vorstand der Obergesellschaft, das Überwachungsorgan der Aufsichtsrat der Obergesellschaft, folglich könne auch das Grundorgan des Konzerns nur das Grundorgan der Obergesellschaft, bei der Aktiengesellschaft also deren Hauptversammlung sein[85]. Da die Entscheidung zur Bildung jedweder Organisationsform als Grundentscheidung begriffen und vom Grundorgan getroffen werde, ergebe sich zwangsläufig, dass nur die Hauptversammlung der künftigen Obergesellschaft über solche grundlegenden Fragen entscheiden könne[86].

---

[78] *Lutter*, FS Westermann, S. 347 ff. (361 ff.); *ders.*, FS Barz, S. 199 ff. (213).
[79] *U.H. Schneider*, BB 1981, 249 ff.; *ders.*, BB 1986, 1993 ff.
[80] *Lutter*, FS Stimpel, S. 825 ff (829).
[81] *Lutter*, FS Stimpel, S. 825 ff. (829).
[82] *Lutter*, FS Stimpel, S. 825 ff. (827); *ders.*, ZGR 1987, 324 ff. (329).
[83] *Lutter*, ZGR 1987, 324 ff. (329).
[84] *Lutter*, FS Stimpel, S. 825 ff. (829 f.).
[85] *Lutter*, FS Stimpel, S. 825 ff. (832).
[86] *Lutter*, FS Stimpel, S. 825 ff. (832); *Lutter/Leinekugel*, ZIP 1998, 225 ff. (230).

b) Die Konzernleitungspflicht: Ungeschriebene Hauptversammlungszuständigkeit zur Legitimation der durch die Konzernbildung beschränkten Konzernleitungsmacht des Vorstands

Andere sehen den Schutzzweck ungeschriebener Mitwirkung in der Billigung einer Konzernierungserklärung. Diesem Ansatz liegt eine dem Vorstand zukommende Pflicht zu Grunde, den ihm im Konzernierungsfall an einer anderen Gesellschaft zustehenden Einfluss auch tatsächlich auszuüben. Insoweit gebiete es die gesellschaftsrechtliche Zweckverfolgung dem Vorstand, alle Ressourcen, die der Gesellschaft zur Verfügung stünden, aktiv einzusetzen. Dies umfasse auch das in der Beteiligung enthaltene unternehmerische Herrschaftspotenzial. Daraus folge nach § 76 I AktG die Verpflichtung des Vorstands, die Aktivitäten und Ressourcen, auf die er in beiden Gesellschaften Einfluss nehmen kann, unter einheitlicher Leitung zusammenzufassen. Den Vorstand der Obergesellschaft treffe daher eine Konzernleitungspflicht. Allerdings bestünden insbesondere im faktischen Konzern Gegenkräfte, da dort der Tochtervorstand die Tochteraktivitäten in weitgehender Autonomie zu leiten habe, wohingegen der Konzernvorstand nur einzelne Bereiche der Unternehmenspolitik einheitlich leiten dürfe[87]. Ein faktischer Konzern sei daher von Rechts wegen nur als dezentraler Konzern zulässig[88], was in seinem Grundrisiko begründet sei, dass nicht wie im Vertrags- oder Eingliederungskonzern eine Verpflichtung zum Ausgleich der Tochterverluste oder eine gesamtschuldnerische Haftung bestehe, sondern dass die von der Konzernspitze in die Tochter investierten Mittel verwirtschaftet würden[89]. Verstärkt durch die erheblich eingeschränkten Leitungsmöglichkeiten des Konzernvorstands, sei im faktischen Konzern daher von einem Gesamtrisiko auszugehen, welches demjenigen beim Vertrags- und Eingliederungskonzern entspreche[90]. Für die daraus erforderlich werdende Rücknahme des gesetzlichen Leitungsauftrags bedürfe es aber auch im faktischen Konzern, wie im Vertragskonzern, einer Hauptversammlungszustimmung zum konzernbildenden Organisationsakt[91]. Als solchen Organisationsakt fordert Hommelhoff eine Konzernierungserklärung der Konzernspitze gegenüber der Konzerntochter, in welcher der Konzernvorstand sein konzernorganisatorisches Grundkonzept in rechtlich relevanter Form nach außen verlautbaren müsse[92]. Dieser Erklärung habe die Hauptversammlung der Konzernspitze mit qualifizierter Mehrheit als ungeschriebene Zuständigkeit zuzustimmen[93].

---

[87] *Hommelhoff*, Konzernleitungspflicht, S. 418.
[88] *Hommelhoff*, Konzernleitungspflicht, S. 418.
[89] *Hommelhoff*, Konzernleitungspflicht, S. 423.
[90] *Hommelhoff*, Konzernleitungspflicht, S. 423.
[91] *Hommelhoff*, Konzernleitungspflicht, S. 423.
[92] *Hommelhoff*, Konzernleitungspflicht, S. 424.
[93] *Hommelhoff*, Konzernleitungspflicht, S. 424.

c) Die hybride Rechtsstellung des Aktionärs: Ungeschriebene Hauptversammlungszuständigkeiten zum Schutz des in der Aktie verkörperten Anteilswertes

Eine andere Ansicht in der Literatur versteht die Rechtsstellung des Aktionärs hingegen weniger verbandsrechtlich determiniert. Diese sei vielmehr hybrid, da das Gesetz mit vermögensbezogenen, auf den Aktionär in seiner Rolle als Kapitalanleger ausgerichteten Regelungselementen die verbandsrechtlichen Ordnungsmuster weitgehend modifiziere[94]. Danach seien auch ungeschriebene Mitwirkungsrechte nur insoweit anzuerkennen, wie Vermögensinteressen der Aktionäre betroffen seien[95]. Die hybride Rechtsstellung des Aktionärs folge daraus, dass der Anlageaktionär typischerweise in ein mehrere Vermögensanlagen umfassendes Portefeuille investiere und daher allein daran interessiert sei, dessen Gesamtrendite zu maximieren und nicht die Rendite einzelner Portefeuillebestandteile[96]. Der Anleger stehe der Verwirklichung des gemeinsamen Zwecks fern und verfolge mit den anderen Gesellschaftern allenfalls parallele Interessen[97]. Da der Anleger zuvörderst an der Maximierung seines individuellen Wohlstandes interessiert sei, lasse sich ein überindividueller Maßstab in Gestalt eines Verbandszwecks anhand der prinzipiellen Gleichwertigkeit aller Interessen nicht bestimmen[98]. Belege dafür seien etwa die Umstände beim Austritt aus der Gesellschaft, sowie die Bedeutung des Stimmrechts als Kerngehalt des Mitgliedschaftsrechts: Dem Gesellschafter als Verbandsmitglied sei möglichst die Chance zu erhalten, in dem Verband zu verbleiben und an der Erfüllung des gemeinsamen Zwecks mitzuwirken. Daher lägen die Probleme beim Austrittsrecht aus Sicht des Anlegers nicht in der Absicherung seiner Mitgliedsposition, sondern bei der Festlegung einer angemessenen Abfindung[99]. Auch seien Mitwirkungsrechte bei einem atomisierten Gesellschafterkreis kein geeignetes Mittel, um den Anleger davor zu schützen, dass seine Anlageentscheidung durch nachträgliche Veränderungen unrichtig werde[100], denn etwa die Möglichkeit durch Verhandlungen mit den übrigen Gesellschaftern ein bestimmtes Abstimmungsergebnis herbeizuführen, scheitere rein praktisch daran, dass mit wachsendem Beteiligtenkreis die für solche Verhandlungen anfallenden Kosten rasch den für den einzelnen Anleger zu erzielenden Nutzen überstiegen[101].

Das geltende Aktienrecht erkenne den Schutz der Vermögenspositionen des Aktionärs in zunehmendem Maße an. Insbesondere § 243 II S. 2 AktG sei eine Norm, die

[94] Zu dieser Konzeption *Mülbert*, Aktiengesellschaft, S. 97 ff. zu der Modifizierung einzelner Regelungen ebd. S.154 ff; *ders.*, FS Ulmer, S. 433 ff.

[95] *Mülbert*, Aktiengesellschaft, S. 416 ff.; GK AktG – *Mülbert*, § 119 RN 33; vgl. ferner *Mertens*, AG 1990, 49 ff. (52); *Westermann*, ZGR 1984, 352 ff. (378).

[96] *Mülbert*, Aktiengesellschaft, S. 102.

[97] *Mülbert*, Aktiengesellschaft, S. 138.

[98] *Mülbert*, Aktiengesellschaft, S. 150.

[99] *Mülbert*, Aktiengesellschaft, S. 151.

[100] *Mülbert*, Aktiengesellschaft, S. 145.

[101] *Mülbert*, Aktiengesellschaft, S. 145. Für diese Darstellung außer Betracht bleiben kann zunächst die Frage, ob dieses Argument auch im Zeitalter elektronischer Diskussionsforen und Chat – Rooms noch greift.

die faktische Bedeutungslosigkeit der Mitwirkungsrechte des Kleinaktionärs voraussetze und daher den Aktionärsschutz allein unter vermögensmäßigen Gesichtspunkten verfolge. Denn danach hätten Aktionäre auch solche Beschlüsse hinzunehmen, durch die einzelne Gesellschafter einen Sondervorteil zu erlangen suchten, solange nur ihr vermögensmäßiger Status durch Ausgleichsgewährung unverändert bliebe[102]. Selbiges lasse sich an § 255 II AktG erkennen, der von einem „inneren Wert" der Aktie als für alle Aktionäre übereinstimmende Größe ausgehe, was für eine Differenzierung zwischen Herrschafts- und Vermögensrechten keinen Raum lasse[103]. Dies sei der Grund, warum mit einer 75 %igen Kapitalmehrheit durch Verschmelzung, Aufspaltung und Vermögensübertragung die Mitgliedschaft des Aktionärs und damit seine Herrschaftsrechte gegen Abfindung vernichtet werden könnten. Das der Schutz der vermögensmäßigen Beteiligung des Kleinaktionärs eindeutig im Vordergrund stehe[104], belegten auch die §§ 304 III, 320 b AktG, welche beim Abschluss eines Gewinnabführungs- und Beherrschungsvertrages sowie bei der Eingliederung die Möglichkeit, den Beschluss nach § 243 II AktG wegen Verfolgung von Sondervorteilen anzufechten, ausschließen, solange die vermögensmäßige Stellung des Aktionärs abgesichert sei[105]. Die Zulässigkeit schädigender Beschlüsse setze sich in den in § 311 für faktisch abhängige Gesellschaften und in §§ 291 III, 308 AktG für vertraglich beherrschte Gesellschaften fort. §§ 311, 317 AktG stellten hier den Ausgleich bei faktischer Abhängigkeit durch unmittelbare Sicherung der abhängigen Gesellschaft und mittelbare Sicherung des Aktionärsvermögens sicher, während bei Beherrschungs- und Gewinnabführungsverträgen gem. § 304 AktG unmittelbar die außenstehenden Aktionäre und über §§ 300 ff. AktG das Gesellschaftsvermögen geschützt seien[106]. Aufgrund der nach geltendem Aktienrecht daher stark eingeschränkten Mitgliedschaftsrechte des Aktionärs, zugunsten seiner vermögensmäßigen Position, sei eben auch der Schutzzweck einer ungeschriebenen Mitwirkung an den Vermögensinteressen der Aktionäre auszurichten.

d) Das verbandsrechtliche Prinzip der Mitgliedschaft: Ungeschriebene Hauptversammlungszuständigkeiten zum Schutz des Aktionärs als Verbandsmitglied

Demgegenüber interpretiert die wohl hM die konzeptionellen Grundlagen der Aktionärsstellung und des innergesellschaftlichen Aktionärsschutzes rein verbandsrechtlich[107]. Ausgangspunkt sei die Mitgliedschaft als allen Verbänden zu Grunde liegende Konstante, definiert als die auf der Zugehörigkeit zu einem Verband beruhende

[102] *Mülbert*, Aktiengesellschaft, S. 260.
[103] *Mülbert*, Aktiengesellschaft, S. 263 ff.
[104] *Mülbert*, Aktiengesellschaft, S. 271.
[105] *Mülbert*, Aktiengesellschaft, S. 271.
[106] *Mülbert*, Aktiengesellschaft, S. 300.
[107] Vgl. etwa *Habersack*, Mitgliedschaft, S: 297 ff.; Emmerich/Habersack – *Habersack*, 3.Aufl., Vor § 311 RN 34; *Wiedemann*, GesR I, S. 53; *Henze*, BB 2001, 53 ff. (61);mit Einschränkungen *Hüffer*, FS Kropff, S. 128 ff. (132); *K. Schmidt*, GesR, S. 167, 770.

Rechtsstellung einer Person[108]. Diese Mitgliedschaft bündele die aus der Verbandszugehörigkeit folgenden subjektiven Rechte[109] und Pflichten[110] seines Inhabers zu einem eigentlichen Gegenstand[111], begründe darüber hinaus aber auch als Rechtsverhältnis eine Sonderrechtsbeziehung sowohl zwischen Mitglied und Verband, als auch zwischen den einzelnen Mitgliedern selbst[112]. Das Mitgliedschaftsverhältnis mache die Gesellschafter zu Inhabern bestimmter Rechte und Pflichten[113], denen wiederum für die Annahme einer mitgliedschaftlichen Stellung Indizwirkung zukommt. Dieser, das deutsche Gesellschaftsrecht kennzeichnende mitgliedschaftliche Ansatz, liege daher auch dem Aktiengesetz zu Grunde: Das Aktienorganisationsrecht sei das Recht des Personenverbandes Aktiengesellschaft und die Rechtsstellung des einzelnen Aktionärs diejenige eines Verbandsmitglieds. Der Schutz des Aktionärs in seiner Rolle als Kapitalanleger sei allein durch das Kapitalmarktrecht und nicht durch das Aktienrecht zu gewährleisten[114]. Diese Aussage durchzieht etwa auch die von der Regierungskommission Corporate Governance zum Thema „Aktionär und Anleger“ erarbeiteten Vorschläge, wonach Anlegerschutz allein in Form einer kapitalmarktrechtlichen Haftung der Organmitglieder für Falschinformationen des Kapitalmarkts eine Rolle spielte[115]. Im Hinblick auf ungeschriebene Mitwirkungsrechte der Aktionäre folgt aus diesem Ansatz, dass ein Zustimmungserfordernis dann in Betracht zu ziehen ist, wenn mitgliedschaftlich vermittelte Rechte der Aktionäre substanziell verletzt oder verwässert werden (Kernbereich).

---

[108] *Lutter*, AcP 180 (1980), 86 ff.; *K. Schmidt*, GesR, S. 547 m.w.N.

[109] Als mitgliedschaftliche Rechte in der Aktiengesellschaft kann man Mitverwaltungsrechte (= Herrschaftsrechte) und Teilhaberechte differenzieren. Zentrales Mitverwaltungsrecht ist das Stimmrecht aus § 12 I AktG, Teilhaberechte als Ausfluss des Mitgliedschaftsrechts ergeben sich etwa aus § 221, 186 IV, oder 140 II AktG. Näher dazu *K. Schmidt*, GesR, S. 797; KK AktG – *Kraft*, § 11 RN 11 f.; *Henn*, Hdb. AktR, § 20 RN 701.

[110] Die Hauptpflicht des Aktionärs besteht gem. § 54 I AKtG in der Leistung der Einlage bis zum Nennbetrag der Aktie oder bis zum höheren Ausgabebetrag zur Kapitalaufbringung beizutragen und zwar entweder durch Zahlung, oder bei anderer Festlegung in der Satzung, durch Sacheinlage. Darüber hinaus ist heute auch bei der AG die (ungeschriebene) Treuepflicht anerkannt und zwar nicht nur zwischen der Gesellschaft und ihren Mitgliedern, sondern auch im Verhältnis der Gesellschafter untereinander. Näher dazu *Winter*, Mitgliedschaftliche Treubindungen, S. 19 ff., 95 ff., 121 ff.

[111] *K. Schmidt*, GesR, S. 549; *Wiedemann*, GesR I, S. 95; *Lutter*, AcP 180 (1980), 84 ff. (158).

[112] *K. Schmidt*, GesR, S. 552; grundsätzlich auch *Wiedemann*, GesR I, S. 95.

[113] Vgl. dazu statt aller eingehend *K. Schmidt*, GesR, S. 547 ff.

[114] Statt vieler *K. Schmidt*, GesR, S. 13 f.

[115] Vgl. *Baums*, Kommissionsbericht, RN 78 ff., 186 ff.

2. Die aufgezeigten Ansätze und Konzepte vor dem Hintergrund der neuen Rechtsprechung

a) Der konzernverfassungsrechtliche Ansatz

Das Holzmüller – Urteil kann richtigerweise nicht als Bestätigung des konzernverfassungsrechtlichen Ansatzes verstanden werden[116], was der BGH in den Gelatine – Urteilen nunmehr auch ausdrücklich klarstellt[117]. Bereits die Auseinandersetzung in den Holzmüller – Gründen selbst enthält die Feststellung, dass der Senat sich nicht gehalten sehe, „umfassend zu erörtern, inwieweit das Modell einer konzernspezifischen Binnenordnung nach geltendem Recht begründbar, mit den wirtschaftlichen Gegebenheiten zu vereinbaren und praktisch durchführbar sei"[118]. Deutlicher noch wird das Gericht in Sachen Gelatine. Es gesteht dieser Konzeption zwar zu, dass ein internes Zustimmungserfordernis der Hauptversammlung in bestimmten gesetzlich nicht geregelten Fällen den Einfluss der Hauptversammlung auf eine Konzernbildung und -leitung verstärken könne, doch sei dies lediglich Reflex der vom Senat für erforderlich gehaltenen Beteiligung der Aktionäre[119]. Maßgeblich abzustellen sei allein auf die mit der Ausgliederung entscheidender, wichtiger Teile des Unternehmens der Gesellschaft auf nachgelagerte Beteiligungsgesellschaften notwendigerweise verbundenen Mediatisierung des Einflusses der Aktionäre und die dadurch vermittelten Vermögensinteressen der Aktionäre[120]. Ohne allgemeine Aussagen über den Kreis der einer Zustimmung durch die Hauptversammlung unterliegenden Geschäftsführungsmaßnahmen zu tätigen, hält der BGH einen solchen Mediatisierungseffekt, den der Vorstand angesichts der von ihm ausgehenden tief greifenden Auswirkungen auf die Rechtsstellung der Aktionäre, deren ihm anvertrautes Geld der Vorstand bei seiner Leitungstätigkeit zu verwalten habe, nicht nur bei der Ausgliederung eines wichtigen Betriebsteils auf eine dazu gegründete Tochtergesellschaft für gegeben, sondern aufgrund der hier ebenfalls eintretenden weiteren Machtverschiebung zu Lasten der Aktionäre auch bei Umstrukturierungen des Beteiligungsbesitzes von einer Tochter- auf eine Enkelgesellschaft, wie sie etwa den Anlass zum Gelatine - Rechtsstreit bildeten[121]. Genuin konzernrechtliche Schutzüberlegungen zum Schutz der Aktionäre der Obergesellschaft stellen damit nicht den mit der Holzmüller – Mitwirkung verfolgten Schutzzweck dar; die Ablehnung und Abgrenzung zu dieser Ansicht hätte kaum deutlicher sein können.

Über die Ausführungen des BGH hinaus bestehen, etwa im Hinblick auf die Vergleichbarkeit des Konzerns mit anderen Formen partnerschaftlicher Kooperation[122], weitere Zweifel an der Richtigkeit dieses speziell konzernrechtlichen Schutzes der Ak-

[116] Anders aber die gerade zitierten Autoren, die hierin eine Bestätigung ihrer Lehre erblickten.
[117] BGH, NZG 2004, 571 ff. (573).
[118] BGHZ 83, 122 ff. (138).
[119] BGH, NZG 2004, 571 ff. (573).
[120] Vgl. BGH, NZG 2004, 571 ff. (573).
[121] Vgl. BGH, NZG 2004, 571 ff. (573).
[122] Ausführlich dazu *Mülbert*, Aktiengesellschaft, S. 26 f.

tionäre. Denn allein aufgrund der nicht gewährleisteten gleichberechtigten Entscheidungsteilhabe aller Konzernmitglieder im „verbandlichen Grundorgan“, insbesondere mangels rechtlich gesicherter Vertretung der Tochtergesellschaft in der Hauptversammlung der Obergesellschaft, kann gefolgert werden, dass der hierarchische Zwangsverband Konzern gerade nicht in seinen grundlegenden Strukturprinzipien mit den Zweckverbänden des Privatrechts übereinstimmt[123].

Die Herleitung ungeschriebener Zuständigkeiten der Hauptversammlung aus ihrer Stellung als Grundorgan stellt sich auch insgesamt als Paradigmenwechsel vom Gesellschaftsrecht zum Unternehmensrecht dar[124]. Anders wäre es nicht zu erklären, wie und warum die Hauptversammlung der künftigen Obergesellschaft bereits als Konzerngrundorgan für die erst noch durch sie selbst zu bewirkende Konzerngründung zuständig sein soll; sich als Konzerngrundorgan mithin also selbst erst erschafft[125]. Dies wird nur verständlich, wenn man die Hauptversammlung bereits in der Einheitsgesellschaft nicht bloß als Organ des einen Rechtsträgers betrachtet, sondern vielmehr als Organ der, allerdings noch im Gewand der Einheitsgesellschaft, betriebenen Unternehmung insgesamt. Dann erscheint es sinnvoll, dass das Grundorgan der Unternehmung bestehen bleiben muss, wenn diese nur ihr Gewand von der Einheitsgesellschaft zum Konzern wechselt[126]. Eine solche Sicht des Konzerns als ein mit einem eigenen Grundorgan versehener Verband sui generis ist aber mit dem geltenden Recht unvereinbar[127]. Dementsprechend kann dieses Grundorgan auch nicht mit ungeschriebenen Hauptversammlungskompetenzen ausgestattet werden. Vielmehr behandeln ungeschriebene Hauptversammlungszuständigkeiten in Fällen der Konzernierung, wie etwa dem ursprünglichen Holzmüller – Fall, einen Binnenkonflikt in der herrschenden Aktiengesellschaft, der sich hier daraus ergibt, dass das Unternehmen künftig eine Unternehmensgruppe bildet[128]. Die Stellung der Hauptversammlung als das „Grundorgan des Konzerns“ erfordert daher keine ungeschriebenen Hauptversammlungszuständigkeiten zum Schutz des Aktionärs der Obergesellschaft.

b) Die Konzernleitungspflicht

Auch eine etwaige Pflicht des Vorstands zur Konzernleitung und damit verbundene Gefahren für die Gesellschaft, vermögen einen Schutzgrund für eine ungeschriebene Mitwirkung der Aktionäre nicht begründen. Zwar werden in dieser Konzeption die Gefährdung der Obergesellschaft und deren Aktionäre sowie die nur noch beschränkt steuerbaren Tochterrisiken im Konzernierungsfall zutreffend herausgearbeitet, aber dort sehen die Vertreter dieser Ansicht gerade nicht den Schutzzweck ungeschriebener Hauptversammlungsmitwirkung. Vielmehr ist Ansatzpunkt der Zustimmung die

[123] *Mülbert*, Aktiengesellschaft, S. 27.
[124] *Mülbert*, Aktiengesellschaft, S. 398.
[125] *Mülbert*, Aktiengesellschaft, S. 399.
[126] *Mülbert*, Aktiengesellschaft, S. 399.
[127] So auch *Mülbert*, Aktiengesellschaft, S. 399.
[128] Vgl. *Wiedemann*, Unternehmensgruppe, S. 17.

Pflichtenstellung des Vorstands der Konzernobergesellschaft, eben die behauptete Konzernleitungspflicht. Ob es eine solche Konzernleitungspflicht aber überhaupt gibt, und ob diese gar ungeschriebene Mitwirkungsrechte zu begründen vermag, erscheint fraglich. Zum einen ist im Einheitsunternehmen der Vorstand nach § 76 I AktG nicht zu einer möglichst intensiven einheitlichen Leitung verpflichtet, wie sich etwa an der Möglichkeit der Spartenorganisation eines Unternehmens zeigt. Die Verpflichtung des § 76 AktG, die Gesellschaft zu leiten, bedeutet nur, dass der Vorstand für diesen Sachbereich verantwortlich und zuständig ist, nicht aber, dass er an eine innerorganisatorische Durchführung gebunden ist, die nur qua Hauptversammlungsentscheid abänderbar wäre. Also ist dem Vorstand auch in der Einheitsgesellschaft ein weites unternehmerisches Ermessen zuzubilligen, wie er die Unternehmensorganisation gestaltet, um den Gesellschaftszweck zu verfolgen, zumal es nicht im Aktionärsinteresse sein kann, durch eine weitere Verrechtlichung die Flexibilität der Gesellschaft am Markt einzuschränken. Zum anderen ist die Annahme eines Zwangs zur straffen Geschäftsleitung, die den Vorstand verpflichtet die Beteiligungsrechte in der Tochter so weit auszuüben, wie dies rechtlich zulässig ist, mit den Regelungen der §§ 17, 18 AktG nur schwer vereinbar. Diese setzten ja gerade die Zulässigkeit schlichter Abhängigkeit voraus. Auch wenn §§ 17, 18 AktG lediglich Definitionsnormen sind, spricht die darin zum Ausdruck kommende Vorstellung des Gesetzgebers gegen eine intensive Konzernleitungspflicht der dargelegten Art. Mithin liegt es im Rahmen des vorstandlichen Organisationsermessens, ob dieser eine Unternehmensgruppe einheitlich leiten und damit eine Konzernierung herbeiführen, oder seine Leitung hinsichtlich der anhängigen Gesellschaften auf eine bloße Kontrollfunktion begrenzen will. Letztlich ist auch rechtspolitisch mit einer Konzernleitungspflicht nichts gewonnen, denn sie behindert die Flexibilität der Konzernführung[129]. Sie macht den Aufbau einer betriebswirtschaftlich sinnvollen dezentralen Führung im Konzern faktisch unmöglich[130] und der Zwang zur Ausschöpfung bloßer Beherrschungsmöglichkeiten führt zu einer möglichen Dauergefährdung der Interessen der Untergesellschaften und droht damit deren gesetzlichen Schutz auszuhöhlen[131].

Damit bleibt festzuhalten, dass spätestens mit den Gelatine – Urteilen ungeschriebene Hauptversammlungszuständigkeiten nicht Ausdruck einer spezifischen Konzernverfassung sind. Die Notwendigkeit ungeschriebener Hauptversammlungsbeteiligungen zum Zwecke des Aktionärsschutzes ergibt sich mithin nicht aus konzernrechtlichen Überlegungen, sondern kann nur dann in Betracht kommen, wenn neben den angenommenen Verwerfungen in der Organisationsstruktur auch eine materielle Interessenbeeinträchtigung zu zeitigen ist. Dementsprechend ist der BGH in den Holzmüller- und Gelatine - Entscheidungen auch davon ausgegangen, dass im konkreten Fall nicht die mit der Ausgliederung bzw. Verenkelung verbundenen Folgen für die Organisationsstruktur zur Annahme einer Hauptversammlungskompetenz führten, sondern die

---

[129] *Rittner*, AcP 183 (1983), 295 ff. (305); *Wiedemann*, Unternehmensgruppe, S. 76; wohl auch *Ebenroth*, Konzernbildungskontrolle, S. 27.
[130] Vgl. dazu *Scheffler*, AG 1990, 173 ff. (174 f.).
[131] *Rehbinder*, ZHR 147 (1983), 464 ff. (467).

sich aus dieser Veränderung ergebende Gefährdung der Mitgliedschaftsrechte der Aktionäre[132].

c) *Die hybride Rechtsstellung des Aktionärs*

Auch hinsichtlich einer vermögensbezogenen Definition der Rechtsstellung des Aktionärs und daraus herzuleitender ungeschriebener Mitwirkungsrechte müssen Zweifel bestehen. Fraglich erscheint neben rechtstatsächlichen Erwägungen insbesondere, ob die in dieser Konzeption gezogenen Schlussfolgerungen tatsächlich aus geltendem Aktienrecht zu ziehen sind, und das AktG nicht vielmehr die gegenteilige Aktionärsstellung auch in jüngerer Zeit unterstützt. Insoweit blendet die vermögensbezogene Aktionärsstellung den gesetzlich normierten Aktionärsschutz durch Mitentscheidung und Kontrolle aus und erscheint nicht zuletzt mit Blick auf die erfolgte Stärkung mitgliedschaftlicher Teilhaberechte durch das Inkrafttreten des UMAG[133] zum 01.11.2005 fraglich.

aa) Gefahr der Spaltung des einheitlichen Aktionärsbildes

Zunächst ist gegen die Konzeption einzuwenden, dass sie die Gefahr der Bildung einer Zweiklassengesellschaft der Aktionäre birgt. Denn obwohl mitgliedschaftliche Teilhaberechte des Aktionärs nicht vollständig ignoriert werden, kommt sie doch bei konsequenter Anwendung ihrer Grundsätze zu einer faktischen Aufhebung der gerade gesetzlich angelegten Unterscheidung[134] zwischen mitgliedschaftlicher, und damit durch Teilhaberechte geprägter Beteiligung, und schuldrechtlicher Gläubigerstellung[135]. Dies aber scheint nicht nur für die nicht börsennotierte Aktiengesellschaft, die in der Praxis fünfzehn Mal so häufig vorkommt wie die börsennotierte Aktiengesellschaft, ganz und gar unangemessen[136]. Denn auch der Aktionär einer börsennotierten Gesellschaft, und auf eine solche ist die Konzeption der hybriden Rechtsstellung jedenfalls einmal zugeschnitten gewesen[137], ist nicht bloßer Anleger, sondern erwirbt eine Aktie durchaus auch aufgrund der durch sie vermittelten mitgliedschaftlichen Teilhaberechte, genau so, wie auch Großaktionäre Beteiligungen nur als reine Finanzanlagen halten kön-

---

[132] Vgl. dazu *Lutter*, FS Stimpel, S. 825 ff. (844), der einen solchen Eingriff ausdrücklich für überflüssig hält.

[133] BGBl. I 2005, 2805 ff.

[134] Vgl. etwa das Zustimmungserfordernis des § 221 I AktG, die strikten Voraussetzungen eines „vereinfachten“ Bezugsrechtsausschlusses nach § 186 III S. 4 AktG oder das Wiederaufleben des Stimmrechts der Vorzugsaktionäre nach § 140 II AktG als gesetzlich normierte Teilhaberechte.

[135] *Habersack*, AG 2005, 137 ff. (139); *ders.*, Mitgliedschaft, S. 326 ff.; *Hüffer*, FS Kropff, S. 128 ff. (132 ff.).

[136] Vgl. *Habersack*, AG 2005, 137 ff. (139).

[137] Neuerdings aber auch Einbeziehung der nicht börsennotierten Aktiengesellschaft, vgl. *Mülbert*, FS Ulmer, S. 433 ff. (450).

nen[138]. Daher bringt der Begriff des Anlegers keinen Gewinn, da er in der Sache schlicht einen wirtschaftlichen Sachverhalt ausdrückt und zudem die Gefahr birgt, das bislang einheitliche Bild des Aktionärs zu zerreißen und eine Zweiklassengesellschaft von Aktionären zu fördern.

bb) Aktionärsschutz durch Mitentscheidung und Kontrolle

Die Stellung auch des Kleinaktionärs als Verbandsmitglied ergibt sich ferner aus der gesetzlichen Aufstellung qualifizierter Stimm- und Kapitalerfordernisse für die Wirksamkeit von Gesellschafterbeschlüssen. Je höher das Quorum und je breiter der Zuständigkeitskatalog, umso stärker ist die Integration der Mitglieder in die Gemeinschaft[139]. Die praktische Relevanz entsprechender Mitwirkungsrechte beruht im Aktienrecht wie auch im Personengesellschaftsrecht dabei auf der jedenfalls theoretischen Möglichkeit, dass auch dem mit nur einer Aktie beteiligten Aktionär in der Hauptversammlung die Rolle des „Zünglein an der der Waage" zukommen kann. Ob die Mitverwaltungsrechte des Kleinaktionärs relevant werden können, hängt dabei jedoch von der Realstruktur der Gesellschaft ab. Jedenfalls bei einer Aktiengesellschaft mit breit gestreutem Aktionärskreis, bei der sich Zufallsmehrheiten als Folge eines individuellen Entscheidungsprozesses eines jeden Aktionärs ergeben können, ist dies der Fall. Doch auch bei fest gefügten Mehrheiten von über 75 % in der Hauptversammlung, laufen die den Kleinaktionären zustehenden Herrschaftsrechte nicht gänzlich leer. Die faktisch nicht zum Zuge gekommenen Herrschaftsrechte der Minderheit wandeln sich in einem solchen Fall in Kontrollrechte um[140]. So etwa beim Abschluss von Beherrschungsverträgen, der gem. § 291 I S. 1 AktG einer Zustimmung der Hauptversammlung der künftigen Untergesellschaft mit einer Mehrheit von ¾ des bei der Beschlussfassung vertretenen Grundkapitals bedarf. Jedoch werden Beherrschungsverträge regelmäßig nur dann abgeschlossen, wenn zuvor bereits ein faktischer Konzern vorlag und die Obergesellschaft bei Abschluss des Vertrages über die erforderliche ¾ - Mehrheit in der abhängigen Gesellschaft verfügt[141]. Da die Mehrheitsaktionärin, auch als gleichzeitig anderer Vertragsteil des Beherrschungsvertrages, nicht von der Beschlussfassung in der abhängigen Gesellschaft ausgeschlossen ist[142], kann der Abschluss des Beherrschungsvertrages von den außenstehenden Aktionären der abhängigen Gesellschaft nicht verhindert werden[143]. Dennoch hat der Gesetzgeber in den §§ 293a I, 293f, 293g AktG Informationspflichten geschaffen, die inhaltlich den §§ 8 I, 64, 63 UmwG entsprechen[144]. Wenn diese Informationspflichten mangels Erheblichkeit der Stimmausübung der außenstehenden Aktionäre in den meisten Fällen aber nun

[138] So auch *Habersack*, 2005, 137 ff. (140).
[139] So argumentiert *Wiedemann*, GesR, S. 420.
[140] Vgl. BGHZ 119, 1 ff. (17); *Bayer*, ZGR 1995, 613 ff. (616); *ders.*, ZGR 1993, 599 ff. (603).
[141] *Bayer*, ZGR 1995, 613 ff. (615); *Mecke*, Konzernstruktur, S. 67, 80.
[142] Vgl. *Emmerich/Sonnenschein*, Konzernrecht, S. 190 f.
[143] *Emmerich/Sonnenschein*, Konzernrecht, S. 191.
[144] Vgl. *Bayer*, ZGR 1995, 613 ff. (615).

gar nicht der Entscheidungsvorbereitung dienen, kann ihr Sinn doch nur darin erkannt werden, den Aktionären auch dann, wenn sie keinen Einfluss auf die zu treffende Entscheidung ausüben können, eine Kontrolle der gesamten Umstrukturierungsmaßnahme zu ermöglichen[145]. Vergleichbares findet sich im Falle der Abänderung eines Beherrschungsvertrages nach § 295 I AktG[146]: Kommt es zu einer Änderung der Ausgleichs- und Abfindungsregeln, also einer Gefährdung der Vermögensinteressen der außenstehenden Aktionäre, müssen diese gem. § 295 II S. 1 AktG einen zustimmenden Sonderbeschluss fassen[147]. Dies zeigt, dass in § 295 I AktG Herrschaftsrechte der außenstehenden Aktionäre anerkannt werden, welche sich aber aufgrund der in der konkreten Situation bestehenden Machtverhältnisse nur als Kontrollrechte entfalten[148].

Festzuhalten bleibt daher, dass in der unverbundenen Aktiengesellschaft mit breitem Aktionärskreis, welche dem gesetzlichen Leitbild entspricht[149], Herrschaftsrechte in Form der Teilhabe an der Entscheidungsbildung durch die Aktionäre ausgeübt werden. Ist aber eine Einflussnahme auf den Entscheidungsausgang aufgrund fest gefügter Mehrheitsverhältnisse nicht möglich, bleiben aktionärsspezifische Herrschaftsrechte als Kontrollrechte bestehen. Folglich ist der Gesetzgeber gerade nicht von einem bloßen Schutz der Vermögensrechte ausgegangen, deren berührt Sein durch Maßnahmen der Geschäftsführung daher auch keine ungeschriebenen Mitwirkungsbefugnisse begründen kann.

cc) Stärkung mitgliedschaftlicher Teilhaberechte durch das UMAG

Weiterhin steht die jüngst mit dem Reformwerk des UMAG im AktG vorgenommene Stärkung von Aktionärsrechten im Gegensatz zu einer rein vermögensbezogenen Aktionärsstellung. Denn das im UMAG in § 148 I AktG n.F. eingeführte Klagezulassungsverfahren auf Antrag von Aktionären, deren Anteile im Zeitpunkt der Antragstellung zusammen den einhundertsten Teil des Grundkapitals oder einen anteiligen Betrag von 100.000 € erreichen und die Einführung eines Aktionärsforums in § 127a I AktG zum Zwecke verbesserter Kommunikation zwischen den Minderheitsaktionären sowie die verschiedenen vom Gesetzgeber durch das UMAG eingebauten Hürden gegenüber „räuberischen“ Klagen[150] lassen erkennen, dass der Gesetzgeber zuvörderst „auf die Ausübung mitgliedschaftlicher Teilhaberechte setzt und damit weit von einer Politik des dulde und liquidiere entfernt ist“[151].

---

[145] Vgl. *Bayer*, ZGR 1993, 599 ff. (602); *ders.*, ZGR 1995, 613 ff. (616).
[146] Vgl. dazu *Hüffer*, AktG, § 295 RN 8; *Emmerich/Sonnenschein*, Konzernrecht, S. 214 f.
[147] Vgl. dazu näher *Hüffer*, AktG, § 295 RN 10 ff.
[148] Vgl. *Bayer*, ZGR 1995, 613 ff. (616); BGHZ 119, 1 ff. (17); *Windbichler*, EWiR 1992, 953 f.
[149] Vgl. etwa *K. Schmidt*, GesR, S. 778.
[150] Dazu im Einzelnen *Spindler*, NZG 2005, 865 ff. (867 ff.) beispielsweise unter Verweis auf § 148 VI AktG n.F., der das Kostenrisiko für das Zulassungsverfahren dem Antrag stellenden Aktionär aufbürdet und § 149 AktG n.F. im Hinblick auf Vereinbarungen der Aktionäre.
[151] *Habersack*, AG 2005, 137 ff. (140).

dd) Zwischenergebnis

Abschließend bleibt festzuhalten, dass im geltenden Aktienrecht ein maßgeblich auf die vermögensmäßige Beteiligung angelegter Schutz der Aktionäre nicht festzumachen ist. Das Gesetz geht nicht von einem Aktionär mit hybridem Charakter aus, der eher Anleger denn Mitglied ist, und der insoweit auch nicht das „Leitbild des Gesetzgebers“[152] darstellt. Dem Aktiengesetz ist eine unterschiedliche Behandlung des gering beteiligten Aktionärs fremd, alle Aktionäre unterliegen im Grunde gleichen Rechten und Pflichten, die nicht auf einmal auf Seiten des privaten Kleinaktionärs eine vermögensmäßige Modifizierung erfahren, welche ihn zum herrschaftsrechtslosen Anleger machen. Dementsprechend können ungeschriebene Zustimmungserfordernisse nicht maßgeblich oder ausschließlich an den Vermögensinteressen der Aktionäre ausgerichtet werden[153].

d) Stärkung des mitgliedschaftlichen Ansatzes durch die neue Rechtsprechung

Damit verbleibt als Schutzgegenstand ungeschriebener Mitwirkungsrechte noch der Schutz des Aktionärs als Verbandsmitglied und ihm als solchem zustehende Rechte, auf der Grundlage des zuvor aufgezeigten mitgliedschaftlichen Ansatzes des AktG. Diesen rückt der BGH nun in den Gelatine – Urteilen in Übereinstimmung mit den Wertungen des AktG auch in den Mittelpunkt seiner Schutzzwecküberlegungen und nimmt damit klärend zur Frage des Schutzgegenstandes Stellung[154]: Die angesichts der wohl austarierten Kompetenzverteilung nur ausnahmsweise in Betracht kommende Einschaltung der Hauptversammlung bei bestimmten Geschäftsführungsmaßnahmen des Vorstands solle nämlich der bei der Verabschiedung des Gesetzes nicht erkannten besonderen Fallgestaltungen (= Anschauungslücke) insoweit Rechnung tragen, dass das Handeln des Vorstands zwar durch seine Vertretungsmacht, den Wortlaut der Satzung und die nach § 82 II AktG im Innenverhältnis begrenzte Geschäftsführungsbefugnis formal noch gedeckt sei, die Maßnahmen aber so tief in die Mitgliedsrechte der Aktionäre und deren im Anteilseigentum verkörpertes Vermögensinteresse eingreife, dass diese Auswirkungen an die Notwendigkeit einer Satzungsänderung heranreichten[155]. Durch diese notwendige Mitwirkung der Hauptversammlung solle der etwa mit der Ausgliederung entscheidend wichtiger Teile des Unternehmens der Gesellschaft auf nachgelagerte Beteiligungsgesellschaften notwendigerweise verbundenen Mediatisierung des Einflusses der Aktionäre, denen es als Satzungsgeber zukomme, Gegenstand und Grenzen des Handelns der für die Gesellschaft tätigen Leitungsorgane zu bestimmen, begegnet werden. Zugleich solle dadurch der Schutz der Anteilseigner vor

---

[152] So aber *Wolf*, ZIP 2002, 153 ff. (156 f.).

[153] Vgl. etwa *Mülbert*, Aktiengesellschaft, S. 430 ff. der in Umsetzung seiner Konzeption gerade keine Zustimmungsnotwendigkeit bei der Ausgliederung auf eine 100% - ige Tochter annimmt.

[154] BGH, ZIP 2004, 993 ff. (996).

[155] BGH, NZG 2004, 571 ff. (573).

einer durch grundlegende Entscheidungen des Vorstands eintretenden nachhaltigen Schwächung des Wertes ihrer Beteiligung gewährleistet werden, wodurch den berechtigten Belangen der Aktionäre, anders als wenn sie, was bei Anerkennung eines weiten Gestaltungsspielraums des Vorstands unberührt bleibe, ausschließlich auf die Verfolgung von Schadensersatzansprüchen gegen den Vorstand wegen pflichtwidriger Ausübung seiner Leitungsmacht verwiesen würden, bereits präventiv Rechnung getragen werde[156].

Damit präzisiert das Gericht die Aufgabe und den Schutzzweck ungeschriebener Mitwirkungsrechte in wörtlicher Bezugnahme auf das Holzmüller – Urteil. Es soll der Gefahr einer Verwässerung mitgliedschaftlicher Rechte und damit der „Mediatisierung des Einflusses der Aktionäre" Rechnung getragen werden und dadurch zugleich vor einer Schwächung des Anteilswertes präventiv geschützt werden. Auf diesen verbandsrechtlichen und mitgliedschaftlichen Ansatz rekurriert der BGH damit in Gelatine wie bereits mehr als zwanzig Jahre zuvor in Holzmüller nicht nur verbal. Vielmehr sieht er sein Schutzzweckanliegen gerade als auf dieser Einordnung des Aktionärs auch materiell und inhaltlich beruhend an. Beiden Entscheidungen lag eine Beeinträchtigung mitgliedschaftlicher Herrschaftsrechte durch Maßnahmen des Vorstands zugrunde, nämlich durch Ausgliederung damals, und durch Verenkelung und Umhängung heute. Ungeschriebene Mitwirkungsrechte nach der Holzmüller – Regel sind daher als Ausprägung des gesellschaftsübergreifenden Instituts der Mitgliedschaft zu verstehen. Maßgeblich für die Bestimmung einer zustimmungspflichtigen Maßnahme ist, ob eine Mediatisierung von Herrschaftsrechten der Aktionäre durch die fragliche Maßnahme erfolgt oder nicht. Diese Formel erlaubt eine rechtssicher handhabbare Deduktion und Anwendung ungeschriebener Mitwirkungsrechte auf den jeweils zu entscheidenden Sachverhalt und ist, neben der Konformität des mitgliedschaftlichen Ansatzes, auch gerade dadurch der vermögensbezogenen Konzeption überlegen. Der in einem solchen Ausnahmefalle erforderliche Schutz des Mitgliedschaftsrechts obliegt dann der Hauptversammlung als *dem* Aktionärsorgan.

3. Anerkennung eines vermögensbezogenen Aktionärsschutzkonzepts im Macrotron – Urteil des BGH

Fraglich aber erscheint, wie sich diese Klärung des Schutzzwecks ungeschriebener Mitwirkungsrechte nach Holzmüller angesichts des Macrotron – Urteils desselben Senats zum regulären Delisting vom 25.11.2002 verhält[157]. In dieser Entscheidung hatte der BGH die Möglichkeit, sich zu den wertpapierrechtlichen, verwaltungsrechtlichen und vor allem den seit langem umstrittenen gesellschaftsrechtlichen Voraussetzungen eines vollständigen Rückzugs von der Börse (Delisting) zu äußern. Das Gericht bejahte hier im Ergebnis ein ungeschriebenes Zustimmungserfordernis der Hauptversammlung. Diese sei zum Schutz des in der Aktie verkörperten Anteilswertes als Bestandteil

[156] BGH, NZG 2004, 571 ff. (573).
[157] BGHZ 153, 47 ff. = BGH, NJW 2003, 1032 ff.

des verfassungsrechtlich geschützten Aktieneigentums nötig, da die durch die Börsennotierung gewährleistete jederzeitige Realisierbarkeit der Beteiligung nicht mehr gewährleistet werde[158].

a) Problemaufriss

Das Delisting beschreibt den vollständigen Rückzug eines börsennotierten Unternehmens von der Börse (häufig auch als „Going Private" bezeichnet). Charakteristisch für ein solches Delisting ist die Überführung einer börsennotierten Gesellschaft in ein Unternehmen, das nicht an einer öffentlichen Börse gehandelt wird, unabhängig von seiner Rechtsform. Ein Delisting kommt nur in Betracht, wenn die Notierung der Aktien an einem der Zulassungssegmente Amtlicher Markt oder Geregelter Markt auf Antrag des Emittenten beendet wird, also auch dann, wenn danach ein Handel im Freiverkehr aufgenommen oder fortgesetzt wird. Ohne die Vor- und Nachteile eines Börsenrückzugs im Einzelnen darzulegen[159], liegt jedenfalls der unmittelbare Nachteil für Kleinaktionäre und Anleger auf der Hand: Diese verlieren durch den Wegfall der Notierung die Möglichkeit, an einem liquiden und überwachten Sekundärmarkt für ihre Aktien teilzunehmen, also insbesondere ihre Aktien über die Börse zu verkaufen. Diese Gefahr wurde durch die Zurücknahme des wertpapierrechtlichen Schutzes der Anleger beim Delisting in den letzten Jahren noch verschärft, denn seit 1998 stellt § 38 IV BörsG die Ausgestaltung des Delisting als Verwaltungsentscheidung im Wesentlichen in das Ermessen der einzelnen Wertpapierbörsen[160]. So soll etwa an der FWB (Frankfurter Wertpapierbörse) der Anlegerschutz nunmehr nur noch durch eine sechsmonatige Frist zwischen dem Zulassungswiderruf und seinem Wirksamwerden gewährleistet werden[161].

Neben diesem börsenrechtlichen Antragsverfahren gem. § 38 IV BörsG i.V.m. den jeweils einschlägigen regionalen Börsenordnungen (reguläres Delisting), können die Wirkungen des Delistings aber auch durch andere, hier nicht zu vertiefende, gesellschafts- oder umwandlungsrechtliche Maßnahmen[162] im Wege eines so genannten kal-

---

[158] BGH, NJW 2003, 1032 ff. (1034).

[159] Vgl. dazu ausführlich *Krämer/Theiß*, AG 2003, 225 ff. (226 ff.); *Pfüller/Anders*, NZG 2003, 459 ff. (460 ff.); *de Vries*, Delisting, S. 1 f.; *Streit*, ZIP 2003, 392 ff. (392); *Steck*, AG 1998, 460 ff. (460).

[160] So bereits § 43 IV BörsG a.F., eingeführt durch das III. FinföG, seit dem IV. FinföG von 2002 findet sich dieselbe Regelung in § 38 IV BörsG; darauf weist *Benecke*, WM 2004, 1122 ff. (1123) zutreffend hin. Zu der kapitalmarktrechtlichen Ausgestaltung des Delistings in den einzelnen Börsenordnungen vgl. ausführlich *Krämer/Theiß*, AG 2003, 225 ff. (230 ff.).

[161] So § 58 BörsO FWB; dazu *Wilsing/Kruse*, WM 2003, 1110 ff.; *Krämer/Theiß*, AG 2003, 225 ff. (230 ff.).

[162] Solche Maßnahmen sind namentlich der Squeeze – Out gem. §§ 327a AktG ff., die Verschmelzung auf eine nicht börsennotierte Gesellschaft nach §§ 2 ff. UmwG, ein Formwechsel nach §§ 190, 226 ff. UmwG, die Eingliederung gem. §§ 319, 320 AktG und die übertragende Auflösung nach § 179a AktG. Für diese Maßnahmen besteht in den jeweils zitierten Normen spezieller Minderheitenschutz, der zwar im Einzelnen unterschiedlich ausgestaltet ist, in seiner Schutzwirkung aber keine gravierenden Unterschiede aufweist.

ten Delistings herbeigeführt werden[163]. Anders als jene meist gesetzlich dezidiert geregelten Formen des kalten Delistings existieren für das reguläre Delisting als verwaltungsrechtliches Marktentlassungsverfahren auf Antrag des Emittenten gem. § 38 IV BörsG i.V.m. § 58 BörsO FWB für den Amtlichen Markt und §§ 53 II, 38 IV BörsG i.V.m. §§ 73, 58 BörsO FWB für den Geregelten Markt keine spezifischen Vorschriften zum Schutz der Anteilseigner. Bei der Entscheidung nach § 38 IV S. 2 BörsG ist nur zu berücksichtigen, dass der Widerruf der Börsenzulassung nicht dem Schutz der Anleger widersprechen darf. Dazu sehen die deutschen Börsenordnungen regelmäßig beispielhafte Fälle eines Widerrufs vor, bei denen dem Schutz der Anleger nicht widersprochen wird und denen daher die Aufgabe einer Ermessensleitung zukommt. Solche Fälle sind etwa der Teilrückzug unter Aufrechterhaltung einer weiteren inländischen oder ausländischen Börsennotierung, der Verbleib einer bestimmten Zeitspanne nach Bekanntgabe der Widerrufsentscheidung, um die Aktien noch über die Börse veräußern zu können[164], sowie die Unterbreitung eines Kaufangebots oder eines öffentlichen Übernahmeangebots nach den Vorschriften des WpÜG an die Aktionäre[165]. Der im letzteren Fall wahlweise vom Mehrheitsaktionär oder der Gesellschaft selbst zu unterbreitende Kaufpreis hat dabei in einem angemessenen Verhältnis zum höchsten Börsenpreis der letzten sechs Monate vor Stellung des Antrags auf Widerruf zu stehen[166] bzw. im Falle der Bezugnahme auf das WpÜG den gewichteten durchschnittlichen Börsenkurs der Aktien der Zielgesellschaft bei der Bestimmung der angemessenen Gegenleistung zu berücksichtigen (vgl. § 31 WpÜG)[167].

b) Macrotron – Urteil

Im vom BGH zu entscheidenden Fall der am Amtlichen Markt notierten Ingram Macrotron AG für Datenerfassungssysteme mit einem Grundkapital von 11 Mio. DM, davon aber nur 1,07 % der Stammaktien und 8,5 % der Vorzugsaktien im Streubesitz, hatte die Hauptversammlung den Vorstand ermächtigt, die Beendigung der Notierung der Aktien sowie den Widerruf ihrer Zulassung zu beantragen. In der Hauptversammlung hatte der ausländische Großaktionär, der über 98,93 % der Stammaktien sowie über 91,5 % der Vorzüge verfügte, den außenstehenden Aktionären über eine deutsche Tochtergesellschaft ein öffentliches Kaufangebot unterbreitet. Unmittelbar im Anschluss an die Hauptversammlung beantragte die Gesellschaft bei der FWB und der

---

[163] Vgl. dazu *Even/Vera*, DStR 2002, 1315 ff. (1317); *Schwichtenberg*, DStR 2001, 2075 ff. (2076); *Grunewald*, ZIP 2004, 542 ff. (542); ausführlich zum Ganzen *de Vries*, Delisting, S. 125 ff.; *Pluskat*, WM 2002, 833 ff. (833); *Land/Hasselbach*, DB 2000, 557 ff. (559 ff.); Semler/Volhard – *v. Schenk*, Arbeitshandbuch für Unternehmensübernahmen, § 24 RN 34 – 53.

[164] So z.B. § 58 I BörsO FWB.

[165] Ein Kaufangebot etwa normiert § 54a III BörsO Börse Düsseldorf; ein öffentliches Übernahmeangebot fordert dagegen § 50 I Nr. 2 BörsO Baden – Württembergische Wertpapierbörse Stuttgart.

[166] § 59 IIb BörsO Bayerische Börse München.

[167] Vgl. für weitere Einzelheiten *Pfüller/Anders*, NZG 2003, 459 ff. (463); KK WpÜG – *Kremer/Oesterhaus*, § 31 RN 13 ff. jeweils m.w.N.

Bayerischen Börse München die Einstellung der Notierung ihrer Aktien sowie den Widerruf der Zulassung zum Amtlichen Markt. Der Delisting – Beschluss der Hauptversammlung wurde von Minderheitsaktionären unter Hinweis auf seine angeblich fehlende sachliche Rechtfertigung, seine Unverhältnismäßigkeit und das Fehlen eines Vorstandsberichts im Wege der Anfechtungsklage angegriffen. Die Kläger sahen sich jedenfalls infolge des Delistings der Gesellschaft gegenüber zum Austritt gegen Barabfindung berechtigt. Daher beantragten sie hilfsweise zur Überprüfung der Angemessenheit des Kaufangebots des Mehrheitsaktionärs die Verweisung dieses Verfahrens an das zuständige Gericht der freiwilligen Gerichtsbarkeit zur Entscheidung im Spruchverfahren. Nach dem die Kläger weder beim LG München[168] noch beim OLG München[169] durchdringen konnten, gab der BGH ihnen in Teilen Recht. Er wies die Revision, soweit sie gegen den Delisting – Beschluss der Hauptversammlung gerichtet war, zurück, gab aber dem Hilfsantrag hinsichtlich der Überprüfung der Angemessenheit des Kaufangebots im Spruchverfahren statt[170]. Der BGH hat dabei die gesellschaftsrechtlichen Voraussetzungen für einen Rückzug von der Börse im Wege des regulären Delisting dahingehend konkretisiert[171], dass erstens ein entsprechender (Ermächtigungs-)Beschluss der Hauptversammlung mit einfacher Mehrheit zu fassen sei, der aber einer sachlichen Rechtfertigung nicht bedürfe, zweitens den Minderheitsaktionären zwingend ein Pflichtangebot über den Kauf ihrer Aktien durch die Aktiengesellschaft selbst oder ihren Großaktionär zu machen sei, der drittens hinsichtlich Inhalt und Höhe in einem gerichtlichen Verfahren nach den Regeln des Spruchverfahrens überprüfbar sei.[172].

Zur Begründung der Hauptversammlungszuständigkeit führt das Gericht aus, das Delisting führe zwar weder zu einer Veränderung der inneren Struktur der Aktiengesellschaft, da diese durch einen Rückzug von der Börse nicht berührt werde[173], noch ein Eingriff in die Mitverwaltungsrechte der Aktionäre vorläge, denn der Bestand des Mitgliedschaftsrechts als solches werde, anders als etwa beim Squeeze – Out, durch

[168] Vgl. LG München, ZIP 1999, 2017 ff.

[169] OLG München, ZIP 2001, 700 ff.

[170] Der Widerrufsbeschluss der FWB wurde darüber hinaus von außenstehenden Aktionären mit einer verwaltungsgerichtlichen Klage angegriffen. Das VG Frankfurt, ZIP 2004, 1446 ff., hat zwar eine drittschützende Wirkung des Widerrufsbeschlusses bejaht, die Klage aber im Ergebnis abgewiesen, da die Anforderungen an einen ordnungsgemäßen Handel nicht mehr gegeben waren. Das BVerwG brauchte nach Erledigterklärung in der Sache nicht mehr entscheiden. Zu der umstrittenen Frage, ob Drittschutz gegen die Entscheidung der Zulassungsstelle auch nach der Einführung des neuen § 31 V BörsG angenommen werden kann, wonach die Zulassungsstelle ihre Aufgaben nur im öffentlichen Interesse wahrnimmt, vgl. etwa *Renner/Schiff*, DB 2002, 1990 ff.; *Beck/Hedtmann*, BKR 2003, 190 ff. (191 ff.), *Land/Behnke*, DB 2003, 2531 ff. (2534); *Streit*, ZIP 2003, 392 ff. (395).

[171] Das Urteil erfasst allerdings ausdrücklich nur den Wechsel von dem amtlichen in den freien Markt und stellt ihn dem vollständigen Rückzug von der Börse gleich. Nicht erfasst von den hier näher bestimmten Voraussetzungen an das Delisting ist daher das so genanntes Teildelisting.

[172] BGHZ 153, 47 ff.; dazu *Benecke*, WM 2004, 1122 ff.; *Lutter*, JZ 2003, 684 ff.

[173] BGHZ 153, 47 ff. (54); ebenso *Wirth/Arnold*, ZIP 2000, 111 ff. (114); *Streit*, ZIP 2002, 1279 ff. (1287).

ein Delisting nicht tangiert[174]. Insbesondere beurteile sich die Entscheidung eines Börsenrückzugs einer Aktiengesellschaft auch nicht nach den Grundsätzen der Holzmüller – Entscheidung, da weder die innere Struktur der Gesellschaft verändert werde noch die mitgliedschaftliche Stellung des Aktionärs durch Mediatisierung seiner Mitwirkungsrechte geschwächt werde[175]. Ausreichender Minderheitenschutz könne nach Auffassung des BGH auch nicht durch kapitalmarktrechtliche Vorschriften sichergestellt werden. Die unzureichende Regel des § 38 IV AktG dürfe nicht dazu führen, dass unter Verweis auf sie sowie der Anerkennung des Vorrangs der kapitalmarktrechtlichen Regelungen der gesellschaftsrechtliche Minderheitenschutz leer laufe. Insoweit seien die einzelnen Börsenordnungen nicht geeignet, den mit § 38 I AktG intendierten Anlegerschutz tatsächlich sicherzustellen[176] und täten dies im Ergebnis auch nicht. Diese Schutzlücke müsse durch einen gesellschaftsrechtlichen Minderheitenschutz geschlossen werden. Denn beim Delisting büßten die Aktionäre immerhin die staatlich beaufsichtigte Handelsplattform ein, was den Minderheits- oder Kleinaktionär, der vornehmlich Anlegerinteressen verfolge, deutlich härter treffe als strategisch orientierte Großaktionäre. Der Verkehrswert und die Verkehrsfähigkeit der Aktien seien durch die Rechtsprechung des BVerfG[177] als Inhalt der Eigentumsgarantie nach Art. 14 GG anerkannt und stellten einen mitgliedschaftlichen Vermögenswert dar, der im Verhältnis der Gesellschaft zu den Aktionären zwingend zu beachten sei. Dieser Eingriff in das Aktieneigentum durch den Wegfall des Marktes treffe gerade Minderheitsaktionäre deswegen besonders, da oftmals als alleiniger Kaufinteressent nur der Mehrheitsgesellschafter bleibe. Die Verletzung dieses Bestandteils des verfassungsrechtlich gewährleisteten Aktieneigentums mache daher eine Hauptversammlungszuständigkeit erforderlich, da der Schutz des mitgliedschaftlichen Vermögenswertes nicht in den Händen der Geschäftsleitung, sondern der Hauptversammlung liege, die daher auch für Entscheidungen, die diesen Vermögenswert betreffen, zuständig sei[178]. Als Beschlussmehrheit für diese Entscheidung lässt der BGH ohne nähere Begründung die einfache Mehrheit der Stimmen ausreichen[179] und fordert unter Hinweis auf den unternehmerischen Charakter der Entscheidung auch keine sachliche Rechtfertigung des Beschlusses[180]. In formeller Hinsicht sei zudem ein Vorstandsbericht analog § 186 IV S. 2 AktG nicht erforderlich, da entsprechend des Rechtsgedankens des § 124 II S. 2 AktG hier von einem geringeren Informationsbedürfnis auszugehen sei. Ausreichend sei es, wenn der Vorstand in der Hauptversammlung die Gründe für das Delisting er-

[174] BGHZ 153, 47 ff. (54) = BGH, NJW 2003, 1032 ff. (1034).

[175] BGH, NJW 2003, 1032 ff. (1034 f.).

[176] BGHZ 153, 47 ff. (56 f.).

[177] BVerfGE 100, 289 ff. = NJW 1999, 3769 ff.; BVerfG, NJW 2001, 279 ff. = ZIP 2000, 1670 ff.; BVerfG, NJW – RR 2000, 842 ff. = ZIP 1999, 1804.

[178] BGH, NJW 2003, 1032 ff. (1034).

[179] BGH, ZIP 2003, 387 ff. (389); zuvor bereits *Schwark/Geiser*, ZHR 161 (1997), 739 ff. (763); *Hüffer*, AktG, § 119 RN 24; *Baumbach/Hopt*, HGB, Anh. § 43 BörsG RN 3.

[180] BGHZ 153, 47 ff.(53); ebenso die Vorinstanzen OLG München, ZIP 2001, 700 ff. (701); LG München, ZIP 1999, 53 ff. (57); *Schwark/Geiser*, ZHR 161 (1997), 739 ff. (763 f.); *Richard/Weinheimer*, BB 1999, 1613 ff. (1617); *Zetsche*, NZG 2000, 1065 ff. (1067); *Wilsing/Kruse*, NZG 2002, 807 ff. (811); *Bungert*, BB 2000, 53 ff. (57); *Lutter*, FS Zöllner, S. 363 ff. (380).

läutere. Der BGH verzichtete abschließend auch auf ein zwingendes Befristungserfordernis für die Umsetzung des Beschlusses. Insoweit müsse lediglich auf der nächsten Hauptversammlung über den Stand der Dinge berichtet werden, was eine hinreichend konkrete Kontrolle durch die Hauptversammlung darstelle[181].

Ein wirksamer Minderheitenschutz unter gesellschaftsrechtlichen Gesichtspunkten erfordere aber zudem, dass mit dem Beschlussantrag über das Delisting den Minderheitsaktionären ein Pflichtangebot über den Erwerb ihrer Aktien vorgelegt werde[182], denn es müsse sichergestellt werden, dass den Aktionären der volle Wert ihrer Aktien ersetzt werde[183]. Dieses Erwerbsangebot könne entweder vom Großaktionär oder, innerhalb der Grenzen des § 71 IV AktG, auch von der Gesellschaft selbst gemacht werden; dieses müsse sich dabei entsprechend der verfassungsrechtlichen Vorgaben[184] am tatsächlichen Anteilswert orientieren. Dabei sei darauf zu achten, dass gemäß den Vorgaben des BVerfG[185] der Aktionär dabei nicht weniger erhalte als er auch im Falle einer freien Verkaufsentscheidung bekommen hätte. Die börsenrechtlichen Bestimmungen, die teilweise nur eine bloße Fristenlösung vorsehen[186], könnten hier keinesfalls ausreichenden Anlegerschutz garantieren, da typischerweise die Bekanntmachung der Delistingentscheidung einen Kursverfall der Aktien bewirke, der es dem Anleger faktisch unmöglich mache, seine Investition zu realisieren[187].

Zuletzt verlange ein wirksamer Minderheitenschutz noch, dass die Aktionäre die Möglichkeit haben müssten, die Angemessenheit des angebotenen Kaufpreises in einem gerichtlichen Verfahren überprüfen zu lassen[188]. Hierzu sei die Anfechtungsklage unzweckmäßig, da mit ihr die Abgabe eines angemessenen Angebots nicht durchgesetzt werden könne, sodass es sachgerechter sei, die Regelungen des Spruchverfahrens analog anzuwenden[189]. So könne die gerichtliche Entscheidung zur Angemessenheit der Abfindung allgemeinverbindlich gegenüber allen Aktionären festgestellt und eine Flut von Einzelklagen verhindert werden[190]. Gegen diese Analogie sprächen weder verfassungsrechtliche Bedenken[191] noch eine fehlende Analogietauglichkeit der ge-

---

[181] BGHZ 153, 47 ff. (60).

[182] So zuvor bereits *Zetsche*, NZG 2000, 1065 ff. (1066); *Kleindiek*, FS Bezzenberger, S. 563 ff.

[183] BGHZ 153, 47 ff. (57) = BGH, ZIP 2003, 387 ff. (390).

[184] Verwiesen wird auf BVerfGE 100, 289 ff. (303); BVerfG, NJW 2001, 279 ff.

[185] BVerfGE 100, 289 ff.; BVerfG, NJW 2001, 279 (Moto Meter).

[186] Vgl. § 58 BörsO FWB; § 54 BörsO Bayerische Börse München.

[187] BGHZ 153, 47 ff. (56 f.).

[188] BGH, ZIP 2003, 387 ff. (389).

[189] Diese Analogie kann nach Auffassung des BGH an Regelungen aus dem Unternehmensvertragsrecht (§§ 304 III S. 2, 305 V S. 2, 306 AktG) und dem Umwandlungsrecht (§§ 15, 35, 196, 212 UmwG) angelehnt werden.

[190] BGHZ 153, 47 ff. (58); MüKo AktG – *Bilda*, § 306 RN 125.

[191] Insoweit verweist der Senat auf BVerfG, ZIP 2000, 1670 ff. (1673) – Moto Meter. Dort sah das BVerfG die schutzwürdigen Rechte der zum Ausscheiden gezwungenen Minderheitsaktionäre in verfassungswidriger Weise beeinträchtigt, wenn der Großaktionär ohne jede gerichtliche Kontrolle nach seinem Belieben die Kleinaktionäre aus der Gesellschaft drängen könne. Im dort zu entscheidenden Fall einer übertragenden Auflösung hätten die Gerichte von Verfassungs wegen zu prüfen, ob ein Mehrheitsaktionär im Fall der auflösenden Übertragung für das Gesellschaftsvermögen einen Preis zahlt, der dem Wert der Unternehmensbeteiligung der Aktionäre entspricht. Nach der Systematik des

nannten Normen. Denn prozessuale Regelungen seien lediglich Hilfsmittel zur Durchsetzung des materiellen Rechts, deren Analogiefähigkeit aus diesem Grund ebenso gegeben sei wie diejenige des Rechtes, dessen Durchsetzung sie dienten[192].

c) Der Meinungsstand zur ungeschriebenen Hauptversammlungszuständigkeit beim regulären Delisting

Die Hauptversammlungspflichtigkeit des regulären Delistings war bis zum Macrotron – Urteil in der Literatur äußerst umstritten. Insbesondere die Anwendbarkeit der Holzmüller – Regel sowie der ungeschriebenen Hauptversammlungszuständigkeiten aus Vermögensschutzaspekten wurde hier diskutiert.

aa) Die in der Literatur vertretenen Ansätze zur Begründung ungeschriebener Hauptversammlungszuständigkeiten beim regulären Delisting

(1) Hauptversammlungszuständigkeit aus Art. 14 I GG vor dem Hintergrund einer vermögensbezogenen Aktionärsstellung

Die Macrotron – Entscheidung könnte als höchstrichterliche Anerkennung des vermögensbezogenen Aktionärsschutzkonzeptes qualifiziert werden. Vor dem Hintergrund der Rechtsprechung des BGH in Sachen DAT/Altana und Moto – Meter sowie der Feststellung des BVerfG, dass gerade die leichte Veräußerbarkeit über die Börse wesentliches Merkmal der gelisteten Aktie sei, könnte dies „geradezu zwingend“ [193] sein. Einige Stimmen verlangen daher, dass die Verkehrsfähigkeit der Aktie bei der Wertbestimmung und dem zu zahlenden Ausgleich nicht unberücksichtigt bleiben dürfe[194], wobei der Aktionär nur dafür einen Ausgleich werde verlangen können, was ihm an Eigentum auch tatsächlich verloren gehe. Wenn das BVerfG aber die Verkehrsfähigkeit der Aktie bei der Ermittlung des Ausgleichs mit berücksichtigt haben möchte, impliziere dies, dass die Verkehrsfähigkeit der Aktie bei börsennotierten Unternehmen

Aktiengesetzes findet eine gerichtliche Wertkontrolle vornehmlich im Rahmen eines Spruchverfahrens gemäß § 306 AktG a.F. statt, der mit Blick auf die übertragende Auflösung nach § 179 a AktG keine unmittelbare Anwendung finde. Doch könnten nach einer, wenn auch umstrittenen Auffassung, die Regelungen über das aktienrechtliche Spruchverfahren auf die übertragende Auflösung aber analog angewandt werden. Insbesondere lasse sich nicht feststellen, dass eine analoge Anwendung des § 306 AktG a.F. zwingend ausscheide, weil der Gesetzgeber bei der Novellierung der Vorschrift (von § 361 AktG a.F. zu § 179a AktG) trotz Kenntnis des Problems auf die Regelung eines Abfindungsanspruchs und Spruchverfahrens verzichtet habe. Aus der Gesetzgebungsgeschichte lasse sich jedenfalls nicht ableiten, der Gesetzgeber habe die Minderheitsaktionäre im Fall der auflösenden Übertragung um ein (gerichtlich nachprüfbares) Abfindungsangebot bringen wollen.

[192] BGHZ 153, 47 ff. (58) mit Verweis auf BayObLG, ZIP 1998, 2002 ff. (2004).

[193] So schon vor der Macrotron – Entscheidung *Hellwig/Bormann*, ZGR 2002, 465 ff. (470 ff.).

[194] *Hellwig/Bormann*, ZGR 2002, 465 ff. (473).

ebenfalls von Art. 14 I GG umfasst werde[195]. Mithin erfordere der Eingriff in die Verkehrsfähigkeit der Aktie eine Zustimmung der Hauptversammlung.

(2) Der Rückzug von der Börse als Holzmüller – Fall

Heftig diskutiert wird andererseits, ob das Delisting als Holzmüller - Fall zu qualifizieren ist[196]. Gestärkt durch entsprechende Überlegungen der instanzgerichtlichen Urteile im Macrotron - Fall[197] sehen einige in dem Schritt der Aktiengesellschaft von einer publikumsoffenen Gesellschaft hin zu einer geschlossenen Gesellschaft eine entsprechende Strukturmaßnahme, die weit reichende gesellschaftsrechtliche und kapitalmarktrechtliche Folgen mit sich bringe. Es handele sich um eine Grundlagenentscheidung, welche die Beteiligung der Aktionäre notwendig voraussetze, denn der Börsenaustritt verändere den Charakter der Gesellschaft nachhaltig. Zum einen werde die Handelbarkeit der Geschäftsanteile zumindest faktisch eingeschränkt, zum anderen entfielen mit dem Börsenaustritt zusätzliche Informations- und Kontrollmechanismen, die in börsennotierten Gesellschaften wirksam würden, etwa wertpapierhandelsrechtliche Mitteilungs- und Veröffentlichungspflichten[198] oder auf börsennotierte Gesellschaften beschränkte Berichtspflichten im Rahmen der Rechnungslegung[199]. Zudem entziehe sich die Gesellschaft mit dem Börsenaustritt nicht nur der Aufmerksamkeit der Börsenaufsicht, sondern auch den Reaktionen und der Kontrolle seitens des Kapitalmarktes[200]. Auf die Kursentwicklung der Aktie als Indikator für die Leistungen des Managements könne nicht länger zurückgegriffen werden und die Gesellschaft gerate aus dem permanenten kritischen Blick der Öffentlichkeit, insbesondere der Fachpresse und fachspezifischer Informationsdienste. Jedenfalls für den nicht – institutionellen Anleger, der seine Aktien über die Börse erwerbe, sei diese Kontrolle der (Markt-)Öffentlichkeit typischerweise ebenso Geschäftsgrundlage wie die fortbestehende Möglichkeit, sich jederzeit und leicht wieder von seinem Investment trennen zu können. Jene Geschäftsgrundlage stehe nur zur Disposition der Gesamtheit der Aktionäre, gebe aber dem einzelnen Aktionär noch keinen Rechtsanspruch darauf, dass die Aktien an der Börse gehandelt würden. Dennoch falle die Entscheidung zum Börsenaustritt angesichts ihrer Konsequenzen nicht mehr in die Kompetenz der Verwaltung, sodass diese nicht davon ausgehen könne, über den Börsenaustritt ohne Mitwirkung der Hauptversammlung entscheiden zu können.

---

[195] *Hellwig/Bormann*, ZGR 2002, 465 ff. (474). Im Ergebnis so auch *Kruse*, BB 2000, 2271 ff. (2272); *Zetsche*, NZG 2000, 1065 ff. (1066).
[196] *De Vries*, Delisting, S. 92 ff.; *Schwark/Geiser*, ZHR 161 (1997), 739 ff. (759); *Vollmer/Grupp*, ZGR 1995, 459 ff. (472); *Kleindiek*, FS Bezzenberger, S. 653 ff. (655); *Lutter/Leinekugel*, ZIP 1998, 805 ff. (806); *Hellwig*, ZGR 1999, 781 ff. (799); Münch.Hdb.GesR IV – *Wiesner*, § 19 RN 8.
[197] LG München I, ZIP 1999, 2017 ff. (2019); OLG München, ZIP 2001, 700 ff. (703).
[198] §§ 44 BörsG, §§ 53 ff. BörsZulVO.
[199] Etwa § 285 Nr. 10 und 11 HGB oder § 297 I S. 2 HGB.
[200] Hierauf stellen etwa *Schwark/Geiser*, ZHR 161 (1997), 739 ff. (759) entscheidend ab.

(3) Weitere Vorschläge zur Begründung einer ungeschriebenen Hauptversammlungszuständigkeit für das Delisting

Auf nähere Einzelheiten zur Begründung einer ungeschriebenen Hauptversammlungszuständigkeit beim Delisting kann diese Arbeit als Beitrag zur Holzmüller – Doktrin nicht eingehen[201]. Daher soll an dieser Stelle auf weitere Vorschläge nur überblicksartig hingewiesen werden[202].

Vorgeschlagen wird etwa, das Delisting als eine der Anteilsvinkulierung ähnliche Maßnahme nach § 180 II AktG zu behandeln[203], denn wenn schon ein Aktionär, der frei veräußerliche Anteile erworben habe und diese plötzlich „eingefroren" sehe[204], dies nicht hinnehmen müsse, werde man erst recht bei einem völligen Entzug des öffentlichen Marktes durch Going Private eine Mitwirkung der Aktionäre verlangen müssen[205]. Durch die entsprechende Anwendung des § 180 II AktG und der daraus folgenden Notwendigkeit eines Hauptversammlungsbeschlusses sei auch die Möglichkeit gerichtlicher Missbrauchskontrolle wegen Verletzung von Treuepflichten sichergestellt[206], welche insbesondere dann angezeigt sein könne, wenn eine Aktiengesellschaft, die einen Teil ihres Kapitals an die Börse gebe, Kasse mache und sich nach kurzer Zeit wieder zurückziehen wolle, etwa weil sich die mit dem Börsengang verbundene Publizität als zu unangenehm erweise.

Andere gehen unter ausdrücklicher Ablehnung der Holzmüller – Doktrin von einer Ermessensreduzierung des Vorstands nach § 119 II AktG auf null aus, da zwar keine Mediatisierung der Aktionärsrechte wie bei Holzmüller vorliege, die Minderheitsaktionäre aber ihre tatsächliche Veräußerungsfreiheit mit erheblichen Vermögenseinbußen verlören[207].

Auch wird argumentiert, der Börsengang mache aufgrund der mit ihm regelmäßig einhergehenden Kapitalerhöhung eine Hauptversammlungsmitwirkung erforderlich[208]. Dann könne aber für den actus contrarius des Delistings kaum etwas anderes gelten[209].

Ferner wird vorgeschlagen, das Delisting in Analogie zu § 240 I S. 1 UmwG zu behandeln[210]. Das Delisting sei mit der Umwandlung einer Aktiengesellschaft in eine

---

[201] Vgl. dazu die Monographien von *Brauer*, Rechte der Aktionäre, S. 67 ff.; *Reiff*, Aspekte, S. 37 ff. und *Seiffert*, Going Private, S. 114 ff.

[202] Ausführlich dazu jüngst *Brauer*, Rechte der Aktionäre S. 73 ff.; *Seiffert*, Going Private, S. 121 ff.; *Reiff*, Aspekte, S. 37 ff.

[203] Vgl. *de Vries*, Delisting, S. 92 ff.; ähnlich *Schwark/Geiser*, ZHR 161 (1997), 739 ff. (759); *Grupp*, Börseneintritt und Börsenaustritt, S. 192; ablehnend *Mülbert*, ZHR 165 (2001), 104 ff. (129); *Gross*, ZHR 165 (2001), 141 ff. (165); *Bungert*, BB 2000, 53 ff. (55).

[204] So KK AktG – *Zöllner*, § 180 RN 10.

[205] *Vollmer/Grupp*, ZGR 1995, 459 ff. (475); *Grupp*, Börseneintritt und Börsenaustritt, S. 192; *Schwark/Geiser*, ZHR 161 (1997), 739 ff. (763).

[206] *Schwark/Geiser*, ZHR 161 (1997), 739 ff. (763 f.) unter Hinweis auf die in Linotype (BGHZ 103, 184 ff., 194 f.) aufgestellten Voraussetzungen.

[207] *Adolff/Tieves*, BB 2003, 797 ff. (800); *Hüffer*, AktG, § 119 RN 24.

[208] *Lutter*, FS Zöllner, S. 363 ff. (380).

[209] *Lutter*, FS Zöllner, S. 363 ff. (380); i.E. so auch *Reiff*, Aspekte, S. 122.

[210] *Hellwig*, ZGR 1999, 781 ff. (791); ausführlich *Zetsche*, NZG 2000, 1065 ff.

GmbH vergleichbar, da sich die nicht börsennotierte Aktiengesellschaft als faktisch geschlossene Gesellschaft rechtlich der GmbH annähere[211], mit negativen Folgen insbesondere für Kleinanleger. Daher sei § 240 I S. 1 AktG analog anzuwenden und begründe insoweit eine (ungeschriebene) Hauptversammlungszuständigkeit für das Delisting.

Schließlich wird eine Zuständigkeit der Hauptversammlung beim Börsenrückzug aus einer Annexkompetenz zu § 119 I Nr. 6 AktG hergeleitet. Hierin komme die umfassende Entscheidungsbefugnis der Hauptversammlung über die Eigenkapitalstruktur der Gesellschaft zum Ausdruck, was auch die Entscheidung über ein Delisting mit einschließe[212].

bb) Auseinandersetzung mit den dargestellten Ansätzen

(1) Hauptversammlungszuständigkeit aus der grundrechtlichen Eigentumsgarantie des Art. 14 I GG

Die Begründung ungeschriebener Mitwirkungsrechte aus unmittelbarer Anwendung von Art. 14 I GG, wie sie der BGH im Macrotron - Urteil herleitet, wie sie aber auch in der Literatur aufzufinden ist und eine vermögensbezogene Aktionärsstellung nahe legen, kann aus mehreren Gründen nicht überzeugen und muss daher auf Widerspruch stoßen.

aaa) Keine unmittelbare Drittwirkung von Grundrechten

Zwar ist richtig, dass die Rechtsstellung des Aktionärs in der Aktiengesellschaft als private vermögenswerte Position vom Schutzbereich des Art. 14 I GG erfasst ist[213]. Unmittelbar aber können aus Art. 14 I GG keine Zuständigkeitsregeln abgeleitet werden. Art. 14 I GG als Kompetenzregel ist nicht nur vom Tatbestand des Grundrechts her ausgeschlossen, sondern Art. 14 I GG entfaltet auch generell keine Rechtswirkungen unmittelbar zwischen den Aktionären, den Aktionären und ihrer Aktiengesellschaft oder zwischen der Hauptversammlung und dem Vorstand. Insoweit besteht Einigkeit, dass zwischen Privatrechtssubjekten Grundrechte grundsätzlich keine unmittelbare Geltung beanspruchen können[214]. Private sind nicht direkte Adressaten der

---

[211] *Hellwig*, ZGR 1999, 781 ff. (799 f.).
[212] *Reiff*, Aspekte, S. 123.
[213] Grundlegend BVerfGE 14, 276 ff. (Feldmühle).
[214] Ausnahmen stellen insoweit Art. 9 III GG und die Rechtsprechung des EuGH dar. Der EuGH nimmt eine unmittelbare Drittwirkung hinsichtlich der gemeinschaftsrechtlichen Grundfreiheit der Arbeitnehmerfreizügigkeit aus Art. 39 ff. EGV an. Vgl. EuGH, NJW 1996, 505 ff. (Bosman); EuGH, NZA - RR 2000, 20 ff. (Angonese). Vgl. grundlegend zur Diskussion der unmittelbaren Wirkung von

Grundrechte und bedürfen insoweit keiner Rechtfertigung für Beeinträchtigungen fremder Grundrechte, die, wenn der Staat diese beeinträchtigen würde, rechtfertigungsbedürftig wären.

bbb) Das AktG als Inhalts- und Schrankenbestimmung des Aktieneigentums

Die (Instituts-)Garantie des Art. 14 I GG verlangt, dass der Gesetzgeber das Schutzgut Eigentum selbst ausfüllt und konkretisiert. Die konkrete Ausgestaltung des Aktieneigentums, die Mitwirkungsrechte beim regulären Delisting nun eben nicht vorsieht, ist als Inhalts- und Schrankenbestimmung des Eigentums, Art. 14 I S. 2 GG, zu definieren. Diese beschränken das zeitlich vor Einführung der Bestimmung begründete Eigentum und definieren es für die, die die Rechtsposition nach Einführung der Inhaltsbestimmung erworben haben[215]. Dementsprechend ist es heute Inhalt der Rechtsposition des Aktionärs, dass ihm das Aktienrecht nur noch in bestimmten Angelegenheiten Mitbestimmungsrechte einräumt; beim Delisting aber eben nicht. Das BVerfG verlangt keine hohen Anforderungen an eine Inhalts- und Schrankenbestimmung, es räumt umgekehrt dem Gesetzgeber vielmehr einen weiten Gestaltungsspielraum ein[216]. Zu beachten sind insbesondere Art. 3 I GG und der Grundsatz der Verhältnismäßigkeit. Insoweit bedürfte es einer ausführlichen Begründung, die die aufgezeigten Verfassungsprinzipien berücksichtigt, wenn man belegen will, dass die aktienrechtlichen Bestimmungen über die Kompetenzen der Hauptversammlung verfassungskonform erweiternd ausgelegt werden müssen, weil das gegenteilige Verständnis, die Versagung ungeschriebener Mitwirkungsrechte beim Delisting, verfassungswidrig wäre.

ccc) Schutzbereich des Eigentumsgrundrechts

Auch bleibt unklar, warum gerade die Veräußerung über die Börse, und nur sie steht beim Delisting schließlich in Rede, in den Schutzbereich von Art. 14 I GG fallen soll, und inwieweit sich dies aus aktienrechtlichen Normen ergeben kann. Denn zum einen bleiben die Aktien auch ohne Börsennotierung voll verkehrsfähig[217], sodass es hier an einem Eingriff schon begrifflich fehlt, und zum anderen ist die bloße Veräußerungschance, die etwa über eine Internethandelsplattform geringer sein mag als über die Börse, nicht vom Schutzbereich des Art. 14 I GG erfasst[218]. Denn nach ständiger Rechtsprechung des BVerfG schützt Art. 14 I GG nur vermögenswerte Rechtspositio-

Grundrechten BVerfGE 7, 19 ff. (Lüth); Maunz/Dürig – *Dürig*, Art. 3 I RN 506 ff.; für eine unmittelbare Geltung ausführlich *Canaris*, Grundrechte, S. 11 ff.

[215] *Pieroth/Schlink*, Grundrechte, RN 899, 920.

[216] BVerfGE 8, 80 ff.; 53, 293 ff.

[217] So auch *Martinius/Schiffer*, DB 1999, 2462 ff.; *Krämer/Theiß*, AG 2003, 228 ff.

[218] So auch *Martinius/Schiffer*, DB 1999, 2462 ff.; *Krämer/Theiß*, AG 2003, 228 ff.

nen, die in der Vergangenheit erworben wurden und nicht bloße Renditechance darstellen, welche unsicher und ungewiss sind[219].

ddd) Leitungsmacht des Vorstands als Grundkonstante im Aktienrecht

Letztlich verhält sich die Argumentation des BGH auch widersprüchlich zur Grundkonzeption des AktG, die gerade durch die Gelatine – Entscheidungen hinsichtlich ungeschriebener Mitwirkungsrechte bekräftigt wurde. Wenn der BGH mit dem mitgliedschaftlichen Vermögenswert argumentiert, meint er hiermit den wirtschaftlichen Wert der Anteile[220]. Der Anteilswert aber bestimmt sich gerade an der Börse anhand des Erfolges oder Misserfolges des Unternehmens. Die dafür aber maßgebliche Zuständigkeit des Vorstands (§ 76 AktG ff.), namentlich für die Geschäftsführung und Leitung der Aktiengesellschaft, wurde gerade durch die Gelatine – Entscheidung erneut bekräftig und bestärkt, nämlich dadurch, dass der Ausnahmecharakter ungeschriebener Hauptversammlungsmitwirkung herausgestellt wurde. Sollte das Argument des BGH, der Schutz des mitgliedschaftlichen Vermögenswertes liege in den Händen der Hauptversammlung und nicht beim Vorstand, nun rein rechtlich verstanden werden, müsste einem oder mehreren aktiengesetzlichen Tatbeständen dieser Schutz zu entnehmen sein. Insoweit hätte näher dargelegt werden müssen, warum ein solches Verständnis der Rolle der Hauptversammlung entgegen angedeuteten wirtschaftlichen und rechtlichen Hintergründen, die für den Vorstand sprechen, richtig ist und welchen Tatbeständen ein solches Verständnis zu entnehmen sein soll. Die Schlussfolgerung des BGH (Schutz des mitgliedschaftlichen Vermögenswertes obliegt der Hauptversammlung und nicht der Geschäftsleitung) erscheint damit eher als verfassungsrechtliches Postulat und bloße Behauptung[221] denn als Ergebnis einer Analyse des Aktienrechts.

eee) Zwischenergebnis

Insgesamt bestehen gegen die Argumentation des BGH im Macrotron – Urteil zur Begründung einer ungeschriebenen Hauptversammlungsmitwirkung durchgreifende rechtliche Bedenken. Sie ist daher abzulehnen.

---

[219] Im Fall des Delisting abhängig von der allgemeinen Börsenentwicklung und der wirtschaftlichen Entwicklung der Gesellschaft.

[220] Dazu heißt es in der Urteilsbegründung: „Die Hauptversammlung und nicht die Verwaltung hat darüber zu befinden, ob das Delisting als eine die Verkehrsfähigkeit der Aktie und damit den Verkehrswert des Anteils beeinträchtigende Maßnahme im Hinblick auf den Minderheitenschutz durchgeführt werden darf und soll". – BGH, ZIP 2003, 390 ff.

[221] So *Krämer/Theiß*, AG 2003, 228 ff. (237).

(2) Delisting als Holzmüller - Fall

Auch einer Einordnung des Delistings als holzmüllerpflichtige Maßnahme kann nicht gefolgt werden. Zum einen hat das Gericht selbst ausdrücklich eine solche Einordnung im Macrotron – Urteil zutreffend abgelehnt[222], zum anderen ist dies gerade nach den Gelatine – Entscheidungen allein zutreffend und konsequent. Dass das Delisting nicht den Bestand des Mitgliedschaftsrechts berührt, wurde oben bereits angesprochen und in der Literatur ausführlich diskutiert. Ebenso wenig aber greift das Delisting in die Innenstruktur der Aktiengesellschaft ein oder mediatisiert die Mitwirkungsrechte der Aktionäre. Neben diesem, nach den Gelatine – Urteilen maßgeblichen Kriterium für eine ungeschriebene Hauptversammlungszuständigkeit, fehlt es aber auch an einem Eingriff in das Mitgliedschaftsrecht als relatives Beteiligungsrecht hinsichtlich Dividendenbezug oder Liquidationserlös[223]. Zutreffend führt der BGH dazu aus, das Delisting zehre weder den Vermögenswert der Beteiligung aus, noch verwässere es diesen, sodass eine wesentliche Strukturveränderung der Aktiengesellschaft unter dem Aspekt der Holzmüller – Doktrin zu verneinen sei.

Soweit in der Literatur eine Strukturveränderung der Aktiengesellschaft mit dem Fungibilitätsverlust der Aktien begründet wird[224], muss diesem entgegengehalten werden, dass Holzmüller, unabhängig von den vielen Unklarheiten im Einzelnen, aber überhaupt nur in Betracht kommen kann, wenn die zu beurteilende Maßnahme mindestens in der Lage ist, unmittelbar Rechte des einzelnen Aktionärs zu berühren. Gerade dies ist beim Delisting aber nicht der Fall, da eben weder Bestand noch mitgliedschaftlich begründete und gesellschaftsrechtlich zu schützende Vermögensrechte der einzelnen Aktionäre verletzt werden. Lediglich reflexartig ist insoweit die Veräußerungschance am Markt betroffen, was aber den Schutzbereich des Art. 14 I GG, wie bereits gezeigt, nicht tangiert und auch für einen Eingriff in mitgliedschaftliche Vermögensrechte nicht ausreichend sein kann. Denn ein mitgliedschaftliches Recht darauf, dass die Aktien der Gesellschaft an einer Börse gehandelt werden, existiert nicht. Nach dem BVerfG ermöglicht das Aktieneigentum zwar „eine Sphäre individueller Freiheit, welche auf der besonders ausgeprägten Verkehrsfähigkeit von Aktien fußt“[225], die sich darin ausdrückt, dass der Kleinaktionär sein Kapital nach freiem Belieben investieren oder deinvestieren kann. Zugleich aber führt das BVerfG aus, diese jederzeitige Veräußerungsmöglichkeit über die Börse sei aber nur in Zeiten eines funktionierenden Kapitalmarktes gewährleistet[226]. Beim Bevorstehen eines Going Private ist dieser funktionierende Markt aber aufgrund des regelmäßig sehr hohen Beteiligungsanteils des Großaktionärs und des geringen Free Floats mehr als fraglich. Die eingeschränkte Fungibilität der Aktie bereits vor der Durchführung des Börsenrückzugs spricht daher ebenfalls gegen eine Anwendung der Holzmüller – Regeln, denn

---

[222] BGH, AG 2003, 273 ff. (274).
[223] So BGH, AG 2003, 273 ff. (274).
[224] Namentlich *de Vries*, Delisting, S. 99 ff.
[225] BVerfG, DB 1999, 1693 ff. (1695).
[226] BVerfG, DB 1999, 1693 ff. (1695).

wenn die Kleinaktionäre aufgrund der tatsächlichen Anteilsverhältnisse und des daraus resultierenden Börsenhandels faktisch bereits vor der Durchführung eines Going Private in der Gesellschaft „eingemauert" waren, kann beim Delisting nicht von einer Maßnahme gesprochen werden, die „so tief in die Mitgliedsrechte der Aktionäre und deren am Anteilseigentum verkörpertes Vermögensinteresse eingreift, dass der Vorstand vernünftigerweise nicht annehmen kann, er dürfe sie ausschließlich in eigener Verantwortung treffen, ohne die Hauptversammlung zu beteiligen"[227]. Wenn vollkommen zu Recht darauf hingewiesen wird, dass für eine Anwendung der Holzmüller – Regeln beim Delisting entscheidend sei, dass die Mitgliedschaft der Aktionäre in ihrem Kern betroffen sein müsse[228], dies dann aber mit dem Fungibilitätsverlust durch den Wegfall der Börsennotierung bejaht wird, kann dem nicht gefolgt werden.

d) Ergebnis und Bewertung

aa) Ergebnis

(1) Keine Anerkennung einer vermögensbezogenen Aktionärsschutzkonzeption durch Macrotron

Die Ausführungen des BGH in Sachen Macrotron stellen zunächst keine Anerkennung des vermögensbezogenen Aktionärsschutzes im deutschen Aktienrecht dar[229]. Zwar weist das Macrotron – Urteil Züge solchen kapitalmarktrechtlichen Denkens auf, doch intendiert der BGH damit nicht etwa eine (Neu-)Definition der Rechtsstellung des Aktionärs einer börsennotierten Aktiengesellschaft, sondern möchte seine Entscheidung als spezifisches Minderheitenschutzrecht praeter legem verstanden wissen[230], durch welches dem betroffenen Kleinaktionär der nach Auffassung des Gerichts notwendige gesellschaftsrechtliche Vermögensschutz gewährleistet werden soll. Darüber hinaus liegt zwar sowohl nach der vermögensbezogenen Aktionärsschutzkonzeption als auch nach der Rechtsprechung des BVerfG die Schwelle für einen Eigentumseingriff in das Aktieneigentum unterhalb des vollständigen Verlusts des Mitgliedschaftsrechts, doch wird diese Grenze beim vollständigen Delisting noch nicht erreicht[231]. Insoweit stellt das Delisting, im Gegensatz zu den vom BVerfG in der DAT/Altana und in der Moto – Meter – Entscheidung zu beurteilenden Sachverhalten, weder unmittelbar noch mittelbar einen Eingriff in die Herrschafts- und Vermögensrechte der Aktionäre dar. Daraus folgt, dass die Börsennotierung selbst keinen Aspekt des von Art. 14 I GG

[227] BGHZ 83, 122 ff. (131).
[228] So namentlich *Hüffer*, FS Ulmer, S. 279 ff. (293).
[229] Vgl. hierzu auch die Untersuchung von *Mülbert*, ZHR 165 (2001), 104 ff. 111 ff.
[230] BGH, NJW 2002, 1032 (1034).
[231] So auch *Mülbert*, ZHR 165 (2001), 104 ff. (114).

(mit)geschützten Aktieneigentums darstellt, sondern lediglich einen für die Wertberechnung maßgeblichen Faktor[232].

(2) Schaffung einer zweiten Quelle ungeschriebener Hauptversammlungszuständigkeiten

Für das reguläre Delisting verlangt der BGH in der insoweit als Grundsatzentscheidung zu qualifizierenden Macrotron – Entscheidung über die kapitalmarktrechtlichen Vorschriften hinausgehende gesellschaftsrechtliche Anforderungen an das Delisting. Neben dem Abfindungsanspruch und dessen Überprüfbarkeit im Spruchverfahren ist dies insbesondere auch eine ungeschriebene Mitwirkung der Hauptversammlung.

Festzuhalten ist für diese Untersuchung die ausdrückliche und in der Sache richtige Aussage des Senats, das Delisting stelle keinen Holzmüller – Fall dart; eine in der Zusammenschau der drei Urteile Holzmüller, Gelatine und Macrotron konsequente und folgerichtige Einordnung. Zutreffend hält der BGH fest, dass die Stellung des Aktionärs beim Delisting nicht durch Mediatisierung seiner Mitwirkungsrechte geschwächt wird. Das Delisting berührt allein die vermögenswerte Beteiligung der Aktionäre, so dass sich ihr Schutz nicht nach den Holzmüller – Grundsätzen richten kann.

Zum anderen ist zu konstatieren, dass der BGH neben den Holzmüller – Fällen jedenfalls auch für das Delisting eine ungeschriebene Hauptversammlungsmitwirkung für erforderlich hält. Mit der abgelehnten verfassungsrechtlichen Argumentation über Art. 14 I GG schafft das Gericht insoweit für den (Sonder-)Fall des Going Private, und nur für diesen Fall, eine zweite Quelle ungeschriebener Hauptversammlungszuständigkeiten.

bb) Eigene Bewertung

Zuzustimmen ist der Beobachtung des BGH und Teilen der Literatur, dass die gegenwärtigen Börsenordnungen den Anlegerschutz nicht hinreichend sicherstellen. Doch ob diesem nachteiligen Befund durch Anerkennung einer ungeschriebenen Hauptversammlungszuständigkeit wirksam und sinnvoll Abhilfe geschaffen werden kann, bleibt fraglich.

Durch den regelmäßig nach Bekannt werden der Börsenrückzugspläne einsetzenden Preisverfall wird den Kleinaktionären die Möglichkeit genommen, ihre Aktien an einem staatlich geregelten Markt zu einem fairen Preis zu veräußern. Da nach einem Delisting, wenn überhaupt, oft nur noch eine sehr eingeschränkte Verkaufsmöglichkeit der Aktien besteht, analysiert der BGH also durchaus zutreffend, dass der von § 38 IV BörsG intendierte Schutz der Aktionärsminderheit, der nicht zuletzt durch die regiona-

232 *Mülbert*, ZHR 165 (2001), 104 ff. (114 f.); ähnlich i.E., da die Verkehrsfähigkeit der Aktie als Bestandteil des Aktieneigentums ablehnend, *Wirth/Arnold*, ZIP 2000, 111 ff. (115 FN 60); *Martinius/Schiffer*, DB 2001, 750 f. (751).

len Börsenordnungen erfolgen sollte, unzureichend und ineffektiv ist. Folglich kann man durchaus ein Schutzbedürfnis der Vermögensinteressen der Kleinanleger dahingehend bejahen, dass sie hier für den tatsächlichen Verlust effektiver Veräußerungschancen zu entschädigen sind. Es scheint hier nahe liegend, dieses unzureichende Schutzsystem für die Vermögensinteressen der Aktionärsminderheit unter Heranziehung gesellschaftsrechtlicher Grundsätze zu schließen. Und durchaus in Fortsetzung seiner jüngeren Rechtsprechung, verfassungsrechtlich begründete Ausgleichsansprüche für Minderheitsaktionäre auf der Basis des Börsenwerts der Aktie anzunehmen[233], löst der BGH den Fall des Delistings unter Heranziehung des grundrechtlich geschützten Aktieneigentums, in dessen Möglichkeit der jederzeitigen Veräußerung das Delisting eingreife. Leider unterlässt es das Gericht an dieser Stelle, sich mit weiteren, einfachgesetzlichen Lösungen auseinanderzusetzen, wie etwa dem Vorschlag, das Delisting als Annexkompetenz der umfassenden Entscheidungsbefugnis der Hauptversammlung über die Eigenkapitalstruktur der Aktiengesellschaft nach § 119 I Nr. 6 AktG zu behandeln und aus dieser Argumentation eine (un-)geschriebene Hauptversammlungsmitwirkung abzuleiten.

Darüber hinaus müsste aber das Erfordernis eines Hauptversammlungsbeschlusses dem konkreten Schutzbedürfnis der Kleinaktionäre auch sinnvoll und systemkonform gerecht werden. Insoweit erscheint aber die Herbeiführung eines Hauptversammlungsbeschlusses eher als vermeintlich erforderliches Vehikel für die (tatsächlich im Vordergrund stehende?) nachträgliche Überprüfung der angebotenen Abfindung[234]. Denn der BGH verlangt weder eine sachliche Rechtfertigung noch einen Vorstandsbericht noch eine qualifizierte Mehrheit des beim Delisting doch sogar aus verfassungsrechtlichen Gründen für notwendig erachteten Hauptversammlungsbeschlusses. Durch diese Inkonsequenz gibt das Gericht selbst zu verstehen, dass es wohl weniger um eine tatsächliche Beteiligung der Minderheit in Form eines Hauptversammlungsbeschlusses geht - die einfache Mehrheit wird der das Delisting betreibende Großaktionär ohnehin immer erreichen -, sondern vielmehr allein um die Zahlung einer Abfindung[235], die in ihrer Höhe sowie in Bezug auf abfindungsbezogene Informationsmängel gerichtlich zu kontrollieren ist. Da es zudem möglich ist, auf die Regeln des Spruchverfahrens zurückzugreifen, wenn es an einem konkreten Erwerbsangebot oder an einem Hauptversammlungsbeschluss fehlt[236], kann zur Wahrung des Abfindungsinteresses jedenfalls

[233] Vgl. dazu BGHZ 135, 374 ff. (Guano); BGHZ 147, 108 ff.; letztere Entscheidung unter Hinweis auf BVerfGE 100, 289 ff. und BVerfG, ZIP 1999, 1804.

[234] So zutreffend *Habersack*, AG 2005, 137 ff. (141) unter Bezugnahme auf *Hüffer*, AktG, § 119 RN 23, der die Beschlussfassung für unverzichtbar hält, weil sonst die Aktionäre hinsichtlich Abfindungshöhe mangels Spruchverfahren ohne Rechtsschutz blieben; skeptisch auch *Böttcher/Blasche*, NZG 2006, 569 ff. (571).

[235] Und wohl nicht bloß eines Fungibilitätsausgleichs, der den Aktionären, die sich nicht vollständig von ihrer Beteiligung trennen möchten, die mit dem Rückzug von der Börse verbundene Verschlechterung der Bewertung ausgleicht. Vgl. dazu näher *Reiff*, Aspekte, S. 161 ff.; *Zetsche*, NZG 2000, 1065 ff. (1069); für das kalte Delisting *Steck*, AG 1998, 460 ff. (464).

[236] LG München, NZG 2004, 193 ff. (194 f.); Emmerich/Habersack - *Habersack*, Vor § 311 RN 38; *ders.*, AG 2005, 137 ff. (141).

auf ein auf das Delisting bezogenes Beschlusserfordernis der Hauptversammlung verzichtet werden.

Ob sich die Macrotron – Entscheidung daher in ein rundum durchdachtes, im Hinblick auf Effizienzbedürfnisse, Legitimationsbedürfnisse und Schutzbedürfnisse abgestimmtes Aktionärsschutzsystem einordnen lässt, muss, insbesondere im Hinblick auf die jeweiligen Mehrheitserfordernisse, daher zweifelhaft erscheinen[237]. Vielmehr gibt es nun mit dem Delisting eine weitere Quelle ungeschriebener Zuständigkeiten der Hauptversammlung, gewissermaßen eine zweite Baustelle des Großprojekts ungeschriebener Mitwirkung. Unter Wertungsgesichtspunkten kann der Aussage „Stärkung des Anlegerschutzes und der Unternehmensintegrität durch den BGH"[238] gleichwohl beigepflichtet werden. Insbesondere ein zwingend zu unterbreitender und im Spruchverfahren kontrollierbarer Abfindungsanspruch sind hier deutliche und wirksame Instrumente zum Minderheitenschutz. Allein das Ob und Wie der Hauptversammlungsmitwirkung vermögen nicht zu überzeugen.

4. Zusammenfassung der bisherigen Ergebnisse zum Schutzzweck ungeschriebener Hauptversammlungszuständigkeiten nach Macrotron und Gelatine

Die bisherige Untersuchung zum Schutzzweck ungeschriebener Hauptversammlungszuständigkeiten hat ergeben, dass zwar die Gelatine – Rechtsprechung auf einer Linie mit der das Mitgliedschaftsrecht schützenden Holzmüller - Rechtsprechung liegt, Macrotron hingegen Vermögensschutz des Minderheitsaktionärs gewährleisten soll und insoweit allein ein Minderheitenschutzrecht darstellt. Dies will auch der BGH so verstanden wissen[239].

Ungeschriebene Mitwirkungsrechte der Hauptversammlung nach den Holzmüller – Grundsätzen sind weder Ausdruck einer spezifischen Konzernverfassung noch einer allein vermögensbezogenen Definition der Aktionärsstellung, sondern dienen dem Schutz der durch eine Maßnahme der Geschäftsführung bewirkten Gefährdung der Mitgliedschaftsrechte des Aktionärs als Verbandsmitglied der Aktiengesellschaft. Unter ausdrücklicher Bezugnahme auf die Holzmüller – Entscheidung rückt der BGH nun die faktische Verkürzung dieser durch das Mitgliedschaftsrecht vermittelten Herrschaftsrechte in den Mittelpunkt seiner Schutzzwecküberlegungen. Dieser Schutzzweck ungeschriebener Mitwirkung greift ausnahmsweise dann ein, wenn mitgliedschaftliche Herrschaftsrechte durch Maßnahmen des Vorstands in solch wesentlichem Maß verwässert werden, dass die Auswirkungen dieser Mediatisierung in die Nähe einer Sat-

---

[237] Das wird überwiegend so gesehen, und zwar auch von den Stimmen, die die Entscheidung grundsätzlich begrüßen. Vgl. insoweit etwa *K. Schmidt*, NZG 2003, 601 ff. (601, 606); *Lutter*, JZ 2003, 684 ff. (686); *Benecke*, WM 2004, 1122 ff. (1125); *Marsch – Barner*, LMK 2003, 106; aus dem die Entscheidung ablehnenden Lager: *Ekkenga*, ZGR 2003, 878 ff. (894 ff., 910); *Schlitt*, ZIP 2004, 533 ff. (535 ff.); *Krämer/Theiß*, AG 2003, 225 ff. (241 f.) *Geyrhalter/Zirngibl*, DStR 2004, 1048 ff. (1053).; zu Schlussfolgerungen aus den unterschiedlichen Mehrheitserfordernissen sogleich.

[238] Vgl. *K. Schmidt*, NZG 2003, 601 ff. (602).

[239] BGH, NJW 2002, 1032 (1034).

zungsänderung reichen. Die Mitwirkung soll hier den (drohenden) Herrschaftsverlust kompensieren; zugleich aber soll der Zustimmungsbeschluss der Hauptversammlung auch präventiv der Gefahr einer Vermögensverlagerung bei Maßnahmen mit der hier in Rede stehenden Qualität vorbeugen. Neben dem Mediatisierungseffekt liegt regelmäßig auch eine Verwässerung des Beteiligungswertes zu Lasten der Aktionäre vor. Dieser Wertverwässerungseffekt ist aber nicht zuletzt vor dem Hintergrund der Macrotron – Entscheidung nicht allein in der Lage, eine Holzmüller – Zuständigkeit zu begründen, sondern tritt neben die Mediatisierung des mitgliedschaftlichen Herrschaftseinflusses, verstärkt diesen und unterstreicht das Bedürfnis einer aktionärsschützenden Hauptversammlungsmitwirkung.

Da das Delisting demgegenüber keinen mitgliedschaftlichen Bezug aufweist[240], muss hier ein anderes Schutzziel verfolgt werden. Dieses sieht der BGH in dem Verlust der jederzeitigen Veräußerungs- und Wertrealisierungsmöglichkeit der Aktie über die Börse, die den Kleinaktionär weitaus stärker treffe als den Paketaktionär. Dies berühre die verfassungsrechtlich garantierten Eigenschaften des Aktieneigentums für Minderheits- und Kleinaktionäre, sodass die Hauptversammlung als zuständiges Organ dem Delisting zuzustimmen habe. Der Schutzgegenstand dieser ungeschriebenen Mitwirkung ist daher nicht das Mitgliedschaftsrecht, sondern eine Aktionärsminderheit als solche.

Folglich bestehen im geltenden Aktienrecht verschiedene Schutzgegenstände ungeschriebener Mitwirkung. Diese sind entsprechend ihrer Bedeutung auch unterschiedlich zu behandeln. Maßstäbe für eine solche unterschiedliche Behandlung können sich nur aus dem geschriebenen Aktienrecht ergeben bzw. sind daraus abzuleiten. Für das allein vermögensrechtliche Interessen einer Minderheit berührende Delisting ist ein mit qualifizierter Mehrheit zu fassender Zustimmungsbeschluss der Hauptversammlung nicht zu verlangen, denn einen mit qualifizierter Mehrheit zu fassenden Beschluss, der reine Vermögensinteressen betrifft, sieht auch das AktG nicht vor. Unter Berücksichtigung der Tatsache, dass der Mehrheitsaktionär diese einfache Mehrheit regelmäßig erreicht, scheint eine zwingende Abfindung und die gerichtliche Überprüfung derselben im Spruchverfahren der Sache nach zutreffend und systemkonform begründbar. Dazu bedarf es jedoch nicht zwingend eines Hauptversammlungsbeschlusses.

Maßnahmen hingegen, deren Auswirkungen in die Nähe einer Satzungsänderung reichen, die also grundlegende Strukturentscheidungen darstellen und somit den Kernbereich des Mitgliedschaftsrechts betreffen, stellen Schutzgegenstand ungeschriebener Hauptversammlungszuständigkeiten nach der Holzmüller – Doktrin dar.

[240] Es berührt weder das Mitgliedschaftsrecht selbst in irgendeiner Weise (wie etwa beim Squeeze – Out) noch das Mitgliedschaftsrecht als relatives Beteiligungsrecht (etwa das Dividendenrecht oder den Anspruch auf den Liquidationsanteil) noch zehrt es den Vermögenswert der Beteiligung aus (wie etwa in BGHZ 135, 374 ff. – Guano).

5. Ansätze für einen einheitlichen Schutzzweck ungeschriebener Hauptversammlungszuständigkeiten nach Macrotron und Gelatine

Diese formulierten Schlussfolgerungen zum Schutzweck ungeschriebner Mitwirkungsrechte sind indes nicht unbestritten. In jüngerer Zeit wird diskutiert, ob nicht entgegen den bisherigen Ergebnissen der Macrotron - und Gelatine - Rechtsprechung nicht doch ein einheitlicher Schutzgedanke zu Grunde liegt[241].

a) Mitgliedschaftsschutz als einheitlicher Schutzzweck

Einige sehen den Holzmüller/Gelatine - Schutzzweck einerseits und den Macrotron - Schutzzweck andererseits auf einen einheitlichen Schutzgegenstand gerichtet[242], nämlich den durch die Maßnahmen bewirkten Eingriff in die Mitgliedschaftsrechte der Aktionäre[243]. Die Beeinträchtigung mitgliedschaftlicher Rechte kann danach immer dann zu ungeschriebener Mitwirkung führen, wenn die Beeinträchtigung der Mitgliedschaft nur ausreichend schwerwiegend ist[244]. Dies sei unter Berücksichtigung der jüngeren Rechtsprechung dann der Fall, wenn der konkreten Maßnahme entweder eine überragende quantitative Bedeutung zukomme[245], wenn es sich um eine Maßnahme handele, die sich unabhängig von quantitativen Größen in qualitativer Hinsicht breitflächig auf das Mitgliedschaftsverhältnis auswirke[246], wenn es sich um eine Reduktion von Ausnahmetatbeständen zu mitgliedschaftsschützenden gesetzlichen Tatbeständen handle[247], oder wenn es sich um die Beeinträchtigung des Desinvestitionsinteresses der

[241] *Liebscher*, ZGR 2005, 1 ff.; *Reichert*, AG 2005, 150 ff. (155 f.); im Ausgangspunkt auch *Böttcher/Blasche*, NZG 2006, 569 ff. (572), die auf § 76 I AktG und unter Rückgriff auf die grundrechtliche Schutzpflichtdogmatik zwar für die von Ihnen konkret besprochenen Fälle zu differenzierten Ergebnissen kommen, jedoch keine verallgemeinerungsfähige Richtschnur für weitere Fälle entwickeln.

[242] Liebscher spricht etwas missverständlich vom Rechtsgrund der Holzmüller – Doktrin. Der Begriff des Schutzzwecks von Holzmüller beschreibt die hier vorgenommenen Erwägungen jedoch treffender.

[243] *Liebscher*, ZGR 2005, 1 ff. (19).

[244] Vgl. *Liebscher*, ZGR 2005, 1 ff. (20 ff.).

[245] Hierunter fasst *Liebscher*, ZGR 2005, 1 ff. (23 ff.) alle im Anschluss an Holzmüller diskutierten Fälle, auf die noch einzugehen sein wird, die aber in quantitativer Hinsicht eben das in Gelatine angedeutete Gewicht von etwa 80% des Gesamtvermögens aufweisen müssen.

[246] Hierunter fasst *Liebscher*, ZGR 2005, 1 ff. (25 f.) Fälle in denen ein Unternehmen in einen öffentlich – rechtlich regulierten Bereich vorstößt und sich hierdurch entsprechenden Beschränkungen unterwirft (z.B. etwa überragende öffentliche Sicherheitsinteressen) sowie breitflächige schuldrechtliche Bindungen.

[247] Hier nennt *Liebscher*, ZGR 2005, 1 ff. (28 f.) die Konstellation eines Up-Stream-Merger nach § 62 UmwG, bei dem im unmittelbaren Vorfeld der Verschmelzungsentscheidung auf der Ebene des übertragenden Rechtsträgers eine Strukturmaßnahme verwirklicht wurde, die durch die verschmelzungsbedingte Gesamtrechtsnachfolge zu einer Beeinträchtigung der Mitgliedschaftsinteressen des übernehmenden Rechtsträgers führt, namentlich wenn ein Unternehmensvertrag mit einer dritten Gesellschaft geschlossen wurde.

Aktionäre handle[248]. In allen genannten Konstellationen sei die drohende Beeinträchtigung der Mitgliedschaft der einheitliche Rechtsgrund aller Fälle ungeschriebener Hauptversammlungszuständigkeiten, einschließlich des Delistings[249]. Eine Einschränkung erfolge durch eine Konkretisierung der Anforderungen an die Grenzwerte der angesprochenen Fallgruppen, so wie es etwa in Gelatine für die klassischen Holzmüller – Fälle erfolgt sei.

b) Einheitlicher Mitgliedschaftsschutz, aber differenzierte Rechtsfolgen

Andere[250] stoßen in eine vergleichbare Richtung, indem ebenso der Eingriff in die Mitgliedschaftsrechte der Aktionäre die einheitliche Grundlage der Macrotron und Gelatine – Entscheidungen darstellt; Gelatine betreffe dabei Mediatisierungsfälle, Macrotron solche Eingriffe in Mitgliedschaftsrechte mit vermögensmäßigen Auswirkungen[251]. Letztere Eingriffe seien aber aufgrund des spezifischen Vermögensbezugs einer abweichenden Rechtsfolge zuzuführen und könnten nicht mit Gelatine gleichgesetzt werden[252]. Dies wird damit begründet, dass anzuerkennen sei, dass es auch bei Macrotron um einen wesentlichen Eingriff in Mitgliedschaftsrechte gegangen sei, der durchaus auch nach den Vorschriften über die Einführung einer Vinkulierung hätte behandelt werden können[253]. Dementsprechend stehe nun fest, dass es über Holzmüller/Gelatine hinaus Fälle ungeschriebener Hauptversammlungszuständigkeiten geben könne, die in ihren Rechtsfolgen noch weiter gehen und, was Macrotron verdeutliche, einer Differenzierung bedürften[254]. Daher könne man nicht alle Fälle ungeschriebener Hauptversammlungszuständigkeiten über eine Leiste scheren, sondern müsse je nach betroffenem Interesse modifizierte Lösungen finden, die insbesondere weitere Fälle ungeschriebener Hauptversammlungszuständigkeiten nicht ausschlössen[255].

c) Kritik an der Vereinheitlichung des Schutzzwecks

So reizvoll die Idee eines einheitlichen Schutzzwecks ungeschriebener Hauptversammlungszuständigkeiten nach den beiden Urteilen des BGH auch sein mag, so wenig lässt sie sich aus den Urteilen entwickeln oder ist in ihnen angelegt. Beide Ansätze

---

[248] Als solche Beeinträchtigung der Desinvestitionsmöglichkeit der Aktionäre durch Minderung der Aktienfungibilität oder Vereitelung von gesetzlich vorgesehenen Veräußerungschancen führt *Liebscher*, ZGR 2005, 1 ff. (29 f.) vor allem das im Macrotron – Fall entschiedene Delisting an.

[249] *Liebscher*, ZGR 2005, 1 ff. (33).

[250] *Reichert*, AG 2005, 150 ff. (155 f.).

[251] *Reichert*, AG 2005, 150 ff. (155).

[252] *Reichert*, AG 2005, 150 ff. (155).

[253] *Reichert*, AG 2005, 150 ff. (155); zu dem Ansatz, der das Delisting in Anlehnung an die Vorschriften über die Vinkulierung behandeln möchte siehe oben, Zweites Kapitel, II, 3, c, aa, (3).

[254] *Reichert*, AG 2005, 150 ff. (155).

[255] *Reichert*, AG 2005, 150 ff. (155).

weisen darauf hin, dass spätestens mit Gelatine klargestellt worden sei, dass die mitgliedschaftliche Stellung des Aktionärs Schutzgegenstand ungeschriebener Mitwirkung nach der Holzmüller – Doktrin sei. Dieser zutreffende Befund ist auch das Ergebnis obiger Ausführungen dieser Arbeit[256], in denen dargelegt wurde, dass weder die Stellung des Aktionärs als Anleger noch seine besondere Schutzbedürftigkeit in Konzernierungsfällen den Schutzzweck ungeschriebener Zustimmungserfordernisse darstellt, sondern allein seine Position als Verbandsmitglied. Diese ist aber beim Delisting ausdrücklich nicht berührt. Daher können auch die Erläuterungen des BGH in Macrotron und Gelatine nicht auf eine einheitliche, gemeinsame Grundlage gestellt werden. Die Idee eines jedenfalls im Kern einheitlichen Schutzgegenstandes ist daher abzulehnen.

aa) Mitgliedschaftsrecht und Minderheitenschutz

Schutzzweck für eine Mitwirkung der Hauptversammlung war im ursprünglichen Holzmüller – Fall, dass die Maßnahme „durch die Geschäftsführungsbefugnis des Vorstands (formal) zwar noch gedeckt (war), aber eben so tief in die Mitgliedsrechte der Aktionäre und deren im Anteilseigentum verkörpertes Vermögensinteresse“ eingreift, dass der Vorstand vernünftigerweise nicht annehmen kann, er dürfe sie in ausschließlicher eigener Verantwortung treffen, ohne die Hauptversammlung zu beteiligen“[257]. Dies sollte der Fall sein, wenn sich die Maßnahme im Kernbereich der Unternehmenstätigkeit abspiele, den wertvollsten Betriebszweig betreffe und die Unternehmensstruktur von Grund auf ändere. In Gelatine nun griff das Gericht genau diese Formel auf und ergänzte präzisierend, dass ein solcher Eingriff in seinen Auswirkungen an die Notwendigkeit einer Satzungsänderung heranreichen müsse. Das Gericht schlussfolgert wörtlich, dass „der mit der Maßnahme verbundenen Mediatisierung des Einflusses der Aktionäre, denen es als Satzungsgeber zukommt, Gegenstand und Grenzen des Handelns der für die Gesellschaft tätigen Leitungsorgane zu bestimmen“[258], durch eine notwendige Hauptversammlungsmitwirkung begegnet werden müsse. Dies liegt auf einer Linie mit Holzmüller, was gerade durch ausdrückliche Bezugnahmen deutlich wird. Dagegen heißt es in Macrotron, dass durch das Delisting weder die innere Struktur der Gesellschaft berührt noch der Bestand des Mitgliedschaftsrechts geschwächt werde[259]. Auch das Mitgliedschaftsrecht als relatives Beteiligungsrecht sowie der Vermögenswert der Beteiligung würden weder verwässert noch ausgezehrt; und schließlich sei auch eine Schwächung der mitgliedschaftlichen Stellung des Aktionärs durch Mediatisierung seiner Mitwirkungsrechte nicht auszumachen[260]. Gleichwohl dürfe nicht übersehen werden, dass dem Aktionär mit dem Delisting der Gesellschaft der Markt genommen werde, der es ihm ermögliche, den Wert

[256] Vgl. oben, Zweites Kapitel, II, 4.
[257] BGHZ 83, 122 ff. (131).
[258] BGH, NZG 2004, 575 ff. (577 f.).
[259] BGH, NZG 2003, 280 ff. (282).
[260] BGH, NZG 2003, 280 ff. (282).

seiner Aktien jederzeit durch Veräußerung zu realisieren, was für den Großaktionär oder für Paketbesitzer ohne Bedeutung sei, aber für Minderheits- und Kleinaktionäre gravierende Nachteile mit sich bringe, die auch nicht durch die Einbeziehung der Aktien in den Freihandel ausgeglichen werden könnten[261]. Aus der Rechtsprechung des BVerfG ergebe sich, dass der Börsennotierung insoweit eine besondere Bedeutung beizumessen sei, die dazu führe, dass die Börsennotierung unerlässlicher Bestandteil des Rechtsverhältnisses zwischen Aktiengesellschaft und Aktionär werde und das Delisting als eine die Verkehrsfähigkeit der Aktie und damit den Verkehrswert des Anteils beeinträchtigende Maßnahme im Hinblick auf den Minderheitenschutz einer Entscheidung der Hauptversammlung bedürfe[262].

Dies verdeutlicht den entscheidenden Unterschied: Macrotron soll nach Aussage des Gerichts eben kein Instrument des Mitgliedschaftsschutzes sein, sondern vielmehr des Minderheitenschutzes. Diese unterschiedlichen Schutzzwecke erklären auch die Schwierigkeiten des Senats bei der Begründung seines Ergebnisses. Denn da der mitgliedschaftsrechtliche Ansatz für die Delisting – Fälle gerade nicht greift, sieht das Gericht sich genötigt, für diesen Fall mit der verfassungsrechtlichen Keule des Art. 14 I GG ein Zustimmungserfordernis zu begründen[263]. Daraus folgt, dass ein gemeinsamer Schutzgegenstand „Mitgliedschaftsrecht des Aktionärs“ jedenfalls für die beiden entschiedenen Fälle mehr als zweifelhaft erscheinen muss und sich aus dem Wortlaut der Entscheidungsgründe gerade nicht herleiten lässt.

bb) Das Verhältnis von Schutzzweck und erforderlicher Mehrheit

Einen weiteren Aspekt, der an einem einheitlichen Schutzzweck zweifeln lässt, stellen die jeweils geforderten unterschiedlichen Beschlussmehrheiten dar. Im Hinblick auf den hier interessierenden Schutzzweck lassen sich aus den gerichtlichen Überlegungen dazu Folgerungen ableiten. Der Vergleich mit gesetzlich geregelten Fällen, die eine qualifizierte Mehrheit erfordern, zeigt, dass es sich bei solchen um wesentliche Strukturmaßnahmen mit (potentiell) mitgliedschaftlichem Bezug handelt. Dementsprechend verlangt der BGH in Holzmüller/Gelatine - Fällen aufgrund der die Mitgliedschaft tangierenden Mediatisierung eine qualifizierte Mehrheit, im Fall des Delisting aber eben nicht, weil eine entsprechende Eingriffstiefe hier nicht gegeben ist. Daraus ergibt sich, dass der BGH durch die Annahme der einfachen Mehrheit, unabhängig von dem Begründungsansatz über Art. 14 I GG, darauf hindeuten will, dass er bei einem vollständigen regulären Delisting gerade nicht von einer Strukturänderung ausgeht[264]. In-

---

[261] BGH, NZG 2003, 280 ff. (282).

[262] BGH, NZG 2003, 280 ff. (283).

[263] Dass die Argumentation des BGH in Macrotron auch im Übrigen auf massive Bedenken stößt, wurde bereits erörtert, vgl. oben, Zweites Kapitel, II, 3, c, bb, (1); dabei ist aber zu beachten, dass die eher rechtsdogmatische Frage nach der Herleitung ungeschriebener Mitwirkungsrechte grundsätzlich von der ihres Schutzzweck zu unterscheiden ist.

[264] Darauf weist *Streit*, ZIP 2003, 392 ff. (393) zutreffend hin. *Streit* sieht allerdings die Hauptversammlungszuständigkeit in einer Ermessensreduzierung mit Vorlagepflicht des Vorstands begründet.

soweit kann dem BGH zugestimmt werden, wenn er für einen etwaigen Hauptversammlungsbeschluss eine einfache Stimmenmehrheit nach § 133 AktG ausreichen lässt; dies ist konsequent und zu der verneinten Einschlägigkeit der Holzmüller – Doktrin folgerichtig. Wenn nun argumentiert wird, insoweit sei eben eine andere Wesentlichkeitsschwelle für den Mitgliedschaftseingriff anzulegen, so widerspricht dies der Systematik der gesetzlich geregelten Fälle, die eine Mitwirkung der Hauptversammlung verlangen und die allesamt einen mitgliedschaftlichen Bezug aufweisen. Dementsprechend muss die Hauptversammlung mit qualifizierter Mehrheit in den Fällen der §§ 179 II, 179a I, 182 I, 186 III, 193 I, 202 II, 222 I, 262 I Nr. 2 AktG Beschluss fassen. In diese Systematik passt es nicht, Fälle mit (angeblich) mitgliedschaftlichem Bezug einzufügen, die aber auf ihrer Rechtsfolgenseite nur einer einfachen Beschlussmehrheit bedürfen. Dieser Aspekt einer einheitlichen Rechtsfolgenseite lässt vielmehr den Rückschluss zu, dass der BGH auf Tatbestandsseite nicht von einer einheitlichen Grundlage ausgeht, sondern hier zwischen Holzmüller/Gelatine einerseits und Macrotron andererseits trennt. Dies stützt somit eine Unterscheidung der Schutzgegenstände in Macrotron und Gelatine unabhängig davon, ob beim Delisting überhaupt Zweifel hinsichtlich einer Hauptversammlungsentscheidung angezeigt sind.

cc) Unbestimmte Wesentlichkeitsschwellen und unklare differenzierte Lösungsansätze

Beide Ansätze, die sich um eine gemeinsame Grundlage des Schutzzwecks bemühen, führen de facto zu einer Ausweitung ungeschriebener Mitwirkung und einer Steigerung der Rechtsunsicherheit. So gehen die Überlegungen von einem weiten Mitgliedschaftsbegriff aus, bei dem eine Beeinträchtigung auch dementsprechend schnell festgestellt werden kann, was der Fall des Delistings zeigt. Um unangemessenen Ergebnissen zu begegnen, wird daher gefordert, dass bestimmte Wesentlichkeitshürden überschritten werden. Und genau hier liegt die Schwierigkeit, nämlich diese (hohen) Hürden zu bestimmen. Legt man hier die vier genannten Konstellationen zu Grunde, die im Übrigen nicht abschließend sein können und wollen, mögen nun zwei geklärt sein, weitere mögliche Fälle sind es aber keineswegs. Abgesehen davon, dass es dieser Ansatz nicht vermag, den in Bezug auf die Beschlussmehrheit aufgeworfenen Widerspruch zu beseitigen, bleibt völlig dunkel, wie in anderen Konstellationen der Mitgliedschaftsrechtsbeeinträchtigung entsprechende Wesentlichkeitsgrenzen gebildet werden sollen. Hierfür fehlen Anhaltspunkte in qualitativer und quantitativer Hinsicht. Daher wird die vielleicht mit der Vereinheitlichung gewonnene dogmatische Klarheit mit den genannten Unbekannten in rechtspraktischer Hinsicht wieder wesentlich verwässert.

Ähnliches gilt auch für den Vorschlag, die verschiedenen Formen der Beeinträchtigung des einheitlichen Mitgliedschaftsrechts einer modifizierten Lösung zuzuführen. Auch hier bleibt ausdrücklich Raum für weitere Fälle, die ungeschriebene Hauptversammlungskompetenzen neben Mediatisierungssachverhalten begründen können, ohne dass für die Suche solcher Fälle vertiefende Anhaltspunkte aufgezeigt werden. Überdies aber ist ungeklärt, wie in solchen Fällen die „modifizierte Lösung“ aussehen soll, also welcher abweichenden Rechtsfolge sie konkret zugeführt werden soll. Hier ist von verschiedenen Mehrheiten über bloßen Vermögensausgleich bis hin zur Satzungsänderung vieles denkbar und mithin der Willkür Tür und Tor geöffnet. Keinesfalls scheint festzustehen, dass mit Macrotron und Gelatine alle in Betracht kommenden möglichen Rechtsfolgen gefunden sind. Für eine ungeschriebene Mitwirkung der Hauptversammlung nach den Holzmüller – Grundsätzen sollte es jedoch insoweit bei einer Beschränkung auf Fälle der Mediatisierung mitgliedschaftlicher Herrschaftsrechte der Aktionäre in den durch Gelatine präzisierten Grenzen belassen werden. Dies muss dann aber bei der Betrachtung von Macrotron und Gelatine einen einheitlichen Schutzgegenstand ausschließen.

dd) Rechtssicherheit als Intention des BGH

An diese Überlegungen zu unbestimmten Wesentlichkeitsschwellen und Lösungsmöglichkeiten schließt sich ein letzter Punkt an, der sich weniger bei einer rechtlichen denn tatsächlichen Betrachtung der Gelatine – Urteile aufdrängt. Das Gericht hat in zwei gleich lautenden Urteilen vom selben Tag ausführlich zur Holzmüller – Problematik Stellung genommen und darin den Versuch unternommen, viele Fragen einer klärenden Lösung zuzuführen. Deutlicher kann ein Gericht seinem Standpunkt und seinem Anliegen nicht zum Ausdruck verhelfen. Es muss daher anerkannt werden, dass der Senat sich eindringlich bemüht, die mit Holzmüller aufgekommene Rechtsunsicherheit einzuschränken und Streitfragen gerade auch in grundsätzlicher Hinsicht zu klären. Danach will er maßgeblich der Gefahr einer Verwässerung mitgliedschaftlicher Teilhaberechte und damit der Gefahr der Mediatisierung des Einflusses der Aktionäre entgegentreten, was breit thematisiert wird. Die dabei gefundenen Ergebnisse sollten hingenommen und weiterentwickelt, aber nicht erneut relativiert werden. Zusätzlich sei hier darauf hingewiesen, dass weitere aufgeworfene und untersuchte Konstellationen exotische Sonderfälle darstellen, die in dieser Diskussion nicht überbewertet werden sollten[265].

Sieht man daher auch in dem Streben nach einem größeren Maß an Rechtssicherheit hinsichtlich des Schutzzwecks ungeschriebener Mitwirkungsrechte eine Zielsetzung des BGH, sollten diese Bemühungen nicht durch die Vereinheitlichung der Schutzgründe aus Macrotron und Gelatine, die wie aufgezeigt verschiedene sind[266], relativiert werden.

---

[265] *Liebscher*, ZGR 2005, 1 ff. (25 ff.).

[266] Vgl. oben, Zweites Kapitel, II, 4.

6. Versuch einer abstrakten Eingrenzung holzmüllerpflichtiger Maßnahmen anhand des herausgearbeiteten Schutzzwecks

Nachdem nunmehr der Schutzzweck ungeschriebener Mitwirkungsrechte nach Holzmüller geklärt und zu anderen Fällen ungeschriebener Mitwirkung abgegrenzt ist, soll untersucht werden, ob sich nicht aufgrund der in Gelatine erfolgten Präzisierung ein verallgemeinerungsfähiger Kerngehalt der Holzmüller – Doktrin entwickeln lässt, anhand dessen potenzielle Holzmüller - Maßnahmen durch die Betrachtung bestimmter Merkmale abstrakt eingegrenzt werden können. Dies kann einen ersten Schritt zu einer Aufarbeitung möglicher Fälle ungeschriebener Hauptversammlungszuständigkeiten darstellen, die auf eine grundsätzliche und weniger einzelfallorientierte Lösung zielt.

Ausgehend von dem mitgliedschaftsbezogenen Schutzzweck der Holzmüller – Doktrin und dessen Konzentration auf den einer (jedenfalls formalen) Geschäftsführungsmaßnahme innewohnenden Mediatisierungseffekt als Grundlage der zuständigkeitsbegründenden Mitwirkung folgt zunächst, dass Holzmüller keineswegs auf Konzernsachverhalte beschränkt bleiben muss, sondern allgemein Schutz der betroffenen Aktionäre vor entsprechenden Maßnahmen gewähren will und deshalb auch in der unverbundenen Aktiengesellschaft Anwendung finden kann[267]. Gleichwohl dürften sich, und dies nicht zuletzt aufgrund der Tatsache, dass der BGH in erster Linie über Gruppenbildungs- und -umbildungssachverhalte zu judizieren hatte, die Hauptanwendungsfälle der Holzmüller – Grundsätze im Bereich der Gruppenbildung und der ihr nachfolgenden Maßnahmen der Gruppenumbildung und Gruppenleitung finden lassen. Dies bestätigt auch der Blick in den Katalog des § 119 I AktG, der zwar die wichtigsten, aber nicht alle geschriebenen Hauptversammlungszuständigkeiten nennt und der auf die unverbundene Aktiengesellschaft zugeschnitten ist. Alle dortigen geschriebenen Konstellationen nehmen auf die spezifische Gefährdung der Aktionäre einer Konzernobergesellschaft keine Rücksicht, sodass ungeschriebene Mitwirkungsrechte gerade diesen zu Gute kommen dürften. Die Einkleidung in konzernrechtliche Fallgestaltungen droht somit, den Blick auf eine allgemeingültige und umfassende Geltung in der Aktiengesellschaft zu verstellen.

Indes lässt sich aus der Argumentation des BGH in Holzmüller und Gelatine durchaus ein verallgemeinerungsfähiger Kerngehalt der Holzmüller – Doktrin für alle aktienrechtlichen Gesellschaftsstrukturen ableiten, der über den ursprünglichen Fall der Ausgliederung hinausreicht. Dieser liegt darin, dass es neben den klassischen Hauptversammlungszuständigkeiten, so wie sie sich gesetzlich normiert finden, eine Reihe moderner Grundlagenentscheidungen gibt, die das Mitgliedschaftsverhältnis selbst und die dadurch vermittelten Aktionärsrechte derart massiv beeinträchtigen, dass der Vorstand als zuständiges, vertretungsberechtigtes Exekutivorgan der Gesellschaft vor der Durchführung einer entsprechenden Maßnahme erst bei den Aktionären Rücksprache

[267] Vgl. GK AktG – *Mülbert*, § 119 RN 30; Emmerich/Habersack – *Habersack*, Vor § 311 RN 34; *Hüffer*, AktG, § 119 RN 18a; *Priester*, ZHR 163 (1999), 187 ff. (196); heute fast allgemeine Meinung.

zu nehmen hat[268]. Die im ersten Kapitel vorgenommene Einordnung der Aktionärsvertretung in die Organtrias der Aktiengesellschaft[269] hat gezeigt, dass der Hauptversammlung nicht nur keine Allzuständigkeit zukommt, sondern sie auch, anders als etwa die Gesellschafterversammlung im Recht der GmbH, der Unternehmensleitung nicht übergeordnet ist. Nach der dargestellten Gewaltenteilung zwischen den Organen der Aktiengesellschaft entscheidet die Hauptversammlung nur in den ihr im Gesetz und in der Satzung ausdrücklich zugewiesenen Fällen, welche entweder als Grundlagenbeschlüsse mit satzungsändernder Wirkung oder als sonstige strukturändernde Maßnahmen zu qualifizieren sind. Angesichts der in den vergangenen Jahrzehnten gewonnenen Erkenntnis, dass neben diese „classical fundamental changes“[270], die die Hauptversammlung zu beschließen hat, nicht zuletzt aufgrund der Bedürfnisse des praktischen Wirtschaftsverkehrs so genannte „modern fundamental changes“[271] hinzugetreten sind, ist zu fragen, wie und unter welchen Voraussetzungen solche Maßnahmen denn eigentlich durchgeführt werden können. Handelt es sich dabei nämlich um „Strukturmaßnahmen“ mit Auswirkungen auf das Mitgliedsverhältnis des Aktionärs als Eigentümer der Gesellschaft, dann muss dieser, in welcher Form auch immer, in die Durchführung der Maßnahmen eingebunden werden. Erkennt man also an, dass es Maßnahmen gibt, für die keine oder nur eingeschränkte gesetzliche Regelungen existieren, die aber jenem Bereich der „fundamental changes“ aufgrund ihrer Bedeutung und ihren Auswirkungen zuzurechnen sind, erhebt sich zwangsläufig die Frage, wann eine Maßnahme diesen Bereich erreicht. Insoweit ist die auch vom BGH in den Holzmüller – Fällen angenommene Anschauungslücke des Gesetzgebers für hier interessierende Konstellationen notwendige Voraussetzung einer jeden ungeschriebenen Mitwirkung.

---

[268] In diese Richtung auch *Fleischer*, NJW 2004, 2335 ff. (2336), der aber mehr vermögensbetont argumentiert, indem er einen Investmentkontrakt zwischen Gesellschaft und Aktionär konstruiert, welcher ohne Aktionärszustimmung nicht einschneidend verändert werden dürfe. Dies relativiert jedoch die primär mitgliedschaftlich zu definierende Rechtsstellung des Aktionärs, indem sie sie mit Vermögensschutzaspekten, die jedenfalls für das deutsche Recht maßgeblich der Konzeption Mülberts entstammen, auflädt. Diesem Ansatz ist aber, wie oben, Zweites Kapitel, II, 2, c, dargelegt, kritisch zu begegnen. Auch legt der BGH gerade in seiner Holzmüller – Rechtsprechung einen mitgliedschaftlichen Ansatz des AktG zu Grunde, wonach eben die Mediatisierung von Mitgliedschaftsrechten die innere Rechtfertigung und den Schutzgrund ungeschriebener Mitwirkungsrechte darstellt. Die Konstruktion eines Investmentkontakts ist hier damit nicht nur systematisch bedenklich, sondern hinsichtlich einer rechtssicheren Handhabung und Anwendung auf den jeweils zu entscheidenden Sachverhalt wenig hilfreich. Kritisch zum Ansatz Fleischers auch *Habersack*, AG 2005, 137 ff. (140 f.).

[269] Vgl. oben, Erstes Kapitel, I, 3.

[270] *Eisenberg*, Structure, S. 3 versteht darunter Unternehmensverschmelzungen, den Verkauf wesentlicher Unternehmensteile, Kapitalerhöhungen und die Auflösung der Gesellschaft.

[271] *Eisenberg*, Structure, S. 3 nennt hier Unternehmensverbindungen sowie Konzernierungsfälle.

a) Ergebnis der Schutzzweckanalyse als Anhaltspunkt

Zur Bestimmung von abstrakten Merkmalen dieses Bereichs kann zunächst auf die in diesem Kapitel dargestellte Schutzzweckdiskussion ungeschriebener Mitwirkungsbefugnisse nach der Holzmüller - Doktrin zurückgegriffen werden[272]. Sind nunmehr das Mitgliedschaftsrecht und durch die Mitgliedschaft vermittelte Rechte des Aktionärs, welche durch die streitige Maßnahme mediatisiert zu werden drohen, der im Vordergrund stehende Schutzgegenstand ungeschriebener Mitwirkung, kann es sich nur um Maßnahmen handeln, die denen ähnlich sind, über die die Hauptversammlung nach geltendem Recht ohnehin zu entscheiden hat. Mit den Worten des BGH ausgedrückt, muss die Maßnahme eben „so tief in die Mitgliedsrechte der Aktionäre eingreifen (...), dass diese Auswirkungen an die Notwendigkeit einer Satzungsänderung heranreichen"[273].

b) Historische Entwicklung des Organs Hauptversammlung als Anhaltspunkt

Auch lassen sich aus der historischen Entwicklung der Hauptversammlungskompetenzen Rückschlüsse zur abstrakten Umgrenzung solcher Maßnahmen ableiten, die als „modern fundamental changes" mitwirkungsbedürftig erscheinen.

Die erstmalige vollständige Kodifikation der inneren Verfassung der Aktiengesellschaft im ADHGB von 1861[274] sah drei Organe vor, von denen Generalversammlung und Vorstand obligatorisch, der Aufsichtsrat fakultativ waren. Es fehlte aber an einer klaren Funktionsgliederung der genannten Organe[275]. Der Vorstand leitete zwar die Gesellschaft im Innen- und Außenverhältnis, die Generalversammlung konnte ihm allerdings gem. Art. 231 I ADHGB Weisungen erteilen und die Vorstandsmitglieder nach Art. 227 III ADHGB jederzeit abberufen. Insoweit ging das ADHGB davon aus, dass die Generalversammlung das oberste Willensorgan darstellte und bei allen Fragen der Leitung und des Aufbaus der Gesellschaft souverän entscheiden konnte[276]. Nach Art. 224 I ADHGB wurden die Rechte, welche den Aktionären in den Angelegenheiten der Gesellschaft, insbesondere in Beziehung auf die Führung der Geschäfte, die Einsicht und die Prüfung der Bilanz und die Bestimmung der Gewinnverteilung zustehen, „(...) in der Generalversammlung ausgeübt". An diesem Grundsatz änderte auch die (erste) Aktienrechtsnovelle von 1870 nichts, die zwar die Einführung des Auf-

[272] Vgl. oben, Zweites Kapitel, II, 4.

[273] BGH, NZG 2004, 571 ff.(573).

[274] Zu weiteren Vorläufern der heutigen Aktiengesellschaft sowie der frühen Entwicklung der Rechtsform überhaupt vgl. für Einzelheiten *Lehmann*, Recht der AG I, S. 44 ff.; *Renaud*, Recht der Aktiengesellschaften, S. 23 ff.; Überblick auch bei *v. Rechenberg*, Hauptversammlung, S. 17 ff.

[275] Vgl. GK AktG – *Assmann*, Einl RN 74, 80.

[276] Geßler/Hefermehl/Eckardt/Kropff – *Hefermehl*, Vor § 76 RN 4.

sichtsrats zwingend vorschrieb, aber zu keiner klaren Kompetenzabgrenzung der Organe führte[277].

Eine gesetzliche Regelung der Organkompetenzen findet sich erstmals in der Aktienrechtsnovelle von 1884, dessen Inkrafttreten daher auch als Geburtsstunde des modernen Aktienrechts auf deutschem Boden bezeichnet wird[278]. Sie hatte zum Ziel, die Funktion des Aufsichtsrats zu präzisieren und die Zuständigkeiten der Organe insgesamt klarer zu regeln[279]. Der Generalversammlung wurde zum einen die unentziehbare und unveräußerliche Kompetenz zugewiesen, die Mitglieder des Aufsichtsrats zu wählen (Art. 224 i.V.m. Art. 191 I ADHGB), zum anderen wurde ihr die Zuständigkeit für die Änderung des Gesellschaftsvertrages (Art. 215 I ADHGB) und Änderungen am Grundkapital (Art. 215a I, 248 I ADHGB) übertragen. Daneben behielt die Generalversammlung ihre bisherige Weisungsbefugnis gegenüber dem Vorstand (Art. 231 I ADHGB). Folglich wurde sie auch als oberstes[280], vornehmstes[281] oder allmächtiges[282] Gesellschaftsorgan bezeichnet, dem es oblag, die Verbandssouveränität wahrzunehmen und zu verkörpern. Rechtstatsächlich gestaltete sich die Situation jedoch sowohl vor als auch nach der gesetzlichen Konstituierung der Allkompetenz der Generalversammlung, die auf dem Gedanken der Demokratisierung und der Selbstverwaltung der Aktiengesellschaft basierte, grundlegend anders[283]. Die Rechte der Generalversammlung waren in der Praxis wesentlich beschränkter als es das Idealbild des Gesetzes vorsah[284], was ihre Gründe zum einen darin hatte, dass die Generalversammlung über alle wesentlichen Punkte entscheiden sollte, ohne dass die dazu erforderliche Sachkenntnis bei allen Aktionären vorausgesetzt werden konnte[285], zum anderen galt die Generalversammlung nicht zuletzt aufgrund des langwierigen Einberufungsverfahrens als besonders schwerfällig, sodass die notwendige flexible Geschäftsführung durch die Entscheidung der Generalversammlung praktisch ausgeschlossen war[286]. Gepaart mit der Tatsache, dass die Vorstände bereits damals eine erhebliche Eigenständigkeit an den Tag legten und umgekehrt dazu die Aktionäre oftmals gar nicht an den Generalversammlungen teilnehmen konnten[287], wurde die Führung der Gesellschaft mehr und mehr von der Verwaltung ausgeübt bzw. der Vorstand durch einen oder mehrere Großaktionäre maßgeblich beeinflusst[288].

---

[277] Die erste Aktienrechtsnovelle aus dem Jahre 1870 ist für diesen Zusammenhang nicht von größerer Bedeutung und bleibt daher außer Betracht. Sie enthielt im Wesentlichen die Abschaffung des bisherigen Konzessionssytems zugunsten einer unbeschränkten Möglichkeit der Gründung von Aktiengesellschaften und führte ein Registrierungsverfahren für neu gegründete Aktiengesellschaften ein.

[278] Vgl. *Schubert*, 100 Jahre Aktienrecht, Vorwort.

[279] Schubert/Hommelhoff - *Hommelhoff*, 100 Jahre Aktienrecht, S. 85 – 91.

[280] Vgl. etwa RGZ 53, 234 ff. (236).

[281] *Lehman*, Recht der AG II, S. 153.

[282] *Ring*, AktG, S. 345, 547 ff.

[283] GK AktG – *Assmann*, Einl. RN 117.

[284] Vgl. *Lehmann*, Handelsrecht, S. 411.

[285] *Renaud*, Recht der Aktiengesellschaften, S. 458.

[286] *Renaud*, Recht der Aktiengesellschaften, S. 459, 625.

[287] Geßler/Hefermehl/Eckardt/Kropff – *Hefermehl*, Vor § 76 RN 4.

[288] Geßler/Hefermehl/Eckardt/Kropff – *Hefermehl*, Vor § 76 RN 4.

Dies prägte nach der Verankerung des Aktienrechts im HGB im Jahre 1897 und nach kleineren Änderungen im Aktienrecht durch die Notverordnung von 1931[289] auch die umfassende Reform des Aktienrechts mit der Schaffung des Aktiengesetzes von 1937. Diese Gesetzgebung beruhte zu weiten Teilen auf einer eher negativen Einschätzung des Organs der Generalversammlung, sodass es tief greifende Machtverschiebungen zwischen den Gesellschaftsorganen gab und zu einer Enttrohnung der jetzt als Hauptversammlung bezeichneten Generalversammlung führte[290]. Bindende Weisungen in Geschäftsführungsangelegenheiten konnte sie fortan nur noch erteilen, wenn der Vorstand dies verlangte (§ 103 II AktG 1937), das Recht zur Bestellung des Vorstands wurde ihr zwingend entzogen und dem Aufsichtsrat zugewiesen (§ 75 AktG 1937), sie verlor die Kompetenz zur Feststellung des Jahresabschlusses, soweit sich Vorstand und Aufsichtsrat nicht für die Feststellung durch die Hauptversammlung entschieden (§ 125 AktG 1937). Diese Reduzierung der Hauptversammlungskompetenzen führte auf der anderen Seite zu einem Kompetenzzuwachs des Vorstands, der Ausdruck in der „neuen Spitzenvorschrift des § 70 I AktG 1937 fand"[291]. Danach stand die Geschäftsführung unter der eigenverantwortlichen Leitung des Vorstands, der die Gesellschaft so zu leiten hatte, wie es das Wohl des Betriebes (...) erfordert. Trotz dieser Zurückstufung der Hauptversammlung in ihrer Bedeutung für die Gesellschaft wurde den verbliebenen Beschlussaufgaben aber durchaus ein hoher Stellenwert eingeräumt[292]. In diesem Zusammenhang ist etwa die eigens eingefügte Regelung des Auskunftsrechts (§ 112 I AktG 1937) zu verstehen, womit den Aktionären die Möglichkeit gegeben werden sollte, sich die Informationen für die Abstimmung zu verschaffen, um sachgerecht abstimmen zu können. Daneben wurde dem Aktionär insbesondere die Kompetenz zur sachgerechten Beschlussfassung in grundlegenden Angelegenheiten zugebilligt. Auch wurde davon abgesehen, eine unterschiedliche Behandlung der Aktionäre, je nachdem, ob sie Dauer-, Zufalls- oder nur Spekulationsaktionäre sind, vorzunehmen[293]. Diese Absicht, einer Verdrängung der Kleinaktionäre entgegenzuwirken, zeigt sich etwa an der Beibehaltung des Depotstimmrechts in § 114 IV AktG 1937[294].

Mit der letzten großen Aktienrechtsreform aus dem Jahre 1965 wollte der Gesetzgeber die Rechtsstellung des Aktionärs als wirtschaftlicher Eigentümer der Gesell-

[289] Die darin enthaltenen Änderungen beruhten im Wesentlichen auf den schmerzhaften Erfahrungen der Weltwirtschaftskrise. So wurde darin eine Pflichtrevision des Jahresabschlusses der Gesellschaft durch unabhängige Bilanzprüfer eingeführt (§§ 262a – 262g HGB a.F.), die Voraussetzungen zum Erwerb eigener Aktien beschränkt (§ 226 HGB a.F.), die Informationsrechte des Aufsichtsrats erweitert (§ 246 I S. 3 HGB a.F.) und durch eine Berichtspflicht des Vorstands ergänzt (§ 239a HGB a.F.) sowie die Berichts- und Rechnungslegungspflicht des Vorstands ausgeweitet und Generalversammlungskompetenz auf die Gewinn- und Verlustrechnung erstreckt (§ 260 HGB a.F.).

[290] Vgl. zur rechtspolitischen Geschichte *Fischer*, AcP 154 (1954), 85 ff. (87 ff.); *ders.*, AcP 154 (1954), 181 ff. (182 ff.).

[291] *Fleischer*, FS Heldrich, S. 597 ff. (606).

[292] Vgl. *Mülbert*, Aktiengesellschaft, S. 62.

[293] *Klausing*, AktG, Amtl. Begr. S. 16.

[294] *Klausing*, AktG, Amtl. Begr. S. 100; zum Ganzen auch *Mülbert*, Aktiengesellschaft, S. 60 ff.

schaft stärken[295]. Er ließ aber die Kompetenzverteilung zwischen Vorstand und Hauptversammlung in ihrer Struktur unverändert, sodass das im ersten Kapitel dargelegte Organisationsmodell[296] gilt. Verschärft wurden hingegen Rechenschafts- und Publizitätsvorschriften, das Auskunftsrecht der Aktionäre wurde nach § 131 AktG erweitert, das Depotstimmrecht der Banken in ein Vollmachtsstimmrecht umgewandelt und die Tatbestände, welche eine Anfechtung von Hauptversammlungsbeschlüssen erlaubten, ausgedehnt[297]. Insgesamt wurden so zwar die Kontrollrechte der Hauptversammlung gestärkt, eigentliches Führungsorgan des Unternehmens aber blieb der Vorstand, sodass mit Inkrafttreten endgültig die Funktionenteilung und Gewaltentrennung zwischen den Gesellschaftsorganen anerkannt wurde. Aufgrund der eigenverantwortlichen Leitungsbefugnis der Verwaltungsmitglieder wird die Organisationsverfassung der modernen Aktiengesellschaft im Vergleich mit Modellen aus dem Staatsorganisationsrecht eher als republikanische Regierungsform denn als eine direkte Demokratie beschrieben[298].

Für den hier unternommenen Versuch einer abstrakten Eingrenzung eines Kernbereichs der Holzmüller – Doktrin dürfen die in der skizzierten historischen Entwicklung der Hauptversammlungskompetenzen enthaltenen gesetzgeberischen Grundentscheidungen und Bewertungen nicht außer Betracht bleiben. Sie bietet vielmehr eine aufschlussreiche Quelle für Rückschlüsse auf Maßnahmen, bei denen ungeschriebene Mitwirkungsrechte in Betracht kommen. Die einschneidende Zurückdrängung der Hauptversammlungszuständigkeit im neuen AktG von 1937 hatte der Gesetzgeber, nicht zuletzt auch vor dem Hintergrund zuvor geäußerter Kritik aus Wissenschaft und Praxis, damit begründet, dass die Aktionäre im Allgemeinen weder die Zeit noch die Übersicht hätten, um Geschäftsführungsfragen unter Berücksichtigung aller Gesichtspunkte richtig entscheiden zu können. Denn die Masse der Aktionäre war auf den Generalversammlungen, sofern diese überhaupt stattfanden, gar nicht vertreten, oder aber ihr fehlte jeder Einblick in die schwierigen, betriebswirtschaftlichen Fragen der Leitung eines Unternehmens und sie musste die Beschlüsse nach Gutdünken fassen[299]. Denn bereits zu dieser Zeit entwickelten sich die Aktiengesellschaften zunehmend zum Träger ausgeprägter Großunternehmen, die sowohl von Betriebsgröße, Umsatz als auch Beschäftigtenzahl einer mehr und mehr kompetenten und qualifizierten, verantwortlich leitenden Geschäftsführung bedurften. Es gab also gute Gründe für eine Beschneidung der Zuständigkeiten des sich als unflexibel und inkompetent erweisenden Organs der Haupt- bzw. Generalversammlung zugunsten eines professionalisierten Managements heutiger Zeit, um sich die Effizienzvorteile solcher zentraler Führungsstrukturen zu Nutze zu machen. Doch verliert diese Argumentation dort an Durchschlagskraft, wo es um Entscheidungen geht, die an betriebswirtschaftliche Kenntnisse im engeren Sinne gar keine erhöhten Anforderungen stellen, da sie gar nicht allein nach betriebswirtschaftlichen Gesichtspunkten getroffen werden. Insoweit handelt es

[295] Vgl. hierzu monographisch *Bahrenfuss*, Entstehung.
[296] Vgl. oben, Erstes Kapitel, I.
[297] *Pellens*, Aktionärsschutz, S. 35.
[298] Vgl. *Fleischer*, FS Heldrich, S. 597 ff. (606).
[299] Vgl. *Geßler*, JW 1937, 497 ff. (497).

sich um eine Entscheidung bestenfalls aufgrund einer Synthese betriebswirtschaftlicher und anderer, sogar irrationaler, Faktoren. Entsprechende Entscheidungen sind daher nicht nur Managemententscheidungen, sondern Investitions- und Anlageentscheidungen überhaupt. Bei solchen aber greift das Argument des Wissensvorsprungs der Vorstandsmitglieder gegenüber den in der Hauptversammlung vertretenen Aktionären nicht mehr. Bedürfen bestimmte wesentliche Entscheidungen mit nachhaltigen Auswirkungen auf das Unternehmen und die Aktionäre als typische Managemententscheidungen eben keiner Hauptversammlungszuständigkeit, weil hier dem (betriebs-)wirtschaftlich qualifizierten Vorstand überlegenes Wissen zukommt, greift dieses Argument umgekehrt dann nicht mehr, wenn es sich um strategische Neuausrichtungen oder grundlegende Maßnahmen handelt, die die Unternehmensstruktur und den Unternehmensgegenstand betreffen. Solche Entscheidungen nämlich kann auch der Aktionär beurteilen, und er tut dies auch. Denn sie sind von vergleichbarer Bedeutung wie die Entscheidung, ob und in welche Aktie er überhaupt investiert[300]. Handelt es sich folglich um entsprechende Investitions- und Anlageentscheidungen, greifen die Gründe für eine Zurückdrängung der Hauptversammlungszuständigkeiten nicht. Dies bedeutet kein Wiederaufleben gesetzlich zurückgedrängter Kompetenzen, aber es lässt den Schluss auf Maßnahmen zu, die so tief greifend sind, dass es eben für die alleinige Entscheidungskompetenz des Vorstands keine Rechtfertigung mehr gibt. Dann ist Raum für eine ungeschriebene Mitwirkung der Hauptversammlung. Sie nimmt dabei Aufgaben wahr, die ihr zwar nicht kraft Gesetzes zugewiesen sind, sich aber aus dem Eingriff in das Mitgliedschaftsrecht des Aktionärs ergeben[301]. Für eine Eingrenzung solcher Maßnahmen hat der Blick auf die historische Entwicklung der Hauptversammlung gezeigt, dass es nicht ausreicht, wenn es sich um ausschließlich betriebswirtschaftlich einflussreiche Entscheidungen mit wirtschaftlichen Auswirkungen auch für die Aktionäre handelt, sondern dass grundlegende, den Charakter einer Investitions- oder Anlageentscheidung aufweisende Maßnahmen vorliegen müssen, die auch ohne betriebswirtschaftliche Kenntnisse beurteilt werden können.

c) Konfliktlösung in anderen Rechtsordnungen als Anhaltspunkt

Ein weiterer Anhaltspunkt zur abstrakten Eingrenzung des Kerngehalts der Holzmüller - Doktrin kann der Blick auf die Regelungen in anderen Rechtsordnungen sein.

Die Lösungsansätze in den USA und Frankreich sind ähnlich unpräzise und einzelfallbezogen wie die ursprüngliche deutsche Holzmüller – Doktrin; also im Ergebnis wenig hilfreich. Gleichwohl findet sich auch hier jeweils ein (rechtspolitisches) Bedürfnis und ein entsprechendes Problembewusstsein, die Anteilseigner in dem Entscheidungsprozess, etwa bei dem Verkauf wesentlicher Vermögensbestandteile, mit einzubezie-

[300] *Fleischer*, NJW 2004, 2335 ff. (2337) spricht hier von Neuausrichtungen, über die sich ein Aktionär bei der Zusammenstellung seines Portfolios gleichermaßen ein Bild machen kann.
[301] Dazu siehe ausführlich oben, Zweites Kapitel, II.

hen[302]. So gilt in den USA, abhängig von den Gesellschaftsgesetzen der Einzelstaaten, überwiegend die so genannte „sale of substantially all assets rule“[303]. Die Rechtsprechung in den USA bejaht nach dieser Regel die Zuständigkeit der Gesellschafterversammlung zu einer Transaktion, wenn 70 – 75 % des Gesellschaftsvermögens veräußert werden sollen[304]. Handelt es sich um den vorrangig ertragsbringenden Betriebsteil, der veräußert werden soll, lässt die Rechtsprechung auch niedrigere Anteile am Gesamtvermögen der Gesellschaft genügen, um zur Anwendbarkeit dieser Regel zu gelangen[305]. Voraussetzung der Anwendbarkeit dieser „rule“ ist aber immer, dass der Verkäufer infolge des Verkaufs von Betriebsteilen seinen Einfluss auf diese verliert[306].

In Frankreich beurteilt sich die Frage einer Mitwirkung bei Veräußerung bzw. dem Erwerb von Beteiligungen oder sonstigen Vermögensteilen anhand des Gesellschaftszwecks oder des Unternehmensgegenstandes[307]. Berührt die Transaktion den Gesellschaftszweck oder den Unternehmensgegenstand, ist eine Mitwirkung der Anteilseigner notwendig. Jenseits davon fällt die Maßnahme in die umfassende Leitungsbefugnis des Verwaltungsrats und ist dementsprechend zustimmungsfrei.

Anders gestaltet sich die Rechtslage in Großbritannien. Kennzeichnend für das britische Gesellschaftsrecht ist dabei zunächst, dass es an einer dem § 23 V AktG vergleichbaren Regelung im britischen Companies Act 1985[308] fehlt. Im Recht der britischen Aktiengesellschaft (public company) besteht daher hinsichtlich ihrer inneren Organisation und der damit verbundenen Kompetenzabgrenzung zwischen Vorstand (board) und Hauptversammlung (general meeting) größtmögliche Gestaltungsfreiheit des Satzungsgebers[309]. Vorgeschrieben ist lediglich, dass das board einer public company zwei Direktoren haben muss, weitere Einzelheiten aber bleiben der eigenen Ausgestaltung in der Satzung (articles of association and memorandum of association) überlassen[310]. Den mit dieser freien Gestaltungsmöglichkeit der Binnenverfassung verbundenen Unsicherheiten für den Rechtsverkehr, die allgemeingültige Aussagen über das Kompetenzgeflecht zwischen Vorstand und Hauptversammlung unmöglich machen[311], begegnet der britische Gesetzgeber mit dem Vorschlag einer unverbindlichen Mustersatzung, an welcher sich die Gründer einer public company orientieren können[312], was in der Praxis auch häufig geschieht. In der Tradition angelsächsischer Rechtstechnik wird hierin weitgehend bislang (ohnehin) geltendes Fallrecht festge-

---

302 Vgl. *Bainbridge*, Corporation Law, S. 625 ff.; *Allen/Kraakman*, commentaries and cases, S. 430 f.
303 *Allen/Kraakman*, commentaries and cases, S. 430 f.
304 Vgl. *Bainbridge*, Corporation Law, S. 625 ff. m.w.N aus der Rechtsprechung; auch *Fleischer*, NJW 2004, 2335 ff. FN 36.
305 So *Baums*, Kommissionsbericht, S. 118.
306 *Baums*, Kommissionsbericht, S. 118.
307 *Baums*, Kommissionsbericht, S. 118.
308 Zum Companies Act 1985 vgl. *Scholtissek*, RIW 1985, 706 f.
309 Vgl. *Hannigan*, Company Law, S. 174: "The relationship (...) is a contractual relationship based on the articles which will determine the extent of the management powers conferred on the board".
310 *Gower/Davies*, Principles, S. 39.
311 Vgl. *Gower/Davies*, Principles, S. 299.
312 *Gower/Davies*, Principles S. 55 f.

schrieben[313]. Danach besteht eine umfassende Leitungsbefugnis des board of directors, die grundsätzlich nur dort endet, wo es die Fortführung der Gesellschaft überhaupt betrifft oder ihr spezielle Gesetzes- oder Satzungsbestimmungen entgegenstehen. Demgegenüber verbleiben der Hauptversammlung im Grundsatz nur die Zuständigkeiten, die ihr nach dem Companies Act 1985 zwingend zugewiesen sind. Dabei handelt es sich, insoweit der Rechtslage in Deutschland weitestgehend vergleichbar, um Fälle von Satzungsänderungen[314], Umwandlungen[315], Kapitalmaßnahmen[316], Bezugsrechtsausschlüsse[317] oder den Erwerb eigener Aktien[318]. Diesen Beschlussgegenständen sei gemeinsam, dass sie die Interessen der Anteilseigner unmittelbar berührten, im Lebensprozess einer Gesellschaft nicht häufig vorkämen und daher von den Anteilseignern ebenso sachkundig getroffen werden könnten[319]. Darüber hinaus steht es dem board, wie auch dem deutschen Vorstand gem. § 119 II AktG, nach überwiegender Auffassung frei, der Hauptversammlung bestimmte Angelegenheiten zur Entscheidung vorzulegen[320]. Auch kann die Hauptversammlung in bestimmten Ausnahmefällen entscheiden, wenn das board nicht handeln will oder aus bestimmten Gründen nicht kann[321].

Dieser knappe Überblick soll verdeutlichen, dass auch in Großbritannien insoweit ein strenger Gewaltenteilungsgrundsatz im Aktienrecht vorherrscht, der aus Gründen der Rechtssicherheit und Verlässlichkeit den Vorzug vor einer Stärkung der Hauptversammlung verdient[322]. Lassen sich insoweit jedenfalls im Ergebnis Gemeinsamkeiten der englischen und deutschen Binnenverfassung ausmachen, verdient es besondere Beachtung, dass über die angesprochenen gesellschaftsrechtlich determinierten Zuständigkeiten des „general meeting" hinaus bei bestimmten Maßnahmen von herausgehobener Bedeutung weitere geschriebene Zuständigkeiten des general meeting der public company existieren. Diese Zuständigkeiten ergeben sich aus Vorschriften des Kapitalmarktrechts[323] und werden damit anders als in Deutschland nicht als spezifisch gesellschaftsrechtliches Problem eingeordnet und geregelt. So enthalten die UK Listing Rules in Chapter 10[324] neben Notifizierungspflichten für bestimmte Transaktionen

---

[313] *Scholtissek*, RIW 1985, 706 f. (706).
[314] Sec. 4 and 9 Companies Act 1985.
[315] Sec. 53 Companies Act 1985.
[316] Sec 121 Companies Act 1985 für Kapitalerhöhungen; Sec. 135 Companies Act 1985 für Kapitalherabsetzungen.
[317] Sec. 95 Companies Act 1985.
[318] Sec. 164 Companies Act 1985.
[319] So *Gower/Davies*, Principles, S. 295.
[320] *Gower/Davies*, Principles, S. 305.
[321] *Gower/Davies*, Principles, S. 304 m.w.N. zu Einzelfällen dieser so genannten residual powers; vgl. auch *Fleischer*, FS Heldrich, S. 597 ff. (601).
[322] Näher dazu *Fleischer*, FS Heldrich, S. 597 ff. (603) mit Nachweisen aus der Rechtsprechung, der darauf hinweist, dass es in der britischen Literatur nicht an kritischen Stimmen gefehlt hat, die eine Stärkung der Hauptversammlungskompetenzen angemahnt haben, vgl. die Nachweise in FN 65.
[323] Listing Rules der UK Listing Authority; gesamtes Regelwerk nachzulesen unter http://fsahandbook.info/FSA/html/handbook/LR; Stand Dezember 2006.
[324] Nachzulesen unter http://fsahandbook.info/FSA/html/handbook/LR/10; Stand Dezember 2006.

gegenüber der Listing Authority[325] auch Zustimmungserfordernisse des „general meeting“ für bedeutende Transaktionen, etwa den Erwerb oder die Veräußerung bedeutenden Vermögens. Chapter 10 der Listing Rules widmet sich „significant transactions“ und unterteilt diese dazu zunächst in drei verschiedene Klassen[326]. Diese Einteilung erfolgt anhand fester quantitativer und qualitativer Kriterien, die je nach Klasse variieren und unterschiedlich hohe Anforderungen an die jeweilige Transaktion stellen[327]. Die verschiedenen Klassen beinhalten ihrerseits sodann Anforderungen, die für die kapitalmarktrechtliche Zulässigkeit der Transaktion zu beachten sind. Diese Anforderungen reichen von bestimmten Melde- und Anzeigepflichten beim „Company Announcement Office“ für „class 3 transactions“ über zusätzliche Anzeigepflichten bei „class 2 transactions“ gegenüber der zuständigen Börsenaufsicht (UK Listing Authority) eben bis hin zu einer Zustimmung der Aktionäre für „class 1 transactions“. Als eine solche ist die fragliche Maßnahme bereits dann zu qualifizieren, wenn die maßgebliche Verhältnisquote 25 % überschreitet. So müssen im Fall der Vermögensveräußerung die Buchwerte der zu veräußernden Vermögensgegenstände 25 % des Gesamtvermögens (Anlage- und Umlaufvermögen) der Gesellschaft übersteigen[328]. Als andere Vergleichsgrößen nennen die Listing Rules Gewinn, Umsatz, die Eigenkapitalquote der beteiligten Gesellschaften sowie das Verhältnis von Kaufpreis und Marktkapitalisierung. Die Zuständigkeit, sowohl diese Kriterien für „class 1 transactions“ festzulegen als auch in Zweifelsfällen verbindliche Aussagen zu erteilen und insbesondere Ausnahmen zu bewilligen, was namentlich die Heranziehung anderer Indikatoren, etwa branchenspezifische Richtwerte, als der genannten Vergleichsgrößen umfasst, liegt bei der UK Listing Authority[329]. Zur Rechtfertigung dieser Hauptversammlungszuständigkeiten, die dem auf größtmögliche Privatautonomie ausgerichteten Gesellschaftsrecht Englands eigentlich entgegenstehen, findet sich die Aussage, dass es sich bei Beschlussgegenständen der genannten Größenordnungen um ebenso eine Investment- wie eine Managemententscheidung handle[330].

Dieses Ergebnis weist eine beachtliche Nähe zu der zuvor aus der Untersuchung der Entwicklung der Zuständigkeiten der Hauptversammlung nach deutschem Recht gewonnenen Erkenntnis. Wenn nämlich die, die in einer Hauptversammlung die Zustimmungsbeschlüsse zu fassen haben, aufgrund der Größenordnung der fraglichen Transaktion dies selbst und ohne Fachwissen beurteilen können, dann steht ihnen diese Entscheidung als wirtschaftliche Eigentümer der Gesellschaft und Mitglieder des Verbandes auch zu. Der Vergleich der Rechtslagen ergibt daher, dass neben dem Bedürf-

---

325 Zur UK Listing Authority gibt es in Deutschland keine funktional gleichwertige Behörde. Ihr Aufgabenbereich integriert Tätigkeiten und Funktionen der deutschen Börsenaufsicht sowie der BaFiN.

326 LR Chapter 10.2 Class 1–3 transactions; nachzulesen unter http://fsahandbook.info/FSA/html/handbook/LR/10/2; Stand Dezember 2006.

327 LR Ch. 10.2 mit Annex 1: The class Tests.

328 LR 10.5.

329 LR 10 Annex 1.1 10G.

330 *Gower/Davies*, Principles, S. 299: „One justification for the rule is that a transaction of the relevant size is as much an investment decision (which the shareholders can judge) as it is a management decision (which is for the board)”.

nis, die Anteilseigner bei bedeutenden Maßnahmen in den Entscheidungsprozess mit einzubeziehen, für die deutsche Rechtsfindung auch Anhaltspunkte aufgezeigt werden, wie man einen solchen Maßnahmenkreis eingrenzen kann. Hierbei steht nicht die Verhältnisquote von 25 % im Mittelpunkt[331], sondern das Anerkenntnis von solchen „class 1 transactions" überhaupt, die sich dadurch auszeichnen, dass ihnen neben einer bemerkbaren Relevanz am Kapitalmarkt auch wesentliche Bedeutung für die Gesellschaft selbst und ihr Unternehmen zukommt und die daher so fundamental sind, dass eine Zustimmung der Hauptversammlung geboten erscheint.

d) Schwächung des Beteiligungswertes der Anteilseigner als Anhaltspunkt

Ein letzter Anhaltspunkt zur abstrakten Beschreibung des holzmüllerpflichtigen Maßnahmenkreises kann sich auch aus der vom BGH in Gelatine selbst betonten Treuhänderstellung des Vorstands ergeben. Dort heißt es, dass mit der Zustimmung durch die Hauptversammlung auch der Schutz der Anteilseigner vor einer durch grundlegende Entscheidungen des Vorstands eintretenden nachhaltigen Schwächung des Wertes ihrer Beteiligung erreicht werden soll, ihren berechtigten Belangen insoweit also präventiv Rechung getragen werden soll[332]. Diese Bemerkung in den Urteilsgründen stellt nun nicht die mögliche Gefährdung von Vermögensinteressen als weiteren Schutzzweck neben den Mitgliedschaftsschutz[333], vielmehr kann einer solchen Vermögensgefährdung Indizwirkung auch für mögliche Mediatisierungsfälle zukommen. Der Annahme einer treuhänderischen Stellung des Vorstands hinsichtlich des Wertes der Beteiligung der Aktionäre liegt die Auffassung zu Grunde, dass der Vorstand immer auch Verwalter fremden Vermögens ist, woraus sich Bindungen hinsichtlich des zulässigen Einsatzes des von den Aktionären investierten Kapitals ergeben. Dieses Treuhandverhältnis zwischen Aktionär und Vorstand kann aber bei bedeutenden Strukturmaßnahmen der hier in Rede stehenden Art einen Interessenkonflikt für die Vorstandsmitglieder begründen, nämlich zwischen Vermögensinteressen der Aktionäre einerseits und Eigeninteressen der Vorstandsmitglieder andererseits[334]. Ein Charakteristikum von Maßnahmen, die nach Holzmüller der Hauptversammlungszustimmung bedürfen, kann also das Risiko oder der böse Schein darstellen, dass der Vorstand eine an persönlichen Interessen orientierte Entscheidung fällt und dabei die Aktionärsinteressen vernachlässigt. Dies bedeutet keinesfalls, dass Vorständen die Integrität und Aufrichtigkeit bei Verhandlungen über solche Transaktionen abgesprochen werden soll, aber es kann nicht geleugnet werden, dass es bei Verhandlungen etwa über die Veräußerung wesentlicher Betriebsteile zu „final period-" oder „end game" - Situationen

[331] Unabhängig von der noch zu behandelnden Frage, ob solche gegriffenen Größen überhaupt sinnvoll sind, erscheint die Verhältnisquote von 25 % bedenklich, da diese Größenordnung schnell erreicht ist und daher im Ergebnis oft noch als Managemententscheidung zu bewerten sein dürfte.

[332] BGH, NZG 2004, 571 ff. (573).

[333] So auch *Habersack*, AG 2005, 137 ff. (139); *Arnold*, ZIP 2005, 1573 ff. FN 16; MüKo AktG – *Kubis*, § 119 RN 44.

[334] Vgl. *Rock/Kanda/Kraakman* in: Kraakman, Anatomy, S. 131 ff. so genannte last period problems.

kommt, die jedenfalls das Bemühen der Vorstandsmitglieder, Aktionärsinteressen zu verfolgen, gefährden, da der Vorstand zumeist auch seine eigene Abfindung oder sein neues Arbeitsverhältnis in den Transaktionsverhandlungen gleich mit aushandelt[335]. Hier ist dann ein Gleichlauf von Vorstands- und Anteilseignerinteressen nicht mehr gewährleistet, und es besteht das Bedürfnis nach einer eingehenderen Kontrolle und Legitimation einer konkreten Maßnahme durch die Hauptversammlung[336].

e) Ergebnis

Dem Schutzzweck ungeschriebener Hauptversammlungszuständigkeiten liegt über die einschlägige Rechtsprechung hinaus ein verallgemeinerungsfähiger Kerngehalt zugrunde. Dieser ist zunächst in der Kompensation der Schutzlücke zu sehen, die angesichts einer Reihe moderner Grundlagenentscheidungen als Folge der Weiterentwicklung der ökonomischen und rechtlichen Verhältnisse im Aktienrecht besteht. Durch Maßnahmen des Vorstands kann das Mitgliedschaftsverhältnis selbst und die dadurch vermittelten Aktionärsrechte massiv beeinträchtigt werden.

Charakteristisch für solche modernen Grundlagenentscheidungen ist, dass sie mit ihren Auswirkungen in die Nähe solcher Entscheidungen kommen, über die die Hauptversammlung nach geltendem Recht ohnehin zu entscheiden hat, sich aus der Systematik des Gesetzes also für den konkreten Fall eine Quasi – Hauptversammlungszuständigkeit ergibt.

Die fraglichen Maßnahmen stellen weniger eine betriebswirtschaftliche Entscheidung dar, die entsprechende fachliche Qualifikation erfordert, sondern eine Investitionsentscheidung, die in ihrer Qualität der Entscheidung entspricht, ob und in welche Beteiligung als privater Kleinanleger überhaupt investiert wird. Insoweit geht die Argumentation des historischen Gesetzgebers ins Leere, der eine Zurückdrängung der Hauptversammlungszuständigkeiten jedenfalls auch mit fehlendem Sachverstand begründet hat. Bei den hier interessierenden wesentlichen Anlageentscheidungen kann eine unbeschränkte Vorstandsautonomie gerade nicht mit mangelnder Kenntnis der Kapitalgeber des Unternehmens selbst gerechtfertigt werden. Diese Argumentation stellen auch einen Rechtsgedanken der listing rules der Londoner Börse dar, die (kapitalmarktrechtlich) für class 1 transactions eine Zustimmung des general meeting verlangen. Class 1 transactions entsprechen dem Grunde nach deutschen Holzmüller –

---

[335] So heißt es bei Rock/Kanda/Kraakman in: Kraakman, Anatomy, S. 132: „...characteristic of corporate actions is ...the risk of self-interested decision - making by the board. (...) Directors and officers who negotiate to sell their companies enter a final period or end game, which compromises their incentives to pursue shareholders interest. Either they negotiate their own severance agreement, or they negotiate their new employment contract – with the acquirer rather than their own corporation."; vergleichbar heißt es bei *Allen/Kraakman*, commentaries and cases, S. 430 f.: "the shareholder vote in a sale of substantially all assets can be justified because the company is likely to be dissolved after the deal, leaving management to go its own way (perhaps to the purchaser of the assets) with no further ties to the target's shareholders."

[336] So im Ergebnis auch *Fleischer*, NJW 2004, 2335 ff. (2336).

Maßnahmen, für die aufgrund der Größenordnung der fraglichen Transaktion den Aktionären als wirtschaftliche Eigentümer der Gesellschaft die Entscheidung zusteht, die diese selbst und ohne Fachwissen beurteilen können.

Indizcharakter kann in bestimmten Konstellationen auch einem Interessenkonflikt der Vorstandsmitglieder zukommen, die sich nach der Rechtsprechung des BGH als Treuhänder der Aktionäre für deren Interessen einzusetzen haben und daher bei Verhandlungen über Holzmüller – Maßnahmen nicht ihre eigenen wirtschaftlichen und beruflichen Interessen in den Vordergrund stellen dürfen. Besteht für einen solchen Interessenkonflikt erhöhtes Risiko oder liegen entsprechende Verdachtsmomente vor, besteht ein Indiz für die Holzmüllerpflichtigkeit der betreffenden unternehmerischen Maßnahme. Bei der Untersuchung einzelner diskutierter Holzmüller – Konstellationen im Dritten Kapitel dieser Arbeit, wird auf diese Ergebnisse zurückzukommen sein.

III. Die dogmatische Grundlage ungeschriebener Hauptversammlungszuständigkeiten

Eine weitere Prinzipalfrage ungeschriebener Hauptversammlungszuständigkeiten betrifft ihre dogmatische Grundlage, also ihre Herleitung aus dem geltenden Recht. Neben dem Begründungsansatz des BGH im Holzmüller – Urteil, stehen sich hier auch aus der Literatur verschiedene Auffassungen gegenüber, die bereits im Ansatz divergieren. Auch zu dieser umstrittenen Frage führte der BGH ausführlich in den Gelatine –Urteilen aus, bezieht eindeutig Stellung und verleiht dadurch seinem Bestreben nach mehr Rechtssicherheit erneut Ausdruck. Nach einem Überblick über die bisher diskutierten Begründungsansätze sowie der jeweils mit ihnen verbundenen Schwierigkeiten, wird sich schließlich mit dem Versuch des BGH auseinander zusetzen sein, den gordischen Knoten hinsichtlich der Herleitung ungeschriebener Mitwirkungsrechte im Wege einer „offenen Rechtsfortbildung“ zu durchschlagen.

1. Überblick über die zur Herleitung ungeschriebener Mitwirkungsrechte vertretenen Meinungen

a) Die Herleitung ungeschriebener Mitwirkungsrechte durch den BGH im Holzmüller – Urteil: Ermessensschrumpfung des Vorstands nach § 119 II AktG

Der BGH hatte im Holzmüller – Urteil die ungeschriebenen Zuständigkeit dadurch begründet, dass das Recht des Vorstands gem. § 119 II AktG, bestimmte Entscheidungen der Hauptversammlung vorzulegen, bei schwerwiegenden Eingriffen in die Rechte und Interessen der Aktionäre im Wege einer Ermessensreduktion auf Null zur Vorlagepflicht des Vorstands werde[337]:

[337] So *Lutter*, FS Fleck, S. 169 ff. (174); *Groß*, AG 1996, 111 ff. (112).

„Zwar steht es, soweit das Gesetz nichts anderes bestimme, grundsätzlich im Ermessen des Vorstands, ob er nach § 119 II AktG eine Entscheidung der Hauptversammlung herbeiführen will, um seine Verantwortlichkeit zu mindern (§ 93 IV S. 1 AktG). Es gibt jedoch grundlegende Entscheidungen, die durch die Außenvertretungsmacht des Vorstands, seine gem. § 82 II AktG begrenzte Geschäftsführungsbefugnis wie auch durch den Wortlaut der Satzung formal noch gedeckt sind, gleichwohl aber so tief in die Mitgliedsrechte der Aktionäre und deren im Anteilseigentum verkörpertes Vermögensinteresse eingreifen, dass der Vorstand vernünftigerweise nicht annehmen darf, er dürfe sie ausschließlich in eigener Verantwortung treffen, ohne die Hauptversammlung zu beteiligen. In solchen Fällen verletzt der Vorstand die Sorgfaltspflicht, wenn er von der Möglichkeit des § 119 II AktG keinen Gebrauch macht[338]."

Mit der Ermessensreduzierung auf Null bedient sich der BGH eines Rechtsinstituts, das im Verwaltungsrecht weit verbreitet ist[339] und führt es für alle wesentlichen Entscheidungen in der Aktiengesellschaft ins Aktienrecht ein [340], also für die oft zitierten Grundlagen- und Strukturentscheidungen. Dogmatisch gesehen handelt es sich dabei sowohl um eine eigene Kompetenz der Hauptversammlung, als auch um die Grenzen der Handlungskompetenz des Vorstands[341], welche eben durch die mitgliedschaftlichen Interessen der Anteilseigner gebildet werden.

Ausgehend von der Feststellung, dass es sich bei dem Holzmüller – Fall um einen gesetzlich nicht geregelten Sachverhalt handelt, auf den auch die §§ 293 und 361[342] AktG a.F., die die Konzernbildung betreffen, mangels Vorliegen der tatbestandlichen Voraussetzungen nicht anwendbar sind[343], liegt der entscheidende Schritt des BGH darin, Parallelen zwischen den beiden Vorschriften und der zu entscheidenden Situation zu ziehen. Der BGH sieht eine deutliche Nähe zwischen den §§ 293, 361 AktG a.F. und dem damaligen Sachverhalt aufgrund der in allen Fallgestaltungen vorliegenden Konzernbildung. Die Vergleichbarkeit der Ausgangssituation verlangt nach Ansicht des BGH auch eine ähnliche rechtliche Behandlung, was in allen drei Fällen eine Beteiligung der Hauptversammlung an der Entscheidungsfindung bedeutet. Anstatt jedoch eine Analogie zu den oben genannten Vorschriften zu entwickeln, deutet er das Vorlagerecht des § 119 II AktG in die erwähnte Vorlagepflicht um.

Dazu stellt der BGH auf eine Differenzierung zwischen formaler und materieller Kompetenzverteilung ab. Formal decken Vertretungsbefugnis, Geschäftsführungsbefugnis und Satzung zwar die Handlungen des Vorstands, doch die Bedeutung von Grundlagen- und Strukturentscheidungen für die Mitgliedschaftsrechte der Aktionäre und deren im Anteilseigentum verkörperten Vermögensinteressen führt zu einer Be-

[338] BGHZ 83, 122 ff. (131).

[339] Kopp/*Ramsauer* ,VwVfG, § 40 RN 30; *Lutter*, FS Fleck, S. 169 ff. (174); *ders.*, ZHR 151 (1987), 444 ff. (453).

[340] *Altmeppen*, DB 1998, 49 ff. (50); Emmerich/Habersack – *Habersack*, Vor § 311 RN 14.

[341] Damit lehnt der BGH zugleich die Lehrmeinungen ab, die eine Konzernbinnenverfassung fordern; siehe auch *Heinsius*, ZGR 1984, 383 ff. (396 ff.).

[342] § 361 AktG a.F. entspricht § 179 a AktG.

[343] Dazu sogleich, Zweites Kapitel, III, 2, b – f.

grenzung des Handlungsspielraums im Innenverhältnis. Das bedeutet, dass eine Entscheidung des Vorstands ohne Beteiligung der Hauptversammlung eine Sorgfaltspflichtverletzung darstellt, aber gleichwohl im Außenverhältnis voll wirksam ist.

Hinsichtlich der Frage, ob die Hauptversammlung auch an bestimmten Konzernleitungsentscheidungen zu beteiligen ist, ob also Entscheidungen in einer Untergesellschaft der Kontrolle der Anteilseigner in der Konzernobergesellschaft unterstehen[344], war neben der Auslegung des § 119 II AktG ein weiterer systematischer Ansatz notwendig. Denn das Gericht wollte nicht akzeptieren, dass eine den Aktionären zugewiesene Entscheidung diesen dauerhaft entzogen werden kann[345]. Der BGH wollte eine faktische Kompetenzverteilung innerhalb der Aktiengesellschaft verhindern und hat deshalb die Zuständigkeiten der Hauptversammlung nicht sachlich ausgeweitet, sondern auf die abhängige Gesellschaft verlängert. Zur Etablierung von Zuständigkeiten der Konzernobergesellschaft bei Entscheidungsfindungen in der abhängigen Gesellschaft ist er dazu in methodischer Hinsicht über Regelungen des AktG hinausgegangen und hat neues Recht geschaffen. Dazu hat er eine Regelungslücke in Bezug auf das Schutzbedürfnis der Konzernaktionäre konstatiert[346] und diese dann durch die gewünschte Regelung ausgefüllt. Die Regelungslücke besteht darin, dass der Vorstand die von ihm mit der Konzernierung geschaffene Lage dazu ausnutzen kann, grundlegende Entscheidungen in der Tochtergesellschaft zu treffen, die „die ohnehin schon durch die Ausgliederung verkürzten Aktionärsrechte mittelbar noch weiter schmälern“[347]. Das bedeutet, dass die Verwaltung der Aktiengesellschaft die eigene Machtposition durch die Konzernbildung stärkt und damit die gesetzlichen Rechte der Aktionäre aushöhlt[348].

Den Grund für diese Schutzlücke sieht der BGH darin, dass sich die Schutzvorschriften des AktG in erster Linie auf die Rechte der außenstehenden Aktionäre beschränken und die Rechte der Konzernaktionäre vernachlässigen[349]. Diese Lücke will der BGH nun in Anlehnung an die Systematik und Wertung des AktG schließen[350], wozu er sich an der Tendenz des Aktienrechts orientiert, Minderheitsaktionäre vor der Entwertung ihrer Mitgliedschaft durch unmittelbare oder mittelbare Eingriffe der Mehrheit und einer von ihr beeinflussten Verwaltung gerade im Konzernverband zu schützen[351]. Dieses Ziel will er durch eine Rechtsfortbildung verwirklichen und führt

---

[344] Zu Einzelheiten des Holzmüller – Sachverhalts siehe oben, Zweites Kapitel, I, 2.

[345] BGHZ 83, 122 ff. (236 ff.); dies ist insoweit der Fall, dass durch die Gründung von Tochtergesellschaften das investierte Geld dem Zugriff der Konzernobergesellschaft entzogen wird und sich durch die Betriebsverlagerung die Verwaltung der Aktiengesellschaft der Kontrolle durch die Anteilseigner weitgehend entziehen kann, was ein Unterlaufen der gesetzlichen Zuständigkeitsverteilung darstellt; dazu näher *Lutter*, FS Barz, S. 199 ff. (211); *ders.*, FS Westermann, S. 347 ff. (350 ff.); *Rehbinder*, FS Coing Bd. 2, S. 423 ff. (426); *Pellens*, Aktionärsschutz, S. 62 ff. (64).

[346] Dieses Schutzbedürfnis hat der BGH in Gelatine bestätigt.

[347] BGHZ 83, 122 ff. (139); vgl. dazu *Mülbert*, Aktiengesellschaft, S. 389 ff.; *Rehbinder*, ZGR 1983, 92 ff. (101).

[348] BGHZ 83, 122 ff. (139); vgl. *Rehbinder*, ZGR 1983, 92 ff. (101).

[349] BGHZ 83, 122 ff. (137).

[350] BGHZ 83, 122 ff. (139).

[351] BGHZ 83, 122 ff. (139).

dazu aus, dass die faktische Verschiebung der Zuständigkeits- und Vermögensordnung mit Hilfe der Konzernbildung die Minderheit weit stärker treffe als die Mehrheit[352]. Die Regelungslücke im aktienrechtlichen Schutzsystem sei dadurch zu schließen, dass den Konzernaktionären ein Anspruch darauf zustehe, an grundlegenden, für ihre Rechtsstellung bedeutenden Entscheidungen in der Tochtergesellschaft über ihre Hauptversammlung so beteiligt zu werden, als ob es sich um eine Angelegenheit der Obergesellschaft handele[353].

b) Die Herleitung ungeschriebener Mitwirkungsrechte in der Literatur

In der Literatur finden sich wie eingangs erwähnt zahlreiche Ansätze für die Herleitung ungeschriebener Mitwirkungsrechte der Hauptversammlung, die insbesondere mit Blick auf die, für den Hauptversammlungsbeschluss notwendige, Mehrheit zu unterschiedlichen Ergebnissen kommen. Im Wesentlichen bestehen drei Auffassungen: Einige stellen mit dem BGH und verschiedenen Instanzgerichten auf § 119 II AktG ab[354], der überwiegende Teil sieht jedoch ein Analogieproblem gegeben und leitet die Zuständigkeit der Hauptversammlung aus verschiedenen Einzelanalogien[355] oder im Wege einer Gesamtanalogie zu solchen Normen ab, die vergleichbare Sachverhalte regeln[356], namentlich sind dies §§ 179, 179a, 182 ff., 222 ff., 291 ff., 319 ff. AktG und §§ 13, 123 III, 125, 65 UmwG.

Hinsichtlich der für eine Analogie erforderlichen Regelungslücke im bestehenden Gesetzeswerk wird diese regelmäßig mit zustimmendem Hinweis auf die Holzmüller – Entscheidung bejaht. Die dort aufgeworfenen Fragestellungen aus dem Bereich der Unternehmensleitungsmaßnahmen seien Anfang der 60er Jahre gänzlich unbekannt gewesen, so dass dem historischen Aktiengesetzgeber aus 1965 nicht ein bewusstes Unterlassen unterstellt werden könne. Die vorhandenen Regelungen seien entweder vornehmlich vermögensrechtlich ausgerichtet (so etwa § 179a AktG) oder sie regelten Fälle, in denen das Vermögen der Aktiengesellschaft als ganzes von einer strukturellen Entscheidung betroffen sei, was auf Holzmüller – Maßnahmen gerade nicht zutreffe[357].

---

[352] BGHZ 83, 122 ff. (139).

[353] BGHZ 83, 122 ff. (139); vgl, dazu *Heinsius*, ZGR 1984, 383 ff. (396).

[354] Namentlich *Großfeld/Brondics*, JZ 1982, 589 ff. (591); Semler/Volhard - *Reichert*, Arbeitshandbuch, § 5 RN 76; Hdb AG – *Reichert*, § 5 RN 46; *Becker*, Verwaltungskontrolle, S. 603; *Hüffer*, FS Ulmer, S. 279 ff. (284 ff); *ders.*, AktG, § 119 RN 18; Obermüller/Werner/Winden/*Butzke*, L RN 77; wohl auch Semler/Stengel – *Schlitt*, UmwG, Anh § 173 RN 31.

[355] Etwa Emmerich/Habersack – *Habersack*, Vor § 311 RN 36; MüKo AktG – *Kubis*, § 119 RN 39 ff.

[356] Vgl. dazu aber jeweils mit Unterschieden im Detail *Henze*, FS Ulmer, S. 211 ff. (218 ff.); *ders.*, BB 2001, 53 ff. (60); *Joost*, 163 (1999), 187 ff. (195); Münch.Hdb.GesR IV – *Krieger*, § 69 RN 6; *Mülbert*, Aktiengesellschaft, S. 395 ff.; *ders.*, GK AktG § 199 RN 22 ff.; *K. Schmidt*, GesR, § 28 V 2 b; Heckschen/Simon – *Simon*, Umwandlungsrecht, § 4 RN 20; *Emmerich/Habersack*, Konzernrecht, § 9 IV 1; KK AktG – *Koppensteiner*, Vor § 291 RN 21; GK AktG – *Wiedemann*, § 179 RN 73 ff; auch noch nach Gelatine *Liebscher*, ZGR 2005, 1 ff. (22 f.).

[357] Vgl. *Werner*, ZHR 147 (1983), 429 ff. (443); *Westermann*, ZGR 1984, 352 ff. (362 f.); *ders.*, FS Pleyer, S. 421 ff. (431 ff.); *Götz*, AG 1984, 85 ff. (91).

Dies gelte auch trotz der wachsenden Erkenntnis über solche „modernen Grundlagenentscheidungen“, denn auch in der jüngeren Gesetzgebungsgeschichte finden sich keine entsprechenden Regelungen. So unterließ es der Gesetzgeber, etwa mit dem UmwBerG 1994, eine Regelung in das AktG oder das UmwG einzuführen, und auch die Cromme – Kommission zum deutschen Corporate Governance Kodex sah sich nicht im Stande, entsprechende Vorschläge zu unterbreiten. Daher sei heute von einer bewussten Gesetzeslücke[358] auszugehen, deren Ausfüllung der Rechtsprechung und Lehre überlassen werden sollte[359].

aa) Ungeschriebene Mitwirkung zum Wohle der Gesellschaft nach § 121 I AktG

Vorgeschlagen wurde, als normative Grundlage für eine Hauptversammlungszuständigkeit auf § 121 AktG (analog) abzustellen[360]. Nach § 121 AktG bestehe eine Pflicht des Vorstands zur Einberufung der Gesellschafterversammlung, wenn das Wohl der Gesellschaft diese erfordert. Diese Vorschrift stelle aufgrund ihres weiten und unbestimmten Wortlauts einen Auffangtatbestand dar, der in solchen Einzelfällen eingreifen soll, bei denen aufgrund ihrer Struktur eine Aufzählung nicht möglich sei[361]. Etwa bei „Beteiligungsentscheidungen“ mache hiernach das Gesellschaftswohl eine Einschaltung der Aktionärsversammlung notwendig, denn grundlegende Entscheidungen, die tief in die Mitgliedsrechte der Aktionäre und deren im Anteilseigentum verkörpertes Vermögensinteresse eingriffen, berührten auch das Wohl der Gesellschaft, verstanden als berechtigtes Interesse der Gesellschaft. Entsprechende Entscheidungen beträfen „Strukturmaßnahmen“, bei denen es immer um das „Wohl der Gesellschaft“ ginge[362].

bb) Ungeschriebene Hauptversammlungszuständigkeiten in Analogie zu § 179a AktG

Vorgeschlagen wurde ferner, Holzmüller – Fälle unter § 179a AktG[363] zu fassen[364]. Der Zweck des § 179a AktG bestehe nicht nur in der Sicherung der Tätigkeit der Gesellschaft, sondern auch im Schutz der Struktur des Unternehmens im Interesse der

[358] Vgl. dazu *Larenz/Canaris*, Methodenlehre, S. 199.

[359] Allg. Meinung vgl. MüKo AktG – *Kubis*, § 119 RN 40; Emmerich/Habersack – *Habersack*, Vor § 311 RN 13; GK AktG – *Mülbert*, § 119 RN 23; *ders.*, Aktiengesellschaft, S. 394; *Lutter/Leinekugel*, ZIP 1998, 805 ff. (806); *Henze*, FS Ulmer, S. 219 ff.; *Veil*, ZIP 1998, 361 ff. (367); *Joost*, ZHR 163 (1999), 164 ff. (180); *K. Schmidt*, ZGR 1995, 675 ff. (677).

[360] Vgl. dazu *Geßler*, FS Stimpel, S. 771 ff. (776 ff.); aber auch *Janzen*, Konzernbildungskontrolle, S. 343 ff.

[361] *Geßler*, FS Stimpel, S. 771 ff. (776).

[362] *Geßler*, FS Stimpel, S. 771 ff. (778).

[363] Vormals § 361 AktG a.F. Beide Normen werden aber trotz geringfügiger redaktioneller Änderungen im § 179a AktG im selben Zusammenhang zitiert, vgl. LG Hannover, AG 2001, 159 ff.

[364] Vor allem *Timm*, Konzernspitze, S. 115 f; *ders.*, AG 1980, 172 ff. (176 f.).

Gesellschafter[365]. Aufgrund einer qualitativen Betrachtungsweise sei § 179a AktG auch dann anwendbar, wenn der nach der Verkehrsanschauung zu beurteilende Unternehmensschwerpunkt betroffen sei und der statutarisch festgelegte Tätigkeitsbereich der Gesellschaft eingeschränkt werde[366].

cc) Ungeschriebene Hauptversammlungszuständigkeiten in Analogie zu § 179 I AktG

Andere wollen die Holzmüller – Fälle einer Kontrolle durch die Hauptversammlung dadurch unterwerfen, dass sie die fraglichen Maßnahmen als faktische Satzungsänderung ansehen[367]. Maßnahmen der Konzernbildung seien aufgrund der mit ihnen einhergehenden Veränderungen in der Kompetenzordnung der Aktiengesellschaft nach § 179 I AktG einer Hauptversammlungszustimmung zu unterwerfen[368]. Der Erwerb einer Konzernbeteiligung verändere die Vermögens-, Aufgaben- und Kompetenzstruktur derart einschneidend, dass er in seinem rechtsqualitativen Gehalt nicht hinter der Änderung des Unternehmensgegenstandes zurückbleibe[369]. Ein Hauptversammlungsbeschluss sei demnach stets dann notwendig, wenn die Konzernbildung oder -verstärkung das charakteristische Gepräge des konkreten Unternehmens spürbar verändere, da der Aktionär eben dieses Gepräge seiner Investitionsentscheidung zugrunde gelegt habe[370]. Maßgeblicher Ansatzpunkt sei hierfür die Festlegung des Unternehmensgegenstandes nach § 23 III Nr. 2 AktG. Mit der Einführung dieser Vorschrift in das AktG 1965 sollte eine weit reichende Individualisierung des Unternehmensgegenstandes erreicht[371] und so die Entscheidung über die Grundlage der unternehmerischen Tätigkeit in die Hände der Aktionäre gelegt werden[372]. Entscheidend für den jeweiligen Unternehmensgegenstand ist dabei aber nicht nur die Tätigkeit in bestimmten Tätigkeitsbereichen, sondern eben auch die Struktur des Unternehmens. Die Unterschiede zwischen einer als reiner Holding tätigen und einer unmittelbar unternehmerisch aktiven Gesellschaft rechtfertigten, dass eine Konzernbildung wie im Holzmüller – Fall vom Unternehmensgegenstand umfasst sein müsse[373]. Nur so sei gewährleistet,

[365] *Timm*, Konzernspitze, S. 116.
[366] *Timm*, Konzernspitze, S. 115 f; *ders.*, AG 1980, 172 ff. (176 f.).
[367] Vgl. MüKo AktG – *Kubis*, § 119 RN 41; *Mecke*, Konzernstruktur, S. 151 ff.; *Rehbinder*, ZGR 1983, 92 ff. (93); *ders.*, FS Coing Bd. 2, S. 423 ff.; *Heinsius*, ZGR 1984, 383 ff.; *Groß*, AG 1994, 266 ff.; *Mülbert*, Aktiengesellschaft, S. 374 ff.; *Mertens*, AG 1978, 309 ff. Zum Begriff der faktischen Satzungsänderung *Hüffer*, AktG, § 179 RN 9, der zutreffend auf die Irreführung durch diesen Begriff hinweist, da es sich in Wahrheit um Satzungsverstöße (insbes. durch den Vorstand) handele.
[368] *Mecke*, Konzernstruktur, S. 184, 186.
[369] *Mecke*, Konzernstruktur, S. 184.
[370] *Mecke*, Konzernstruktur, S. 192; so auch LG Frankfurt/M., ZIP 1997, 1698 ff. (1700) (Altana/Milupa).
[371] Vgl. *Groß*, AG 1994, 266 ff. (267).
[372] *Mülbert*, Aktiengesellschaft, S. 165; *Rehbinder*, ZGR 1983, 92 ff. (97).
[373] *Rehbinder*, ZGR 1983, 92 ff. (93); *ders.*, FS Coing Bd. 2, S. 423 ff.; *Heinsius*, ZGR 1984, 383 ff.; *Groß*, AG 1994, 266 ff.

dass die Aktionäre dem Risiko einer Konzernbildung zugestimmt hätten, wie es die §§ 179, 23 III Nr. 2 AktG forderten[374].

dd) Ungeschriebene Hauptversammlungszuständigkeiten in Analogie zu §§ 182 ff. AktG (insbesondere §§ 202 I, 186 III, IV, AktG)

Auch wurde vertreten, die für den Bezugsrechtsausschluss geltenden Regeln zur Begründung ungeschriebener Hauptversammlungszuständigkeiten heranzuziehen[375]. Dies folge daraus, dass die inhaltliche Beeinträchtigung des Mitgliedschaftsrechts eines Minderheitsaktionärs in den Holzmüller – Fällen bezüglich Inhalt und Umfang des Verlustes an Herrschaftsrechten der Beeinträchtigung des Mitgliedschaftsrechts beim Bezugsrechtsausschluss entspreche[376]. Dies gelte zum einen für Maßnahmen der Konzernbildung, zum anderen aber auch für Maßnahmen der Konzernleitung (namentlich Kapitalerhöhung in einer Tochtergesellschaft). Insbesondere letztgenannte Konzernleitungssachverhalte wiesen eine Vergleichbarkeit mit der Konstellation des genehmigten Kapitals (§ 202 AktG) auf, da beide zu einer faktischen Verlagerung von Kompetenzen der Hauptversammlung auf die Geschäftsleitung führten[377]. Daraus sei zu schlussfolgern, dass entsprechend §§ 182 ff. AktG auch für die ungeschriebenen Holzmüller - Fälle eine Hauptversammlungsentscheidung zu verlangen sei[378].

ee) Ungeschriebene Hauptversammlungszuständigkeiten in Analogie zu §§ 291 I Nr. 1, 2, 293 I AktG

Ein weiterer Ansatz ging dahin, ungeschriebenen Hauptversammlungszuständigkeiten aus einer analogen Anwendung des § 293 I AktG, der für Unternehmensverträge nach den §§ 291, 292 AktG die Zustimmung einer qualifizierten Mehrheit erfordert, abzuleiten[379]. Der ursprüngliche Holzmüller - Fall der Ausgründung sei dem der Betriebsgewinngemeinschaft bzw. einem Teilgewinnabführungsvertrag ähnlich, da auch bei der Übertragung eines Unternehmensteils der Vorstand der Obergesellschaft über die mit dem ausgegliederten Unternehmensteil verbundenen Gewinnchancen entscheide[380]. Auch sei die Ausgliederung mit der Unterstellung unter einen Beherrschungsvertrag vergleichbar. Denn ebenso wie beim Beherrschungsvertrag das herrschende Unternehmen nach § 308 I AktG Anweisungen im Interesse der Konzernpolitik geben

374 Vgl. bereits *Mertens*, AG 1978, 309 ff. (311): „Nur die Aktionäre können diese Entscheidung treffen, nicht hingegen der Vorstand."

375 *Hirte*, Bezugsrechtsausschluss, S.155 ff; 165 ff.

376 Dies weist *Hirte*, Bezugsrechtsausschluss, S. 165 ff., anschaulich nach.

377 *Hirte*, Bezugsrechtsausschluss, S. 179 ff.

378 *Hirte*, Bezugsrechtsausschluss, S. 179 ff.

379 *Hübner*, FS Stimpel, S. 791 ff. (795 f.).; *Hommelhoff*, Konzernleitungspflicht, S. 377 ff.; *Wiedemann*, Unternehmensgruppe, S. 55.

380 *Hübner*, FS Stimpel, S. 791 ff. (796).

könne, die dem abhängigen Unternehmen nachteilig sind, könne es bei der Ausgliederung dazu kommen, dass der Vorstand Maßnahmen treffe, die der Tochtergesellschaft zu Gute kommen und die Obergesellschaft benachteiligten[381].

ff) Ungeschriebene Hauptversammlungszuständigkeiten aus einer Gesamtanalogie zu §§ 179, 179a, 182 ff., 222 ff., 291 ff., 319 ff. AktG und §§ 13, 123 III, 125, 65 UmwG

Der überwiegende Teil der Literatur bemüht zur Herleitung ungeschriebener Hauptversammlungszuständigkeiten eine Gesamtanalogie zu den Vorschriften, die eine Zuständigkeit der Aktionärsversammlung in Strukturangelegenheiten begründen[382]. Methodisch wird dabei mehreren gesetzlichen Bestimmungen, die an verschiedene Tatbestände die gleiche Rechtsfolge knüpfen, ein allgemeiner Rechtsgrundsatz entnommen, der auf einen im Gesetz nicht geregelten Tatbestand wertungsmäßig ebenso zutrifft[383]. Abgesehen von dieser methodischen Vorgabe besteht aber keine Einigkeit, welchen konkreten gesetzlichen Bestimmungen ein solcher einheitlicher Rechtssatz entnommen werden kann. Unabhängig von den unterschiedlichen zitierten Normketten für diese Gesamtanalogie, stellt sich diese aber immer als das Ergebnis einer Analyse der gesetzlichen Hauptversammlungskompetenzen dar. Dieses Ergebnis beschreibt eine Vielzahl verschiedener Schutzbereiche der Aktionäre, die sodann eben im Wege einer Gesamtanalogie zur Begründung ungeschriebener Mitwirkungsrechte zusammengeführt werden.

Danach sei aus den gesetzlichen Kompetenzen der Hauptversammlung ein allgemeiner Grundsatz für die Zuständigkeit der Hauptversammlung bei „allen mit dem wirtschaftlichen und rechtlichen Aufbau der Gesellschaft zusammenhängenden Maßnahmen"[384] abzuleiten. Da durch die Veränderung des wirtschaftlichen und rechtlichen Aufbaus der Gesellschaft zugleich die eigene wirtschaftliche und rechtliche Stellung der Aktionäre tangiert werde, seien diese für alle derartigen Strukturmaßnahmen zuständig. Dieser Grundsatz gelte eben nicht nur bei den gesetzlich geregelten Strukturmaßnahmen, sondern auch für nicht normierte Sachverhalte, die die Aktionäre ebenfalls in ihrer rechtlichen und wirtschaftlichen Stellung beträfen. Für letztere nicht geregelte Strukturmaßnahmen, mit in wirtschaftlicher und rechtlicher Hinsicht ganz oder teilweise ähnlichen Auswirkungen wie die geregelten Strukturmaßnahmen, ließen sich aus einer Gesamtbetrachtung ungeschriebene Hauptversammlungszuständigkeiten

[381] *Hübner*, FS Stimpel, S. 791 ff. (796).

[382] Vgl. dazu aber jeweils mit Unterschieden im Detail *Henze*, FS Ulmer, S. 211 ff. (218 ff.); *ders.*, BB 2001, 53 ff. (60); *Joost*, ZHR 163 (1999), 187 ff. (195); Münch.Hdb.GesR IV – *Krieger*, § 69 RN 6; *Mülbert*, Aktiengesellschaft, S. 395 ff.; *ders.*, GK AktG, § 199 RN 22 ff.; *K. Schmidt*, GesR, § 28 V 2 b; Heckschen/Simon – *Simon*, Umwandlungsrecht, § 4 RN 20; *Emmerich/Habersack*, Konzernrecht, § 9 IV 1; KK AktG – *Koppensteiner*, Vor § 291 RN 21; GK AktG – *Wiedemann*, § 179 RN 73 ff.; auch noch nach Gelatine *Liebscher*, ZGR 2005, 1 ff. (22 f.).

[383] Vgl. *Larenz/Canaris*, Methodenlehre, S. 204.

[384] So *Geßler*, FS Stimpel, S. 771 ff. (786) der den Gedanken der Gesamtanalogie wohl als erster formulierte.

i.S.d. Holzmüller – Regel ableiten[385]. Dieser Ansatz hat sich im Verlauf der späten 80er und 90er Jahre mehrheitlich durchgesetzt, allerdings verbunden mit einem mehr und mehr weit verstandenen Begriff der „Strukturmaßnahme“[386]. Über den Leitsatz a) der Holzmüller – Entscheidung hinaus wird teilweise für alle Entscheidungen, die als Einmal – Entscheidungen die Verhältnisse der Gesellschaft grundlegend ändern, ohne qualitative oder quantitative Einschränkung eine Zustimmung der Hauptversammlung verlangt, was zur einer starken Ausweitung des Zuständigkeitsspektrums der Hauptversammlung führt[387].

2. Einwände gegen die dargestellten Begründungsansätze

a) Die Ermessensschrumpfung nach § 119 II AktG

Zunächst bestehen an dem dogmatischen Ansatzpunkt des BGH im Holzmüller - Urteil berechtigte Zweifel. Die Vorlagepflicht des Vorstands kraft „Ermessensreduzierung“ nach § 119 II AktG hat bereits in zahlreichen Abhandlungen Kritik erfahren, der im Wesentlichen zu folgen ist[388].

Hier sei daher nur auf zwei Aspekte hingewiesen, die zeigen, dass sich die behauptete Vorlagepflicht nur schwer in das Kompetenzgefüge des Aktienrechts einfügen lässt und der Begründungsansatz daher „verfehlt und abzulehnen“ ist[389]. Zum einen soll die angenommene Ermessensschrumpfung vor dem dualen System der aktienrechtlichen Zuständigkeitsordnung beleuchtet werden, zum anderen vor dem Hintergrund der ratio legis des § 119 II AktG.

aa) Die Ermessensschrumpfung im System der aktienrechtlichen Zuständigkeitsordnung

Dem Aktienrecht liegt ein duales Zuständigkeitssystem für Maßnahmen in der Gesellschaft zugrunde. Darin ist die Hauptversammlung zuständig für die ihr in § 119 I AktG und anderen Spezialnormen ausdrücklich zugewiesenen Fälle. Kennzeichnend dabei

---

[385] *Geßler*, FS Stimpel, S. 771 ff. (786).

[386] So mit Unterschieden im Detail *Henze*, FS Ulmer, S. 211 ff. (218); *ders.*, BB 2001, 53 ff. (60); *Joost*, ZHR 163 (1999), 164 ff. (179 ff.); KK AktG – *Koppensteiner*, Vor § 291 RN 21; Münch.Hdb.GesR IV – *Krieger*, § 69 RN 6; *Lutter*, FS Fleck, S. 169 ff. (182 f.); *Martens*, ZHR 147 (1983), 377 ff. (380 ff.); *Mülbert*, Aktiengesellschaft, S. 395 ff.; *ders.*, GK AktG, § 119 RN23; *Priester*, ZHR 163 (1999), 187 ff. (195); *K. Schmidt*, GesR, S. 870 ff.; *Weißhaupt*, NZG 1999, 804 ff. (807); *Westermann*, FS Koppensteiner, S. 259 ff. (270 ff.); *Leinekugel*, Ausstrahlungswirkungen, S. 156 ff.; *Wiedemann*, Unternehmensgruppe, S. 52.

[387] S. dazu nur die Nachweise bei GK AktG – *Mülbert*, § 119 RN 30.

[388] Z.B. *Martens*, ZHR 147 (1983), 377 ff.; *Werner*, ZHR 147 (1983), 429 ff.; *Geßler*, FS Stimpel, S. 771 ff.; *Flume*, AT I, S. 311; *Beusch*, FS Werner, S. 1 ff. (21); Überblick bei GK AktG – *Mülbert*, § 119 RN 21; Emmmerich/Habersack – *Habersack*, 3.Aufl. Vor § 311 RN 36.

[389] So *K. Schmidt*, GesR, S. 871.

ist für diese Fälle einer ordentlichen Hauptversammlungszuständigkeit, dass sie ihre Kompetenzen autonom ausübt, dann aber Vorstand und Aufsichtsrat an ihre konkreten Entscheidungsbeschlüsse gebunden sind. Die Aktionäre können daher gem. § 122 I, II AktG auf eigene Initiative einen entsprechenden Beschlussantrag in der Hauptversammlung stellen, den der Vorstand nach § 83 II AktG verpflichtet ist, auszuführen. Die Aktionäre besitzen innerhalb der engen Zuständigkeit der Hauptversammlung mithin ein Initiativ- und ein an den Vorstand gerichtetes Weisungsrecht[390]. Über alle anderen Maßnahmen entscheidet der Vorstand grundsätzlich im Rahmen seiner Funktion als Leitorgan der Gesellschaft allein (§ 76 I AktG). Es steht in seinem Ermessen, ob die Hauptversammlung nach § 119 II AktG in den Entscheidungsprozess bezüglich einer Geschäftsführungsmaßnahme miteingebunden werden soll oder nicht. § 119 II AktG stellt also insbesondere kein Initiativrecht der Hauptversammlung dar, der Vorstand überträgt der Hauptversammlung hier lediglich seine Entscheidungskompetenz. Sofern er jedoch vorlegt, ist er an die Entscheidung der Hauptversammlung auch gebunden[391].

Wenn es nun bei bestimmten Maßnahmen eine Reduktion des Vorstandsermessens auf Null geben sollte, dann hätte die Hauptversammlung über solche Maßnahmen stets zu entscheiden. Aufgrund der Bindungswirkung einer Entscheidung nach § 119 II AktG hätte dann also die Hauptversammlung die Entscheidungskompetenz über die Maßnahme. Allerdings hätte sie andererseits kein Initiativrecht und könnte daher von sich aus nicht die Maßnahme einleiten. Die Annahme einer Ermessensschrumpfung auf Null bei § 119 II AktG würde daher bei entsprechenden Maßnahmen zu einer Spaltung von Initiativ- und Entscheidungskompetenz führen: Nur der Vorstand kann die Maßnahme vorschlagen und nur die Hauptversammlung darf über sie entscheiden. Mit den Grundsätzen der herkömmlichen Zuständigkeitsordnung innerhalb der Aktiengesellschaft ist eine solche Kompetenzaufteilung indes kaum zu vereinbaren.

bb) Die Ermessensschrumpfung und die ratio legis des § 119 II AktG

Nach überwiegender, wenn auch umstrittener Auffassung ist der Normzweck des § 119 II AktG im Wesentlichen darin zu sehen, dem Vorstand im Zusammenhang mit Geschäftsführungsmaßnahmen die Möglichkeit eines Haftungsausschlusses zu verschaffen[392]. Demgegenüber geht es aber bei ungeschriebenen Hauptversammlungszuständigkeiten nicht um den Schutz des Vorstands, sondern umgekehrt um den Schutz der Aktionäre vor dem Vorstand, der eine Maßnahme mit strukturänderndem Charakter vollzieht und dadurch nicht nur den Bereich der Geschäftsführung verlässt, sondern zugleich in die mitgliedschaftlichen Rechte und Interessen der Aktionäre eingreift. Aber auch wenn man den Sinn und Zweck des § 119 II AktG nicht allein auf eine haf-

---

390 *Martens*, ZHR 147 (1983), 377 ff. (385).

391 Allg. Meinung, statt vieler *Hüffer*, AktG, § 119 RN 15.

392 Statt vieler *Martens*, ZHR 147 (1983), 377 ff. (383 f.); *Werner*, ZHR 147 (1983), 429 ff. (438 ff.).

tungsrechtliche Funktion beschränkt[393], sondern in der bloßen Klarstellung sieht, dass die Hauptversammlung im Gegensatz zum Rechtszustand vor dem AktG 1937 über Fragen der Geschäftsführung nur noch entscheiden darf, wenn der Vorstand ihr die Frage unterbreitet und ihre Entscheidung verlangt, ist es mit diesem Regelungszweck unvereinbar, eine Vorlagepflicht des Vorstands zu begründen[394]. Das Gesetz kennt eine Vorlagepflicht des Vorstands an die Hauptversammlung schlicht nicht[395], der Rückgriff auf § 119 II AktG steht daher in Konflikt mit der Gesetzessystematik[396] und ist zudem äußerst konturenlos.

Sollen die Interessen der Aktionäre nach Entstehungsgeschichte und ratio legis des § 119 II AktG bei der Entscheidung des Vorstands, über eine Maßnahme abstimmen zu lassen, daher unberücksichtigt bleiben, ist gegen die dem Recht zwar grundsätzlich bekannte Erscheinung einer Ermessensreduktion einzuwenden, dass es vorliegend an einer wichtigen Voraussetzung für eben diese fehlt, nämlich der Qualifikation des § 119 II AktG als „Schutzgesetz"[397]. Denn nur eine Norm, welche eine Verhaltenspflicht der Verwaltung statuiert, die zumindest auch im Interesse der Hauptversammlung besteht (Schutzgesetz), kann zu einer Ermessensreduzierung zugunsten der Hauptversammlung führen. § 119 II AktG aber ist kein solches Schutzgesetz, denn der Vorstand berücksichtigt hier im Hinblick auf die primär haftungsrechtliche Funktion der Norm seine eigenen Interessen. Daher kann § 119 II AktG in Übereinstimmung mit seinem Wortlaut keine Vorlagepflicht begründen, auch nicht ausnahmsweise[398].

b) Die Analogie zu § 121 I AktG

Gegen den Vorschlag einer Begründung der Holzmüller – Zuständigkeit über § 121 I AKtG ist einzuwenden, dass dieser einerseits zwar den strukturellen Charakter der in Rede stehenden Maßnahme betont, andererseits aber die Hauptversammlungskompetenz mit einer Norm zu begründen versucht, die den Aktionären ausnahmsweise die

---

[393] Dies versucht *Geßler*, FS Stimpel, S. 771 ff. (774) in Auseinandersetzung mit *Martens*, ZHR 147 (1983), 377 ff. (383 f.) nachzuweisen. Für eine überwiegend haftungsrechtliche Funktion des § 119 II AktG aber noch *Hirte*, Bezugsrechtsausschluss, S. 160; *Hübner*, FS Stimpel, S. 791 ff. (795); KK AktG – *Koppensteiner*, Vor § 291 RN 21; *Liebscher*, Konzernbildungskontrolle, S. 79; *Wahlers*, Konzernbildungskontrolle, S. 166; *Westermann*, ZGR 1984, 352 ff. (358, 364).

[394] S. *Geßler*, FS Stimpel, S. 771 ff. (774 f.); *Mecke*, Konzernstruktur, S. 153; vgl. auch die Gesetzesbegründung zur Vorgängernorm des § 119 II AktG, dem § 103 II AktG 1937 bei *Klausing*, AktG 1937, S. 88.

[395] *Flume*, AT I 2 S. 311.

[396] So das zutreffende Ergebnis der Ausführungen von *Martens*, ZHR 147 (1983), 377 ff. (383).

[397] Im öffentlichen Recht ist jedenfalls beim Einklagen eines Verwaltungsaktes (Verpflichtungsklage) aufgrund einer Ermessensreduzierung das Bestehen eines Schutzgesetzes notwendige Voraussetzung. Dies schließt nicht aus, dass in anderen Situationen eine Ermessenreduktion aus anderen drittschützenden Normen folgen kann.

[398] So auch *Joost*, ZHR 163 (1999), 164 ff. (169); *Weißhaupt*, NZG 1999, 804 ff. (807); *Werner*, ZHR 147 (1983), 429 ff. (437 ff.).

Beschlussfassung über Geschäftsführungsmaßnahmen erlaubt und insoweit widersprüchlich ist. Daher ist sie mit der dem AktG zu Grunde liegenden Konzeption der strikten Trennung von Geschäftsführungs- und Organisationsakten nicht zu vereinbaren[399]. Auch wenn man im Hinblick auf den Doppelcharakter von Holzmüller – Maßnahmen als Geschäftsführungs- und Strukturmaßnahme die aufgezeigte Widersprüchlichkeit anzweifelt[400], so spricht gegen diesen Vorschlag letztlich auch der Schutzzweck ungeschriebener Mitwirkungsrechte. Der Maßstab des § 121 AktG („Wohl der Gesellschaft“) und der Schutz von Aktionärsrechten vor Mediatisierung sind insoweit weder identisch noch gleichzusetzen, sondern beschreiben jeweils eine eigene Kategorie, die nach eigenen Maßstäben zu beurteilen sind.

c) Die Analogie zu § 179a AktG

Mit der Frage der analogen Anwendung des § 179a (§ 361 a.F.) AktG setzte sich bereits der BGH im Holzmüller – Urteil auseinander und verneinte zutreffend eine Analogie. Dies folgt einerseits aus der Schutzfunktion des § 179a I AktG, die, wie sich aus der historischen Entwicklung der Vorgängernorm ergibt, in dem Schutz der Vermögenspositionen der Aktionäre zu sehen ist[401]. Insoweit kann aus § 179a AktG kein Schutz vor Mediatisierung mitgliedschaftlicher Herrschaftsrechte abgeleitet werden, da Sinn des § 179a AktG und seiner Vorgängernorm die Vermeidung der Umgehung der Verschmelzungsvorschriften zum Schutz der Vermögensinteressen der Aktionäre ist. Eine (analoge) Anwendung kann nur in Betracht kommen, wenn die Vermögensübertragung im wirtschaftlichen Ergebnis einer Verschmelzung gleichkommt[402]. Dieser Umgehungsschutz erfordert zwar eine Anwendung auch dann, wenn einzelne Vermögensgegenstände von der Übertragung ausgeschlossen werden[403], eine Vergleichbarkeit liegt aber nicht mehr vor, wenn die übertragende Gesellschaft bei der Ausgliederung mit dem zurückbehaltenen Betriebsvermögen noch ausreichend in der Lage bleibt, ihre in der Satzung festgelegten Unternehmensziele weiterhin, wenn auch eingeschränkt, selbst zu verfolgen[404]. Zu Recht hat daher der BGH im Holzmüller – Fall eine Anwendbarkeit dieser Norm auf einen Fall der Teilveräußerung abgelehnt[405]. Die Vorschrift des § 179a AktG schützt den Anteilseigner nicht vor einer Änderung

---

[399] Vgl. auch *Mecke*, Konzernstruktur, S. 154; *Wiedemann*, Unternehmensgruppe, S. 52.

[400] Eingehend dazu *Liebscher*, Konzernbildungskontrolle, S. 55 f.

[401] Vgl. *Mecke*, Konzernstruktur, S. 156; *Hommelhoff*, Konzernleitungspflicht, S. 98; *Mülbert*, Aktiengesellschaft, S. 179; *v. Rechenberg*, Hauptversammlung, S. 118; *Wiedemann*, Unternehmensgruppe, S. 54.

[402] Vgl. BGHZ 82, 188 ff. (195 f.); *K. Schmidt*, FS Heinsius, S. 715 ff. (721); *Mecke*, Konzernstruktur, S. 157.

[403] Wohl allg. Meinung, vgl. *Mecke*, Konzernstruktur, S. 157; RGZ 124, 294 ff.; BGHZ 83, 122 ff. (128).

[404] BGHZ 83, 122 ff. (128).

[405] BGHZ 83, 122 ff.; *Wiedemann*, Unternehmensgruppe, S. 54.

der Unternehmenstätigkeit, sondern vor dem Verlust der gesamten Unternehmenstätigkeit.

Außerdem muss bei einer Analogie zu § 179a AktG, wie aber auch bei allen anderen zitierten Vorschriften, die in der jeweils anzuwendenden Norm angeordnete Rechtsfolge bedacht werden[406]. Kennzeichnend für alle genannten Bestimmungen ist nämlich nicht nur, dass das Gesetz jeweils die Mitwirkung an den Maßnahmen angeordnet hat in dem Sinne, dass die Zustimmung der Hauptversammlung Wirksamkeitsvoraussetzung ist. Das Gesetz hat vielmehr, was gerade bei § 179a AktG deutlich wird, im Interesse des Schutzes des Rechtsverkehrs den mit Außenwirkung versehenen Bestimmungen klar umrissene Tatbestände zu Grunde gelegt. Denn es wäre mit den Bedürfnissen des Rechtsverkehrs nach Rechtssicherheit und Rechtsklarheit nicht vereinbar, wenn die nach § 82 I AktG eben nur durch Gesetz beschränkbare Vertretungsmacht des Vorstands, für Holzmüller – Fälle nur ganz allgemein vom Umfang und der Bedeutung der konkreten Maßnahme für ihre wirksame Durchführung abhängig wäre. Insbesondere da sie dann von Gesellschaft zu Gesellschaft und entsprechend deren jeweiligen Vermögenslage unterschiedlich wäre. Die Durchführung einer analog § 179a AktG zustimmungspflichtigen Holzmüller – Maßnahme liefe dann auf die Unwirksamkeit der Maßnahme im Außenverhältnis hinaus. Ein solches Ergebnis steht aber mit dem Anliegen des Gesetzgebers in Widerspruch, aus Gründen des Verkehrsschutzes Hauptversammlungsbeschlüsse mit Außenwirkung auf bestimmte, klar abgrenzbare Vorgänge zu beschränken. Angesichts dieses Befundes fehlt es daher für Holzmüller – Fälle an der notwendigen Vergleichbarkeit der gesetzlich geregelten Gestaltung mit dem ungeregelten Fall in wertungsmäßiger Hinsicht. Einer Analogie zu § 179a AktG und den weiteren genannten Bestimmungen steht die mit ihnen zwangsläufig verbundene Außenwirkung entgegen, welche die Rechtsunsicherheit weiter erhöht und deshalb mit der gesetzgeberischen Intention unvereinbar ist. Für den Rechtsverkehr ist eine Außenwirkung des Hauptversammlungsbeschlusses in dem bei Holzmüller – Fällen betroffenen Graubereich eine unzumutbare Belastung, denn die Frage der Alleinzuständigkeit des Vorstands hängt von den jeweiligen Verhältnissen des Einzelfalles ab; ungeschriebene Hauptversammlungszuständigkeiten aus einer Analogie zu § 179a AktG herzuleiten ist mithin nicht möglich.

d) Die Analogie zu § 179 AktG

An dem Vorschlag der analogen Anwendung des § 179 AktG ist richtig, dass in der Tat die Anlageentscheidung des Aktionärs davon betroffen ist, wenn etwa das Unternehmen beispielsweise nur noch als Führungsholding tätig ist, obwohl es vor der (Holzmüller-)Maßnahme als Einheitsunternehmen tätig war. Denn bei einer reinen Holding entspricht die Stellung des Aktionärs weitgehend derjenigen eines bloßen Vorzugsaktionärs ohne Stimmrecht. Insoweit stellt es einen wichtigen Aspekt der In-

[406] Schon BGH, NJW 1982, 1703 ff. (1705 f.) - Holzmüller; bestätigt in BGH, NZG 2004, 571 ff. (574) – Gelatine.

vestitionsentscheidung des Aktionärs dar, ob er vollwertige Stammaktien erwerben will oder lediglich Vorzugsaktien. Unter der Prämisse, eine Hauptversammlungsentscheidung über alle bedeutenden[407], mitgliedschaftsrelevanten Maßnahmen einzuholen, ist die Hauptversammlung dann zur Zustimmung berufen, sofern nicht der satzungsmäßige Unternehmensgegenstand solche Maßnahmen präzise vorgibt. Gleichwohl kann es nicht überzeugen, eine *ad-hoc* - Zustimmung der Hauptversammlung zu Holzmüller – Maßnahmen in analoger Anwendung des § 179 I AktG zu fordern. Denn wenn, wie allgemein üblich, in der Satzung eine Konzernbildungsklausel als Ausprägung und Individualisierung des Unternehmensgegenstandes enthalten ist, ist es nicht einsichtig, warum insoweit noch eine zusätzliche Hauptversammlungskompetenz ebenfalls aus §§ 23 II Nr. 3, 179 I AktG analog hergeleitet werden muss[408]. Dem Schutzanliegen des § 179 I AktG, Satzungsverstöße durch Änderung oder Erweiterung des dort beschriebenen Unternehmensgegenstandes ohne förmlichen Beschluss zu verhindern, ist dann gewissermaßen bereits im Vorfeld nachgekommen und den Belangen der Aktionäre in Bezug auf die Vorgabe des Unternehmensgegenstandes Genüge getan: Kraft satzungsmäßiger Zustimmung darf der Vorstand den Unternehmensgegenstand dann grundsätzlich auch konzerndimensional verwirklichen. Diese Zustimmung ist dabei eine qualitativ andere als die Holzmüller – Zustimmung, was ein Blick auf das oben herausgearbeitete Schutzanliegen ungeschriebener Mitwirkungsrechte bestätigt. § 179 I AktG stellt materielle Satzungsfragen in die ausschließliche Zuständigkeit der Hauptversammlung und überträgt ihr damit die Verantwortung für die normative Grundordnung des Verbandes[409]. Jene beständige Verantwortung der Hauptversammlung für die normative Grundordnung, verstanden als Verfassung eines Verbandes, stellt sich aber im Vergleich mit dem Schutz mitgliedschaftlicher Herrschaftsbefugnisse vor Mediatisierung in Form einer (ungeschriebenen) *ad – hoc* – Zustimmung nach Holzmüller als ein aliud dar. Der Charakter der konkreten Entscheidung in den verglichenen Fällen ist insoweit nicht identisch: Es geht um eine ausnahmsweise erforderliche singuläre *ad – hoc* Zustimmung zu einer bestimmten, bedeutsamen Maßnahme auf der einen und eine Änderung der Verbandsverfassung selbst, mit anhaltender, gewissermaßen übergeordneter einzelfallunabhängiger Bedeutung, auf der anderen Seite.

e) Die Analogie zu §§ 182 ff. AktG

Für eine Analogie zu §§ 182 ff. AktG spricht, dass dieser Vorschlag im Ergebnis wirksam und auch noch systematisch vertretbar den Gefahren für eine Konzernobergesellschaft, bzw. ihre Gesellschafter durch spätere Kapitalmaßnahmen in einer Tochter, begegnet. Aber gerade deshalb vermag er ungeschriebene Hauptversammlungszuständigkeiten nur für Konzernbildungs- und -leitungsmaßnahmen mit Bezug zu Kapital-

[407] Zu den Grenzen ungeschriebener Mitwirkung in qualitativer und quantitativer Hinsicht sogleich, Zweites Kapitel, IV.
[408] Näher zu Unternehmensgegenstand und Konzernklausel, Zweites Kapitel, VI.
[409] KK AktG - *Zöllner*, § 179 RN 12, 15; MüKo AktG –*Stein*, § 179 RN 5. Insoweit sind die von § 179 I AktG betroffenen Fälle qualitativ noch „krasser“ als die Holzmüller – Fälle.

maßnahmen zu begründen, hilft aber nicht für die auf Konzernsachverhalte und Kapitalmaßnahmen nicht beschränkten Holzmüller – Grundsätze insgesamt weiter. Dies gilt insbesondere im Hinblick darauf, dass nach dem Vollzug einer Holzmüller – Maßnahme mit der Folge einer Konzernbildung die Hauptversammlung zwar Zuständigkeiten gem. §§ 182 ff. AktG, die im Einheitsunternehmen bestanden hätten, an die Geschäftsleitung verliert, nicht jedoch, dass diese Kompetenzen dann auch durch den Vorstand tatsächlich wahrgenommen werden. Denn spätere Konzernleitungsmaßnahmen, insbesondere Kapitalmaßnahmen, sind im Zeitpunkt der viel grundsätzlicheren Beteiligungsentscheidung noch gar nicht fassbar, da die zukünftige Entwicklung insoweit völlig offen ist. Zwar zeigt der Vergleich mit § 202 AktG, dass die Änderung der gesetzlichen Kompetenzordnung einer statutarischen Ermächtigung bedarf und eine entsprechende ex-ante Ermächtigung (wenn überhaupt) nur in bestimmten Grenzen zulässig ist. Doch stellt gerade die Zustimmung aus § 202 AktG strukturell eben keine erforderliche *ad-hoc* - Zuständigkeit der Aktionäre dar, um die es hier aber geht. Auch wäre Voraussetzung einer Analogie zu §§ 202, 204 AktG, dass Holzmüller – Fälle ihrem Wesen nach den Kapitalmaßnahmen gem. §§ 182 ff. AktG entsprechen müssten. Dies ist aber gerade mit Blick auf den Schutzzweck ungeschriebener Mitwirkungsrechte nicht der Fall[410]. Gegen eine Analogie zu §§ 186 III, IV AktG spricht letztlich auch, dass es bei der durch Holzmüller – Maßnahmen bewirkten inhaltlichen Verkürzung der Aktionärsrechte (Mediatisierung) nicht lediglich um einen bloßen Mehrheits-/Minderheitenkonflikt geht, sondern um Individualmitgliedschaftsschutz des einzelnen Aktionärs. Eine Zurechnung der nach der Holzmüller – Maßnahme allein dem Vorstand der Obergesellschaft unterliegenden Kontrolle an den beherrschenden Aktionär[411] ist aber immer dann problematisch, wenn ein solcher überhaupt nicht existiert, was gerade in Publikumsgesellschaften anzutreffen ist[412].

f) Die Analogie zu § 291 I Nr. 1, 2, 293 I AktG

Für die analoge Anwendung unternehmensvertraglicher Vorschriften spricht, dass dieser Vorschlag der Gefahr einer übermäßigen Gewinnthesaurierung in der abhängigen Gesellschaft, die zu einer Verselbständigung von Interessen führen kann, mit der Konsequenz der Begünstigung der Tochtergesellschaft zu Lasten der Muttergesellschaft und deren Aktionäre, begegnet. Doch die Holzmüller – Fälle sind insgesamt nur begrenzt mit einer Gewinngemeinschaft oder einem Teilgewinnabführungsvertrag vergleichbar. Gemeinsam ist Holzmüller – Konstellationen und den Unternehmensvertragssachverhalten zunächst noch ein Eingriff in die Gewinnverwendungskompetenz der Hauptversammlung nach §§ 58 II, 174 I AktG und damit eine Gefährdung des Gewinnanspruchs der Aktionäre. Diese Gefahr besteht bei Holzmüller – Fällen eben in der übermäßigen Thesaurierung in der Tochtergesellschaft[413]. Bei der Gewinngemein-

---

[410] Vgl. ausführlich zum Schutzzweck ungeschriebener Mitwirkungsrechte, Zweites Kapitel, II.

[411] Das aber intendiert *Hirte*, Bezugsrechtsausschluss, S. 165 ff.

[412] Vgl. *Mülbert*, Aktiengesellschaft, S. 407; *Seydel*, Konzernbildungskontrolle, S. 418 f.

[413] Dazu siehe oben, Zweites Kapitel, II, 1.

schaft besteht die Gefahr darin, dass der den einzelnen Gesellschaften nach dem vertraglichen Verteilungsschlüssel zugewiesene Gewinnanteil nicht deren Beitrag zum vergemeinschafteten Gewinn entspricht[414], bzw. beim Teilgewinnabführungsvertrag darin, dass die abführende Gesellschaft keine angemessene Gegenleistung für die Gewinnabführung erhält[415]. Doch tritt demgegenüber eine Gefährdung des Erhaltungsinteresses der Aktionäre, wie sie bei Holzmüller – Maßnahmen, aufgrund der nur noch beschränkten Steuerungsmöglichkeiten der eingesetzten Mittel durch den Vorstand der Obergesellschaft besteht, bei Gewinngemeinschaft und Teilgewinnabführungsverträgen nicht ein. Auch besteht die Gefahr einer qualifiziert faktischen Konzernierung nur bei Holzmüller – Maßnahmen, denen die entsprechenden Regelungen der Gewinngemeinschaft und Teilgewinnabführungsverträgen gar nicht gerecht werden wollen und können, sodass eine Mediatisierung von Herrschaftsrechten hier nicht auszumachen ist[416]. Schon gar nicht kann eine Analogie zum Zustimmungserfordernis beim Abschluss eines Beherrschungsvertrages auf Seiten der Tochtergesellschaft nach §§ 291 I Nr. 1 1.Alt., 293 I S. 1 AktG in Betracht kommen[417], denn der Zwang zur Berücksichtigung fremder Interessen ist von der Intensität her nicht mit der Abhängigkeitsbegründung auf Seiten der Tochter vergleichbar. Während bei Holzmüller – Sachverhalten Mitgliedschaftsrechte der Aktionäre mediatisiert zu werden drohen, führt der Abschluss eines Beherrschungsvertrages dazu, dass sich die beherrschte Gesellschaft selbst fremden Interessen zu unterwerfen hat, welche zudem noch gem. § 308 I S. 1 AktG durchgesetzt werden können.

g) Die Gesamtanalogie

Dem Grundanliegen des Vorschlags einer Gesamtanalogie kann zugestimmt werden. Es wurde aber bereits oben darauf hingewiesen, dass der mehr und mehr weit verstandene Begriff der Strukturmaßnahme zu einer stetigen Zuständigkeitsausweitung führt. Dies stellt einen entscheidenden Nachteil dieses Ansatzes dar. Neben einer Definition des Begriffs der „Strukturmaßnahme" fehlt aber vor allem das an die Herleitung eines Rechtssatzes im Wege der Gesamtanalogie zu stellende Maß an Präzisierung der herzuleitenden Regel, ohne die auch eine Bestimmung ihrer Anwendungsfälle nicht erreicht werden kann[418]. Insoweit hilft die Gesamtanalogie nicht über einen hoch abstrakten und damit sehr vagen Rechtssatz hinaus, etwa dahingehend, dass sie zuständig ist für „wesentliche Entscheidungen" oder „wirtschaftliche Grundlagenentscheidungen"[419]. Eine solch unbestimmte Formel als Ergebnis der Gesamtanalogie führt aber weder über den bereits durch Holzmüller erreichten Kenntnisstand hinaus, noch hilft sie der Rechtsunsicherheit ab.

---

[414] *Emmerich/Habersack*, Konzernrecht, S. 188.
[415] *Hüffer*, AktG, § 292 RN 14; *Emmerich/Habersack*, Konzernrecht, S. 191.
[416] So im Ergebnis auch *Seydel*, Konzernbildungskontrolle, S. 417 f.
[417] So aber *Hübner*, FS Stimpel, S. 791 ff. (796).
[418] So auch *Seydel*, Konzernbildungskontrolle, S. 428.
[419] *Joost*, ZHR 163 (1999), 164 ff.(174).

Zudem steht die Gesamtanalogie in einem Konflikt mit § 119 I AktG, dessen Grundanliegen ins Gegenteil verkehrt wird: Statt in den gesetzlich vorgesehenen Fällen ist die Hauptversammlung auch in allen gesetzlich nicht vorgesehenen Fällen mit schwerwiegendem Bezug zu nicht näher bestimmten Interessen der Aktionäre zuständig. Dadurch wird der Hauptversammlung faktisch wieder, wie zu Zeiten des HGB a.F. der Generalversammlung, die Stellung als Grundorgan der Gesellschaft zugebilligt. Doch hat sich der Gesetzgeber mit einem abschließenden Enumerativkatalog ausdrücklich bestimmter Hauptversammlungszuständigkeiten bewusst gegen eine Generalversammlung mit Allkompetenz entschieden. Der Hauptversammlung kann man daher die Stellung als Grundorgan der Aktiengesellschaft nach der lex lata gerade nicht zubilligen[420], auch wenn ihr Kompetenzen in vielen grundlegend bedeutsamen Angelegenheiten zustehen (vgl. nur § 119 I Nrn. 1 – 8). Es gibt jedoch auch grundlegend wichtige Bereiche ohne originäre Kompetenz der Hauptversammlung, und dazu gehört neben dem Bereich der Geschäftsführung auch die Überwachung derselben. Auch mit Blick auf die beschränkten Kompetenzen der Hauptversammlung bei der für die Aktionäre sicher nicht unwichtigen Gewinnfeststellung (§ 172 AktG), kann insgesamt von einem maßgeblichen Einfluss der Aktionäre auf alle ihre Interessen wesentlich betreffenden Bereiche schwerlich gesprochen werden.

Letztlich gilt auch in Bezug auf die vorgeschlagenen Gesamtanalogien, dass „diese insgesamt auf tatbestandlicher Seite zwar eher geeignet sein mögen, die in Betracht kommenden Fälle ungeschriebener Hauptversammlungszuständigkeiten zu bestimmen“[421] als der vom BGH gewählte Weg über § 119 II AktG, doch passen die zitierten Kompetenznormen von der Rechtsfolge her nicht: Bei konsequenter Anwendung der genannten Regeln bestünde die Rechtsfolge nicht nur im Entfallen der Geschäftsführungsbefugnis des Vorstands, sondern es wäre zudem auch die von ihm getroffene Maßnahme wegen fehlender Vertretungsmacht im Außenverhältnis als nichtig zu behandeln, da die vom Gesetz der Hauptversammlung zugewiesenen Fälle durchweg auf das Außenverhältnis durchschlagen[422]. Dennoch will die hL auch bei analoger Anwendung dieser Vorschriften auf Holzmüller – Fälle am Prinzip des § 82 I AktG festhalten und kompetenzwidrig vorgenommene Maßnahmen auch ohne Mitwirkung der Hauptversammlung gegenüber Dritten uneingeschränkt wirken lassen[423]. Diese Friktion muss sich auch die von der bisherigen hL befürwortete Gesamtanalogie entgegenhalten lassen und deswegen ist ihr der BGH in Gelatine auch zu Recht nicht gefolgt[424].

---

[420] So aber *Lutter*, FS Stimpel, S. 847 ff.; *Lutter/Leinekugel*, ZIP 1998, 230 ff.; dazu bereits oben, Zweites Kapitel, II, 2,a; anders KK AktG – *Zöllner*, § 119 RN 2.

[421] Diesen Vorteil der Gesamtanalogie erkennt der BGH in Gelatine ausdrücklich an, BGH NZG 2004, 571 ff. (575).

[422] Unstreitig, vgl. etwa MüKo AktG – *Kubis*, § 119 RN 40.

[423] So etwa *Raiser*, KapGesR, § 16 RN 19; *Joost*, ZHR 163 (1999), 164 ff. (184 f.); *Priester*, ZHR 163 (1999), 187 ff. (202); *Groß*, AG 1994, 266 ff. (267); *Sünner*, AG 1983, 169 ff. (170); *Henze*, FS Ulmer, S. 221; Münch.Hdb.GesR IV – *Krieger*, § 69 RN 12; KK AktG – *Koppensteiner*, Vor § 291 RN 22.

[424] Vgl. BGH, NZG 2004, 571 ff. (573 f.). Dort weist der BGH im Rahmen der Auseinandersetzung mit der Herleitung ungeschriebener Hauptversammlungszuständigkeiten ausdrücklich darauf hin, dass

3. Klärung der dogmatischen Grundlage ungeschriebener Mitwirkungsrechte in den Gelatine – Entscheidungen und Überblick über die Reaktionen zu der gewählten Lösung einer offenen Rechtsfortbildung

a) Ungeschriebene Hauptversammlungszuständigkeiten als das Ergebnis einer offenen Rechtsfortbildung

In den Gelatine – Urteilen hat sich der BGH schließlich von seinem ursprünglichen Ansatz, der Herleitung ungeschriebener Hauptversammlungszuständigkeiten über § 119 II AktG, distanziert. Er konzediert seinen Kritikern die mangelnde Eignung des § 119 II Akt. Es sei anzuerkennen, dass der Gesetzgeber keine auch nur indirekte Verpflichtung des Vorstands habe begründen wollen, die Hauptversammlung über die gesetzlich geregelten Fälle hinaus an der Geschäftsführung zu beteiligen[425]. Zugleich bekräftigt der Senat aber, an dem Dogma der bloßen Innenwirkung eines Verstoßes gegen die Vorlagepflicht festzuhalten. Dies hätten die Kritiker der Herleitung über § 119 II AktG nicht hinreichend berücksichtigt, da er mit seinem Ansatz gerade habe verdeutlichen wollen, dass die angenommene Pflicht allein das Innenverhältnis zur Hauptversammlung betreffe und die uneingeschränkte Vertretungsmacht des Vorstands unberührt lasse[426]. Aus diesem Grund hält der BGH alle anderen, oben angesprochenen Begründungsansätze für ungeeignet und verwirft diese. Zugleich bemüht sich der Senat, die bestehende Uneinigkeit dialektisch aufzulösen, indem er sich dafür ausspricht, die „zutreffenden Elemente beider Ansätze, nämlich die bloß das Innenverhältnis betreffende Wirkung einerseits und die Orientierung der in Betracht kommenden Fallgruppen an den gesetzlich festgelegten Mitwirkungsbefugnissen auf der anderen Seite, aufzunehmen und diese besondere Zuständigkeit der Hauptversammlung als das Ergebnis einer offenen Rechtsfortbildung anzusehen“[427].

b) Überblick über die Kritik an der „offenen Rechtsfortbildung“

Stoßen die meisten Passagen der Gelatine – Urteile auf breite Zustimmung[428], so verhalten sich die Stellungnahmen zu den Ausführungen hinsichtlich der dogmatischen

er diesen Aspekt bei der (zuzugestehenden) Kritik an seinem ursprünglichen Holzmüller-Ansatz, nicht hinreichend berücksichtigt findet.

[425] BGH, AG 2004, 384 ff. (387) unter Verweis auf die Entstehungsgeschichte bei *Geßler*, FS Stimpel, S. 771 ff. (773).

[426] BGH, AG 2004, 384 ff. (387); ebenso *Hüffer*, AktG, § 119 RN 18; *ders* .FS Ulmer, S. 279 ff. (284 ff.).

[427] BGH, NJW 2004, 1860 ff. (1863); mit Hinweis auf die Überlegungen *Geßler*, FS Stimpel, S. 771 ff. (777). Dieser also nicht ganz neue Ansatz wurde zuvor bereits auch von *Zimmermann/Pentz*, FS W. Müller, S. 151 ff. (163 ff., 165 f.) vertreten.

[428] Dazu vgl. oben, Zweites Kapitel, I, 4, c.

Herleitung jedoch überwiegend zurückhaltend[429] bis ablehnend[430]. So sei die offene Rechtsfortbildung lediglich Ergebnisbeschreibung[431] und eher als freie Rechtsfortbildung einzuordnen, bei der der Wunsch den Vater des Gedankens darstelle[432].

aa) Überflüssigkeit der Rechtsfortbildung im Hinblick auf den satzungsmäßigen Unternehmensgegenstand und bestehende aktienrechtliche Regelungen

Vor allem wird eingewendet, der BGH gehe von einem Regelungsbedürfnis aus, welches angesichts des geschriebenen Aktienrechts sowie der Gestaltungsmöglichkeiten in der Satzung nicht im Wege einer solchen Rechtsfindung geschlossen werden müsse[433]. Der vom BGH angeführte Schutz der Anteilseigner vor nachhaltiger Schwächung des Beteiligungswertes durch ungeschriebene Hauptversammlungszuständigkeiten etwa könne nicht in Betracht kommen, weil dies der grundsätzlichen Struktur der Aktiengesellschaft widersprechen würde. Der Gesetzgeber habe gerade solche Zuständigkeiten der Hauptversammlung mit den Aktienrechtsreformen 1937 und 1965 zurückdrängen wollen und die Leitungsmacht des Vorstands (§ 76 I AktG) auf wirtschaftlich wichtige oder riskante Entscheidungen erweitern wollen. Ausreichender Aktionärsschutz werde diesbezüglich über den repressiv wirkenden Schadensersatz gem. § 93 II AktG sichergestellt.

Auch die vom BGH konzedierte wohl austarierte Kompetenzverteilung in der Aktiengesellschaft deute darauf hin, dass es nach dem gesetzgeberischen Willen mit den geschriebenen gesetzlichen Zuständigkeitsvorschriften für die Hauptversammlung sein Bewenden haben solle[434]. So sei von einer bewussten Entscheidung des Gesetzgebers auszugehen, da die Hauptversammlung aufgrund ihrer inhomogenen Zusammensetzung nicht geeignet sei, an der Leitung der Aktiengesellschaft mitzuwirken. Dies bringe auch § 119 I AktG zum Ausdruck, wonach Kompetenzen der Hauptversammlung so rechtsklar abzugrenzen seien, wie irgend möglich[435]. Für den wesentlichen Maßstab des BGH - Mediatisierung von Aktionärsrechten - finde sich aber keine Bestimmung des Aktiengesetzes oder lasse sich auch nur mit diesem in Verbindung bringen, indem

[429] Etwa *Reichert*, AG 2005, 150 ff. (152); *Arnold*, ZIP 2005, 1573 ff. (1575); *Götze*, NZG 2004, 585 ff. (587); *Habersack*, AG 2005, 137 ff. (143); unklar *Altmeppen*, ZIP 2004, 999 ff. (1001); ausdrückliche Zustimmung auch zur offenen Herleitung aber bei *Becker/Horn*, JuS 2005, 1067 ff. (1069); *Lenenbach*, WuB II A § 119 AktG 1.04.

[430] *Koppensteiner*, Der Konzern 2005, 381 ff. (384); *Simon*, DStR 2004, 1528 ff. (1529); *Liebscher*, ZGR 2005, 1 ff. (18).

[431] *Liebscher*, ZGR 2005, 1 ff. (20 ff.).

[432] *Koppensteiner*, Der Konzern 2004, 381 ff. (385).

[433] *Simon*, DStR 2004, 1528 ff. (1529).

[434] *Koppensteiner*, Der Konzern 2004, 381 ff. (383), der dazu auf § 293 II AktG hinweist, welcher zeige, dass der Gesetzgeber die Probleme durchaus gesehen habe, die die Konzernbildung für die herrschende Gesellschaft aufwerfen könne, insoweit weitere Regelungen aber nicht für nötig erachtet habe.

[435] *Koppensteiner*, Der Konzern 2004, 381 ff. (383).

sie auf Mediatisierung reagiere[436]. Der Schutzzweck einer gesetzesgleichen Regel müsse aber aus dem Gesetz oder einem nachweisbaren teleologischen Zusammenhang ableitbar sein.

Der Mediatisierungsschutz als maßgebliches Indiz für ungeschriebene Hauptversammlungszuständigkeiten nach dem BGH erfordere insoweit keine offene Rechtsfortbildung[437]. Denn jeder Aktionär, der sich an einer Gesellschaft beteilige, deren Satzung eine Konzernklausel enthalte, wisse, dass das Unternehmensvermögen auch konzerndimensional durch den Vorstand geführt werden könne[438]. Damit sei eine Mediatisierung seiner Mitgliedschaftsrechte bereits in der Satzung selbst angelegt, so dass nicht ersichtlich sei, warum es eines weiteren Schutzes durch Mitsprache bei der Umbildung des Unternehmens bedürfe[439]. Der Mediatisierungsschutz sei also bereits im bestehenden Aktienrecht enthalten. Sofern nämlich die fragliche Geschäftsführungsmaßnahme durch den satzungsmäßigen Unternehmensgegenstand, dessen Bestandteil eben auch die Konzernklausel ist, gedeckt sei, bestehe keine Anschauungslücke. Verletze die Maßnahme hingegen diesen Unternehmensgegenstand, stelle sich ausreichender Aktionärsschutz ein, da solche Geschäftsführungsmaßnahmen, die über den Unternehmensgegenstand hinausgehen, die Vertretungsmacht des Vorstandes unberührt ließen, aber einen satzungsändernden Beschluss der Hauptversammlung mit qualifizierter Mehrheit erforderten; damit stelle sich das gewünschte Ergebnis ein[440]. Folglich lasse der Rückgriff auf den satzungsmäßigen Unternehmensgegenstand die vom BGH unterstellte Anschauungslücke entfallen und die Hauptversammlung habe mithin nur in den gesetzlich angeordneten Fällen zu entscheiden[441]. Eine offene Rechtsfortbildung zur Begründung ungeschriebener Hauptversammlungszuständigkeiten sei dann unnötig, vielmehr sei im Einzelfall durch Auslegung der Satzung und unter Rückgriff auf die Verkehrsauffassung die Voraussetzung für eine Verletzung des Unternehmensgegenstandes zu ermitteln. Dass dabei auf die Hauptversammlungszuständigkeiten weder durch Ausschluss in der Satzung noch aufgrund einer in ihr enthaltenen Konzernklausel verzichtet werden könne, sei keine Begründung, sondern nicht mehr als eine Behauptung[442]. Denn aus der Annahme des Gerichts, dass es in Holzmüller – Fällen um Sachverhalte gehe, die einer Satzungsänderung nahe stünden, lasse sich dann gerade nichts gewinnen, wenn die Satzung eine Konzernklausel enthalte.

---

[436] *Koppensteiner*, Der Konzern 2004, 381 ff. (384).
[437] *Simon*, DStR 2004, 1528 ff. (1529).
[438] *Simon*, DStR 2004, 1528 ff. (1530).
[439] *Simon*, DStR 2004, 1528 ff. (1530).
[440] *Simon*, DStR 2004, 1528 ff. (1530).
[441] *Simon*, DStR 2004, 1528 ff. (1530).
[442] *Koppensteiner*, Der Konzern 2004, 381 ff. (384f.).

bb) Unmöglichkeit einer Diskussion von Einzelheiten auf der Grundlage der offenen Rechtsfortbildung

Die Herleitung ungeschriebener Mitwirkungsbefugnisse wirke zudem wie eine Zufluchtnahme, was angesichts des angenommenen Schutzanliegens auch nicht überrasche[443]. Denn die offene Rechtsfortbildung sei maßgeblich durch voluntative Elemente geprägt, die eine strikt juristische Diskussion von Einzelheiten unmöglich mache[444] und eher als freie Rechtsfortbildung zu charakterisieren sei[445]. Hier sei daher der Wunsch der Vater des Gedankens; der Wunsch nämlich, zu einer Regel zu gelangen, die die Notwendigkeit eines Hauptversammlungsbeschlusses mit qualifizierter Mehrheit beinhalte, die Vertretungsmacht des Vorstands aber gleichzeitig untangiert lasse. Die dazu vom BGH vorgenommene Zusammenführung des Ansatzes aus § 119 II AktG und desjenigen, der eine Analogie zu Vorschriften, die die Mitwirkung der Hauptversammlung bei bestimmten Maßnahmen anordnen, als dogmatisches Fundament ungeschriebener Hauptversammlungszuständigkeiten ansieht, stelle eine untaugliche Kombination zweier Regelungen dar, die jeweils unterschiedliche Aspekte des Verhältnisses von Vorstand und Hauptversammlung ansprechen, von denen jedoch keine die behauptete Rechtsfolge zu produzieren im Stande sei[446]. Insoweit verdeutlichten die Gelatine – Konstellationen, dass der Eintritt eines zusätzlichen Mediatisierungseffektes nur anhand des Einzelfalles beurteilt werden könne[447]. Denn zwischen dem tiefen, an die Notwendigkeit einer Satzungsänderung heranreichenden Eingriff in die Mitgliedsrechte der Aktionäre in das im Anteilseigentum verkörperte Vermögensinteresse einerseits, sowie dem bloßen Vermögenstransfer innerhalb des Unternehmensverbundes wie im Gelatine – Fall andererseits, bestehe doch „eine recht tiefe Kluft“[448], die eher gegen eine weitere Machtverschiebung (Mediatisierung) von Aktionärsrechten spreche.

cc) Überbewertung der Rechtsfolgenseite durch den BGH

Für die gewählte dogmatische Herleitung in „gesetzesüberschreitendem Richterrecht“[449] könne auch nicht sprechen, dass der BGH irrig glaube, nur so die unerwünschte Konsequenz vermeiden zu können, dass die Nichteinholung der Holzmüller – Zustimmung ins Außenverhältnis durchschlägt[450]. Denn zum einen gebe es Verstöße gegen gesetzliche Strukturmaßnahmen, denen anerkanntermaßen keine Außenwirkung

[443] *Koppensteiner*, Der Konzern 2004, 381 ff. (384).
[444] *Koppensteiner*, Der Konzern 2004, 381 ff. (385).
[445] *Koppensteiner*, Der Konzern 2004, 381 ff. (384).
[446] *Koppensteiner*, Der Konzern 2004, 381 ff. (384).
[447] *Koppensteiner*, Der Konzern 2004, 381 ff. (385).
[448] *Koppensteiner*, Der Konzern 2004, 381 ff. (385).
[449] *Liebscher*, ZGR 2005, 1 ff. (21).
[450] *Liebscher*, ZGR 2005, 1 ff. (20f.).

zukomme, etwa faktische Satzungsänderungen[451]. Zum anderen sei, unabhängig von der fehlenden Anwendbarkeit namentlich des § 179a AktG auf die Holzmüller – Fälle, die fehlende Außenwirkung der Holzmüller – Doktrin doch weitgehend anerkannt, sodass der im Hinblick auf den Schutzzweck ungeschriebener Mitwirkungsrechte erforderliche effektive Rechtsschutz durch die Holzmüller – Klage ausreichend gewährleistet werde[452].

Da ferner konzerninterne Maßnahmen einen Gutteil der einschlägigen Sachverhalte darstellten, für die der Grundsatz der unbeschränkten und unbeschränkbaren Vertretungsmacht ohnehin nur in eingeschränktem Maße zur Anwendung gelange[453], sei es im Hinblick auf die vom BGH in Gelatine aufgestellten Schwellenwerte und die betonte Nähe zur Satzungsänderung daher nicht fern liegend, wenn sich hinsichtlich der Holzmüller – Zustimmung die Lehre vom evidenten Missbrauch der Vertretungsmacht auch im Verhältnis zu außenstehenden Dritten durchsetze, so dass die Frage der Vertretungsmacht insgesamt nicht überbewertet werden sollte[454].

dd) Richterrecht als Rechtsgrundlage?

Schließlich überzeuge die Berufung auf eine offene Rechtsfortbildung auch deshalb nicht, weil die Rechtsprechung und das so genannte Richterrecht keine eigene Rechtsquelle darstellten[455]. Die Judikatur sei zwar eine unentbehrliche Rechtserkenntnisquelle, Judikate würden sich aber schon deshalb nicht zu verbindlichem Recht verfestigen, da die Rechtsprechung nicht vor späterer besserer Erkenntnis gefeit sei und auch von tatsächlich gefestigt erscheinenden Rechtsgrundsätzen abrücke, was der Rechtsprechungswandel vom qualifiziert - faktischen Konzern hin zum existenzvernichtenden Eingriff belege[456]. Die Berufung auf richterliche Rechtsfortbildung stelle insoweit allenfalls eine Ergebnisbeschreibung dar, die nicht von der Notwendigkeit entbinde, das Rechtsinstitut der ungeschriebenen Hauptversammlungszuständigkeit auf eine tragfähige juristische Grundlage zu stellen[457]. Dazu sei weder § 119 II AktG noch der nahe liegende § 179 a AktG geeignet, vielmehr müsse in Anlehnung an den Schutzzweck der Holzmüller – Doktrin eine Gesamtanalogie zu all jenen Vorschriften gesucht werden, die Ausfluss des Mitgliedschaftsschutzes seien[458].

---

451 *Liebscher*, ZGR 2005, 1 ff. (20).
452 *Liebscher*, ZGR 2005, 1 ff. (21).
453 Vgl. für Einzelheiten GK AktG – *Habersack*, § 78 RN 18.
454 Vgl. dazu *Altmeppen*, ZIP 2004, 999 ff. (1000 f.); *Habersack*, AG 2005, 137 ff. (142 f.); Emmerich/Habersack – *Habersack*, Vor § 311 RN 48; *Koppensteiner*, Der Konzern 2004, 381 ff. (384).
455 *Liebscher*, ZGR 2005, 1 ff. (21f.).
456 *Liebscher*, ZGR 2005, 1 ff. (22).
457 *Liebscher*, ZGR 2005, 1 ff. (22).
458 *Liebscher*, ZGR 2005, 1 ff. (22); zu dieser dogmatischen Grundlegung vgl. bereits oben, Zweites Kapitel, III, 1, b, ff.

4. Eigene Stellungnahme und Bewertung

Die Aufgabe der Herleitung ungeschriebener Hauptversammlungszuständigkeiten als Folge einer Ermessensschrumpfung nach § 119 II AktG durch den BGH ist zu begrüßen. § 119 II AktG kommt nach seiner ratio legis die Funktion zu, den Vorstand durch das Plazet der Hauptversammlung von einer möglichen Haftung aus § 93 II AktG zu befreien sowie einen Konflikt mit dem Aufsichtsrat zu beenden. Aus dieser Norm einen Schutz des Mitgliedschaftsrechts abzuleiten, ist verfehlt, so dass der BGH zu Recht hiervon abgerückt ist.

Da der BGH den notwendigen Mitgliedschaftsschutz nicht im Wege einer Analogie begründen will bzw. meint, dies nicht zu können, stützt er das Postulat ungeschriebener Zustimmungsvorbehalte kurzerhand auf eine offene Rechtsfortbildung. Dies bleibt zwar im Hinblick auf die knappe und feststellend formulierte Passage des Urteils im methodischen Bemühen zunächst hinter den Erwartungen an eine klärende Grundlagenentscheidung zurück, stellt sich aber bei genauerem Hinsehen weder als unbeholfen noch als unzulässig dar. Gerade die in den verschiedensten Formen immer wieder in die Diskussion gebrachte Analogie erweist sich dabei im Ergebnis keinesfalls als die wesentlich überzeugendere oder systematischere Lösung. Dies gilt nicht nur hinsichtlich der oben aufgezeigten Einwände gegen die verschiedenen Analogien, sondern auch bezüglich der nun vom BGH in den Gelatine – Urteilen so deutlich betonten Rechtsfolgenseite.

Gleichwohl birgt der höchstrichterliche Begründungsansatz auch Schwierigkeiten. Problematisch an der Herleitung ungeschriebener Mitwirkungsrechte als das Ergebnis einer offenen Rechtsfortbildung ist dabei zunächst, dass sich im rechtsmethodischen Schrifttum keine klare Definition dieses Begriffs ausmachen lässt und sich dementsprechend auch keine eindeutigen materiellen Kriterien für die Legitimation der Rechtsfortbildung ermitteln lassen. Für eine Bewertung der offenen Rechtsfortbildung als Grundlage ungeschriebener Mitwirkungsrechte ist daher schrittweise vorzugehen: Zunächst sind die Voraussetzungen und Anforderungen an eine Rechtsfortbildung im Allgemeinen, sowie für die offene Rechtsfortbildung im Besonderen zu beleuchten. In einem zweiten Schritt ist zu fragen, ob und wie diese Maßgaben im Falle ungeschriebener Hauptversammlungskompetenzen nach der Holzmüller – Doktrin auch erfüllt sind.

a) Richterliche Rechtsfortbildung als Fortsetzung der Auslegung

Rechtsfortbildung beschreibt zunächst die den Gerichten und damit den Richtern zugewiesene Verpflichtung zur Präzisierung (Verdeutlichung) und Fortbildung des Rechts, welche nicht zuletzt aus dem Verbot der Rechtsverweigerung folgt[459]. Erfolgt damit die tatsächliche Wahrnehmung dieser Aufgabe durch die Gerichte im Wege der

[459] *Pawlowski*, Methodenlehre, S. 207. Zur Frage der Bindungswirkung solcher Präjudizien vgl. *Bydlinski*, Methodenlehre, S. 139.

Präjudizienbildung, so sind diese freilich hierbei nicht auf sich allein gestellt, sondern werden unterstützt von der gesamten Rechtsorganisation, namentlich Gesetzgeber, Richter, Verwaltung und Rechtswissenschaft. Ihnen allen kommt die Aufgabe zu, das Recht dem Wandel und dem Fortschritt der Verhältnisse und Erkenntnisse im Rahmen ihrer jeweiligen Zuständigkeit und Kompetenz anzupassen[460]. Um aber überhaupt unter der Geltung des Art. 20 III GG rechtsfortbildend tätig sein zu können und eine Rechtsfortbildung legitimieren zu können, muss zunächst eine Lücke im bestehenden Gesetzeswerk ausgemacht werden. Dabei sind allerdings weder die Anforderungen an eine solche Gesetzeslücke noch die unterschiedlichen Arten von Gesetzeslücken in der juristischen Methodenlehre abschließend geklärt[461]. Im Rahmen dieser Untersuchung soll jedoch bei der Gesetzeslücke kein Schwerpunkt liegen. Vielmehr kann insoweit zum einen auf die Ausführungen zur abstrakten Eingrenzung holzmüllerpflichtiger Maßnahmen verwiesen werden, bei der die Anerkennung einer Schutzlücke im Zusammenhang mit „modern fundamental changes" als Wesensmerkmal ungeschriebener Mitwirkung erkannt wurde, zum anderen kann letztlich auch mit Blick auf die Erläuterungen des BGH in Holzmüller und Gelatine[462], denen sich weite Teile der Literatur[463] angeschlossen haben, davon ausgegangen werden, dass im geltenden Aktienrecht in Bezug auf den Schutz der Aktionäre vor Mediatisierung ihrer Herrschaftsrechte eine entsprechende Gesetzeslücke vorliegt.

Nimmt man dies an, so kann die diagnostizierte Gesetzeslücke nach den anerkannten Regeln der Methodenlehre geschlossen werden. Eine solche Lückenschließung geht als Rechtsfortbildung über den üblichen Prozess der Gesetzesanwendung hinaus, der, angesichts der festgestellten Gesetzeslücke, hier allein eben nicht zum Ergebnis führt. Auf der ersten Stufe einer solchen Lückenfüllung ist nach den Grundsätzen der Methodenlehre dann zunächst das einschlägige Gesetzeswerk auszulegen. Die Auslegung von Gesetzen i.e.S. stellt sich als ein Tun dar, durch das sich der Auslegende den Sinn des Gesetzestextes, der ihm problematisch geworden ist, immer wieder erneut zum Verständnis bringt[464]. Doch erschöpft sich richterliche Rechtsfortbildung nicht in der bloßen Auslegung von Normen, denn es ist anerkannt, dass diese ihre Grenze immer im „möglichen Wortsinn der Norm" erreicht. Folglich kann eine solche Auslegung i.e.S. nicht immer zum Ziel führen, sondern es braucht zusätzliche methodische Wege zur Lückenschließung. Als solche stellen sich die Aufnahme sowie die Ausbildung neuer Rechtsgedanken, die im Gesetz selbst allenfalls eine Andeutung erfahren haben, dar. Ihre Realisierung durch die Rechtsprechung geht daher über den ursprünglichen Plan des Gesetzgebers hinaus und modifiziert ihn mehr oder weniger stark[465]. Eine solche bewusste Rechtsfortbildung über die Wortsinngrenze der engen Auslegung hinaus, die sich aber noch im Rahmen des ursprünglichen Plans und der Teleolo-

[460] *Pawlowski*, Methodenlehre, S. 210.

[461] Vgl. zum Ganzen *Bydlinski*, Methodenlehre, S. 472 ff.; *Pawlowski*, Methodenlehre, S. 210; *Larenz/Canaris*, Methodenlehre, S. 192.

[462] Dazu ausführlich oben. Zweites Kapitel, I, 4, a und b.

[463] Vgl. dazu den Überblick oben, Zweites Kapitel, I, 4, c.

[464] *Larenz/Canaris*, Methodenlehre, S. 17 ff.

[465] *Larenz/Canaris*, Methodenlehre, S. 187.

gie des Gesetzes selbst befindet, ist daher Lückenfüllung durch gesetzesimmanente Rechtsfortbildung als zweite Stufe des hier zu skizzierenden Rechtsfortbildungsprozesses. Als Mittel dieser Rechtsfindung praeter legem kommen namentlich die Bildung von Einzel- oder Gesamtanalogien, der Rückgang auf ein dem Gesetz immanentes Prinzip, die teleologische Reduktion und Extension sowie die teleologisch begründete Gesetzeskorrektur in Betracht[466]. Darüber hinaus ist auf dritter Stufe richterliche Rechtsfortbildung als gesetzesübersteigende Rechtsfortbildung möglich (extra legem)[467]. Dabei wird eine konkrete Rechtsfrage, die weder im Wege einfacher Gesetzesauslegung, noch durch gesetzesimmanente Rechtsfortbildung angemessen und adäquat gelöst werden kann, innerhalb des Rahmens und der leitenden Prinzipien der Gesamtrechtsordnung beantwortet[468]. Die zu schließende Gesetzeslücke muss hier wegen des Fehlens einer rechtlichen Regelung gemessen am Plan des Gesetzes, auch gemessen an den Erfordernissen der Gesamtrechtsordnung, als behebungsbedürftige Unvollständigkeit erscheinen[469]. Dies bedeutet nun zum einen, dass sie nicht mit dem einschlägigen Gesetzeswerk völlig unvereinbar sein darf (contra legem), denn die Lückenfüllung ist nach dem Plan des Gesetzes zwar nicht erforderlich, darf ihr aber bei objektiv – gegenwärtigem Verständnis der Regelungen auch nicht widersprechen. Zum anderen muss diese Form der Lückenausfüllung durch spezifisch rechtliche, aber eben nicht notwendigerweise gesetzliche Kriterien, insbesondere durch allgemeine Rechtsprinzipien oder -werte legitimiert werden. Es muss also nicht nur aufgrund des Fehlens einschlägiger Regelungen das Gesetz fortgebildet werden, sondern das Vorliegen einer ergänzungsbedürftigen Unvollständigkeit ist vielmehr positiv zu begründen, d.h. mit überzeugenden rechtlichen Argumenten darzutun[470]. Eine solche echte Unvollständigkeit des Gesetzes, deren Annahme einer besonderen Begründung aus der Gesamtrechtsordnung heraus bedarf, stellt sich daher als qualitativ wesentlich anders dar, als das bloße Fehlen einer gesetzlichen Regelung für einen Sachverhalt[471].

Auch wenn die Methodenlehre gemeinhin zwischen den genannten Stufen der Rechtsfortbildung trennt, bilden diese gleichwohl ein einheitliches gedankliches Verfahren, das keiner exakten Grenzziehung zugänglich ist[472]. Dies zeigt sich schon daran, dass bereits die erstmalige Auslegung einer Bestimmung durch ein Gericht eine Rechtsfortbildung darstellt, wenn sie eine, unter mehreren dem Wortsinn nach möglichen Bedeutungen, als zutreffende kennzeichnet und so Ungewissheiten beseitigt[473]. Voraussetzung für eine solche Rechtsfortbildung ist stets, dass der Auslegende das

[466] Näher zum Ganzen *Larenz/Canaris*, Methodenlehre, S. 245. Für Einzelheiten zu den genannten Mitteln der Rechtsfortbildung *Pawlowski*, Methodenlehre, S. 207 ff.; *Engisch*, Einführung, S. 106 ff.
[467] *Larenz/Canaris*, Methodenlehre, S. 245.
[468] *Larenz/Canaris*, Methodenlehre, S. 187.
[469] Dazu eingehend *Bydlinski*, Methodenlehre, S. 481 ff.
[470] *Larenz/Canaris*, Methodenlehre, S. 246.
[471] *Larenz/Canaris*, Methodenlehre, S. 246; *Bydlinski*, Methodenlehre, S. 485 f.
[472] *Pawlowski*, Methodenlehre, S. 225; *Larenz/Canaris*, Methodenlehre, S. 188. Ausführlich zu Abgrenzungsfragen *Bydlinski*, Methodenlehre, S. 469 f.
[473] *Larenz/Canaris*, Methodenlehre, S. 188; umfassend zur Auslegung *Bydlinski*, Methodenlehre, S. 428 ff. (442 f.); *Engisch*, Einführung, S. 106 ff.

Gesetz seinerseits auch richtig versteht[474]. Daraus folgt, dass bereits jede Auslegung eine eigene schöpferische Leistung des Auslegenden beinhaltet, der freilich bei einer über diese Auslegung hinausgehenden bewussten Rechtsfortbildung eine wesentlich größere Bedeutung zukommt. Für die Unterschiede zwischen den einzelnen Rechtsfortbildungsstufen bedeutet dies, dass es allein Unterschiede gradueller Art sind. Die Auslegung einer Norm oder eines Regelungskomplexes setzt sich daher bruchlos in der Lückenfüllung als Bestandteil „einer dem Subjekt auch als solcher bewussten, in diesem Sinne offenen Rechtsfortbildung fort“[475]. Maßgaben und Leitlinien einer solchen offenen Lückenfüllung extra legem sind daher neben der Regelungsabsicht und dem vom Gesetzgeber verfolgten Zweck des Gesetzes auch diejenigen objektiv – teleologischen Kriterien, auf die auch für die Auslegung zurückgegriffen wird[476].

b) Ungeschriebene Hauptversammlungszuständigkeiten als notwendiges und konsequentes Ergebnis aus dem organisatorischen Grundkonzept des geltenden Aktienrechts

Die Herleitung ungeschriebener Zuständigkeiten der Hauptversammlung der Aktiengesellschaft als Ergebnis einer offenen Rechtsfortbildung müsste nun diesen soeben skizzierten Grundsätzen einer Rechtsfortbildung entsprechen. Die Regelungslücke in Bezug auf den Mediatisierungsschutz müsste also unter Berücksichtigung des Regelungszwecks des Aktiengesetzes, seiner Systematik und Wertungen durch die Einführung ungeschriebener Zuständigkeiten der Hauptversammlung richtig geschlossen worden sein. Ungeschriebene Hauptversammlungszuständigkeiten dürften also nicht contra legem sein, sondern müssten sich vielmehr praeter oder extra legem in die Gesetzessystematik einfügen bzw. sich aus dieser ergeben und nach dem Plan des Gesetzes eigentlich geregelt sein. Dazu ist das organisationsrechtliche Grundkonzept des Aktiengesetzes hinsichtlich der bestehenden Hauptversammlungskompetenzen zu analysieren und sodann zu untersuchen, wie und ob ungeschriebene Zuständigkeiten sich in dieses einfügen lassen.

aa) Die Machtverteilung zwischen Vorstand und Hauptversammlung

Ausgangspunkt der Betrachtung ist die für die Innenverfassung der Aktiengesellschaft charakteristische bipolare Macht- und Aufgabentrennung[477]. Danach ist der Vorstand gem §§ 76 I, 82 I AktG das Zentrum unternehmerischer Leitungsmacht, denn nach

---

[474] *Larenz/Canaris*, Methodenlehre, S. 188 weisen zutreffend darauf hin, dass „der Text nur zu dem spricht, der ihn richtig liest und seine Sprache versteht“.

[475] *Larenz/Canaris*, Methodenlehre, S. 188; *Esser*, Grundsatz und Norm, S. 255; *Zweigert*, Studium Generale, 380 ff. (385); *Wieacker*, Gesetz und Richterkunst, S. 6 f.; *Engisch*, Einführung, S. 200 f.; *Kirchhof*, NJW 1986, 2275 ff.

[476] Eingehend zu den Kriterien der Auslegung *Bydlinski*, Methodenlehre, S. 453 ff.

[477] Vgl. dazu eingehend das Erste Kapitel.

geltendem Recht leitet er die Gesellschaft unter eigener Verantwortung, d.h. unabhängig von den Organen Aufsichtsrat und Hauptversammlung, und ist somit das Führungsorgan des Unternehmens[478]. Die Hauptversammlung erscheint demgegenüber gem §§ 23 III, 179 I AktG als Herrin der Satzung. Sie entscheidet über einen Katalog gesetzlich aufgezählter Maßnahmen und kann über Geschäftsführungsfragen nur entscheiden, wenn der Vorstand es verlangt (§§ 119 II, 111 IV S. 3 AktG).

Diese Machtverteilung bedeutet für eine Charakterisierung der Binnenorganisation der Aktiengesellschaft zunächst einen Vorsprung der in der Hauptversammlung vertretenen Anteilseigner. Denn diese legen mit dem Unternehmensgegenstand und weiteren Satzungsbestandteilen überhaupt erst den Geschäfts- und Wirkungsrahmen fest, den der Vorstand dann in eigener Verantwortung ausfüllen darf. Insoweit markiert der Unternehmensgegenstand den „kleinsten gemeinsamen Nenner"[479] der beiden Machtzentren und zugleich die Grenze des autonomen Vorstandshandelns[480]. Es liegt also zunächst bei der Hauptversammlung, die konkreten Inhalte der Unternehmenstätigkeit sowie die Organisationsform der Gesellschaft (unitarisch, konzerndimensional oder reine Holding) mehr oder weniger präzise vorzugeben, denn je präziser die Vorgabe in der Satzung, desto geringer ist der Handlungsspielraum des Vorstands nach § 76 I AktG[481]. Doch bleiben solche satzungsmäßigen Vorgaben notwendigerweise immer unvollkommen. Denn es ist schlechterdings nicht zu leisten, dass etwa die Gründergesellschafter alle denkbaren Konstellationen in der Entwicklung eines Unternehmens vorhersehen und es wird in der Rechtspraxis wohl regelmäßig auch aus Kostengründen nicht möglich sein, sämtliche Eventualitäten in der Satzung zu berücksichtigen[482]. Diese Unmöglichkeit begründet ein strukturelles Steuerungsdefizit der Hauptversammlung eben nicht nur im Geschäftsführungsbereich, sondern gerade auch im Bereich der eigentlich der Hauptversammlung zugewiesenen Grundfragen der Unternehmensverfassung, welche Holzmüller - Konstellationen berühren. Ob nun aber angesichts einer solchen mitgliedschaftsrechtlich relevanten Maßnahme, die bei formaler Betrachtung dem Geschäftsführungsbereich entstammt und damit in die Zuständigkeit des Vorstands fällt, dieses Defizit durch ungeschriebene Hauptversammlungszuständigkeiten auszugleichen ist, kann nur unter Rückbesinnung auf die im AktG angelegte Basiszuständigkeit sowie nach den Wertungen des gesetzlichen Modells beantwortet werden.

---

[478] *Raiser*, KapGesR, § 13 RN 10.
[479] MüKo AktG – *Kubis*, § 119 RN 41.
[480] Vgl. MüKo AktG – Pentz, § 23 RN 78; Hüffer, AktG, § 23 RN 21; Münch.Hdb.GesR IV – Wiesner, § 9 RN 15; Mertens, AG 1978, 308 ff. (311); Rehbinder, ZGR 1983, 92 ff (96 f.).
[481] Eingehend *Schön*, ZGR 1996, 429 ff. (436 ff.); GK AktG – *Röhricht*, § 23 RN 84.
[482] *Fleischer*, NJW 2004, 2335 ff. (2337).

bb) Kategorien geschriebener Hauptversammlungsmitwirkung

Die aktienrechtlich determinierten Zuständigkeiten der Aktionärsversammlung lassen sich bei generalisierender Betrachtung in drei, sich z.T. überschneidende, Kategorien gesetzlich normierter Mitwirkungsrechte einteilen[483]. Gewissermaßen klassisch und bereits mehrfach angedeutet ist die Kompetenz der Hauptversammlung in Fragen der Veränderung der rechtlichen Struktur der Gesellschaft nach §§ 179, 182 I, II, 192, 193, 202 I, II, 207 II, 222 I, II, 229 III, 237 II, IV, 293 I, 295, 319 I, 320 I AktG; § 13 UmwG mit den jeweils hierauf verweisenden Bestimmungen. Dies beinhaltet neben der Befugnis zu sonstigen Satzungsänderungen, insbesondere die Zuständigkeit der Hauptversammlung zur Bestimmung des Unternehmensgegenstandes, dessen Änderung nur mit qualifizierter Kapitalmehrheit vorgesehen werden kann (§179 II S. 2 AktG), was die besondere Bedeutung dieser Maßnahme unterstreicht. In einen zweiten Zuständigkeitsbereich können solche Maßnahmen eingeteilt werden, die bedeutende wirtschaftliche Auswirkungen auf die Gesellschaft und dadurch mittelbar auch auf die Aktionäre haben, so etwa die Maßnahmen nach § 179a AktG und §§ 293 II, 319 II, 320 II AktG[484]. Als dritte Kategorie, die einen mit der Zuständigkeit für Grundlagenänderungen überschneidenden Bereich bildet, unterliegen solche Maßnahmen einer Hauptversammlungszuständigkeit, die eine Verwässerung der Einfluss- und Vermögensrechte der Aktionäre bedeuten, namentlich §§ 182 I, II, 192, 202 I, II, 221 I AktG[485]. Zu beachten ist, dass die Zustimmung der Hauptversammlung zu den jeweiligen Maßnahmen nicht nur überhaupt zu erfolgen hat, sondern die fragliche Zustimmung immer auch Wirksamkeitsvoraussetzung für die entsprechende Maßnahme des Vorstands ist. Dies unterstreicht einmal mehr die oben erwähnte gesetzgeberische Absicht, zum Schutz des Rechtsverkehrs den mit Außenwirkung versehenen Bestimmungen klar umrissene Tatbestände zugrunde zu legen[486].

cc) Folgerungen aus dieser Kategorisierung für Holzmüller - Fälle

Die Differenzierung der Kompetenzbereiche verdeutlicht die Zuständigkeiten der Hauptversammlung für einzelne Eingriffe in die rechtliche Struktur der Gesellschaft, bedeutende wirtschaftliche Maßnahmen und solche Maßnahmen, die sich auf die Einfluss- und Vermögensrechte der Aktionäre auswirken können. Bereits zur abstrakten Umgrenzung eines Kerngehalts der Holzmüller – Doktrin wurde versucht, aus dem entstehungsgeschichtlichen Entwicklungsprozess der Hauptversammlung für diese

[483] Diese Einteilung nehmen *Zimmermann/Pentz*, FS W. Müller, S. 151 ff. (161) vor.
[484] Gesetzliche Fälle der Vertragskonzernierung.
[485] Formen von Kapitalmaßnahmen, namentlich reguläre, bedingte und genehmigte Kapitalerhöhung, sowie die Ausgabe von Wandel- und Gewinnschuldverschreibungen.
[486] Dazu siehe auch oben, Zweites Kapitel, III, 2, c. Ferner *Zimmermann/Pentz*, FS W. Müller, S. 151 ff. (162), die darauf hinweisen, dass es den Bedürfnissen des Rechtsverkehrs nach Rechtssicherheit und Rechtsklarheit widerspräche, wenn die Vertretungsmacht des Vorstands allgemein von der Bedeutung und dem Umfang einer konkreten Maßnahme für ihre wirksame Durchführung abhängig wäre.

Arbeit Argumente zu gewinnen. Dort wurde bereits auf die tief greifenden Machtverschiebungen zwischen den Gesellschaftsorganen durch das AktG 1937 hingewiesen, die zu einer „Enttrohnung“[487] der Hauptversammlung führten. Insbesondere die Rückführung der Weisungskompetenz der Hauptversammlung im Gegensatz zum gleichzeitigen Kompetenzzuwachs des Vorstands, der seinen deutlichsten Ausdruck in der damaligen Spitzenvorschrift des § 70 I AktG 1937 fand, macht dies deutlich. Diese Kompetenzstruktur wurde weder in der großen Aktienrechtsreform 1965, noch in den verschiedenen kleineren Novellen aus jüngerer Zeit abgeändert oder relativiert, sondern eher im Gegenteil hat der Gesetzgeber mehr und mehr mit seiner strengen Funktionenteilung und Gewaltentrennung[488] zwischen den Gesellschaftsorganen ganz bewusst auf das Effizienzpotenzial einer professionellen Führung, aber auch die damit einhergehende Diskrepanz zwischen wirtschaftlichen Eigentümern und tatsächlich Verfügungsberechtigten, hingewirkt[489]. Angesichts dieses Kompetenzgefüges steht daher fest, dass Hauptversammlungszuständigkeiten überhaupt nur in engen, hier den gesetzlichen, Grenzen in Betracht kommen können; für darüber hinausgehende ungeschriebene Zuständigkeiten muss dann gelten, dass diese jedenfalls die von diesen engen Grenzen ausgehenden Wertungen berücksichtigen müssen, mithin einen spezifische Aktionärsinteressen berührenden Eingriff von erheblicher Intensität erfordern.

Für die Holzmüller – Fälle wurde im Rahmen der Schutzzweckanalyse ungeschriebener Mitwirkungsrechte gezeigt, dass es eine Reihe moderner Grundlagenentscheidungen gibt, die, ohne eine gesetzliche Regelung erfahren zu haben, wesentlich in die mitgliedschaftliche Rechtsstellung der Aktionäre eingreifen und sie marginalisieren. Diese Vorgänge sind dem Gesetz jedoch unbekannt, weil ihm, wie der Katalog des § 119 I AktG verdeutlicht, das Bild des Einheitsunternehmens zu Grunde liegt. Deshalb kann, und angesichts der grundsätzlich strikt getrennten Aufgabenteilung zwischen den Organen ist dies nicht selbstverständlich, gerade nicht davon ausgegangen werden, dass derartige Maßnahmen nach den gesetzlichen Vorgaben als der Geschäftsführungskompetenz des Vorstands unterstellt angesehen werden müssen. Vielmehr spricht angesichts der Bedeutung der Holzmüller - Maßnahme, neben einer Regelungsbedürftigkeit solcher moderner Grundlagenentscheidungen überhaupt, Vieles für eine gewisse „Grundzuständigkeit“ (i.S. einer hauptversammlungsbedürftigen Entscheidung) der Hauptversammlung. Dies zum einen vor dem Hintergrund der Treuhänderstellung des Vorstands[490], aber auch aus der Qualifikation einer Holzmüller - Maßnahme als Anlageentscheidung[491] für den Einzelaktionär. Denn für die Bestimmung von Aktionärsrechten kann es keinen Unterschied darstellen, ob der Vorstand diese wie in den

[487] *Schlegelberger*, Erneuerung, S 28; kritisch dazu *v. Rechenberg*, Hauptversammlung, S. 162.
[488] Vgl. dazu eingehend *Servatius*, Strukturmaßnahmen, S. 183 ff. (196 ff.).
[489] Vgl. *Fleischer*, NJW 2004, 2335 ff. (2338).
[490] Der Vorstand ist insoweit nämlich immer auch Verwalter fremden Vermögens und in seiner Geschäftsführungsbefugnis jedenfalls gebunden an den von der Hauptversammlung bestimmten Unternehmensgegenstand, dem insoweit eine, wenn auch begrenzte, Bindungswirkung hinsichtlich des zulässigen Einsatzes des von den Aktionären investierten Kapitals zukommt, vgl. jetzt BGH, NZG 2004, 571 ff. (573) (Gelatine); zuvor bereits *Zimmermann/Pentz*, FS W. Müller, S. 151 ff. (163).
[491] Dazu auch oben, Zweites Kapitel, II, 7, d.

Holzmüller – Fällen auf tatsächlichem Wege, oder, wie in den genannten gesetzlichen Fällen, auf rechtlichem Wege beeinträchtigt. Dem Vorstand für die ungeregelten, aber ebenfalls massiv beeinträchtigenden Holzmüller – Maßnahmen uneingeschränkte Freiheit hinsichtlich der Frage einzuräumen, wie er mit dem von den Aktionären investierten und im Eigentum der ihnen als wirtschaftliche Eigentümer gehörenden Gesellschaft befindlichen Vermögen verfährt, scheint aber im aufgezeigten Kontext der bestehenden Hauptversammlungskompetenzen weder vom Gesetzgeber gewollt, noch bei wertender Betrachtung des gesamten Regelungsplans hinnehmbar.

Hieraus folgt aber auch, dass nicht jede wirtschaftliche Maßnahme von einigem Gewicht zum Gegenstand eines Hauptversammlungsbeschlusses zu machen ist. Besondere Beachtung verdient hier insoweit das Anliegen des Gesetzgebers, aus Verkehrsschutzgründen einen Hauptversammlungsbeschluss mit Außenwirkung nur für wenige und klar umrissene Fälle vorzusehen. Gerade deshalb bestehen Bedenken, geschriebene Hauptversammlungszuständigkeiten auf Holzmüller – Fälle analog anzuwenden[492]. Die notwendige Vergleichbarkeit der gesetzlich geregelten Gestaltung mit dem ungeregelten Fall in wertungsmäßiger Hinsicht liegt nicht vor, weil die mit einer Analogie zwangsläufig verbundene Außenwirkung entgegen der gesetzgeberischen Intention zur Rechtsunsicherheit führt und ihr daher angesichts der eindeutigen gegenwärtigen Rechtslage widerspricht[493]. Dies zeigt sich auch bei einer Abwägung dieser den Gesetzgeber leitenden Interessen auf die ungeschriebenen Holzmüller – Konstellationen. Gerade im rechtlichen Halbdunkel der Holzmüller – Fälle wäre es für den Rechtsverkehr eine unzumutbare Härte, wenn die Frage der Wirksamkeit des Vorstandshandelns von den jeweiligen Verhältnissen abhängig wäre. Insoweit erscheint es daher im Hinblick auf § 76 AktG eher zumutbar, das Prinzip der Aktionärszuständigkeit in besonders wesentlichen Angelegenheiten, für Holzmüller – Fälle hinter dem Prinzip des Verkehrsschutzes zurücktreten zu lassen.

Diese Abwägung bildet den entscheidenden Bestandteil der offenen Rechtsfortbildung zwischen ausschließlicher Geschäftsführungsbefugnis des Vorstands einerseits, und gesetzlich geregelten Fällen der Hauptversammlungszuständigkeit in Angelegenheiten von grundsätzlicher Bedeutung andererseits. Die in Holzmüller - Sachverhalten diagnostizierte Gesetzeslücke wird unter Wahrung der gegenläufigen gesetzlichen Wertungsvorgaben (notwendiger Aktionärsschutz bei besonders wichtigen Entscheidungen durch Beteiligung der Hauptversammlung versus Verkehrsschutz) geschlossen. Denn stellt die Verwässerung mitgliedschaftlicher Rechte der Aktionäre das zuständigkeitsbegründende Merkmal dar, weil angesichts der Kompetenznormanalyse gerade hier durch moderne Grundlagenentscheidungen Gefahren für die Aktionäre drohen, dann erfordert dies anhand oben aufgezeigter vergleichbarer Zuständigkeiten eine Mitwirkung der Hauptversammlung. Demgegenüber verlangt der Verkehrsschutz

---

[492] Vgl. BGH, NZG 2004, 571 ff. (573 f.); ausführlich oben, Zweites Kapitel, III, 2.

[493] Anders *Fleischer*, NJW 2004, 2335 ff. (2337), der als Teilanalogie eine vollständige Übernahme der Referenzvorschriften für nicht notwendig hält, sondern in einzelnen Punkten Anpassungen für zulässig erachtet. Danach wäre die Rechtsgrundlage einer Holzmüller – Kompetenz in einer „teilweisen Gesamtanalogie" zu gesetzlich normierten Strukturentscheidungen zu sehen.

„klare Verhältnisse" in Bezug auf die Vertretungsmacht des Vorstands dem dadurch genüge getan wird, dass der Vorstand nach außen weiter wirksam handeln kann.

Insgesamt können ungeschriebene Hauptversammlungszuständigkeiten in Holzmüller – Fällen damit als Resultat einer gesetzesübersteigenden und durchaus offenen Rechtsfortbildung betrachtet werden, welche sich als ein über das Aktiengesetz hinausgehendes, aber doch aus ihm entwickeltes systematisches Ergebnis erweisen. Sie sind konzipiert für moderne Grundlagenentscheidungen und stellen sich in diesem Zusammenhang als ein notwendiges und methodisch konsequentes Ergebnis dar, welches sich in das organisatorische Grundkonzept des geltenden Aktienrechts bruchlos einfügt.

Nach allem kann dem neuen Lösungsvorschlag des BGH in der Sache nicht vorgeworfen werden, er sei allein aus Billigkeitserwägungen und Einzelfallgerechtigkeit zu erklären. Die vorstehende Untersuchung hat verdeutlicht, dass die Herleitung ungeschriebener Mitwirkungsrechte aus einer offenen Rechtsfortbildung jedenfalls dem organisatorischen Grundkonzept des geltenden Aktienrechts entspricht und sich aus diesem auch methodisch zulässig ableiten lässt.

IV. Grenzen ungeschriebener Hauptversammlungsmitwirkung nach der Holzmüller - Doktrin

Für die Praxis stellt insbesondere die Frage, unter welchen konkreten Voraussetzungen eine ungeschriebene Mitwirkung der Hauptversammlung zu erfolgen hat, einen Schwerpunkt der Diskussion dar. Denn eine Folge der durch das Holzmüller – Urteil bewirkten Rechtsunsicherheit bestand darin, dass mangels klarer Grenzen immer mehr Geschäftsführungsmaßnahmen rein vorsorglich der Hauptversammlung vorgelegt wurden, da es den beteiligten Organen an handhabbaren Anhaltspunkten dafür fehlte, ob die konkrete Maßnahme einen Holzmüller – Fall darstellt oder nicht.

Hinsichtlich dieser Grenzen[494] der Holzmüller – Doktrin wird gemeinhin zwischen quantitativen und qualitativen Kriterien unterschieden. Die Begründung dafür liegt maßgeblich in dem mitgliedschaftsbezogenen Schutzzweck der Holzmüller – Doktrin[495]. Das betroffen Sein des Mitgliedschaftsrechts überhaupt erfordert wesensnotwendig eine gewisse Erheblichkeit der Maßnahme in qualitativer Hinsicht, doch können auch quantitative Werte dabei nicht ohne Bedeutung bleiben. Denn die Aktiengesellschaft ist ein unternehmerisch handelnder Verband, dessen Vorstand zur Maximierung von Ertrag und Substanz verpflichtet ist. In der modernen globalisierten Wirtschaftswelt gibt es zahlreiche Geschäftsführungsmaßnahmen, denen in qualitativer Hinsicht fraglos eine wesentliche Bedeutung zukommt und die daher für sich genommen eine ungeschriebene Mitwirkung rechtfertigen würden. Doch würde dies entgegen der gesetzgeberischen Intention die Verdrängung der eigenverantwortlichen Leitung

[494] In diesem Zusammenhang werden die Begriffe Schwellenwerte, Eingriffsvoraussetzungen oder Aufgreifkriterien synonym verwandt.

[495] Dazu siehe oben, Zweites Kapitel, II, 3 und 5.

der Geschäfte durch den Vorstand (§ 76 AktG) forcieren und unternehmerisches Handeln und unternehmerische Verantwortung auf die Hauptversammlung übertragen. Daher ist es notwendig, auch nach quantitativen Voraussetzungen für eine Holzmüller – Mitwirkung zu fragen, die der fraglichen Geschäftsführungsmaßnahme ein solches Gewicht verleiht, dass sie über gewöhnliche ökonomische Interessen hinausgeht und als Eingriff in die mitgliedschaftliche Rechtsstellung des Aktionärs qualifiziert werden kann.

1. Quantitative Kriterien

a) Überblick über den Meinungsstand

Bei den quantitativen Kriterien geht es darum, in welchem Verhältnis das von der Geschäftsführungsmaßnahme betroffene Unternehmensvermögen zum Gesamtvermögen stehen muss, also um die wirtschaftliche Bedeutsamkeit der umstrittenen Maßnahme[496]. In der Folge des Holzmüller – Urteils war in Wissenschaft und Praxis völlig ungeklärt, welche Schwellenwerte hier in Ansatz zu bringen sind. Teilweise wurde vertreten, dass es bei solchen Schwellenwerten angesichts des in den Vorschriften der §§ 123 III, 125, 13 UmwG anerkannten Schutzbedürfnisses der Anteilseigner des sich spaltenden Rechtsträgers, nur noch um die Herausbildung von Ausnahmetatbeständen und damit eines Bagatellvorbehaltes gehe[497]. Eine Hauptversammlungsmitwirkung wäre danach nur dann entbehrlich, wenn sich der Unternehmenswert der Untergesellschaft, bzw. bei Beteiligung Dritter der Wert der erworbenen Beteiligung, auf weniger als 10 % des Gesamtwerts des Konzerns belaufe[498]. Mehrheitlich wurde hingegen in Übereinstimmung mit weiten Teilen der Instanzrechtsprechung[499] das Zustimmungserfordernis nicht erst dann als gegeben angesehen, wenn ein solcher Bagatellvorbehalt überschritten wird, sondern umgekehrt, ein wesentlicher Teil des Gesellschaftsvermögens betroffen ist, wobei ein bunter Strauß von Aufgreifkriterien und darauf bezogenen Prozentzahlen vertreten wird. Im Hinblick auf die hier zunächst interessierenden Aufgreifkriterien finden sich neben obiger Bagatellgrenze drei weitere Meinungsgruppen. Einige sehen diese Voraussetzung bei 25 % – 33 % als erfüllt an[500], andere halten

---

[496] Vgl. *Götze*, NZG 2004, 585 ff. (587).

[497] Dazu eingehend *Lutter*, FS Stimpel, S. 825 ff. (846 ff.); *Mecke*, Konzernstruktur, S. 185 ff.; *Wahlers*, Konzernbildungskontrolle, S. 203 ff.; *Mülbert*, Aktiengesellschaft, S. 436 f.; *Seydel*, Konzernbildungskontrolle, S. 433 ff.; ferner LG Frankfurt/M., NZG 1998, 113 ff. (115).

[498] Statt Vieler *Lutter*, FS Westermann, S. 347 ff. (365).

[499] Zu der in der Folge des Holzmüller – Urteils in der Rechtsprechung bestehenden Unsicherheit vgl. oben Zweites Kapitel, I, 3, a. Hier finden sich schwankende Schwellenwerte zwischen 10 % und 60 % des Grundkapitals.

[500] Münch.Hdb.GesR IV – *Krieger*, § 69 RN 8; *Liebscher*, Konzernbildungskontrolle, S. 89; *Lutter*, FS Stimpel, S. 825 ff. (850); *Mecke*, Konzernstruktur, S. 191 ff.; *Raiser*, KapGesR, § 16 RN 14.

einen Wertanteil von 50 % für maßgeblich[501] und schließlich stellen einige darauf ab, dass der ganz überwiegende Wert des Unternehmens betroffen ist[502]. Die Begründung der jeweils genannten Werte steht dabei zumeist im Zusammenhang mit der von ihrem Vertreter zu Grunde gelegten dogmatischen Fundierung der Holzmüller – Zustimmung[503]. In der jüngeren Literatur besteht dennoch insoweit Einigkeit, dass unabhängig von der dogmatischen Herleitung ungeschriebener Mitwirkungsrechte die Schwellenwerte nach einer auf den Einzelfall abstellenden Wertung zu ermitteln seien, da sich eine schematische Lösung verbiete[504]. Insgesamt hat sich jedoch eine hM in Bezug auf den quantitativen Wert nicht herausgebildet, lediglich bei reinen Holding – Gesellschaften wird regelmäßig im Hinblick auf deren Unternehmensgegenstand ein hoher Schwellenwert (um die 70 %) für ungeschriebene Holzmüller – Mitwirkung angesetzt[505].

Doch nicht nur die Frage der Aufgreifschwellen stellt in diesem Zusammenhang ein ungelöstes Problem dar, sondern auch die Frage nach den maßgeblichen Bezugsgrößen auf die sich obiger Wert eigentlich beziehen soll. Die Bezugsgrößen beschreiben somit das oder die eigentlichen Kriterien, nach welchen sich bemisst, ob die ökonomische Bedeutung einer Geschäftsführungsmaßnahme auch rechtliche Relevanz für die Aktionäre entfaltet. In der Folgediskussion von Holzmüller finden sich hierzu zahlreiche Vorschläge[506]: Genannt werden etwa das Umsatzpotenzial des von der Maßnahme betroffenen Vermögens[507], die bilanzierten Aktiva[508], das Eigenkapital (d.h. die Differenz aus Aktivvermögen und Schulden)[509], das Grundkapital der Gesellschaft[510] oder die Mitarbeiterzahl[511] sowie schließlich der Ertragswert des betroffenen Geschäftsbereichs für das Gesamtunternehmen[512].

---

[501] *Henze*, FS Ulmer, S. 211 ff. (222); KK AktG – *Koppensteiner*, Vor § 291 RN 46; *Veil*, ZIP 1998, 361 ff. (369); *Wahlers*, Konzernbildungskotrolle, S. 203 ff.; Münch.Hdb.GesR IV – *Krieger*, § 69 RN 8; *Priester*, ZHR 163 (1999), 187 ff. (196); *Götz*, AG 1994, 266 ff. (272); *Ebenroth*, AG 1988, 1 ff. (5).

[502] *Hüffer*, FS Ulmer, S. 279 ff. (295); *ders.*, AktG, § 119 RN 18b; *Zimmermann/Pentz*, FS W. Müller, S. 151 ff.

[503] Vgl. etwa Emmerich/Habersack – *Habersack*, Vor § 311 RN 42.

[504] *Henze*, FS Ulmer, S. 211 ff. (222 ff.); Münch.Hdb.GesR IV – *Krieger*, § 69 RN 8; *Priester*, ZHR 163 (1999), 187 ff. (196); *Zimmermann/Pentz*, FS W. Müller, S. 151 ff. (168).

[505] Emmerich/Habersack – *Habersack*, Vor § 311 RN 42.

[506] Guter und ausführlicher Überblick über die unterschiedlichen Abgrenzungsvorschläge bei Münch.Hdb.GesR IV – *Krieger*, § 69 RN 8 mit FN 28, 29.

[507] *Lutter*, FS Barz, S. 199 ff. (214); *ders.*, FS Stimpel, S. 825 ff. (850); *ders.*, FS Fleck, S. 169 ff. (180); LG Frankfurt/M., AG 1993, 287.

[508] Dafür LG Düsseldorf, AG 1999, 94 ff.; LG Frankfurt/M., ZIP 1993, 830 ff. (832); Emmerich/Habersack – *Habersack*, 3. Aufl. Vor § 311 RN 41.

[509] *Geßler*, FS Stimpel, S. 771 ff. (787).

[510] *Veil*, ZIP 1998, 361 ff. (369); *Wahlers*, Konzernbildungskontrolle, S. 220; LG Frankfurt/M., AG 1993, 287 ff.

[511] Vgl. Münch.Hdb.GesR IV – *Krieger*, § 69 RN 8.

[512] *Simon*, DStR 2004, 1482 ff. (1485); Heckschen/Simon – *Simon*, § 4 RN 40; auch *Fleischer*, ZHR 165 (2001), 513 ff. (527); *Reichert*, AG 2005, 150 ff. (154).

b) Klärung der quantitativen Grenzen in den Gelatine – Urteilen

Der BGH hat in den Gelatine – Urteilen jedenfalls den in der Literatur diskutierten und in der untergerichtlichen Rechtsprechung festgehaltenen Größenordnungen fast vollständig eine Absage erteilt. Er stellt ausdrücklich fest, dass unabhängig von den konkreten Parametern, Schwellenwerte zwischen 10 % und 50 % nicht ausreichen, um zu Gunsten der Hauptversammlung die gesetzlich vorgesehene Arbeitsteilung zu durchbrechen. Dies sei vielmehr erst dann möglich, wenn die Maßnahme in ihrer Bedeutung für die Gesellschaft die Ausmaße im entschiedenen Holzmüller – Fall selbst erreiche[513]. Im damaligen Seehafenbetriebsfall betrug der Wert des ausgegliederten Unternehmensteils etwa 80 % des Gesellschaftsvermögens; dieser Näherungswert wird nunmehr neben den qualitativen Kriterien in der Diskussion um die Holzmüller – Schwellenwerte zu beachten sein. Zur Begründung dieses Schwellenwertes knüpft der BGH an seine Ausführungen zu Schutzzweck und Rechtsgrundlage an[514]. Danach sei insbesondere nicht mit Teilen des Schrifttums, die von einer weitestmöglichen Ausdehnung ungeschriebener Mitwirkungsrechte ausgingen, nach Bagatellgrenzen zu suchen, unterhalb derer der Vorstand bei seinem Handeln frei sei. Vielmehr unterstreicht das Gericht erneut und unmissverständlich die nach dem AktG eigenverantwortliche und nur an objektiven Sorgfaltsmaßstäben orientierte Geschäftsführung durch den Vorstand, die einer Mitwirkung und Einflussnahme der Hauptversammlung auf Geschäftsführungsmaßnahmen grundsätzlich entgegensteht[515]. Diese gesetzliche Regel stellt das Gericht dann in den entwicklungshistorischen Kontext bis hin zum heutigen AktG und hält fest, dass der mit § 70 AktG 1937 eingeführte Grundsatz vom heutigen Gesetzgeber ausdrücklich übernommen wurde, ohne nach der konkreten Struktur der Gesellschaft zu differenzieren. Der Normgeber habe die Befugnisse der Hauptversammlung lediglich in Einzelfragen erweitert[516]. Komme entgegen diesen gesetzlichen Regelungen dennoch eine, dann eben ungeschriebene, Mitwirkung der Hauptversammlung gemäß den dazu gemachten Ausführungen im Hinblick auf Schutzzweck und dogmatischer Entwicklung in Betracht, dann könnten jene Voraussetzungen zur Durchbrechung der vom Gesetz vorgesehenen Kompetenz- und Arbeitsteilung aber nur erfüllt sein, wenn zugleich auch der Geschäftsbereich auf den sich die fragliche Maßnahme bezieht, in seiner Bedeutung für die Gesellschaft die Ausmaße im entschiedenen Holzmüller – Fall erreiche[517].

Keine Ausführungen macht der Senat hingegen zur ungeklärten Frage der Bezugsgrößen. Das Gericht spricht insoweit in einer der Gelatine - Entscheidungen nur zusammenfassend von Parametern, in der anderen erwähnt es zwar die Kennziffern Bilanzsumme, Eigenkapital, Umsatz und Ergebnis vor Steuern, da jedoch keine dieser angesprochenen Bezugsgrößen die einschlägigen Schwellenwerte im zu entscheiden-

[513] BGH, BB 2004, 1182 ff. (1186).
[514] BGH, NJW 2004, 571 ff. (574).
[515] BGH, NJW 2004, 571 ff. (574).
[516] BGH, NJW 2004, 571 ff. (574).
[517] BGH, NJW 2004, 571 ff. (574).

den Fall überschritt, war für den Senat eine weitere Beschäftigung mit dieser Frage nicht angezeigt. Ob dies aber tatsächlich ein zu bedauerndes und in Zukunft erhebliches Maß an Rechtsunsicherheit bedeutet, erscheint nicht zwingend[518].

c) Stellungnahme

aa) Schwellenwert künftiger Holzmüller – Maßnahmen

Als „Holzmüller bleibt Holzmüller" [519] wurde angesichts dieser Aussagen die stark verkürzte Kernaussage der Gelatine – Entscheidungen bezeichnet. Dies ist insoweit zutreffend, als dass unterhalb der bereits in der ursprünglichen Holzmüller – Entscheidung erreichten Wesentlichkeitsgrenze ungeschriebene Hauptversammlungszuständigkeiten nicht in Betracht kommen und damit weite Bereiche, in denen die Praxis aus Vorsichtsgründen die Hauptversammlung um Zustimmung gebeten hat, oder die von Minderheitsaktionären streitig gestellt wurden, nun klar außerhalb der ungeschriebenen Kompetenz der Hauptversammlung liegen[520]. Dem eigenen, bzw. vom Aufsichtsrat oder Vorstand geleiteten, Sicherheitsbedürfnis vieler (fehlgeleiteter) Praktiker wird eine fest umrissene und handhabbare Leitlinie an die Hand gegeben[521]. Doch nicht nur wegen dieser rechtspraktisch relevanten Klarstellungen sind die Festlegungen des BGH nachdrücklich zu begrüßen, sondern auch im Hinblick auf die Konsequenz und Folgerichtigkeit der bisherigen Argumentation in den Urteilsgründen, wie sie in dieser Arbeit aufzuzeigen versucht wird. Danach geht es um den Schutz der Aktionäre vor Maßnahmen, die tief in ihre Mitgliedsrechte und deren im Anteilseigentum verkörperten Vermögensinteresse eingreifen (Mediatisierung). Davon kann aber denknotwendig nur dann gesprochen werden, wenn die Maßnahme gerade in quantitativer Hinsicht auch erhebliche Ausmaße erreicht. Denn schon quantitativ unbedeutende Unternehmensteile sind bereits vom Ansatz her gar nicht in der Lage, im Falle ihrer Ausgliederung in irgendeiner Weise in Mitgliedsrechte der Aktionäre tief einzugreifen. Vor dem Hintergrund der umfassenden Leitungsmacht des Vorstands nach § 76 AktG sind hier die 80 % (des Unternehmensvermögens) aus der Holzmüller – Entscheidung also keineswegs fern liegend.

Die Untersuchung der offenen Rechtsfortbildung als dogmatisches Fundament einer solchen Mitwirkung hat ferner verdeutlicht, welche Durchbrechung von Kompetenz und Arbeitsteilung ungeschriebene Mitwirkungsrechte in dogmatischer Hinsicht dar-

---

[518] Dass der BGH versäumt, die maßgeblichen Parameter festzulegen wird im Schrifttum von Praktikern fast einhellig bedauert, vgl. etwa *Fuhrmann*, AG 2004, 339 ff. (341); *Lenenbach*, WuB A. § 119 AktG 1.04 (S. 587); *Riehmer*, Der Konzern 2004, 950 f. (951).

[519] Formulierung bei *Bungert*, BB 2004, 1345 ff. (1347).

[520] *Simon*, DStR 2004, 1482 ff. (1485) etwa spricht von einem für nahezu die gesamte Literatur wie auch für die bisherige Gestaltungspraxis überraschend hohen Schwellenwert und sagt einen Bedeutungsverlust der Holzmüller – Grundsätze voraus.

[521] Vgl. *Reichert*, AG 2005, 150 ff. (153).

stellen. Für Konstellationen, in denen ausnahmsweise eine Durchbrechung der Rechtsordnung angenommen wird[522], ist aber regelmäßig kennzeichnend, dass neben überzeugenden dogmatischen Gründen, wie sie für Holzmüller – Konstellationen in dieser Arbeit aufgezeigt wurden[523], auch im Hinblick auf die betroffenen rechtlichen Interessen im konkreten Fall ein angemessenes Verhältnis besteht. In Holzmüller – Fällen muss daher zwischen der Einschränkung des Grundsatzes der unbeschränkten und unbeschränkbaren Vorstandsautonomie auf der einen, und dem Mitgliedschaftsschutz auf der anderen Seite ein solches angemessenes Verhältnis gewahrt sein. Der Eingriff in die fein austarierte Kompetenzverteilung der Aktiengesellschaft wird mit dem Zugestehen ungeschriebener Mitwirkungsrechte durch den (dogmatisch begründbaren) Vorzug des Mitgliedschaftsschutzes durchbrochen. Dies kann aber eben nicht bei jeder mitgliedschaftsrechtlich relevanten Maßnahme der Fall sein, sondern setzt eine akute und unabdingbare Notwendigkeit des Mitgliedschaftsschutzes voraus (Ausnahmefälle)[524]. Ein Indikator für diese Notwendigkeit im konkreten Einzelfall ist der quantitative Schwellenwert. Dieser muss dann angesichts der „auszugleichenden" Rechtsdurchbrechung aber eben ganz erheblich sein, so dass die 80 % - Schwelle angemessen erscheint. Insoweit setzt der BGH die offene Rechtsfortbildung konsequent im Anwendungsbereich der Holzmüller – Doktrin fort. Bezeichnenderweise sind auch beide Gelatine – Verfahren mangels Erreichen dieses Schwellenwertes gescheitert.

Auch gilt zu beachten, dass die zuvor zur abstrakten Umgrenzung möglicher Holzmüller – Maßnahmen herangezogenen „last – peroid" - Probleme[525] typischerweise erst bei den hier genannten Größenordnungen auftreten. Denn die eine solche Situation kennzeichnenden Gefahren treten erst dann auf, wenn die Transaktion auch für die Vorstandsmitglieder in persönlicher Hinsicht eine „Schlussphase" im Hinblick auf ihre Beschäftigung bei der verbleibenden Gesellschaft einläutet und sie dann die aus ihrer treuhänderischen Stellung resultierenden Pflichten gegenüber den Anteilseignern vernachlässigen oder gar verletzen. Insgesamt erscheint es daher konsequent und folgerichtig, dass in quantitativer Hinsicht für Holzmüller – Maßnahmen zukünftig ein entsprechend hoher Wert anzusetzen ist.

Freilich konnte der BGH keine absolute und verbindliche Prozentzahl nennen. Insoweit verbleibt daher genügend Raum, dem jeweiligen Einzelfall gerecht zu werden und so zu sinnvollen Lösungen für etwaige Sonderfälle zu kommen. Die im Holzmüller – Fall erwähnte 80 % - Grenze ist dabei ein wichtiger Indikator, der aber nicht bedeutet, dass eine ungeschriebene Mitwirkung nicht schon bei 75 % eingreifen kann[526]; jedenfalls bei einem Wert darunter wird in Zukunft wohl keine Holzmüller - Hauptversammlung mehr stattfinden. Zu Recht wurde bereits darauf hingewiesen, diesen neuen Schwellenwert nun nicht wieder und wieder zu relativieren[527]. Rechtspraktisch führt die 80 % - Grenze sicherlich zu größerer Klarheit als die zuvor in der Literatur vorge-

---

[522] Vgl. etwa die entgegen § 181 BGB zulässigen Insichgeschäfte Pal. – Heinrichs, § 181 RN 16 ff.
[523] Dazu vgl. oben, Zweites Kapitel, III, 4, a und b.
[524] *Just*, EWiR 2004, 573 f. (574).
[525] Zu „final – period" oder „end – game – Situationen" vgl. oben, Zweites Kapitel, II, 6, d.
[526] Ähnlich auch *Lenenbach*, WuB § 119 1.04, S. 583 ff. (587).
[527] Vgl. etwa *Götze*, NZG 2004, 585 ff. (589).

schlagenen Kompromisslösungen von 50 %[528], insbesondere vor dem Hintergrund des in der Praxis bei solchen Fällen regelmäßig eingehaltenen „Sicherheitsabstands“[529].

bb) Bezugsgrößen

Dass der BGH im Zusammenhang mit seinen Ausführungen zur quantitativen Grenze einer ungeschriebenen Mitwirkung durch die Hauptversammlung nicht auch die Frage, welche Faktoren hierfür eigentlich in den Blick zu nehmen sind, aufgreift und entscheidet, ist zu bedauern[530]. Zwar subsumiert der BGH am Ende der (ansonsten wortgleichen) zweiten Gelatine - Entscheidung unter die Kennziffern Bilanzsumme, Eigenkapital, Umsatz und Ergebnis vor Steuern, die im zu entscheidenden Fall allesamt unter der Holzmüller – Grenze lagen[531]. Diese Feststellungen sind aber zu unergiebig, um daraus etwa zu folgern, dass nach Ansicht des BGH bereits die Überschreitung der 80 % - Schwelle durch eines (oder aller?) dieser Kriterien den holzmüllerpflichtigen Bereich begründet. Fraglich erscheint auch, ob insoweit die Formulierung, dass die Größenordnungen der ursprünglichen Holzmüller – Entscheidung erreicht werden müssten, wörtlich zu nehmen ist; dann käme es neben der 80 % - Grenze auf den Substanzwert des Aktivvermögens als maßgebliche Bezugsgröße an. Doch so wenig der BGH mit der 80 % - Schwelle eine starre Grenze festlegen wollte, sondern vielmehr eine unmissverständliche Richtungsweisung, wollte er auf den Substanzwert des Aktivvermögens als alleinige Kennziffer abstellen. Er hätte nicht nur Gelegenheit gehabt, dies ausdrücklich klarzustellen, sondern die Ermittlung eines Substanzwerts oder Veräußerungswerts ist auch eine solche Bewertungsmethode, die maßgeblich im Hinblick auf einzelne Vermögensgegenstände in Betracht kommt[532]. Schließlich bleiben bei einer Bezugnahme auf den Substanzwert des Aktivvermögens wesentliche, bei einer Transaktion im Holzmüller - Bereich entscheidende Aspekte, außer Acht, was bisweilen auch für die weiteren genannten Bezugsgrößen gilt[533]: Sie führen bei isolierter Betrachtung zu mehr oder weniger willkürlichen Ergebnissen und treffen keine wirklich verlässlichen Aussagen zur Bedeutung eines Geschäftsbereichs.

---

[528] Dies schlagen etwa MüKo AktG – *Kubis*, § 119 RN 47, 64; *Henze*, FS Ulmer, S. 211 ff. (223); *Reichert*, Ausstrahlungswirkungen, S. 25, 44 f, 51 vor.

[529] *Reichert*, AG 2005, 150 ff. (153); *Fleischer*, NJW 2004, 2335 ff.; (2339). Dieser Sicherheitsabstand bedeutet, dass bereits in Fällen, in denen eine Holzmüllerpflichtigkeit auch nur denkbar erscheint, die Schwellenwerte aber eindeutig nicht berührt sind, bisher eben zur Sicherheit die Zustimmung der Hauptversammlung eingeholt wurde. Ein entsprechender Sicherheitsabstand ist auch nun nicht obsolet, doch geht es um deutlich höhere Schwellenwerte als zuvor. Nahe liegend erscheint, dass auch abzüglich eines gehörigen Sicherheitsabschlags eine Holzmüller - Hauptversammlung keinesfalls unterhalb der 70 % - Schwelle nötig erscheint.

[530] So auch die überwiegende Meinung im bisherigen Schrifttum, vgl. statt vieler: *Fuhrmann*, AG 2004, 339 ff. (341); *Lenenbach*, WuB A. § 119 AktG 1.04 (S. 587); *Riehmer*, Der Konzern 2004, 950 f. (951).

[531] BGH II ZR 154/02 a.E.; BGH NZG 2004, 575 ff. (580) = ZIP 2004, 1001 ff. (1003).

[532] Heckschen/Simon – *Simon*, § 4 RN 40 a.E.

[533] Dazu vgl. oben unter IV 1 a; zur Kritik daran sogleich.

(1) Kritik an den diskutierten Bezugsgrößen

So kann etwa dem Umsatzpotenzial des in Rede stehenden Vermögens, wenn überhaupt, nur in Sonderfällen eine indizielle Funktion zukommen. Es besagt nichts darüber, welche wirtschaftliche Bedeutung der fragliche Geschäftszweig etwa für den Gewinn oder die Vermögenslage des Unternehmens hat. Hohe Umsatzwerte sind nicht gleichbedeutend mit entsprechenden Gewinnmargen, so dass ein Geschäftszweig mit hohem Umsatz ggf. nur wenig zum Ergebnis des Unternehmens beiträgt. Daher ist der Umsatz ein wenig geeignetes Kriterium, um die gerade quantitative Bedeutung einer Holzmüller – Maßnahme im Hinblick auf einen Eingriff in die Rechtsstellung der Aktionäre zu ermessen.

Dies gilt auch für die bilanzierten Aktiva als Indikator. Diese bringt das Unternehmensvermögen sehr unvollkommen und verzerrt zum Ausdruck, denn nicht bilanzierungsfähige Vermögensgegenstände, wie etwa selbst geschaffene immaterielle Vermögenswerte i.S.v. § 248 II HGB finden hierin keine Berücksichtigung, obgleich solche Vermögenspositionen aus dem Bereich des geistigen Eigentums unter Umständen einen oder sogar den maßgeblichen Teil des Unternehmensvermögens ausmachen können. Ferner sind als Aktiva oft nur Buchwerte einzelner Vermögensgegenstände angegeben, die im Hinblick auf den wirklichen Wert des Unternehmens eher von Zufälligkeiten abhängen und daher nicht mehr als eine Momentaufnahme darstellen, was insbesondere bei Abschreibungen gilt. Letztlich bleibt bei einem Fokus auf das Aktivvermögen auch der Umfang der Schuldenlast des Gesamtunternehmens unberücksichtigt. Dies ignoriert aber, wie stark die Struktur des Unternehmens durch die jeweilige Finanzierungsform und damit vor allem den Umfang des Fremdkapitals, geprägt ist. Die wirtschaftliche Bedeutung eines Unternehmensteils kann daher ohne eine Gesamtbetrachtung der Bilanz, also Aktiva *und* Passiva, nicht beurteilt werden.

Die ebenfalls diskutierte Mitarbeiterzahl als zu beachtende Bezugsgröße stellt in diesem Zusammenhang einen „wirtschaftlich geradezu abenteuerlichen“ Vorschlag dar[534]. Denn die Arbeitsintensität einer bestimmten Tätigkeit steht in keinerlei wirtschaftlichem oder sonstigem Zusammenhang mit dem Mitgliedschaftsrecht des Aktionärs und ist daher als Indiz für diese Fälle denkbar ungeeignet.

Schließlich sind auch Eigenkapital und Grundkapital bei isolierter Betrachtung keine adäquaten Wertmaßstäbe. Dies folgt insbesondere daraus, dass der Vorstand nach geltendem Recht nicht beschränkt ist, etwa nur über Teile des gezeichneten Kapitals oder des Eigenkapitals zu verfügen. Denn dann wären alle größeren Transaktionen hauptversammlungspflichtige Geschäftsführungsmaßnahmen, da die Transaktionsvolumina verglichen mit den Grund- und Eigenkapitalien der betroffenen Aktiengesellschaften dann regelmäßig die Einschaltung der Hauptversammlung erforderten. Dies jedoch widerspricht nicht nur den (berechtigten) Wertungen des AktG und UmwG, sondern wäre in der Praxis aufgrund der dadurch bewirkten Häufigkeit der Hauptver-

[534] MüKo AktG – *Kubis*, § 119 RN 46; kritisch auch *Götze*, NZG 2004, 585 ff. (589).

sammlungszuständigkeit unbrauchbar[535]. Die Parameter Eigenkapital und Grundkapital stehen daher letztlich auch mit dem durch die Gelatine – Urteilen Bezweckten, nämlich der Beschränkung der Mitwirkungsrechte auf krasse, mitgliedschaftsrechtsrelevante Maßnahmen, in Widerspruch und unterlaufen die nun ausdrücklich betonte Ausnahmezuständigkeit nach Holzmüller.

(2) Eigene Position

Da die bisher diskutierten Bezugsgrößen für sich alleine genommen nicht überzeugen können, ist nach einem passenden Bewertungskriterium zu suchen. Besondere Beachtung ist hierbei dem auf unternehmerisches Handeln und damit auf Gewinn- und Substanzmaximierung angelegten Wesen der Aktiengesellschaft beizumessen. Für die Bestimmung eines Indikators ist deshalb maßgeblich, ob sich die in Rede stehende Geschäftsführungsmaßnahme auf einen Teil des Unternehmensvermögens bezieht, dem unter dem Gesichtspunkt der Gewinn- und Substanzmaximierung erhebliches Gewicht zukommt. Dies erfordert jedenfalls auch eine zukunftsbezogene Betrachtung des Unternehmensteils, wie sie der Ertragsbewertung zu Grunde liegt. Doch ist allein die Ertragsentwicklung als zukünftiger und daher nur prognostizierbarer Wert schon aufgrund der oft zufälligen Periodenabgrenzung zu volatil[536], um als entscheidender Parameter für eine Wesentlichkeitsgrenze zu gelten. Zusätzlich sollte daher ein weiterer Parameter in den Blick genommen werden. Gerade im Hinblick auf den spezifischen Aktionärsschutz durch die Hauptversammlungsentscheidung, liegt es hier nahe, einen solchen Parameter heranzuziehen, auf den die Aktionäre selbst, jedenfalls mittelbaren, Einfluss haben. Mit der Festlegung des Unternehmensgegenstandes in der Satzung und der jährlichen Ausschüttungsentscheidung (Dividende) geben die Aktionäre zwei statische Größen für die künftige unternehmerische Tätigkeit der Gesellschaft vor[537]. Diesen Größen, die sich aufgrund einer ggf. periodisch wechselnden Umsatz- und Ertragslage unterschiedlich entwickeln, kommt ein unmittelbarer Einfluss auf das in der Jahresbilanz abgebildete Ergebnis (Bilanzsumme) zu. Aus diesem ergeben sich aber die zukünftigen wirtschaftlichen Handlungsspielräume der Gesellschaft. Jahresergebnis und Ertragswert des fraglichen Unternehmensteils stellen den Anknüpfungspunkt für die mitgliedschaftliche und nicht unbedingt kapitalmarktorientierte Entscheidung über einen Beitritt in oder Austritt des Aktionärs aus der Risikogemeinschaft der Aktiengesellschaft dar. Indiziert die Charakterisierung einer Transaktion als Investitions- und Anlageentscheidung für den Aktionär eine Holzmüller – Maßnahme[538], dann müssen

---

[535] Vgl. für die gesetzlichen Wertungen sowie das aufwendige Verfahren zur Einberufung der Hauptversammlung oben, Erstes Kapitel, I, II.

[536] MüKo AktG – *Kubis*, § 119 Fn 152 bringt dazu das Beispiel des Großanlagebaus, der wegen des handelsrechtlichen Verbots des Umsatzausweises nach Fertigstellungsgrad, Umsätze und Erträge nur in derjenigen Periode ausweisen dürfe, in der die Abnahme des Objekts erfolgt sei. Hier sei es willkürlich auf die Erträge und Umsätze einer bestimmten (welchen?) Periode abzustellen.

[537] So auch MüKo AktG – *Kubis*, § 119 RN 46, aber mit anderem Ergebnis.

[538] Dazu oben, Zweites Kapitel, II, 7, e.

eben für die Beurteilung, ob eine solche Investitions- und Anlageentscheidung wirklich vorliegt, diejenigen Werte in den Blick genommen werden, auf die auch der Aktionär achtet. Und dies ist neben dem zu erwartenden Ertrag auch das in der Bilanz ausgewiesene Jahresergebnis.

Wird damit den Kennziffern Ertragswert und Jahresergebnis besondere Bedeutung beigemessen, so bedeutet dies jedoch nicht, dass damit alle weiteren diskutierten Bezugsgrößen kategorisch ausgeschlossen wären. Die Genannten stellen insoweit bevorzugte Indizien dar, die jedoch nicht zum Ignorieren eines möglicherweise gegenteiligen Gesamteindrucks aus anderen Kennziffern nötigen[539]. Abweichend hiervon kann in solchen Sonderfällen, namentlich bei der Übertragung einzelner bedeutender Vermögensgegenstände, auch der Veräußerungswert oder der Substanzwert dieses Gegenstandes heranzuziehen sein[540].

d) Alternative Lösungsansätze?

Bei der Suche nach passenden quantitativen Schwellenwerten für moderne Grundlagenentscheidungen vor allem in großen Kapitalgesellschaften, sollte gerade vor dem Hintergrund der Internationalität des Gesellschaftsrechts ein Blick auf entsprechenden Lösungen in ausländischen Rechtsordnungen geworfen werden. Es wurde bereits auf die „Listing Rules" der UK Listing Authority verwiesen[541], die ein kapitalmarktrechtliches Zustimmungserfordernis der Aktionäre für so genannte class 1 transactions enthalten. Die festen quantitativen und qualitativen Kriterien dieser Listing Rules sehen für den Fall der Vermögensveräußerung vor[542], dass bereits dann, wenn etwa die Buchwerte der zu veräußernden Vermögensgegenstände 25 % des Gesamtvermögens (Anlage- und Umlaufvermögen) der Gesellschaft übersteigen, eine solche class 1 transaction vorliegt und dementsprechend neben der Notifizierungspflicht eine Hauptversammlungszuständigkeit begründet ist[543]. Dieser doch sehr schnell erreichten Grenze müssen für das deutsche Recht Bedenken entgegenstehen. Nicht nur verträgt sie sich schwerlich mit der Wertung des § 179a AktG, sondern sie ist gerade auch vor dem Hintergrund der mit den Gelatine - Urteilen verfolgten Stärkung der Vorstandsautonomie als nicht systemkonform zu disqualifizieren. Die rechtspolitische Entscheidung, die wie referiert, maßgeblich in der Reformdiskussion der Weimarer Republik wur-

---

[539] Wie hier auch: *Götze*, NZG 2004, 585 ff. (589); *Henze*, FS Ulmer, S. 211 ff. (222 ff.); Münch.Hdb.GesR IV – *Krieger*, § 69 RN 8; Emmerich/Habersack – *Habersack*, 3. Aufl., Vor § 311 RN 41: Einzelfallbetrachtung statt schematische Lösung, bei der Ertrag und sekundär Umsatz, Bilanzsumme und Aktiva zu berücksichtigen seien.

[540] So war es etwa auch im ursprünglichen Holzmüller – Fall, BGHZ 83, 122 ff.

[541] Dazu oben Zweites Kapitel, II, 7, c. Dabei kommt dem Anteil am Gesamtvermögen aber keine alleinige Indizwirkung zu, es reicht vielmehr, wenn irgendein Indikator die 25 % - Marke übersteigt. („class 1 transaction is a transaction where any *percentage ratio* is 25 % or more...", LR 10.2.2 – nachzulesen unter: http://fsahandbook.info/FSA/html/handbook/LR/10/2; Stand Dezember 2006).

[542] LR10.5, nachzulesen unter: http://fsahandbook.info/FSA/html/handbook/LR/10/5; Stand Dezember 2006.

[543] Dazu bereits oben, Zweites Kapitel, II, 7, c.

zelt[544], die Leitung der Gesellschaft unter die eigene Verantwortung des Vorstands zu stellen, ist nicht nur geltendes Recht, sondern bindet auch jede richterliche Rechtsfortbildung[545]. Einer den englischen Schwellenwerten insoweit vergleichbaren Grenzziehung ist damit in Deutschland der Boden entzogen. Sie ist mit geltendem Recht unvereinbar.

Interessanter erscheint indes der Vorschlag des amerikanischen „Revised Model Business Corporation Act“ (RMBCA)[546]. § 12.02 RMBCA normiert, wann bestimmte Transaktionen der Zustimmung der Hauptversammlung bedürfen[547]. Das ist dann der Fall, wenn eine Vermögenstransaktion dazu führt, dass die Gesellschaft selbst nach der Transaktion keine nennenswerte Geschäftstätigkeit mehr ausübt[548]. Dabei wird jedoch in § 12.02 a S. 2 RMBCA für solche Transaktionen, bei denen der Gesellschaft mindestens 25 % des Gesamtvermögens sowie 25 % des Vorsteuerergebnisses aus dem vergangenen Jahr verbleiben, (unwiderleglich) vermutet, dass bei dieser eine solche nennenswerte Geschäftstätigkeit auch weiterhin fortbesteht[549]. Diese „safe harbour“ Regel sieht der RMBCA seit 1999 vor. Ihr Zweck liegt darin, einen „sicheren Hafen“ für bestimmte Transaktionen, die moderne Grundlagenentscheidungen im obigen Sinne darstellen, zu normieren. Damit wird nicht positiv eine Hauptversammlungszuständigkeit begründet, sondern negativ die Einschaltung der Hauptversammlung oberhalb der hier festgeschriebenen Maße für bedeutende Transaktionen ausgeschlossen. In dem offiziellen Kommentar zum RMBCA findet sich zur Begründung die Aussage, dass die Einführung eines solchen „bright - line safe - harbor tests“ aus Gründen der Rechtssicherheit höchst willkommen sei[550].

Wenn nun in Deutschland im Nachgang der Gelatine - Rechtsprechung von Konkretisierung und Präzisierung der Holzmüller - Regel gesprochen wird, ist dies sicher zutreffend[551]. Gleichwohl würde eine gesetzliche Regelung dieser präzisierten Holzmüller - Regel ein „mehr“ an Rechtssicherheit darstellen. Daher verstummen denn auch die Stimmen nicht, die gerade auch in den Gelatine – Urteilen Auftrag und Mahnung an den Gesetzgeber erblicken, hier endlich tätig zu werden und für ein Höchst-

---

544 Eingehend *Bahrenfuss*, Entstehung, S. 836 ff.

545 Dies anerkennt der BGH in „Gelatine“ ausdrücklich, AG 2004, 384 ff. (388).

546 Einzusehen unter http://www.abanet.org/buslaw/library/onlinepublications/mbca2002.pdf; Stand Dezember 2006.

547 § 12.02: “Shareholders approval of certain dispositions”.

548 Dort heißt es “A sale, lease, exchange, or other disposition of assets, other than a disposition described in section 12.01 *(§ 12.01 = dispositions not requiring shareholders approval – Einfügung vom Verf.)*, requires approval of the corporation’s shareholders if the disposition would leave the corporation without a significant continuing business activity.”

549 § 12.02 a S 2 RMBCA: “If a corporation retains a business activity that represented at least 25 percent of total assets at the end of the most recently completed fiscal year, and 25 percent of either income from continuing operations before taxes or revenues from continuing operations for that fiscal year, in each case of the corporation and its subsidiaries on a consolidated basis, the corporation will conclusively be deemed to have retained a significant continuing business activity”.

550 § 12.02 Off. Comm.: “The addition of a safe harbor (…) represents a policy judgment that a greater measure of certainty than is provided by interpretations of the current case law is highly desirable”.

551 Ganz einhellige Meinung, vgl. die Nachweise von oben, Zweites Kapitel, I, 4, c, FN 59 – 67.

maß an Rechtssicherheit zu sorgen[552]. Es erscheint fraglich, ob die Gelatine – Urteile tatsächlich einen so eindeutigen Regelungsauftrag an den Gesetzgeber enthalten, wie dies bisweilen behauptet wird. Denn insbesondere gegen eine positiv – rechtliche Regelung bedeutender Transaktionen bestehen gerade vor dem Hintergrund des soeben in die Diskussion gebrachten negativen Ansatzes eines „sicheren Hafens" Bedenken. Die Einführung etwa eines § 119a AktG[553] mit einer fixen quantitativen Grenze von 70 % des Gesellschaftswerts würde sicher ein solches Höchstmaß an Rechtssicherheit gewährleisten[554]. Der Respekt vor dem Gesetz nötigt dann jedoch auch dazu, diese positive Grenze auch strikt zu beachten. Fraglich aber ist, ob im Hinblick auf eine flexible Rechtsanwendung und eine größere Einzelfallgerechtigkeit in einem Bereich, der sich jeder schematischen Lösung entzieht, eine solche Regelung sinnvoll erscheint. Sofern man überhaupt ein gesetzgeberisches Eingreifen nach „Gelatine" noch für notwendig erachtet, sollte jedoch aus genannten Gründen einer Negativabgrenzung zu Maßnahmen die „hauptversammlungsfrei" sind, der Vorzug gebühren. Hier kann dem RMBCA durchaus Vorbildfunktion für das deutsche Recht zukommen: Ein sicherer Hafen für Maßnahmen, die potenziell holzmüllerpflichtig sind, bedarf jedenfalls unterhalb einer bestimmten Schwelle nicht der Zustimmung der Hauptversammlung. Ob man diese Schwelle bei 70 % oder 75 % des Ertrags- und Umsatzpotenzials ansetzt ist eine (rechtspolitische) Geschmacksfrage und kann hier offen bleiben. Eine solche Lösung würde jedenfalls das Bestreben nach Rechtssicherheit mit der notwendigen Flexibilität im Einzelfall in einen sinnvollen Ausgleich bringen. Freilich bleibt dabei der Gewinn an Rechtssicherheit, über das jetzt auch nach Gelatine erreichte Maß hinaus, gering.

2. Qualitative Kriterien

a) Einführung und Überblick über den Meinungsstand

Die allein quantitative Betrachtung der für die Annahme einer Holzmüller – Zuständigkeit zu überschreitenden Grenze ist indes nicht zureichend[555]. Gleichwohl ist in der Holzmüller – Folgediskussion in Literatur und Kautelarjurisprudenz eine deutliche

[552] So *Becker/Horn*, JuS 2005, 1067 ff. (1070), die die Einführung eines § 119a I AktG folgenden Wortlauts vorschlagen: „Für Geschäftsführungsmaßnahmen ist die Zustimmung der Hauptversammlung erforderlich, wenn diese zu dem Mediatisierungseffekt bzw. Wertverwässerungseffekt führen oder einer Satzungsänderung nahe kommen. Dabei muss die Maßnahme mindestens 70 % des mittels Ertrags- und Substanzwertverfahrens ermittelten Wertes der Gesellschaft betreffen. Bei dem Rückzug von der Börse besteht ebenfalls ein Zustimmungserfordernis."

[553] So der Vorschlag von *Becker/Horn*, JuS 2005, 1067 ff. (1070).

[554] Insoweit einmal abgesehen davon, ob die 70 % - Grenze ihrerseits den in den Gelatine – Gründen Dargelegtem entspricht. Die dadurch erfolgte Relativierung des absichtlich hohen Schwellenwertes ist kritisch zu hinterfragen.

[555] Hierin bestand bereits aufgrund des Holzmüller – Urteils im Grundsatz Einigkeit, vgl. statt vieler GK AktG – *Wiedemann*, § 179 RN 75 f.

Fokussierung auf die behandelten quantitativen Merkmale festzustellen. Dabei hatte doch der BGH 1982 geurteilt, dass die Geschäftsführungsmaßnahme „tief in die Mitgliedsrechte der Aktionäre und deren im Anteilseigentum verkörpertes Vermögensinteresse eingreift“[556], was der Fall sei, wenn sie sich im Kernbereich der Unternehmenstätigkeit abspielt, den wertvollsten Betriebszweig betrifft und die Unternehmensstruktur von Grund auf ändert[557]. Diese Erläuterungen des BGH deuten vielmehr eher auf eine Begründungslinie hin, der ein primär qualitativer Ansatz zu Grunde liegt. Den qualitativen Kriterien kommt also die Funktion zu, die Wichtigkeit der Maßnahme für die Gesellschaft unabhängig von einer Quantifizierung zu bewerten. Die soeben zitierten Passagen des Holzmüller - Urteils finden sich zwar regelmäßig auch in der uferlosen Literatur sowie der einschlägigen Rechtsprechung wieder, jedoch gelang es nicht, für den Einzelfall einheitliche und handhabbare Maßstäbe herauszuarbeiten.

Nach der Rechtsprechung einzelner Instanzgerichte und einigen Stimmen in der Literatur soll zum einen das „charakteristische Gepräge“ und das „historisch gewachsene Bild“ der Gesellschaft zu berücksichtigen sein[558]. Anders formuliert liege eine „Holzmüller – Maßnahme“ vor, wenn sich der Vorgang im Kernbereich der Unternehmenstätigkeit abspiele und die Unternehmensstruktur von Grund auf ändere[559]. Aus anderer Richtung kommend wurden qualitative Kriterien bisweilen dazu verwendet, eine Zustimmungspflicht trotz Überschreitens der quantitativen Kriterien zu verneinen. Das OLG Karlsruhe als Vorinstanz[560] der Gelatine - Entscheidung des BGH und eine verbreitete Auffassung im Schrifttum[561] verneinten so (noch) das Vorliegen von Holzmüller – Maßnahmen bei Verschmelzungen von Tochtergesellschaften, Vermögensübertragungen zwischen Tochtergesellschaften, Spaltungen unter Beteiligung solcher Gesellschaften und ähnlichen Transaktionen auf Ebene der Tochtergesellschaft. Hier seien die Herrschaftsrechte der Aktionäre bereits aufgrund der Vermögensverlagerung auf die Tochtergesellschaft so mediatisiert worden, dass eine weitere Verkürzung nicht

---

556 BGHZ 83, 122 ff. (131 f.).

557 BGHZ 83, 122 f. (131).

558 Vgl. LG Duisburg, AG 2003, 390 ff. (391); GK AktG – *Wiedemann*, § 179 RN 75 f.; LG Frankfurt/M., ZIP 1997, 1698 ff. (1700); *Lutter*, FS Fleck, S. 169 ff. (179); in diese Richtung auch *Lutter/Leinekugel*, ZIP 1998, 225 ff. (230), wonach solche Fälle zustimmungspflichtig seien, in denen „die Wurzeln der Gesellschaft gekappt oder verpflanzt werden“; ferner *Mecke*, Konzernstruktur, S. 192 f.; *Rehbinder*, FS Coing Bd. 2, S. 423 ff. (434).

559 LG Duisburg, AG 2003, 390 ff. (391); *Fuchs*, RWS – Forum Gesellschaftsrecht, S. 259 ff. (267); KK AktG – *Mertens*, § 76 RN 2; *Lutter/Leinekugel*, ZIP 1998, 225 ff. (230); Münch.Hdb.GesR IV – *Krieger*, § 69 RN 8; namentlich das LG Düsseldorf, AG 1999, 94 ff. (95) und das OLG Celle, AG 2001, 357 ff. (358) haben entscheidend darauf abgestellt, ob der Kernbereich der Unternehmenstätigkeit betroffen ist.

560 OLG Karlsruhe, AG 2003, 388 ff. = DB 2002, 1094 ff. (1095) mit zustimmender Anmerkung von *Wasmann*, DB 2002, 1096 f.

561 *Hirte*, Bezugsrechtsausschluss, S. 178 f.; KK AktG – *Koppensteiner*, Vor § 291 RN 46; *ders.*, Der Konzern 2004, 381 ff. (382); Münch.Hdb.GesR IV – *Krieger*, § 69 RN 37; *Martens*, ZHR 147 (1983), 377 ff. (425); *Lutter*, FS Stimpel, S. 825 ff. (851); *ders.*, AG 2000, 342 ff.; *Mecke*, Konzernstruktur, S. 262 f.; anders aber Emmerich/Habersack – *Habersack*, 3. Aufl., Vor § 311 RN 42 f.; und wohl auch *Zimmermann/Pentz*, FS W. Müller, S. 151 ff. (155).

eintrete, wenn es nun darum gehe, das Vermögen um eine weitere Stufe auf eine ebenfalls 100 %ige Enkelgesellschaft zu verlagern[562].

b) Maßgaben für die qualitativen Anforderungen nach den Gelatine - Urteilen

In den Gelatine – Urteilen stellt der BGH nun zunächst klar, dass es neben den quantitativen Kriterien auch eine Erfüllung weiterer qualitativer Faktoren für die Anwendung der Holzmüller – Grundsätze bedarf und versucht anschließend, diese begrifflich und tatsächlich zu konkretisieren. Das ausbalancierte und historisch begründete Kompetenz- und Arbeitsteilungssystem des Aktienrechts zwischen Vorstand, Hauptversammlung und Aufsichtsrat dürfe nicht bei jeder wichtigen Entscheidung zugunsten der Aktionäre aus dem Gleichgewicht gebracht werden[563]. Denn „in einer global vernetzten Wirtschaftsordnung, in der es darauf ankomme, sich bietende Chancen umgehend zu nutzen oder aufkommenden Gefahren sogleich zu begegnen, wäre eine zu enge Bindung an jeweils einzuholende Entschließungen der nicht ständig präsenten, sondern regelmäßig nur mit erheblichem Aufwand an Zeit und Kosten einzuberufenden Hauptversammlung gänzlich unpraktikabel und hätte eine Lähmung der Gesellschaft zur Folge“[564]. Deshalb könne eine im Gesetz nicht ausdrücklich vorgesehene Mitwirkung der Hauptversammlung bei Geschäftsführungsmaßnahmen des Vorstands nur in (qualitativ) engen Grenzen, nämlich dann in Betracht kommen, wenn sie an die Kernkompetenz der Hauptversammlung, über die Verfassung der Gesellschaft zu bestimmen, rühre und in ihren Auswirkungen einem Zustand nahezu entspreche, welcher allein durch eine Satzungsänderung herbeigeführt werden könne[565]. Damit muss qualitativ die Intensität eines quasi – satzungsändernden Eingriffs erreicht sein.

Insgesamt bedeutet dies für die Schwellenwerte in Holzmüller – Fällen, dass in den Kernbereich der unternehmerischen Tätigkeit der betreffenden Aktiengesellschaft nach obigen quantitativen Kriterien wesentlich eingegriffen werden muss[566]. Ferner macht das Gericht deutlich, dass beide Schwellen kumulativ überschritten werden müssen, es mithin in Fällen, in denen schon die quantitative Schwelle klar nicht erreicht wird, es auch eines Rückgriffs auf qualitative Kriterien nicht mehr bedarf, um doch noch eine Holzmüller – Zuständigkeit begründen zu können[567]. Welche Maßnahmen aber konkret an die Kernkompetenz der Hauptversammlung über die Verfassung der Gesellschaft zu bestimmen rühren, hat der BGH ausdrücklich offen gelassen. Die zu entscheidenden Fälle überschritten, wie bereits erwähnt, die aufgezeigten quantitativen

---

[562] So bereits *Hirte*, Bezugsrechtsausschluss, S. 178 f.
[563] BGH, NZG 2004, 571 ff. (574).
[564] BGH, NZG 2004, 571 ff. (574).
[565] BGH, NZG 2004, 571 ff. (574).
[566] *Bungert*, BB 2004, 1345 ff. (1347) spricht hier prägnant von einem „doppelten Wesentlichkeitstest“, der durchzuführen sei: „Es muss sich um einen wesentlichen Bereich (= Kernbereich) der unternehmerischen Tätigkeit handeln, in den bemessen nach quantitativen Kriterien wesentlich eingegriffen wird.“
[567] BGH, BB 2004, 1182 ff. (1192).

Schwellenwerte bei weitem nicht. Hierauf wird im Dritten Kapitel im Rahmen der Untersuchung einzelner Maßnahmen zurückzukommen sein.

c) Stellungnahme

Die Aussagen der Gelatine – Urteile zu „ob und wie" der qualitativen Grenzwerte der Holzmüller – Doktrin stellen eine Präzisierung und Konkretisierung der Aussagen des ursprünglichen Holzmüller – Urteils dar. Sie sind uneingeschränkt zu begrüßen und, wie auch die quantitativen Schwellenwerte, für die (rechtsberatende) Praxis von großer Bedeutung[568]. Der Hinweis auf „das in einer global vernetzten Wirtschaftsordnung gewachsene Bedürfnis nach schnellem und flexiblem unternehmerischen Handeln"[569] stellt dabei einen Aspekt dar, der bereits in der Diskussion zum Bezugsrechtsausschluss beim genehmigten Kapital zur Rechtfertigung einer Beschränkung von Hauptversammlungskompetenzen beigetragen hat[570]. Gegen den Hinweis des BGH auf die aufwendige und schwerfällige Präsenzhauptversammlung zur Begründung des qualitativen Kriteriums, wird indes vorgebracht, ob dies denn auch dann noch Geltung beanspruchen könne, wenn die Aktionäre via Internet abstimmen könnten[571]. Richtig ist an diesem Einwand, dass die neuen (technischen) Möglichkeiten, welche das Internet sowohl für die Stimmrechtsausübung als auch für die Wahrnehmung anderer Aktionärsrechte eröffnet, die Hauptversammlung in Form und Ablauf revolutionieren können[572]. Ansätze zu einer verstärkten Einbindung insbesondere der elektronischen Medien in das AktG, hat es durch das NaStraG, das TransPuG und das UMAG auch bereits gegeben[573]. Doch bleibt für den Moment festzuhalten, dass im geltenden Recht eine virtuelle Hauptversammlung mit der Möglichkeit der Online – Stimmabgabe gerade (noch) nicht vorgesehen ist[574]. Aus Rechtssicherheitsgesichtspunkten insbesondere in Holzmüller – Fällen, sind Spekulationen, was denn gelte, wenn insoweit eine andere Rechtslage bestünde, wenig hilfreich. Darüber hinaus erscheint fraglich, ob die Möglichkeit des Online – Votings als formaler Aspekt des Stimmrechts, Einfluss auf die materiell zu bestimmenden Kriterien der Holzmüller – Regel haben kann. Denn allein durch eine erleichterte oder eine andere Form der Stimmrechtsausübung kann sich schwerlich eine andere qualitative Erheblichkeitsschwelle für massive Mitgliedschaftseingriffe ableiten lassen. Ferner gilt es sich zu vergegenwärtigen, dass es in

---

[568] Kritisch aber *Noack*, LMK 2004, 162 f. (162), der von einer nach wie vor kryptischen Formulierung des Leitsatzes spricht.

[569] BGH, NZG 2004, 571 ff. (574); 575 ff. (578).

[570] Vgl. BGHZ 136, 133 ff. (136 ff.) = NJW 1997, 2815 ff. (2816) - Siemens/Nold.

[571] Etwa *Noack*, LMK 2004, 162 f. (163).

[572] Monographisch etwa zur virtuellen Hauptversammlung *Giedinghagen*, Virtuelle Hauptversammlung, S.137 ff., 236 ff., 267 ff.

[573] Vgl. *Giedinghagen*, Virtuelle Hauptversammlung, S. 326.

[574] Kritisch und einen gesetzlichen Einstieg in die virtuelle Hauptversammlung nach amerikanischem Leitbild fordernd *Giedinghagen*, Virtuelle Hauptversammlung, S. 323.

Holzmüller – Fällen um eine Ausnahmezuständigkeit der Hauptversammlung geht, die nicht zuletzt aus Rechtssicherheitserwägungen an hohe Hürden zu binden ist.

Hinsichtlich des Schutzkonzeptes selbst stellt die qualitative Hürde eine richtige und konsequente Folgeentscheidung dar. Als Schutzgut der ungeschriebenen Mitwirkung nach der Holzmüller – Regel wurden die im Mitgliedschaftsrecht wurzelnden Herrschaftsbefugnisse der Aktionäre erkannt. Diese drohen durch moderne Grundlagenentscheidungen, die zwar vornehmlich, aber nicht notwendigerweise im Zusammenhang mit Konzernsachverhalten auftreten, mediatisiert zu werden: Denn unterlag das für die fragliche Geschäftsführungsmaßnahme eingesetzte Kapital bisher der Kontrolle und Beeinflussung durch die Aktionäre, so ist es nunmehr Sache des Vorstands, die Rechte aus der an die Stelle des investierten Vermögens getretenen Beteiligung auszuüben. Diese Verkürzung der mitgliedschaftlichen Herrschaftsbefugnisse soll durch die ungeschriebene Aktionärsmitwirkung kompensiert werden. Ein solches Betroffensein des Mitgliedschaftsrechts aber, dass richtigerweise eine Aktionärsmitwirkung über die bestehenden gesetzlichen Fälle hinaus erfordert, ist nur denkbar, wenn es sich eben nicht nur in quantitativer, sondern gerade auch in qualitativer Hinsicht um eine wesentliche Beeinträchtigung handelt. Insoweit ist eine allein quantitative Betrachtung anhand mehr oder weniger gegriffener Größen gerade nicht ausreichend, vielmehr muss daneben ein Eingriff in den Kernbereich der Unternehmenstätigkeit der Gesellschaft vorliegen, der die Struktur des Unternehmens einschneidend verändert. Diese Grenze ist dann überschritten, wenn der Eingriff derart massiv ist, dass er in seinen Auswirkungen nahezu denjenigen Maßnahmen entspricht, die satzungsändernden Charakter haben und in die Zuständigkeit der Hauptversammlung fallen. Nur dann kann das Mitgliedschaftsrecht der Aktionäre überhaupt in so relevanter Weise berührt sein, und ist es regelmäßig auch, dass auf ungeschriebene Mitwirkungsrechte als Schutzinstrumentarium zurückgegriffen werden braucht. Unter dem Strich geht es damit um „krasse Fälle“, welche freilich eine gewisse Nähe zu den Gesamtvermögensgeschäften des § 179a AktG aufweisen. Diese standen dem BGH denn bereits auch im Holzmüller – Urteil vor Augen[575].

Unabhängig davon steht die (neue) qualitative Grenze aber auch im Einklang mit den Feststellungen zur quantitativen Wertschwelle. Es soll erneut deutlich werden, dass die Meßlatte für die Eingriffstiefe in Holzmüller – Fällen zukünftig hoch anzulegen ist. Dies geht dabei aber nicht nur einher mit dem Schutzzweck ungeschriebener Mitwirkungsrechte, sondern verdient Zustimmung auch im Hinblick auf die Bedeutung des satzungsmäßigen Unternehmensgegenstandes. Denn quasi – satzungsändernde Auswirkungen als Indiz für Holzmüller - Maßnahmen sind im Hinblick auf den satzungsmäßigen Unternehmensgegenstand durchaus zutreffend. Dies nicht bereits deshalb, weil sich ungeschriebene Mitwirkungsrechte nach Holzmüller überhaupt in einen Zusammenhang mit geschriebenen Zuständigkeiten stellen lassen müssen, sondern

[575] Dazu heißt es in der Anmerkung von *Fleck*, LM § 118 Nr. 1 Bl. 2, dass „eine Beteiligung der Hauptversammlung bei einer so gravierenden, einer Vermögensübertragung nach § 361 AktG a.F. nahe kommenden Strukturänderung in Betracht komme.“ Dies ändert freilich nichts daran, dass § 179a AktG als Rechtsgrundlage der Holzmüller – Mitwirkung nicht in Betracht kommt, dazu siehe oben, Zweites Kapitel, III, 2, c.

weil speziell der Unternehmensgegenstand den Geschäftsführungsbereich des Vorstands materiell und formell unterschiedlich weit fassen kann. Dementsprechend ist etwa der Kernbereich einer reinen Finanzholding anders zu beurteilen, als derjenige, einer auch operativ tätigen Aktiengesellschaft. Denn bei ersterer kann der Beteiligungsumschlag dem Unternehmensgegenstand gerade sein Gepräge geben. Stellt sich eine Strukturmaßnahme also als unmittelbare Ausfüllung des Unternehmensgegenstandes dar, erscheint eine Holzmüller - Zustimmung zwar nicht von vornherein ausgeschlossen, aber das Überschreiten der qualitativen Wesentlichkeitsschwelle durch einen Eingriff in den Kernbereich der Tätigkeit der Holding, ist dann erst einmal nachzuweisen. Die Erfüllung des qualitativen Kriteriums hängt insoweit immer auch vom konkreten Unternehmensgegenstand ab. Insgesamt gilt hier, wie auch bei den quantitativen Schwellenwerten, dass das Überschreiten der qualitativen Kriterien trotz der Präzisierungen in den Gelatine – Urteilen immer von einer am Einzelfall orientierten Gesamtbetrachtung abhängig bleibt, die, allen Bemühungen um Rechtssicherheit zum Trotz, eine schematische Lösung sämtlicher Fälle verbietet[576]. Entgegen teilweise geäußerter Bedenken an dem Kriterium der Satzungsnähe als Tatbestandsmerkmal der Holzmüller - Regel[577], macht das Abstellen auf quasi – satzungsändernde Auswirkungen die unstreitig für notwendig gehaltenen qualitativen Anforderungen an eine Holzmüller - Maßnahme aber handhabbar und hilft somit, die Fälle möglicher zustimmungspflichtiger Maßnahmen entscheidend einzugrenzen. Ein gewisses Maß an verbleibender Unschärfe der Tatbestandsvoraussetzungen ist insoweit unvermeidbar.

3. Der Gesamtkonzern als maßgebliches Bezugsobjekt

Ohne eigens darauf hinzuweisen, legt der BGH in den Gelatine – Urteilen für die genannten Kriterien in quantitativer und qualitativer Hinsicht eine Konzernbetrachtung zu Grunde[578]. Da in der ursprünglichen Holzmüller – Entscheidung (Ausgliederung des einzigen wertvollen Betriebszweigs auf 100 %ige Tochter) weder Gelegenheit noch Anlass für das Gericht bestand, sich mit dieser Frage zu beschäftigen, war bisher nicht klar, ob allein auf den von der Holzmüller – Maßnahme betroffenen Teilbereich, oder aber den Gesamtkonzern für die Beurteilung der quantitativen und qualitativen Schwellenwerte abzustellen ist. Relevanz kommt dieser Frage insbesondere dann zu, wenn es sich bei der Muttergesellschaft um eine auch operativ – tätige Holding eines bereits tief gestaffelten Konzerns handelt[579].

---

[576] Vgl. *Hüffer*, AktG, § 119 RN 17 f.; *Reichert*, Ausstrahlungswirkungen, S. 25 ff. (44 ff.).

[577] Etwa *Arnold*, ZIP 2005, 1573 ff. (1575); *Koppensteiner*, Der Konzern 2004, 381 ff. (385); *Götze*, NZG 2004, 585 ff. (587); auch *Simon*, DStR 2004, 1482 ff. (1485), der konkrete Transaktionen anspricht, mit denen sich noch in dieser Arbeit auseinander zu setzen sein wird; dieses Kriterium verkennen *Böttcher/Blasche*, NZG 2006, 569 ff. (572), wenn sie nur von einer wirtschaftlichen Bedeutung der Maßnahme sprechen im Übrigen aber auf die Leitungsmacht des Vorstands, begrenzt durch grundrechtliche Schutzpflichten, fokussieren.

[578] BGH, NZG 2004, 571 ff. (575); 575 ff. (580).

[579] Vgl. *Götze*, NZG 2004, 585 ff. (589).

Nach der nun vom BGH vorgenommene konsolidierte Konzernbetrachtung, die der bisher im Schrifttum überwiegend befürworteten Betrachtungsweise entspricht[580], ist die entsprechende Kennziffer (etwa der Ertragswert) des betroffenen Unternehmensvermögens im Verhältnis zu der entsprechenden Kennziffer des Gesamtunternehmens einschließlich sämtlicher Beteiligungsgesellschaften zu stellen. Diese Betrachtung ist zutreffend, da ein Vergleich auf der Basis unkonsolidierter Werte irreführend wäre und ein völlig falsches Bild der wirklichen Bedeutung des betroffenen Unternehmensteils für das Gesamtunternehmen widerspiegeln würde. Sofern ein Konzernverbund betroffen ist, ist der Wert derjenigen Gesellschaft maßgeblich, auf deren Stufe eine Hauptversammlungszuständigkeit nach den Holzmüller – Grundsätzen in Rede steht. Im Ergebnis ist damit immer eine Unternehmensbewertung des betroffenen Vermögens sowie des gesamten Unternehmens notwendig.

V. Mehrheitserfordernis bei ungeschriebenen Hauptversammlungsangelegenheiten

1. Einführung und Überblick über den Meinungsstand

Im Holzmüller – Urteil[581] hatte der BGH die Frage, mit welcher Mehrheit ein Hauptversammlungsbeschluss im Falle einer ungeschriebenen Zuständigkeit zu beschließen sei, nicht ausdrücklich entschieden. Dort kam es darauf auch nicht mehr an, denn eine Zustimmung zu der Ausgliederung des Seehafenbetriebes war nicht eingeholt worden, die Transaktion jedoch schon vollzogen. In Ermangelung eindeutiger Vorgaben in der Leitentscheidung finden sich im Schrifttum sowie der Instanzrechtsprechung unterschiedliche Antworten. Diese hängen dabei von der jeweiligen dogmatischen Herleitung der ungeschriebenen Mitwirkung ab.

a) Einfache Mehrheit

Sofern man mit dem BGH im Holzmüller – Urteil § 119 II AktG als Rechtsgrundlage der Holzmüller – Mitwirkung heranzieht, sei es konsequent wie auch für die dort angesprochenen Geschäftsführungsmaßnahmen eine einfache Stimmenmehrheit genügen zu lassen (§ 119 II, 133 AktG)[582]. Denn wenn der Vorstand kraft der ihm in § 119 II

[580] Vgl. MüKo AktG – *Kubis*, § 119 RN 91; Münch.Hdb.GesR IV – *Krieger*, § 69 RN 8; *Liebscher*, ZGR 2005, 1 ff. (16); *Reichert*, AG 2005, 150 ff. (154); *Wollburg/Gehling*, FS Lieberknecht, S. 133 ff. (157 ff.); schon *Martens*, ZHR 147 (1983), 377 ff. (424).

[581] BGHZ 83, 122 ff.

[582] Für die einfache Mehrheit etwa Münch.Hdb.GesR IV – *Semler*, § 34 RN 42; *Groß*, AG 1996, 111 ff. (118); *Liebscher*, Konzernbildungskontrolle, S. 92 ff.; *Hüffer*, AktG Vorauflage, § 119 RN 20; *ders.*, FS Ulmer, S. 279 ff. (298); *Immenga*, BB 1992, 2446 ff. (2448); *Westermann*, ZGR 1984, 352

AktG eingeräumten Befugnis aus eigenem Antrieb eine Geschäftsführungsmaßnahme der Hauptversammlung unterbreitet, kann diese darüber von Gesetzes wegen mit einfacher Mehrheit entscheiden. Dann könne aber nichts anderes gelten, wenn der Vorstand dieselbe Angelegenheit gemäß gesetzlicher Verpflichtung vorlege[583]. Zudem bleibe es auch in Holzmüller – Fällen trotz notwendiger Befassung der Hauptversammlung bei einer Maßnahme der Geschäftsführung und handle sich eben nicht um eine so genannte Strukturmaßnahme. Insoweit ergebe auch die Holzmüller – Entscheidung nichts anderes[584]. Ferner bräuchte die Handlungsfähigkeit der Gesellschaft nicht ohne Not durch die Statuierung besonderer Mehrheitserfordernisse über das Maß dessen eingeschränkt werden, was nach Holzmüller ohnehin unumgänglich sei[585]. Da schließlich die mit der Begründung wesentlicher unternehmerischer Beteiligungen einhergehende Strukturänderung denen zwar nahe komme, die der Gesetzgeber der Kompetenz der Gesellschafter unterstellt habe, unterlägen solche Maßnahmen der Zustimmungspflicht der Hauptversammlung. Weil sie aber keinen Fall der gesetzlich angesprochenen Strukturänderung darstellten und im Gefährdungsgrad mit diesen auch nicht vollständig identisch seien, bliebe es bei dem Grundsatz der einfachen Stimmenmehrheit[586].

b) Qualifizierte Mehrheit

Der überwiegende Teil des Schrifttums verlangt demgegenüber eine satzungsändernde Mehrheit[587]. Dies folge zum einen aus der Charakterisierung wesentlicher unternehmerischer Beteiligungsentscheidungen als Strukturentscheidungen, die eben den gesetzlich der Hauptversammlung zugewiesenen strukturellen Maßnahmen vergleichbar seien[588]. Zum anderen heißt es, dass die Heranziehung des § 119 II AktG durch den BGH zwar auf eine einfache Mehrheit hindeuten möge, das Gericht aber in Bezug auf Maßnahmen der Konzernleitung betont habe, dass die Aktionäre so zu beteiligen seien, wie wenn es sich um Angelegenheiten der Obergesellschaft selbst handelte[589]. Ferner bestünden gegen die Heranziehung des § 119 II AktG grundsätzliche Bedenken[590], die ungeschriebene Zuständigkeit der Hauptversammlung sei vielmehr in analoger Zu-

ff. (362); Obermüller/Werner/Winden/*Butzke*, L RN 83; *Wollburg/Gehling*, FS Lieberknecht, S. 133 ff. (137); OLG Karlsruhe, DB 2002, 1094 ff. (1095 f.) [Gelatine – Vorinstanz].

583 *Immenga*, BB 1992, 2446 ff.; *Groß*, AG 1996, 111 ff. (118); Münch.Hdb.GesR IV – *Semler*, § 34 RN 42.

584 *Hüffer*, AktG Vorauflage, § 119 RN 20.

585 Münch.Hdb.GesR IV – *Semler*, § 34 RN 42.

586 *Liebscher*, Konzernbildungskontrolle, S. 93.

587 Emmerich/Habersack – *Habersack*, 3. Aufl., Vor § 311 RN 45; Münch.Hdb.GesR IV – *Krieger*, § 69 RN 11; *Lutter*, FS Fleck, S. 169 ff. (182 f.).

588 *Hübner*, FS Stimpel, S. 791 ff. (797); Münch.Hdb.GesR IV – *Krieger*, § 69 RN 11; *Lutter*, FS Fleck, S. 169 ff. (181 ff.); *Mecke*, Konzernstruktur, S. 196; KK AktG – *Mertens*, § 76 RN 52; *Raiser*, KapGesR, S. 569 f.

589 BGHZ 83, 122 ff. (140).

590 Dazu siehe oben, Zweites Kapitel, III, 1, b.

ständigkeit geschriebener Zuständigkeiten zu entwickeln. Ziehe man dementsprechend die Vorschriften über gesetzliche Strukturmaßnahmen wie Unternehmensverträge, Verschmelzungen, Spaltungen und Vermögensübertragungen, die allesamt eine Mehrheit von ¾ des bei der Beschlussfassung vertretenen Grundkapitals bedürften, als dogmatisches Fundament heran, dann sei es nahe liegend, diese Mehrheit auch für die Holzmüller – Fälle zu verlangen[591]. Letztlich zeigten auch die in den §§ 123 III, 125, 65 UmwG enthaltenen Wertungen, dass eine Holzmüller – Maßnahme nur auf der Grundlage eines mit einer Mehrheit von ¾ des bei der Beschlussfassung vertretenen und stimmberechtigten Kapitals durchgeführt werden dürfe[592].

2. Klärung des Mehrheitserfordernisses

Obgleich der BGH in den Gelatine – Urteilen das Vorliegen einer Holzmüller – Konstellation mangels Überschreitung der quantitativen Wesentlichkeitsschwelle verneinte, wurde er rechtsfortbildend auch zum Mehrheitserfordernis tätig. Er stellte fest, dass dann, wenn nach den Holzmüller – Grundsätzen ausnahmsweise die Zustimmung der Hauptversammlung für eine Geschäftsführungsmaßnahme einzuholen sei, diese einer ¾ - Mehrheit des vertretenen Grundkapitals bedürfe[593]. Dagegen könne nicht eingewandt werden, dass es sich bei Holzmüller – Maßnahmen eigentlich um eine Geschäftsführungsangelegenheit und nicht um eine Satzungsänderung handle. Gegenstand der Beschlussfassung sei nämlich eine Maßnahme, „die zwar noch keine Satzungsänderung erfordere, ihr aber angesichts der tief in die mitgliedschaftliche Stellung der Aktionäre eingreifenden Wirkung so nahe kommt, dass die an sich gegebene Gestaltungsmacht des Vorstands hinter der gebotenen Mitwirkung der Hauptversammlung zurücktreten muss."[594] Vergleichend nennt der Senat den Abschluss von Unternehmensverträgen, der als Geschäftsführungsmaßnahme im weiteren Sinne ebenfalls eine qualifizierte Mehrheit in der Hauptversammlung erfordere[595].

---

[591] Emmerich/Habersack – *Habersack*, 3. Aufl., Vor § 311 RN 45; Münch.Hdb.GesR IV – *Krieger*, § 69 RN 11; *Lutter/Leinekugel*, ZIP 1998, 805 ff. (806); *Rehbinder*, ZGR 1983, 92 ff. (98); *Reichert*, Ausstrahlungswirkungen, S. 25 ff. (50 f); *Emmerich/Sonnenschein*, Konzernrecht, 7. Aufl., S. 127; *Wahlers*, Konzernbildungskontrolle, S. 190.

[592] LG Karlsruhe, ZIP 1998, 385 ff.; *Wahlers*, Konzernbildungskontrolle, S. 190 f.; Emmerich/Habersack - *Habersack*, 3.Aufl., Vor § 311 RN 18; *Priester*, ZHR 169 (1999), 187 ff. (199 f.); *Veil*, ZIP 1998, 361 ff. (367); im Ergebnis auch *Altmeppen*, DB 1998, 49 ff. (50 f.), der entgegen der hM schon die Holzmüller – Entscheidung so interpretiert, als verlange sie bereits die qualifizierte Mehrheit.

[593] BGH NZG 2004, 571 ff. (574).

[594] BGH NZG 2004, 571 ff. (575).

[595] BGH NZG 2004, 571 ff. (575).

3. Stellungnahme

Das Urteil bleibt auch bei der Frage der Beschlussmehrheit konsequent auf dem in der Schutzzweckanalyse und der dogmatischen Fundierung der Mitwirkungsrechte eingeschlagenen Weg. Diesem entspricht es im Hinblick auf die quasi – satzungsändernden Folgen der in Rede stehenden Maßnahmen, eine qualifizierte Mehrheit zu fordern. Die Abkehr von den üblichen Begründungsansätzen und das Bekenntnis zur offenen Rechtsfortbildung, um die diagnostizierte Anschauungslücke zu schließen, machen eine Positionierung in den bisher diskutierten Bahnen überflüssig. Ungeschriebene Mitwirkungsrechte stellen für den BGH nur in Ausnahmefällen bestehende Mitwirkungsrechte zum Schutz des individuellen Mitgliedschaftsrechts jedes Aktionärs bei strukturverändernden Maßnahmen dar, die auf der Grundlage einer sich aus dem Regelungs- und Kompetenzgefüge des geltenden Rechts ergebenden Rechtsfortbildung zur Schließung der Anschauungslücke des historischen Gesetzgebers bei modernen Grundlagenentscheidungen folgt. Die Höhe des Quorums für die bei Erfüllung der näher bestimmten Voraussetzung erforderliche Zustimmung ergibt sich damit aus materiellen Gründen und nicht (mehr) als vermeintlich notwendige Rechtsfolge der Zuordnung der Hauptversammlungszuständigkeit zu § 119 II AktG oder bestimmten Vorschriften wie § 179a AktG.

Unabhängig von der argumentativen Stringenz dieses Ergebnisses ist es aber auch der Sache nach zutreffend. Die mit potenziellen Holzmüller – Maßnahmen bewirkte Änderung der tatsächlichen Unternehmensverfassung erfordert wie auch vergleichbare geregelte Strukturänderungen eine satzungsändernde Mehrheit. Auch ist hier der bereits im Zusammenhang mit der Macrotron – Entscheidung erwähnte Einwand, dass ein Mehrheitsaktionär die einfache Mehrheit in der Hauptversammlung regelmäßig leicht erreichen wird, relevant. Denn wenn die Existenz ungeschriebener Hauptversammlungsrechte zum Schutz des Mitgliedschaftsrechts vor Mediatisierung aufwendig begründet und hergeleitet wird, dann kann es sich doch nur dann um einen wirklich wirksamen Aktionärsschutz handeln, wenn in der Rechtsfolge auch ein mit breiter Mehrheit gefasster Zustimmungsbeschluss gefordert wird. Hält man die Macrotron – Entscheidung zum regulären Delisting[596] mit dem Erfordernis der einfachen Mehrheit dagegen, wird der unterschiedliche Bedeutungsgehalt der beiden Varianten ungeschriebener Hauptversammlungsmitwirkung deutlich: Der Fungibilitätsverlust der Aktie beim Delisting greift nach dem BGH in die Eigentumsgarantie des Art. 14 GG ein und erfordert daher zum Ausgleich des beeinträchtigten (bloßen) Vermögensinteresses einen Hauptversammlungsbeschluss mit einfacher Mehrheit; die Holzmüller – Maßnahme berührt hingegen massiv aus dem Mitgliedschaftsrecht fließende Herrschaftsrechte und erfordert eine qualifizierte Mehrheit. Bei wertender Betrachtung lässt sich also schlussfolgern, dass ein einfacher Mehrheitsbeschluss ausreicht, sofern „nur" die Vermögensinteressen getroffen sind. Dazu passt es, den mit dem Delisting zwingend zu unterbreitenden Abfindungsanspruch im Spruchverfahren zu überprüfen. Steht hingegen eine Mediatisierung von Herrschaftsrechten der Aktionäre im Raum, verlangt

[596] Dazu siehe oben, Zweites Kapitel, II, 3,b.

diese eine breitere Grundlage und Zustimmung. Hier soll der Aktionär nicht bloß zustimmen und bei darüber hinaus noch bestehender unausgeglichener Verletzung seiner Vermögensinteressen schnell im Spruchverfahren durch Befriedigung der pekuniären Interessen ruhig gestellt werden, sondern es geht um eine echte, inhaltliche Zustimmung zu der fraglichen Maßnahme durch die Hauptversammlung. Diese ist vor dem Hintergrund der Bedeutung der in Rede stehenden Maßnahme einerseits, sowie den gesetzlichen Wertungen für vergleichbare Maßnahmen andererseits, von einer deutlichen Mehrheit der Aktionäre einzuholen, mithin also nicht einstimmig, aber doch mit Dreiviertelmehrheit.

VI. Die zukünftige Bedeutung von Unternehmensgegenstand und Konzernklausel im Zusammenhang mit ungeschriebenen Hauptversammlungszuständigkeiten

1. Faktische Satzungsänderungen durch Unter- und Überschreitung des Unternehmensgegenstandes

Eine Mitwirkung der Hauptversammlung bei bedeutenden Strukturmaßnahmen kann immer auch unter dem Gesichtspunkt einer Verletzung des satzungsmäßigen Unternehmensgegenstandes in Betracht kommen. Dieser Gesichtspunkt wurde insbesondere im Rahmen der Auseinandersetzung mit der dogmatischen Herleitung ungeschriebener Hauptversammlungszuständigkeiten bereits angedeutet, dort jedoch nicht vertieft und das Verhältnis zur ungeschriebenen Mitwirkung in der Sache nicht abschließend geklärt. Aus diesem Grund ist es notwendig, nach der Behandlung der „Prinzipalfragen“ ungeschriebener Mitwirkungsrechte hierauf kurz einzugehen und eine Abgrenzungslinie aufzuzeigen. Bedeutung kommt diesem insoweit zu, da in Fällen, in denen die vom Vorstand anvisierte Maßnahme gegen den satzungsmäßigen Unternehmensgegenstand verstößt, sich ausreichender Aktionärsschutz einstellt. Dann nämlich, wenn Geschäftsführungsmaßnahmen des Vorstands über den Unternehmensgegenstand hinausgehen oder hinter ihm zurückbleiben, lässt dies zwar seine Vertretungsmacht unberührt, erfordert aber einen satzungsändernden Beschluss der Hauptversammlung nach §§ 119 I Nr. 5, 179 I 1 AktG[597].

a) Der Unternehmensgegenstand

Dazu ist zunächst die Funktion und Bedeutung des Unternehmensgegenstandes in der Satzung der Aktiengesellschaft zu beleuchten. Betrifft der Gesellschaftszweck das von

[597] Zu der Ansicht, die aus dieser Überlegung ungeschriebene Hauptversammlungszuständigkeiten in Analogie zu § 179, 23 III Nr. 2 AktG herleiten will vgl. oben, Zweites Kapitel, III, 2, a, cc.

den Aktionären mit der Gesellschaft verfolgte Ziel[598], so definiert der davon zu unterscheidende Gegenstand des Unternehmens die Tätigkeit, die die Gesellschaft zu treiben beabsichtigt. Der Unternehmensgegenstand ist insoweit das Mittel, mit dem der Gesellschaftszweck erreicht werden soll[599]. Nach § 23 III Nr. 2 AktG muss dieser Gegenstand des Unternehmens in der Satzung bestimmt sein, was verdeutlicht, dass das AktG der Festlegung des Unternehmensgegenstandes grundlegende Bedeutung zumisst[600]. Diese Festlegung des Unternehmensgegenstandes muss dabei hinreichend individualisiert werden[601]. Dies bedeutet, dass der Schwerpunkt der Geschäftstätigkeit für die beteiligten Verkehrskreise erkennbar wird[602]. Die Festlegung des Unternehmensgegenstandes verfolgt einen doppelten Zweck[603]: Zum einen legt der Unternehmensgegenstand die Grenze der Geschäftsführungsbefugnis des Vorstands fest[604], zum anderen gibt er den Tätigkeitsbereich der Gesellschaft an die interessierten Verkehrskreise kund[605]. Dabei ist anerkannt, dass der Unternehmensgegenstand einer Gesellschaft, die an der Spitze eines Unternehmensverbundes steht, das konzernweite Tätigkeitsfeld beschreibt[606].

b) Über- und Unterschreitung des Unternehmensgegenstandes als faktische Satzungsänderungen

Beabsichtigt die Geschäftsleitung eine Transaktion, die von dem konkreten Unternehmensgegenstand der Gesellschaft eindeutig nicht mehr gedeckt ist, so setzt dies eine Satzungsänderung voraus. Unterbleibt sie, so stellt das Vorstandshandeln eine Satzungsverletzung dar (so genannte Faktische Satzungsänderung)[607]. Hierbei ist zwischen Maßnahmen, die über den Unternehmensgegenstand hinausgehen, und solchen, die hinter ihm zurückbleiben, zu differenzieren.

---

[598] Dies ist regelmäßig der Betrieb des Unternehmens mit Gewinnerzielungsabsicht.

[599] Vgl. BayObLG, NJW 1976, 1694; *Hüffer*, AktG, § 23 RN 22.

[600] Keine oder nichtige Angaben zum Unternehmensgegenstand eröffnen die Möglichkeit einer Klage auf Nichtigerklärung nach § 275 AktG und Amtslöschung nach § 144 FGG.

[601] Namentlich für Industrie- und Handelsunternehmen schreibt das Gesetz vor, dass Art und der hergestellten Waren und Erzeugnisse näher anzugeben sind.

[602] Vgl. BGH, BB 1981, 450; BayObLG, DNotZ 1994, 114f.; OLG Frankfurt/M., DB 1987, 38 (jeweils zur vergleichbaren Rechtslage bei der GmbH).

[603] BGH, WM 1981, 163 f. (insoweit nicht in BGHZ 78, 311 ff. abgedruckt); BayObLG, NJW-RR 1996, 413 ff.; OLG Frankfurt, OLGZ 1987, 40 ff.; Münch.Hdb.GesR IV – *Wiesner*, § 9 RN 15; *Hüffer*, AktG, § 23 RN 21.

[604] Darauf wurde bereits hingewiesen; kritisch zur Begrenzungsfunktion *Wallner*, JZ 1986, 718 ff. (724 f.).

[605] Münch.Hdb.GesR IV – *Wiesner*, § 9 RN 15.

[606] *Henze*, FS Ulmer, S. 211 ff. (216); *Hüffer*, AktG, § 23 RN 21; Münch.Hdb.GesR IV – *Krieger*, § 69 RN 3; *Timm*, Konzernspitze, S. 100 ff.; Münch.Hdb.GesR IV – *Wiesner*, § 9 RN 10 ff.; *Reichert*, Ausstrahlungswirkungen, S. 25 ff. (67 ff.).

[607] Dazu vgl. *Priester*, ZHR 169 (1999), 187 ff. (193); GK AktG – *Wiedemann*, § 179 RN 9; *Hübner*, FS Stimpel, S. 791 ff. (793 f.).

Faktische Satzungsänderungen, die den Geschäftsgegenstand überschreiten, kommen insbesondere dann in Betracht, wenn der Vorstand neue Geschäftsbereiche eröffnet, etwa indem er Betriebsvermögen von fremden Dritten hinzuerwirbt[608]. In solchen Fällen ist die Anpassung des Unternehmensgegenstandes grundsätzlich zwingend. Hier erweitert der Vorstand eigenmächtig das von der Satzung vorgegebene Tätigkeitsfeld, welches vom satzungsmäßigen Unternehmensgegenstand nicht mehr umfasst ist. Nichts anderes kann dann bei einer Unterschreitung des Geschäftsgegenstandes gelten, was besonders dann der Fall sein kann, wenn der Vorstand einzelne Tätigkeitsbereiche vollständig einstellt oder an fremde Dritte veräußert[609]. Insoweit besteht heute wohl Einvernehmen, dass eine Verpflichtung der Geschäftsführung besteht, den Unternehmensgegenstand laut Satzung auch tatsächlich materiell auszufüllen[610]. Indes sind an eine solche Satzungsunterschreitung strenge Anforderungen zu stellen. Eine insoweit erforderliche Anpassung des Unternehmensgegenstandes kommt nur in Betracht, wenn es sich um eine dauerhafte und endgültige Einstellung eines den Kernbereich der unternehmerischen Tätigkeit betreffenden Bereichs handelt, der das Gepräge der Gesellschaft verändert, und nicht etwa um nur eine vorübergehende Unterschreitung[611].

Davon zu unterscheiden ist die Frage, ob der satzungsmäßige Unternehmensgegenstand auch dann als ausgefüllt gilt, wenn ein Tätigkeitsfeld nicht von der Aktiengesellschaft selbst, sondern von einer Beteiligungsgesellschaft abgedeckt wird. Sofern dies in der Satzung für zulässig erklärt wird, ist die Frage der Bedeutung und Funktion von so genannten Konzernklauseln betroffen, womit sich sogleich zu befassen sein wird. Jedenfalls dann, wenn die Satzung einer Aktiengesellschaft eine solche Klausel enthält, steht im Hinblick auf den Unternehmensgegenstand fest, dass auch die Tätigkeit von Beteiligungsgesellschaften nicht über den definierten Unternehmensgegenstand hinausgehen darf[612].

c) Ungeschriebene Hauptversammlungszuständigkeiten als Schutz vor konkreter Mediatisierung von Herrschaftsrechten

Sofern nach vorstehenden Grundsätzen eine Maßnahme des Vorstands die Anpassung des Unternehmensgegenstandes notwendig macht, ist damit aber noch nicht die Frage

608 Ausführlich zur einer darüber hinaus gehenden Holzmüllerpflichtigkeit des Beteiligungserwerbs unten, Drittes Kapitel, I. Zur Satzungsdurchbrechung durch Überschreitung des Unternehmensgegenstandes vgl. Überblick in MüKo – *Stein*, § 179 RN 107.

609 Ausführlich und differenziert zur bloß vorübergehenden Unterschreitung Münch.Hdb.GesR IV – *Krieger*, § 69 RN 3.

610 Vgl. GK AktG – *Wiedemann*, § 179 RN 60; *Reichert*, Ausstrahlungswirkungen, S. 25 ff. (40); Münch.Hdb.GesR IV – *Wiesner*, § 9 RN 19; *Hommelhoff*, Konzernleitungspflicht, S. 58 ff, 65 ff.; *Lutter/Leinekugel*, ZIP 1998, 225 ff. (227 f.); einschränkend *Hüffer*, AktG, § 179 RN 9a; KK AktG – *Mertens*, § 82 RN 25.

611 Näheres dazu bei *Wollburg/Gehling*, FS Lieberknecht, S. 133 ff. (138).

612 *Hommelhoff*, Konzernleitungspflicht, S. 47, 268; *Mülbert*, Aktiengesellschaft, S. 375 ff.; KK AktG - *Koppensteiner*, Vor § 291 RN 25.

beantwortet, ob die damit verbundene Satzungsänderung nach § 179 AktG auch die von den Holzmüller – Grundsätzen geforderte Mitwirkung der Hauptversammlung zu der konkreten Maßnahme beinhaltet, sofern diese Maßnahme die durch Gelatine präzisierten Schwellenwerte im Übrigen erreicht. Dafür würde sprechen, dass in einer solchen Konstellation der Holzmüller – Beschluss als doppelte Zustimmung erscheint und insoweit eine überflüssige Förmelei darstellt, der auch im Hinblick auf die erforderliche Beschlussmehrheit kein eigener Bedeutungsgehalt mehr zukommt. Doch ergab sich bereits aus dem Holzmüller – Urteil, dass eine mit Blick auf den Unternehmensgegenstand vorgenommene Satzungsanpassung nicht die Holzmüller - Zustimmung ersetzt[613]. Hieran hält der BGH wohl auch in den Gelatine - Urteilen fest. Dort war zwar der satzungsmäßige Unternehmensgegenstand ausdrücklich nicht nur durch eigene operative Tätigkeit zu verfolgen[614], so dass der Satzungsgeber mit der Formulierung des Unternehmensgegenstandes nur die Grenzen hat abstecken wollen, innerhalb derer der Vorstand in Ausübung der ihm übertragenen Leitungsmacht in eigener Verantwortung die Geschäfte zu führen habe[615]. Da aber auch weitere zur Abstimmung gestellte Maßnahmen nicht als Teile eines einheitlichen Konzeptes angesehen werden konnten, weshalb man zu der Überzeugung hätte kommen können, die konkret angegriffene Maßnahme stelle in diesem Zusammenhang schließlich eine faktische Satzungsänderung dar, sei eine Anpassung des Unternehmensgegenstandes nicht erforderlich [616].

Doch nicht nur unter Hinweis auf die Funktionen des Unternehmensgegenstandes in der Satzung, sondern auch mit Blick auf den ihnen eigenen Schutzzweck ungeschriebener Mitwirkungsrechte, sind faktische Satzungsänderungen und Holzmüller – Maßnahmen unterschiedliche und zu trennende Institutionen[617]. Zunächst ist dabei allein die abstrakte Einordnung der einen Maßnahme als Grundlagenentscheidung und der anderen als Geschäftsführungsmaßnahme nicht hilfreich und zielführend. Die Ausführungen zur dogmatischen Herleitung ungeschriebener Mitwirkungsrechte in Holzmüller – Fällen haben verdeutlicht, dass „Holzmüller" insoweit einen Grenzbereich betrifft, in dem Bestandteile beider Kategorien enthalten sind und sich überschneiden und vermengen. Dies schließt eine eindeutige Zuordnung in die eine oder andere Kategorie gerade aus. Als fruchtbar für die hier interessierende Abgrenzung erweist es sich hingegen, die jeweiligen Hauptversammlungsentscheidungen vor dem Hintergrund ihres Schutzgedankens zu betrachten: Im Falle der faktischen Satzungsänderung ergibt sich der Grund der Hauptversammlungsmitwirkung aus dem Gesetz, §§ 119 I

[613] Dort, BGHZ 83, 122 ff., hatte die Hauptversammlung im Vorfeld der klassischen Ausgliederung den Unternehmensgegenstand lediglich dahingehend geändert, dass die Gesellschaft berechtigt sei, „Unternehmen zu errichten, sich an ihnen zu beteiligen und ihren Betrieb ganz oder teilweise an solche Gesellschaften zu überlassen". Dadurch wurde in die Satzung eine Konzernklausel eingefügt, die den Unternehmensgegenstand als solchen nicht berührt.

[614] Vgl. BGH, NZG 2004, 571 ff. (572).

[615] BGH, NZG 2004, 571 ff. (572).

[616] BGH, NZG 2004, 571 ff. (572).

[617] Deutlich auch MüKo AktG – *Kubis*, § 119 RN 68: „Deckt der Unternehmensgegenstand diese Vorstandsmaßnahme nicht, so muss der Vorstand eine dahingehende Satzungsänderung beantragen oder ggf. die Konzernierung auflösen. All dies ergibt sich unmittelbar aus § 179 und hat mit einer ungeschriebenen Hauptversammlungszuständigkeit nichts zu tun."

Nr. 5, 179 I 1 AktG. Konkret meint dies die originäre Aufgabe und Befugnis der Hauptversammlung, den Tätigkeitsbereich der Gesellschaft als solchen festzuschreiben. Holzmüller hingegen gewährt den Aktionären Schutz vor einer drohenden Mediatisierung der ihnen, aus dem rechtsformübergreifenden Institut der Mitgliedschaft, zustehenden Herrschaftsrechte[618]. Diese drohen durch eine Maßnahme des Vorstands verwässert zu werden, weshalb die hier bestehende gesetzgeberische Anschauungslücke durch ungeschriebene Mitwirkung rechtsfortbildend zu schließen ist. Hieraus folgt, dass die Anpassung des Unternehmensgegenstandes zur Vorbeugung einer Holzmüller – Mitwirkung nicht ausreichend sein kann, oder diese kompensiert: Es sind vielmehr zwei wesensmäßig völlig unterschiedliche Schutzgüter betroffen, die in dogmatisch – systematischer Hinsicht eine jeweils andere Herleitung der Hauptversammlungsmitwirkung für sich reklamieren und letztlich auch an das Fehlen eines Zustimmungsbeschlusses andere Rechtsfolgen anknüpfen.

2. Ungeschriebene Hauptversammlungszuständigkeit und Konzernklausel

Sind damit faktische Satzungsänderungen und Holzmüller – Maßnahmen voneinander zu trennen, so gilt es nun, das Verhältnis von Holzmüller und so genannten Konzernklauseln zu untersuchen. Diese könnten eine generell – abstrakte Ermächtigung auch zu bedeutenden Konzernbildungs- oder -leitungsmaßnahmen als einen Hauptanwendungsfall der Holzmüller – Grundsätze enthalten[619].

a) Begriff

Konzernklauseln betreffen die konzerndimensionale Verfolgung des Unternehmensgegenstands überhaupt. Der Vorstand einer Aktiengesellschaft darf Beteiligungen an anderen Unternehmen nur erwerben, wenn ihn die Satzung dazu auch ermächtigt[620]. Dies folgt aus dem qualitativen Unterschied einer mittelbaren Unternehmensführung verglichen mit einer unmittelbaren Unternehmensführung. Denn schließlich stehen in Finanzanlagen investierte Mittel nicht unmittelbar für die eigentliche Verfolgung des

---

[618] Dazu ausführlich oben, Zweites Kapitel, II, 1, d; sowie Zweites Kapitel, II, 2, d.

[619] So *Simon*, DStR 2004, 1528 ff. (1530); *Koppensteiner*, Der Konzern 2004, 381 ff. (382).

[620] Dafür reicht es nicht, allein auf die konzernweite Ausdehnung des sachlich beschriebenen Unternehmensgegenstandes zu verweisen. So aber Semler/Stengel – *Schlitt*, UmwG, Anh § 173 RN 24; *Reichert*, Ausstrahlungswirkungen, S. 25 ff. (40); *Götz*, ZGR 1984, 85 ff. (90); *Westermann*, ZGR 1984, 352 ff. (362); *Henze*, FS Ulmer, S. 211 ff. (216 f.); *Hübner*, FS Stimpel, S. 791 ff (794). Dagegen spricht zum einen, dass Unternehmensgegenstand und Konzernklausel schlicht verschiedene Fragestellungen betreffen, sowie zum anderen, dass ohne konzerndimensionale Geltung des Unternehmensgegenstandes jede Konzernierung dann bereits wegen faktischen Satzungsverstoßes hauptversammlungspflichtig wäre. Wie hier auch die ganz hM Münch.Hdb.GesR IV – *Krieger*, § 69 RN 4; GK AktG – *Wiedemann*, § 179 RN 64; KK AktG – *Koppensteiner*, Vor § 291 RN 18,26; *Groß*, AG 1994, 266 ff. (269); *Timm*, AG 1980, 172 ff. (179 f.); *Lutter*, FS Stimpel, S. 825 ff. (847); *Rehbinder*, FS Coing Bd. 2, S. 423 ff. (430).

Unternehmensgegenstandes zur Verfügung. Mithin stellt es einen Satzungsverstoß wegen Nichteinhaltung des Unternehmensgegenstands dar, wenn der Vorstand ohne Ermächtigung in der Satzung Beteiligungen an anderen Unternehmen erwirbt. Dass eine solche Ermächtigung für alle Arten des Beteiligungserwerbs, also nicht nur für den Beteiligungskauf, sondern auch für die Ausgliederung von Unternehmensteilen auf eine Tochter oder für die Gründung einer Tochtergesellschaft zur Aufnahme neuer Aktivitäten, erforderlich ist, kann heute weitestgehend als unstreitig betrachtet werden[621]. Das Erfordernis einer Konzernklausel gilt dabei unabhängig von Höhe und Zweck der Beteiligung, mithin auch für Beteiligungen, die keinen unternehmerischen Einfluss vermitteln[622]. Der konkrete Inhalt der Konzernklausel steht im Ermessen der satzungsgebenden Hauptversammlung. Dieser obliegt es, ggf. Einschränkungen bzgl. des Umfangs oder der Form der Konzernierung zu formulieren[623], oder die zwingende Zustimmung des Aufsichtsrats zu Konzernierungsmaßnahmen zu verlangen (§ 111 IV S. 2 AktG). Die Satzungen der allermeisten Gesellschaften enthalten heute eine solche Konzernklausel[624].

b) Konzernklausel als ausreichende Ermächtigung zu Holzmüller – Maßnahmen

Einige Autoren meinen, dass das Vorhandensein einer solchen Konzernklausel in der Satzung eine ausreichende Ermächtigung darstelle und eine weitergehende Mitwirkung der Aktionäre durch Beteiligung der Hauptversammlung nicht notwendig sei[625]. Danach sei eine Mediatisierung von Herrschaftsrechten bereits durch die Konzernklausel selbst in der Satzung angelegt, so dass es nicht einsichtig sei, weshalb es bei Konzernierungsmaßnahmen noch eines weiteren Schutzes durch ungeschriebene Mitwirkung nach Holzmüller bedürfe[626].

---

[621] KK AktG – *Koppensteiner*, 3.Aufl. Vor § 291 RN 36, 62; GK AktG – *Wiedemann*, § 179 RN 64; *Timm*, Konzernspitze, S. 88 ff.; 117 ff.; 128 ff.; *ders.*, AG 1980, 172 ff. (177 ff); *Wahlers*, Konzernbildungskontrolle, S. 139 ff.; *Liebscher*, Konzernbildungskontrolle, S. 66 ff.; *Rehbinder*, FS Coing Bd. 2, S. 423 ff. (430); *ders.*, ZGR 1983, 92 ff. (96); *Lutter*, FS Stimpel, 825 ff. (847 f.); offen lassend aber noch BGHZ 83, 122 ff. (130); *Westermann*, ZGR 1984, 352 ff. (362); Überblick über die dagegen vorgebrachte Kritik bei KK AktG, 3. Aufl.; *Koppensteiner*, Vor § 291 RN 37.

[622] GK AktG – *Wiedemann*, § 179 RN 64; KK AktG, 3. Aufl. – *Koppensteiner*, Vor § 291 RN 62 m.w.N.; *Hommelhoff*, Konzernleitungspflicht, S. 45 ff.; *Wahlers*, Konzernbildungskontrolle, S. 139 ff.

[623] Münch.Hdb.GesR IV – *Krieger*, § 69RN 5; KK AktG – *Koppensteiner*, Vor § 291 RN 20; *Heinsius*, ZGR 1984, 383 ff. (407); im Grundsatz auch *Werner*, ZHR 147 (1983), 429 ff. (441).

[624] So etwa § 2 III der DaimlerChrysler AG. Dort heißt es im Anschluss an die genaue Bezeichnung des Unternehmensgegenstandes, dass „ die Gesellschaft Zweigniederlassungen im In- und Ausland errichten sowie sich an anderen Unternehmen beteiligen [kann]. Die Gesellschaft kann Unternehmen erwerben oder sie veräußern, sie unter einheitlicher Leitung zusammenfassen und Unternehmensverträge mit ihnen schließen oder sich auf die Verwaltung der Beteiligung beschränken. Sie ist berechtigt, ihren Betrieb ganz oder teilweise in Beteiligungsunternehmen auszugliedern.

[625] *Simon*, DStR 2004, 1528 ff. (1529); *Koppensteiner*, Der Konzern 2004, S. 381 ff. (382); auf Einzelheiten dieser Ansicht wurde bereits im Rahmen der Kritik an den Gelatine – Entscheidungen eingegangen, so dass hier auf eine erneute ausführliche Darlegung verzichtet werden kann.

[626] *Simon*, DStR 2004, 1528 ff. (1529 f.); oben III, b, bb (1).

c) Konzernklausel als Teil des Unternehmensgegenstandes

Dem ist nicht zu folgen. Diese These verkennt nämlich Bedeutungsgehalt und Geltungsgrund, wie sie den Holzmüller – Grundsätzen nach der Ausprägung in den Gelatine – Entscheidungen innewohnen. Vor diesem Hintergrund kann auch bei Vorhandensein einer Konzernklausel in der Satzung auf eine ungeschriebene Mitwirkung nicht verzichtet werden. Dementsprechend heißt es in den Gelatine – Urteilsgründen zutreffend, dass den Holzmüller – Grundsätzen unabhängig von einer satzungsmäßigen Konzernierungsermächtigung oder einer Satzungsbestimmung, wonach alle Beschlüsse der Hauptversammlung vorbehaltlich anderer gesetzlicher Regelung mit einfacher Mehrheit gefasst werden können, uneingeschränkte Geltung zukomme[627]. Denn mit der Aufnahme einer allgemeinen Konzernöffnungsklausel erweiterten die Aktionäre lediglich den Handlungsspielraum des Vorstands, der dann nicht mehr gehalten sei, den Unternehmensgegenstand ausschließlich durch eigene operative Tätigkeit der Aktiengesellschaft zu verwirklichen, sondern dafür auch zu gründende oder zu erwerbende Gesellschaften oder Beteiligungen einsetzen dürfe. Des mit der ungeschriebenen Mitwirkung bezweckten Schutzes begäben sich die Aktionäre durch eine Konzernklausel nicht[628].

Diese Schlussfolgerung ist dabei nicht nur im Kontext der konkreten Entscheidungsgründe der Gelatine - Sachverhalte, sondern auch mit Blick auf die zuvor vorgenommene Einordnung ungeschriebener Mitwirkungsrechte in das geltende Aktienrecht konsequent und folgerichtig. Erneut wird dies unter Berücksichtigung des Schutzzwecks ungeschriebener Zustimmungsrechte deutlich. Denn im Hinblick auf den Mediatisierungsgedanken bleibt die Ausgliederung des Kernbereichs der unternehmerischen Tätigkeit trotzdem eine separat zustimmungspflichtige Maßnahme. Dies könnte nur anders sein, wenn die Satzungsklausel konkret dazu ermächtigen würde, einen fest umschriebenen Teilbereich der unternehmerischen Tätigkeit aufzugeben bzw. in eine Tochtergesellschaft auszugliedern. Nur bei einer solchen Formulierung ließe sich davon sprechen, dass in der Satzung die konkrete Mediatisierungsmaßnahme vorgezeichnet wäre. Die Aufnahme einer solchen Satzungsänderung wäre im Übrigen ihrerseits gem. § 179 II AktG mit ¾ - Mehrheit zu fassen[629].

Von Bedeutung ist an dieser Stelle auch der bereits bei der Auseinandersetzung mit der dogmatischen Herleitung ungeschriebener Mitwirkungsbefugnisse herausgearbeitete Charakter der Holzmüller - Zustimmung der Hauptversammlung als *ad – hoc* - Entscheidung[630]. Der Konzernklausel als Ausprägung und Individualisierung des Unternehmensgegenstandes kommt die Funktion zu, die Belange der Aktionäre hinsichtlich der konkreten Verwirklichung des Unternehmensgegentandes zu wahren, mithin klarzustellen, dass der Vorstand überhaupt den Unternehmensgegenstand konzerndi-

[627] BGH, NZG 2004, 571 ff. (575).
[628] BGH, NZG 2004, 571 ff. (575).
[629] Vgl. dazu auch unten, Zweites Kapitel, VII, 4 die Erörterungen zur Frage der Zulässigkeit einer Vorausermächtigung des Vorstands.
[630] Vgl. dazu oben, Zweites Kapitel, III, 3 und 4.

mensional verwirklichen darf. Ist damit die abstrakt – generelle Frage des „ob" einer Konzernierung durch die Satzung hinlänglich beantwortet, gilt dies jedoch nicht für das „wie", also die einzelne Maßnahme, die die Mediatisierung mitgliedschaftlicher Herrschaftsbefugnisse konkret auslöst. Die Bedeutung der fraglichen Transaktion, wie sie durch obige Grenzen definiert wird, und ihre Eingriffsqualität hinsichtlich mitgliedschaftlicher Herrschaftsbefugnisse, wie sie in der Schutzzweckuntersuchung deutlich gemacht wurden, verlangt daher mehr als eine formelhafte Ermächtigung in der Satzung. Dieses „Mehr an Zustimmung" bedeutet eine konkret – individuelle *ad – hoc* - Zustimmung zu der einzelnen Transaktion durch die Anteilseigner.

VII .Weitere Anforderungen an den Hauptversammlungsbeschluss bei ungeschriebenen Zuständigkeiten

Ungeschriebene Hauptversammlungszuständigkeiten nach den Holzmüller – Grundsätzen bedeuteten in der Vergangenheit aber nicht nur Unsicherheiten bei der Frage, unter welchen Voraussetzungen die Hauptversammlung einzubeziehen ist, sondern auch im Hinblick auf die Art und Weise wie dies zu geschehen hat. Im Besonderen betrifft dies Informations- und Berichtspflichten im Vorfeld der Hauptversammlung sowie eine mögliche Inhaltskontrolle des Beschlusses. Vor dem Hintergrund des weiten Meinungsspektrums hinsichtlich der rechtsdogmatischen Verankerung der Holzmüller – Rechtsprechung sind auch die verfahrensrechtlichen Anforderungen an solche Beschlüsse umstritten[631]. Als Extrempositionen in Betracht kommen hier die pauschale Anwendung umwandlungsrechtlicher Vorschriften auf der einen[632] und die Annahme, mangels gesetzlicher Regelung unterliege der Holzmüller – Beschluss keinen besonderen Formvorschriften, auf der anderen Seite[633].

1. Der Beschlussgegenstand bei ungeschriebenen Hauptversammlungszuständigkeiten

Bevor jedoch auf verfahrensrechtliche Einzelheiten eingegangen wird, soll vorab geklärt werden, welche Anforderungen an den konkreten Beschlussgegenstand in der Hauptversammlung zu stellen sind, wozu konkret also die Hauptversammlungszustimmung eigentlich zu ergehen hat. Von Bedeutung ist hier der in dieser Arbeit bereits betonte Charakter der Holzmüller – Zustimmung als *ad – hoc - Zustimmung* zu einer konkreten Transaktion, die sich gerade dadurch etwa von einer Zustimmung

---

[631] (Knapper) Überblick über den Meinungsstand bei *Drinkuth*, AG 2001, 256 ff. (257) m.w.N.

[632] So etwa OLG München, AG 1996, 327 ff. (328); OLG Frankfurt/M., WM 1999, 1881 ff. (1883 f.); *Lutter*, FS Fleck, S. 169 ff. (175 ff.); Münch.Hdb.GesR IV – *Semler*, § 35 RN 50;GK AktG – *Werner*, § 124 RN 49; *ders.*, FS Fleck, S. 401 ff. (412).

[633] In diese Richtung KK AktG – *Zöllner*, § 124 RN 25; LG Düsseldorf, AG 1999, 94 ff. (95); *Groß*, AG 1996, 111 ff. (115); *ders.*, AG 1997, 97 ff. (101); differenzierend GK AktG – *Mülbert*, § 119 RN 51.

i.S.d. § 186 III AktG unterscheidet. Daraus folgt, dass, sofern die zustimmungspflichtige Maßnahme durch Abschluss eines Vertrages Rechtsgültigkeit erlangt, wovon hier als Regelfall ausgegangen wird, allein dieser Vertrag der Hauptversammlung zur Zustimmung vorzulegen ist[634]: Beschlussgegenstand ist damit die Zustimmung der Hauptversammlung zu eben diesem Vertrag bzw. zur darin vereinbarten Transaktion.

Die reine Innenwirkung der Holzmüller – Grundsätze erlaubt es, dass der Vorstand im Außenverhältnis die Gesellschaft vorbehaltlos zu der vorlegungspflichtigen Transaktion verpflichten kann[635]. Für die dann nachträgliche Zustimmung der Hauptversammlung kommt es maßgeblich auf die Transparenz der Gesellschaft und die dem Vorstand obliegenden Informationspflichten[636] an, deren Missachtung zur Beschlussanfechtung führen kann. Verweigert die Hauptversammlung ihre Zustimmung stellt sich die Frage nach einer Rückabwicklung der Transaktion[637]. Zur Vermeidung dieser Rückabwicklungsschwierigkeiten sowie zur Reduzierung seiner Haftungsrisiken[638] kann der Vorstand den vorzulegenden Vertrag an die auflösende oder aufschiebende Bedingung der Hauptversammlungszustimmung knüpfen oder sich für den Fall der Zustimmungsverweigerung den Rückritt vom Vertrag vorbehalten[639].

Unbestritten ist darüber hinaus, dass auch eine Zustimmung zu bloßen Vertragsentwürfen möglich ist[640]. Folge einer solchen Zustimmung ist, dass der Vorstand dann den Entwurf so in bindende Vereinbarungen umsetzen kann und muss. Denn wenn der Vertrag einmal ausgehandelt ist, kann dem Vorstand nach der Zustimmung zu dem vorgelegten Entwurf kein Wahlrecht mehr zukommen, ob er die Hauptversammlungszustimmung zu der konkreten Transaktion oder doch lieber zu einer abstrakten Maßnahme erbittet. Voraussetzung hierfür ist, dass ein im Wesentlichen ausgehandelter Vertragsentwurf vorliegt, da nur dann davon ausgegangen werden kann, dass die Verhandlungen über das „wie“ der Transaktion schon so weit gediehen sind, dass der Vorstand die Vorlage an der Hauptversammlung nicht mehr auf das „ob“ beschränken kann[641]. Problematisch an dieser Konstellation ist jedoch, dass die fehlende Bindung der Vertragspartner dazu führen kann, dass ein Vertragsteil vom Vertragsabschluss noch gänzlich Abstand nehmen will oder noch wesentliche Änderungen verlangt. Dann setzt sich der Vorstand mit der Vorlage des Vertragsentwurfs der Gefahr aus,

---

[634] BGHZ 146, 288 ff. (291 f.); OLG München, NJW – RR 1997, 544 ff. (545) insoweit in AG 1996, 327 ff. nicht abgedruckt; MüKo AktG – *Kubis*, § 119 RN 49; Münch.Hdb.GesR IV – *Krieger*, § 69 RN 9; kritisch *Drinkuth*, AG 2001, 256 ff. (257).

[635] So verhielt es sich auch im Holzmüller – Fall, sowie in den Gelatine – Entscheidungen.

[636] Dazu sogleich, Zweites Kapitel, VII, 2.

[637] BGHZ 83, 122 ff.; Münch.Hdb.GesR IV – *Krieger*, § 69 RN 12; Semler/Stengel - *Schlitt*, UmwG, Anh § 173 RN 88; *Timm*, AG 1980, 172 ff. (179 f.).

[638] Ob auch die nachträgliche Billigung eines Vertrags eine mögliche Ersatzpflicht des Vorstands nach § 93 IV AktG ausschließt, ist umstritten, soll hier aber nicht vertieft werden. Vgl. Nachweise bei GK AktG – *Hopt*, § 93 RN 314; KK AktG – *Mertens*, § 93 RN 112; *Hüffer*, AktG, § 93 RN 25.

[639] So die Konstellation in der Altana/Milupa – Entscheidung BGHZ 146, 288 ff.

[640] Vgl. etwa *Lutter/Leinekugel*, ZIP 1998, 805 ff. (808).

[641] Wie hier auch *Drinkuth*, AG 2001, 256 ff. (257).

dass spätere wesentliche Änderungen im Vertragstext nicht mehr vom Zustimmungsbeschluss gedeckt sind, so dass die Vorlage eines Entwurfes gut überlegt sein will[642].

Aufgrund dieser Schwierigkeiten geht es zu weit, vom Vorstand und von den Vertragspartnern stets das Vorliegen ausformulierter Verträge oder Vertragsentwürfe zu fordern. Beschlussgegenstand kann daher grundsätzlich auch ein unternehmerisches Konzept sein, sofern dessen wirtschaftliche und rechtliche Rahmenbedingungen hinreichend bestimmt sind[643]. Dann ist ein Gesamtkonzept Gegenstand einer zustimmenden Beschlussfassung in der Hauptversammlung. Ungeachtet des konkreten Zustimmungsobjekts sind Vorstand und Aufsichtsrat aber nach allgemeinen Grundsätzen verpflichtet, der Hauptversammlung einen Beschlussvorschlag gem. § 124 III S. 1 AktG zu unterbreiten[644].

2. Informationspflichten des Vorstands bei ungeschriebenen Hauptversammlungsangelegenheiten

Welchen Informationspflichten die Verwaltung im Zusammenhang mit Holzmüller – Beschlüssen unterliegt, ist weitestgehend ungeklärt. Auch in den Gelatine – Urteilen hat sich der BGH hierzu nicht geäußert[645]. Daher ist zu untersuchen, ob und wie die Konkretisierung und Präzisierung der Holzmüller – Regel selbst durch die Gelatine – Urteile für diesen Problemkreis fruchtbar gemacht werden kann.

a) Einführung und Überblick

Als Informationspflichten des Vorstands kommen die Bekanntmachung des wesentlichen Inhalts eines Vertrages oder einer Maßnahme, die Pflicht zur Auslegung und zur Erteilung von Abschriften dieses Vertragswerkes (dazu unter d) sowie die Pflicht zur Erstellung eines Vorstandsberichts (dazu unter 3.) in Betracht. Ausgangspunkt für den Umfang der Informationspflichten ist dabei der Grundsatz, dass der Hauptversammlung für eine Entscheidung die Informationen gegeben werden müssen, die sie für eine sachgerechte Willensbildung benötigt[646]. Damit ist aber wenig gesagt, sondern nur festgestellt, *dass* den Aktionären im Rahmen ihrer Stimmrechtsausübung Informati-

---

[642] Vgl. auch *Hüffer*, AktG, § 179a RN 7.

[643] Eingehend zu dem erforderlichen Konkretisierungsgrad *Priester*, ZHR 163 (1999), 187 ff. (198 f.); auf die Streitfrage der Zulässigkeit und die Anforderungen an einen solchen Ermächtigungsbeschluss der Hauptversammlung wird noch zurückzukommen sein, siehe dazu Zweites Kapitel, VII, 4.

[644] Für hier nicht zu vertiefende Einzelheiten zur Bindungswirkung der Beschlussvorschläge vgl. statt vieler MüKo AktG – *Kubis*, § 124 RN 59 f.

[645] *Fuhrmann*, AG 2004, 339 ff. (341) bedauert dass der BGH dazu mit keinem Wort Stellung nimmt; zu den Holzmüller – Informationspflichten ausführlich *Tröger*, ZIP 2001, 2029 ff. (2030 ff.); *ders.*, ZHR 165 (2001), 593 ff. (596 ff.); *Bungert*, NZG 1998, 367 ff. (369 f.); *Horbach*, BB 2001, 893 ff. (896 ff.); *Weisshaupt*, AG 2004, 585 ff. (587 ff.); ansatzweise auch BGHZ 146, 288 ff. (295 f.).

[646] Vgl. etwa BGHZ 146, 288 ff. (294); OLG München, AG 1996, 327 f.; *Hüffer*, AktG, § 119 RN 19.

onsrechte zustehen. Insbesondere der Umfang und der konkrete Zeitpunkt, wann wichtige Informationen den Aktionären zugänglich zu machen sind, bleiben ungeklärt. Hinsichtlich des Zeitpunkts ist fraglich, ob bereits mit der Einladung zur Hauptversammlung oder erst in der Hauptversammlung selbst eine eingehende Informationsverpflichtung besteht. Bezüglich der inhaltlichen Dichte der Informationen ist zu klären, ob die Darstellung des wesentlichen Inhalts der geplanten Maßnahme ausreichend ist, eine Pflicht zur Auslegung und zur Erteilung von Abschriften besteht oder sogar ein ausführlicher Bericht seitens des Vorstands angefertigt werden muss.

Im Aktiengesetz, wie es am 01.01.1966 in Kraft trat, beschränkte sich das Informationsrecht des Aktionärs im Wesentlichen auf das Auskunftsrecht gem. § 131 AktG, also auf das Recht, in der Hauptversammlung eine mündliche Antwort auf eine mündlich gestellte Frage zu erhalten. Vor der Hauptversammlung war der Aktionär nur durch die Bekanntmachung der Einberufung mit den in § 124 III AktG vorgeschriebenen Angaben und den entsprechenden Mitteilungen nach § 125 AktG über das zu unterrichten, was in der Hauptversammlung zur Entscheidung anstand. Im Zuge der weiteren Rechtsentwicklung hat der Gesetzgeber jedoch für zahlreiche Maßnahmen und Transaktionen ein ganzes System von vorab, d.h. vor der Hauptversammlung, zu erfüllenden Berichts- und sonstigen Informationspflichten geschaffen[647]. Seine Zielsetzung war dabei, den Aktionär durch eine qualifizierte Berichterstattung im Vorfeld der Hauptversammlung in die Lage zu versetzen, eine sachlich fundierte Entscheidung in der Hauptversammlung zu treffen und sich darüber schlüssig zu werden, ob er die jeweilige Maßnahme im Nachhinein durch eine Anfechtungsklage angreifen oder Umtauschverhältnis, Abfindung oder Ausgleichszahlung im anschließenden Spruchverfahren überprüfen lassen will[648]. Vor dem Hintergrund dieser Entwicklung kann die Frage des Informationsumfangs in ungeschriebenen Zuständigkeiten daher nicht unberücksichtigt bleiben.

b) Bekanntmachung des wesentlichen Inhalts i.S.d. § 124 II S. 2, 2. Alt. AktG

§ 124 II S. 2 2. Alt AktG sieht vor, dass bei der Entscheidung über zustimmungsbedürftige Verträge der wesentliche Inhalt dieses Vertrages bereits mit dem entsprechenden Tagesordnungspunkt bekanntzumachen ist. Dabei handelt es sich nicht nur um

---

[647] Im Jahre 1978 wurde mit der Umsetzung der Zweiten gesellschaftsrechtlichen EG – Richtlinie (RiLi 77/91/EWG vom 13.12.76, ABl 1977, Nr. L 26/1) die Berichtspflicht gem. § 186 IV S. 2 AktG zur Vorabbegründung eines Bezugsrechtsausschlusses geschaffen; im Jahre 1983 wurde mit der Umsetzung der Dritten EG – Richtlinie (Verschmelzungsrichtlinie RiLi 78/855/EWG vom 09.10.78, ABl. Nr. L 295/3) die Pflichten zur Erstattung eines Verschmelzungsberichts und zur Verschmelzungsprüfung mit entsprechender Berichterstattung eingeführt; schließlich wurden durch das UmwG von 1995 diese vorab zu erfüllenden Berichtspflichten, verbunden mit der Pflicht zur Auslegung von Jahresabschlüssen und Lageberichten der beteiligten Gesellschaften, auf alle Formen der Umwandlung, sowie als Vertragsbericht und Vertragsprüfungsbericht auch auf das Recht der Unternehmensverträge ausgedehnt.

[648] Vgl. BGHZ 83, 319 ff. (326) – Holzmann (zu § 186 IV S. 2 AktG).

eine Konkretisierung des betreffenden Tagesordnungspunktes, sondern um eine konkrete inhaltliche Ausformung des jeweiligen Beschlussvorschlags.

aa) Meinungsstand

In der Altana/Milupa – Entscheidung[649] hat der BGH unter analoger Anwendung von § 124 II S. 2 AktG für den Fall einer freiwilligen Vorlage einer Geschäftsführungsmaßnahme an die Hauptversammlung nach § 119 II AktG die Verpflichtung des Vorstands angenommen, den wesentlichen Inhalt des zur Abstimmung gestellten Verpflichtungsvertrages, der zudem noch unter der Bedingung einer Hauptversammlungszustimmung stand, mit der Einladung zur Hauptversammlung bekannt zu machen. In der Literatur wurde daraufhin fast einhellig eine Übertragung der Grundsätze der Altana/Milupa – Rechtsprechung auf alle der Hauptversammlung vorgelegten Vertragsabschlüsse vertreten, unabhängig davon, ob die Vorlage freiwillig oder aufgrund von Holzmüller erfolgte[650]. Danach war der wesentliche Inhalt der vorgelegten Maßnahme darzustellen[651], bzw. im Falle der Zustimmung zu einem konkreten Vertrag, dieser bereits in der Tagesordnung zu erläutern. Dieses Ergebnis wurde für Holzmüller – Fälle im Wege eines Erst – Recht – Schlusses zu der Altana/Milupa – Rechtsprechung begründet, oder aber unmittelbar aus der Qualität der in Rede stehenden Maßnahme als Strukturmaßnahme selbst abgeleitet[652].

bb) Auswirkungen der Gelatine – Entscheidungen

Sowohl gegen eine unmittelbare als auch eine analoge Anwendung von § 124 II S. 2 AktG bestehen unabhängig davon, ob der Vorstand die Zustimmung freiwillig nach § 119 II AktG oder verpflichtend nach den Holzmüller – Grundsätzen einholt, Bedenken. Denn die Vorschrift ist wegen des darin ausdrücklich enthaltenen Wirksamkeitserfordernisses im Außenverhältnis nur auf die fest umrissenen Tatbestände gesetzlicher Hauptversammlungszuständigkeiten anwendbar. Eine Zustimmung in ungeschriebenen Hauptversammlungszuständigkeiten hat, wie der BGH in Gelatine deutlich unterstreicht, aber nur im Innenverhältnis Bedeutung und stellt die Wirksamkeit

---

[649] BGHZ 146, 288 ff. (294); so auch OLG München, AG 1996, 327 ff.; jüngst auch LG Frankfurt/M., ZIP 2005, 579 ff.; LG Frankfurt/M., Der Konzern 2005, 397 ff.; zu Informationspflichten vgl. auch *Hüffer*, AktG, § 119 RN 19.

[650] Münch.Hdb.GesR IV – *Semler*, § 35 RN 43; Münch.Hdb.GesR IV – *Krieger*, § 69 RN 11; Semler/Stengel – *Schlitt*, Anh. § 173 RN 58; MüKo AktG – *Kubis*, § 119 RN 50; Emmerich/Habersack – *Habersack*, Vor § 311 RN 52; *Hüffer*, AktG, § 124 RN 11; *Schockenhoff*, NZG 2001, 921 ff. (922); *Weißhaupt*, NZG 1999, 804 ff. (808); *Reichert*, Ausstrahlungswirkungen, S. 25 ff. (59); *Groß*, AG 1996, 111 ff. (115); differenzierend *Tröger*, ZIP 2001, 2029 ff. (2030 f.); zweifelnd auch *Drinkuth* ,AG 2001, 256 ff. (258); aus der Rechtsprechung bejahen dies etwa OLG München, AG 1995, 232 ff. (233); LG Frankfurt/M., AG 2001, 431 ff (432 f.).

[651] Einzelheiten zu den diesbezüglichen Anforderungen bei OLG München, ZIP 2002, 1353 ff.

[652] So insbesondere *Tröger*, ZIP 2001, 2029 ff. (2031); *ders.*, ZHR 165 (2001), 593 ff. (596 ff.).

der streitgegenständlichen Maßnahme, und damit auch eines Vertrages, gerade nicht in Frage[653]. Der Begründungsweg über § 124 II S. 2 AktG ist daher nicht bruchlos möglich.

Gleichwohl erscheint das Bestehen einer § 124 II AktG entsprechenden Informationspflicht in Holzmüller – Fällen geboten[654]. Auf Grund der weit reichenden Folgen sowohl geschriebener aber eben auch ungeschriebener Maßnahmen nach Holzmüller, besteht aus der Sicht der zur Entscheidung berufenen Aktionäre ein Bedürfnis nach möglichst frühzeitiger Kenntnisnahme vom wesentlichen Vertragsinhalt, nicht anders als bei den kraft Gesetzes zustimmungsbedürftigen Verträgen über Strukturmaßnahmen. Entscheidend ist das hinter der Zustimmungspflicht stehende materielle Merkmal eines schwerwiegenden Eingriffs in das Mitgliedschaftsrecht der Aktionäre, wodurch zugleich die Struktur der Gesellschaft verändert und diese im Kernbereich ihrer Tätigkeit berührt wird. Geht es danach um eine komplexe, in ihren Auswirkungen vollständig nur nach eingehender Auseinandersetzung erfassbare Maßnahme, muss diese durch die frühzeitige Bekanntmachung des wesentlichen Vertragsinhalts transparent gemacht werden[655]. Diese Bekanntmachungspflicht trifft den Vorstand auch, wenn nicht ein bereits abgeschlossener Vertrag, sondern nur ein Vertragsentwurf Gegenstand der Hauptversammlungszustimmung ist, oder der Vorstand ein strukturänderndes Konzept zur Abstimmung stellt[656].

Dieses Ergebnis ist jedoch nicht mit einer Ausdehnung des Anwendungsbereichs oder einer Analogie des § 124 II S. 2 AktG zu begründen[657]. Vielmehr können die Ausführungen des BGH in den Gelatine – Urteilen zur dogmatischen Herleitung ungeschriebener Mitwirkung in der offenen Rechtsfortbildung fruchtbar gemacht werden. Denn wenn die Holzmüller – Zuständigkeit selbst schon aus einer offenen Rechtsfortbildung folgt, bei welcher der Charakter der fraglichen Maßnahme als Strukturmaßnahme entscheidende Bedeutung zukommt, dann liegt es nahe, die bei qualitativ vergleichbaren Maßnahmen bestehende Pflicht zur Bekanntmachung des wesentlichen Inhalts bereits aus dieser Einordnung als Annex der Zustimmung mitzubegründen. Dies wird dadurch unterstützt, dass sich die offene Rechtsfortbildung nach dem BGH zur Bestimmung von Holzmüller – Maßnahmen ausdrücklich an den Tatbeständen gesetzlich geregelter Strukturentscheidungen orientiert. Besteht daher eine wertungsmäßige Vergleichbarkeit der jeweiligen Maßnahmen, spricht viel für eine Verpflichtung zur Bekanntmachung des wesentlichen Inhalts entsprechender Verträge, wie dies etwa auch für Satzungsänderungen, für Kapitalerhöhungen mit Bezugsrechtsausschluss

---

[653] Dazu ausführlich oben, Zweites Kapitel III, 3.

[654] Jüngst in diese Richtung LG Frankfurt/M., ZIP 2005, 579 ff; LG Frankfurt/M., Der Konzern 2005, 397.

[655] So im Ergebnis auch *Weißhaupt*, AG 2004, 585 ff. (588).

[656] Auch bisher schon überwiegende Meinung, vgl. etwa Obermüller/Werner/Winden/*Butzke*, RN L 80; *Schockenhoff*, NZG 2001, 921 ff. (924); MüKo AktG – *Kubis*, § 119 RN 51.

[657] So die wohl bisher überwiegende Meinung statt vieler Emmerich/Habersack – *Habersack*, Vor § 311 RN 52.

(§ 186 IV S. 2 i.V.m. § 124 II S. 2 AktG)[658] sowie für Umwandlungs- und Konzernierungsmaßnahmen gilt (§§ 293 I ff., 319 III, 327c III AktG, §§ 63 I, 230 II UmwG).

Auch Sinn und Zweck einer Bekanntmachung des wesentlichen Vertragsinhalts sprechen für eine Übertragung des Rechtsgedankens auf Holzmüller – Fälle. Die frühzeitige Bekanntmachung soll den Aktionären deutlich machen, welchen Inhalt die beabsichtigte Strukturentscheidung hat und ihnen damit nicht zuletzt die Entscheidung ermöglichen, ob sie von ihren weitergehenden Aktionärsrechten Gebrauch machen wollen oder nicht. Dieser Rechtsgedanke gilt aber uneingeschränkt auch im Kontext ungeschriebener Mitwirkung nach Holzmüller /Gelatine und ihrer dogmatischen Konstruktion, wo es gerade um Mitgliedschaftsschutz, auch gerichtlichen Mitgliedschaftsschutz, geht.

Im Ergebnis ist also von einer Pflicht zur Bekanntmachung des wesentlichen Inhalts bereits mit der Einberufung der Hauptversammlung auszugehen. Die Konstruktion einer Analogie zu § 124 II S. 2 2. Alt. AktG erscheint dazu nicht zwingend notwendig. Eine entsprechende Bekanntmachungspflicht in Holzmüllerfällen ist als Annex – Obliegenheit aus der in offener Rechtsfortbildung wurzelnden Zustimmung selbst zu begründen.

c) *Pflicht zur Erläuterung in der Hauptversammlung*

Fraglich ist ferner, ob das Vorhaben vom Vorstand in der Hauptversammlung noch einmal mündlich zu erläutern ist[659]. Sofern bisher eine Erläuterungspflicht des Vorstands angesprochen wurde, wurde diese bejaht[660]. Indes liegt dem Gesetz insoweit keine in sich geschlossene Systematik zu Grunde, welche eine Notwendigkeit einer solchen Erläuterung für Holzmüller – Fälle als zwingend erscheinen ließe. So setzten Maßnahmen mit durchaus beachtlichen Konsequenzen für die Aktionäre eine entsprechende mündliche Erläuterung nicht voraus, so etwa die Satzungsänderung und die Auflösung oder die Kapitalerhöhung mit Bezugsrechtsausschluss. Andererseits sieht das Gesetz aber bei einer Reihe von bedeutenden Strukturmaßnahmen eine entsprechende Verpflichtung zur Erläuterung der Beschlussgegenstände vor, z.B. in §§ 179a II S. 3, 293g II S. 1 AktG, § 64 I S. 2 UmwG. Im Lichte der neuen Gelatine – Entscheidungen und der darin aufgehellten Grundlagen ungeschriebener Mitwirkung im Bereich Schutzzweck und Herleitung erscheint es nahe liegend, dass Holzmüller – Maßnahmen auch in diesem, formale Fragen betreffenden Punkt solchen gesetzlich normierten Strukturentscheidungen gleich zu behandeln sind, die eine Erläuterungspflicht vorsehen. Die dadurch begründete anfechtungsbewährte Verpflichtung den Beschlussgegenstand zu erläutern, hilft den Ausnahmecharakter der konkreten Holzmüller - Konstellation zu verdeutlichen und seine Bedeutung gerade auch für die Aktionä-

---

[658] Vgl. dazu BGHZ 120, 141 ff. (155 f.); *Hüffer*, AktG, § 186 RN 23.

[659] Für Einzelheiten zum Umfang dieser Erläuterung vgl. beispielhaft Münch.Hdb.GesR IV – *Krieger*, § 70 RN 41.

[660] *Lutter*, FS Fleck, S. 169 ff. (180); Münch.Hdb.GesR IV – *Krieger*, § 69 RN 11; *Groß*, AG 1996, 111 ff. (117).

re zu unterstreichen. Unabhängig von der Folgefrage, wie diese Erläuterungspflicht zu begründen sein kann, wird es sich in der Praxis auch schon unter Praktikabilitätsgesichtspunkten empfehlen, eine entsprechende Erläuterung zu geben, um die Aktionäre auf den Tagesordnungspunkt vorzubereiten und eine ausufernde Fragestellung zu vermeiden. Damit kommt im Ergebnis dem Auskunftsrecht der Aktionäre nach § 131 I S. 1 AktG im Zusammenhang mit Holzmüller – Fällen eine nicht unwesentliche Bedeutung zu. Insoweit dem Leitbild folgend, muss den Aktionären die für eine sachgerechte Beschlussvorbereitung notwendige Detailinformation auch noch in der Hauptversammlung mündlich zur Verfügung gestellt werden.

d) Pflicht zur Auslegung und zur Erteilung von Abschriften

aa) Problemaufriss und Meinungsstand

Darüber hinaus ist im AktG vereinzelt vorgesehen, dass bestimmte Verträge oder Vertragsentwürfe, die zu ihrer Wirksamkeit der Zustimmung der Hauptversammlung bedürfen, umfassend von der Einberufung an zur Einsichtnahme bei der Gesellschaft auszulegen und auf Verlangen an die Aktionäre zu übersenden sind (§§ 52 II S. 2,3, 179a II, 293f I Nr. 1, 293g I AktG und §§ 63 I Nr. 1, III, 64 I S. 1 UmwG). Für Holzmüller – Fälle finden sich in der Literatur und Rechtsprechung daher zahlreiche Stimmen, die unter Hinweis auf eine Analogie zu entsprechenden Vorschriften nach dem UmwG eine solche Auslegungspflicht verlangen[661]. Andererseits kennt das Gesetz aber auch eine Reihe von zustimmungspflichtigen Verträgen, bei denen eine solche Auslegung und Übersendung von Vertragsunterlagen nicht ausdrücklich vorgesehen ist (§§ 50, 93 IV, 117 IV, 309 III AktG). Deshalb, sowie vor allem unter Hinweis auf die Geheimhaltungspflicht nach §§ 131 III Nr. 1, 93 I S. 2 AktG, wird ebenso vertreten, entsprechende Auslage- und Übersendungspflichten bestünden in Holzmüller – Fällen nicht[662]. Der BGH hat sich im schon erwähnten Altana/Milupa – Urteil aus dem Jahre 2001 gegen eine pauschale Übertragung gesetzlicher Auslegungspflichten jedenfalls für die freiwillige Vorlage nach § 119 II AktG entschieden und eine einzelfallbezogene Betrachtung eingefordert[663]. Seither differenziert die wohl hM bzgl. der Verpflichtung zur Auslage von Verträgen und abschriftlicher Übersendung derselben von der im konkreten Einzelfall anstehenden Zustimmung der Hauptversammlung[664]. Da-

[661] *Lutter*, FS Fleck, S. 169 ff. (176); Münch.Hdb.GesR IV – *Krieger*, § 69 RN 11; MüKo AktG – *Kubis*, § 119 RN 52; *Bayer*, ZIP 1997, 1613 ff. (1625); OLG Frankfurt/M., AG 1999, 378 ff. (379); LG Frankfurt/M., ZIP 1997, 1698 ff. (1702); OLG München, DB 1996, 1172 ff.
[662] KK AktG – *Kraft*, § 340d RN 15; *Groß*, AG 1996, 111 ff. (118); *Horbach*, BB 2001, 893 ff. (898); *Zeidler*, NZG 1998, 91 ff, (93); *Weißhaupt*, NZG 1999, 804 ff. (909).
[663] BGHZ 146, 288 ff. (295 f.); dazu eingehend kritisch *Mutter*, EWiR 2001, 459 ff.; *Tröger*, ZHR 165 (2001), 593 ff. (600 ff.); *ders.*, ZIP 2001, 2029 ff. (2032 ff.).
[664] BGHZ 146, 288 ff. (295 f.); MüKo AktG – *Kubis*, § 119 RN 52; *Schockenhoff*, NZG 2001, 921 ff. (923).

nach besteht eine Pflicht zur Auslegung und Übersendung, sofern die Zustimmung konkrete Verträge oder Entwürfe betrifft[665], die Wirksamkeit eines Rechtsgeschäfts von der Zustimmung abhängt[666], oder ob es um die Zustimmung in der Hauptversammlung einer Konzernobergesellschaft zu einer Konzernleitungsmaßnahme geht, bei der den Aktionären der Konzernuntergesellschaft ein Recht zur Einsichtnahme oder Abschriftenerteilung zusteht[667]. Weder Auslegung noch Abschriftenerteilung ist hingegen bzgl. solcher Unterlagen geschuldet, die nur im Vorgriff auf eine zur Zustimmung anstehende konzeptionelle Strukturmaßnahme ohne konkrete Vertragsabreden gefertigt worden sind[668].

bb) Auswirkungen der Gelatine – Entscheidungen

Zu untersuchen ist nachfolgend, ob sich für die Auslegungs- und Übersendungspflicht in Holzmüller – Fällen Konsequenzen oder Auswirkungen durch die Gelatine – Urteile ergeben. Bisweilen finden sich in der jüngeren Literatur nach den Gelatine – Entscheidungen Stimmen, die die dargestellte Auslegungspflicht für Holzmüllerverträge oder Vertragsentwürfe ohne Hinzutreten qualifizierender Umstände, namentlich einer mittelbaren Außenwirkung wie im Altana/Milupa – Fall, ablehnen[669]. Insoweit sei die zuvor angesprochene Bekanntmachung des Vertragswerks in seinen wesentlichen Zügen durch den Vorstand ausreichend, zumal die Aktionäre in Zweifelsfällen in der Hauptversammlung nach § 131 AktG verifizieren könnten, dass der Vorstand seine gem. § 404 I Nr. 1 AktG strafbewehrte Wahrheitspflicht bei der Darstellung des wesentlichen Inhalts ernst nehme[670].

Mit Blick auf den vom Senat in den Gelatine - Entscheidungen betonten Ausnahmecharakter sowie die Bedeutung von Holzmüller – Maßnahmen für das Mitgliedschaftsrecht der Aktionäre bestehen gegen diese grundsätzliche Verneinung von Auslegungspflichten jedoch Bedenken. Vielmehr ist an der bisher hM mit ihrer umfassenden Auslegungspflicht für Verträge oder Vertragsentwürfe festzuhalten. Sie kann im Lichte der neuen Rechtsprechung und der sie tragenden Gründe durchaus als bestätigt betrachtet werden: In materieller Hinsicht stellt Gelatine klar, dass Holzmüller - Fälle nunmehr nicht nur eine bloße Vorlageverpflichtung des Vorstands darstellen, sondern eine originäre Hauptversammlungszuständigkeit in nach obigen Maßstäben als bedeutsam zu qualifizierenden Angelegenheiten begründen. Aufgrund der diesen Fällen in-

[665] Münch.Hdb.GesR IV – *Krieger*, § 69 RN 11; Semler/Stengel – *Schlitt*, UmwG, Anh. § 173 RN 63; *Schockenhoff*, NZG 2001, 921 ff. (923); *Reichert*, Ausstrahlungswirkungen, S. 25 ff. (60).
[666] BGHZ 146, 288 ff. (297).
[667] So etwa im Fall des § 179a AktG.
[668] *Reichert*, Ausstrahlungswirkungen, S. 25 ff. (60 f.); Semler/Stengel – *Schlitt*, UmwG, Anh. § 173 RN 63, *Schockenhoff*, NZG 2001, 921 ff. (925); *Tröger*, ZIP 2001, 2029 ff. (2041).
[669] *Weißhaupt*, AG 2004, 585 ff. (591); *Götze*, NZG 2004, 585 ff. (589).
[670] *Zeidler*, NZG 1998, 91 ff. (93); *Bungert*, NZG 1998, 367 ff. (370); *Weißhaupt*, NZG 1999, 804 ff. (809); *ders.*, AG 2004, 585 ff. (591); ähnlich *Kort*, ZIP 2002, 685 ff. (688 f.); *Hüffer*, FS Ulmer, S. 279 ff. (299 f.).

newohnenden materiellen Auswirkungen auf die Aktionäre, wie dies in gesetzlich geregelten Strukturmaßnahmen gleichermaßen der Fall ist, liegt es nahe, unter Rückgriff auf den Gedanken der offenen Rechtsfortbildung als neue Rechtsgrundlage der Holzmüller – Regel, auch hier entsprechende Auslegungspflichten anzunehmen. Denn finden sich in der offenen Rechtsfortbildung die zutreffenden Ansätze der bisher vertretenen Vorschläge zur dogmatischen Herleitung vereint, ist als Bestandteil der zuvor in der Literatur mehrheitlich befürworteten Gesamtanalogie zu gesetzlich geregelten Strukturmaßnahmen auch die für diese im Gesetz enthaltenen Wertungen in diesbezüglicher (formaler) Hinsicht zu übernehmen. Insoweit greift es bei den gesetzlich geregelten Fällen zu kurz, sowohl ihre Zustimmungsbedürftigkeit selbst, als auch die Verpflichtung zur Auslegung des Vertragswerks als rein formal und ohne Rücksicht auf die Eingriffsqualität abzutun[671]. Die Vorlagepflicht ergibt sich vielmehr aus der Tiefe des Eingriffs in die Mitgliedsrechte und Vermögensinteressen der Aktionäre. Zu diesem tiefen Eingriff ist die Zustimmung der Hauptversammlung konkret einzuholen, er stellt den vom Vorstand zu beschreibenden Beschlussgegenstand dar. Damit aber die Aktionäre ausreichende Kenntnis von der konkreten Eingriffsqualität des Vorhabens erlangen können, etwa weil sie die Ausübung weiterer Aktionärsrechte daran ausrichten wollen, erscheint es nicht möglich, auf eine Auslegungs- und Übersendungspflicht zu verzichten. Um dem quasi – satzungsändernden Charakter von Holzmüller – Maßnahmen insgesamt daher auch formal gerecht zu werden und um insoweit eine Gleichstellung mit den gesetzlichen Strukturmaßnahmen zu erreichen, muss eine umfassende Vorlagepflicht vorhandener Verträge nach den auch bisher geltenden Maßstäben verlangt werden.

cc) Einschränkung aus Geheimhaltungsgründen

Besteht demnach eine umfassende Auslegungsverpflichtung in Holzmüller – Fällen ist zu fragen, ob nicht eine Einschränkung im Hinblick auf den berechtigten Schutz zur Geheimhaltung vertraulicher Bestandteile geboten ist, und zwar vor allem dann, wenn sie aus Vertraulichkeitsabreden mit Dritten herrühren oder deren Geheimnisschutz betreffen[672]. Hier sei in Abwägung des schutzwürdigen Geheimhaltungsinteresses mit dem Informationszweck jedenfalls für besonders heikle Dokumente oder Abschnitte analog § 131 III Nr. 1 AktG eine Auslegung zu verweigern[673]. Indes scheint eine solche Einschränkung vor dem Hintergrund der zukünftig eingeschränkten Bedeutung und Häufigkeit ungeschriebener Mitwirkungsrechte nicht angezeigt. Wenn die Hauptversammlung, sei es freiwillig oder aufgrund der Bedeutung der Maßnahme für Mitgliedschaftsrechte der Aktionäre kraft ungeschriebener Zuständigkeit, zur Zustimmung

[671] Vgl. *Horbach*, BB 2001, 893 ff. (899).
[672] Vgl. dazu Emmerich/Habersack – *Habersack*, Vor § 311 RN 47; *Henze*, FS Ulmer, S. 211 ff. (234); *Groß*, AG 1996, 111 ff. (116 f.); *Weißhaupt*, NZG 1999, 804 ff. (809); *ders.*, AG 2004, 585 ff. (591); *Zeidler*, NZG 1998, 91 ff. (93); ablehnend MüKo AktG – *Kubis*, § 119 RN 53; OLG München, AG 1996, 327 ff. (327 f.).
[673] *Weißhaupt*, AG 2004, 585 ff. (591).

zu einem Vertrag aufgerufen ist, muss sie dessen Inhalt uneingeschränkt zur Kenntnis nehmen können. Für Fälle einer freiwilligen Vorlage nach § 119 II AktG sind Geheimhaltungsinteressen bereits insoweit fragwürdig, als dass der Vorstand den Vertrag überhaupt nicht vorlegen müsste. Ein Verzicht auf eine vollumfängliche Auslegung würde hier die Haftungsbefreiung des § 93 IV AktG für den Vorstand allzu einfach herbeiführen, ohne dass die Aktionäre en detail wissen wofür sie eigentlich gestimmt haben[674]. Handelt es sich um einen Holzmüller – Fall, ist die Zustimmung der Hauptversammlung also verpflichtend, kann aufgrund des Ausnahmecharakters sowie der Bedeutung der Maßnahme für Aktionäre und Gesellschaft aber nichts anderes gelten. Hier geht es schließlich um Maßnahmen mit annähernd satzungsändernder Qualität im Kernbereich der Unternehmenstätigkeit. Insoweit sollte der Vorstand darauf verzichten, Vertraulichkeitsabreden mit Dritten in Bezug auf die eigenen Aktionäre zu treffen, da er den Verstoß dagegen durch die Einsichtnahme der Aktionäre nicht wird verhindern können[675].

3. Berichtspflichten des Vorstands bei ungeschriebenen Hauptversammlungsangelegenheiten

a) Meinungsstand

Heftig umstritten ist ferner, ob der Vorstand im Vorfeld der Hauptversammlung Bericht zu erstatten hat. Dieser müsse von der Einberufung an in den Geschäftsräumen der Gesellschaft zur Einsichtnahme ausliegen und auf Anforderung eines Aktionärs diesem abschriftlich übersandt werden. Inhaltlich spiegelt ein solcher Bericht im Unterschied zu einem ausgelegten Vertrag nicht nur das Ergebnis vorausgehender Verhandlungen wieder, sondern offenbart die zur Überprüfung der Angemessenheit des Vertragskompromisses notwendigen Hintergrundinformationen. Ein Holzmüller – Bericht habe die wirtschaftlichen Umstände, mögliche Alternativmaßnahmen und die rechtlichen wie steuerlichen Rahmenbedingungen der einzelnen Gestaltungsschritte detailliert darzustellen[676].

---

[674] Daher stellt der BGH in der Altana/Milupa - Entscheidung Geheimhaltungsinteressen in solchen Fällen auch zu Recht zurück, vgl. BGHZ 146, 288 ff. (297).

[675] Wie hier MüKo AktG – *Kubis*, § 119 RN 53; OLG München, AG 1996, 327 f.

[676] Vgl. *Lutter*, FS Fleck, S. 169 ff. (177); *Lutter/Leinekugel*, ZIP 1998, 805 ff. (814); LG Frankfurt/M., ZIP 1997, 1698 ff. (1702); LG Karlsruhe, ZIP 1998, 385 ff. (398); *Groß*, AG 1996, 111 ff. (116); GK AktG – *Wiedemann*, § 179 RN 77.

Die hM in Rechtsprechung[677] und Literatur[678] nimmt zumeist in Analogie zu den einschlägigen Bestimmungen bei gesetzlich geregelten Strukturbeschlüssen - hier §§ 186 IV S. 2, 293a, 293f I Nr. 3, 293g I, 319 III S. 1 Nr. 3, S. 2 AktG und §§ 8, 63 I Nr. 4, III, 64 I S. 1, 127, 192 UmwG - eine solche Berichtspflicht an. Dies folge aus dem Gebot der Gleichbehandlung des beschlussbegleitenden Aktionärsschutzes bei Strukturmaßnahmen, welchem es zuwiderlaufe, wollte man Berichtspflichten aufgrund der ungeschriebenen Hauptversammlungskompetenz gegenüber den bei vergleichbaren, kodifizierten Zuständigkeiten bestehenden abschwächen[679]. Nehme man die Funktion der Berichtspflichten ernst, könne etwa eine nach der Holzmüller – Doktrin zustimmungsbedürftige Ausgliederung im Wege der Einzelrechtsnachfolge keinen geringeren Anforderungen unterstellt werden als eine die Aktionärsinteressen gleich berührende, aber durch Universalsukzession bewerkstelligte[680]. Dieser Gleichbehandlung im Wege der Analogie stehe das Analogieverbot des §1 II UmwG nicht im Wege, da die Bestimmungen des UmwG und deren ausdifferenzierte Regelungen dann anzuwenden seien, wenn diesen ein allgemeines aktien- oder gar verbandsrechtliches Prinzip zugrunde liege[681]. Das Erfordernis eines Vorstandsberichts, welches sich unter dem Einfluss des Europarechts herausgebildet habe, sei zunächst für den Bezugsrechtsausschluss bei Kapitalerhöhungen gegen Einlagen, und später so ins nationale Recht integriert worden, dass es sich mittlerweile innerhalb und außerhalb des UmwG als prinzipielles Informationsinstrument bei Umstrukturierungen etabliert habe[682]. Daher sei es ein Gebot der Konsequenz, die geregelten Berichtsvorhaben auf ungeschriebene Tatbestände im Wege der Analogie uneingeschränkt und ohne Abstriche zu übertragen.

Die Gegenansicht lehnt das Erfordernis eines ausführlichen schriftlichen Vorstandsberichts ab[683]. Zwar seien die Aktionäre in eine Lage zu versetzen, die eine informierte Entscheidung zulasse, doch stehe nach der gesetzlichen Regelung hierfür das Auskunftsrecht des Aktionärs nach § 131 I S. 1 AktG zur Verfügung, ergänzt durch die Bekanntmachungspflicht nach § 124 II S. 2 AktG. Die Verpflichtung zur Erstellung eines ausführlichen Berichts sei für Sonderfälle statuiert, da es jeweils um einzelne Strukturmaßnahmen gehe, für die der Gesetzgeber besondere Verfahrensvorschrif-

---

[677] LG Karlsruhe, ZIP 1998, 385 ff. (387 ff.); LG Frankfurt/M., ZIP 1997, 1698 ff. (1702).

[678] *Lutter*, FS Fleck, S. 169 ff. (176, 180); *Habersack*, DStR 1998, 533 ff. (535 in FN 38); Emmerich/Habersack – *Habersack*, Vor § 311 RN 19; *Hirte*, Bezugsrechtsausschluss, S. 202 f.; Münch.Hdb.GesR IV – *Krieger*, § 69 RN 11; *Reichert*, Ausstrahlungswirkungen, S. 25 ff. (60 f.); *Leinekugel*, Ausstrahlungswirkungen, S. 228 f.; *Lutter/Leinekugel*, ZIP 1998, 805 ff. (814 f, 816); *Veil*, EWiR 1997, 1111 ff. (1112); *Weißhaupt*, NZG 1999, 804 ff. (808); ablehnend *Bungert*, NZG 1998, 367 ff. (370); *Mutter*, DZWiR 1998, 212 ff.; *Priester*, ZHR 163 (1999), 187 ff. (200 f.).

[679] *Tröger*, ZIP 2001, 2029 ff. (2036); *Weißhaupt*, AG 2004, 585 ff. (588 f.).

[680] *Tröger*, ZIP 2001, 2029 ff. (2036).

[681] Ausführlich *Leinekugel*, Ausstrahlungswirkungen, S. 156 ff.; *Lutter*, UmwG, § 1 RN 24; zurückhaltend Emerich/Habersack – *Habersack*, Vor § 311 RN 47.

[682] *Weißhaupt*, AG 2004, 585 ff. (589).

[683] LG Hamburg/M., ZIP 1997, 238 ff.

ten erlassen habe und die keineswegs einem einheitlichen Ansatz folgen würden[684]. So sei beispielsweise für einen Nachgründungsbericht nach § 52 III AktG nicht bestimmt, dass dieser ausführlich zu sein habe oder auszulegen sei. Für die Fälle der Übertragung des gesamten Gesellschaftsvermögens nach § 179a AktG und die Auflösung der Gesellschaft nach § 262 I Nr. 2 AktG werde auf eine Berichtspflicht ganz verzichtet[685]. Die im Aktiengesetz geregelten Strukturmaßnahmen seien somit individuell ausgestaltet, was ein Indiz für eine unterschiedliche Bewertung durch den Gesetzgeber darstelle. Es fehle insbesondere eine gleichartige und einheitliche Regelung, welche als Grundlage gerade einer Analogie zu den Regeln über eine Berichtspflicht dienen könne[686].

b) Auswirkungen der Gelatine - Entscheidungen

Nachfolgend ist zu untersuchen, ob sich die Neujustierung der Holzmüller – Grundsätze in den Gelatine – Entscheidungen für diesen Streitstand fruchtbar machen lässt und einen Fingerzeig in die eine oder andere Richtung bedeutet.

aa) Differenzierende Lösung anhand des Beschlussgegenstandes

Die Neuakzentuierung des BGH auf die Nähe zur Satzungsänderung verändert die Sicht der Dinge zunächst insoweit, als dass es nun nicht mehr um eine Grundlagenzuständigkeit der Hauptversammlung für strukturändernde Geschäftsführungsmaßnahmen generell geht, von der nur in Bagatellfällen abgesehen werden kann, sondern um eine Ausnahmekompetenz für Maßnahmen, die zwar noch vom satzungsmäßigen Unternehmensgegenstand erfasst werden, aber nicht mehr seiner Warnfunktion zum Schutz des Aktionärskollektivs gerecht werden und daher wegen der Beeinträchtigung mitgliedschaftlich vermittelter Herrschaftsrechte der Aktionäre eine Hauptversammlungsmitwirkung erfordern.

Vor diesem Hintergrund hat sich eine dritte Ansicht etabliert. Sie argumentiert, insoweit stehe fest, dass die Wesentlichkeit des Mitgliedschaftseingriffs nach Holzmüller sich deutlich von derjenigen der gesetzlich geregelten Umstrukturierungen unterscheide und eine pauschale Übernahme umstrukturierungsbezogener Informationsanforderungen daher ausgeschlossen sei[687]. Andererseits aber könne allein unter Hinweis auf § 179 AktG und das fehlende Berichtserfordernis vor Satzungsänderungen die Pflicht eines Holzmüller – Berichts ebenso wenig verneint werden. Deshalb sei eine

[684] *Hüffer*, AktG, § 124 RN 11; LG Hamburg, AG 1997, 238 ff. (239); *Bungert*, NZG 1998, 367 ff. (370); *Horbach*, BB 2001, 893 ff. (897 f.); *Kort*, ZIP 2002, 685 ff. (687); *Groß*, AG 1996, 111 ff. (114 f.).

[685] Hierauf weist *Bungert*, NZG 1998, 367 ff. (368 f.) hin.

[686] *Horbach*, BB 2001, 893 ff. (898).

[687] So *Weißhaupt*, AG 2004, 5985 ff. (589); MüKo AktG – *Kubis*, § 119 RN 51; vorsichtig *Götze*, NZG 2004, 585 ff. (589).

differenzierende Lösung angezeigt: Stelle ein konkreter Vertrag oder dessen Entwurf den Gegenstand der Holzmüller – Vorlage dar, werde dem Informationsbedürfnis der Aktionäre nach den Gründen für die Maßnahme und dem dahinter stehenden unternehmerischen Konzept durch die Bekanntmachung des wesentlichen Inhalts i.S.v. § 124 II S. 2 Var. 2 AktG in ausreichendem Maße gerecht. Freilich sei es dem Vorstand auch hier unbenommen, in einem zusätzlichen, aber freiwilligen, Bericht nähere Erläuterungen, insbesondere zur Angemessenheit der Gegenleistung, zu machen. Stelle hingegen ein abstraktes Umstrukturierungsvorhaben den Gegenstand der Holzmüller – Zustimmung dar, das (noch) keine vertragliche Ausprägung erfahren habe, aber absehbar die hohe Hürde der Holzmüller – Wesentlichkeit erreiche, müsse ein Holzmüller – Bericht zur Vorbereitung der Hauptversammlung zwingend sein. In dieser Situation sei dem Aktionärskollektiv naturgemäß schon im Vorfeld der Hauptversammlung die geplante Maßnahme konkret darzubringen und dabei auch auf deren Gründe und das unternehmerische Konzept einzugehen[688]. Mangels Vertragsdokumentation könne hier nämlich kein wesentlicher Inhalt bekannt gemacht werden, so dass die Aktionäre ihre Stimmrechte denknotwendig nur nach den Erläuterungen im Vorstandsbericht effektiv ausüben könnten[689].

bb) Einheitliches Erfordernis eines Holzmüller – Berichts

Hierzu ist zu sagen, dass ein solches differenziertes Vorgehen in Bezug auf den Holzmüller – Bericht aus Sicht der rechtsberatenden Praxis von Vorteil sein mag, jedoch Bedenken gegen eine damit einhergehende Abschwächung formalisierter Informationsrechte der Aktionäre im Lichte der neuen Rechtsprechung zu ungeschriebenen Hauptversammlungszuständigkeiten nach Gelatine und Macrotron bestehen. Vielmehr erscheint insgesamt ein erläuternder Vorstandsbericht notwendig.

(1) Bedeutung und Wesentlichkeitsschwelle von Holzmüller - Fällen

Zu Recht wird nämlich darauf hingewiesen, der BGH habe deutlich gemacht, dass Holzmüller – Fälle Ausnahmekonstellationen beschreiben und im Leben einer Aktiengesellschaft bedeutende Maßnahmen, eben in der Nähe einer Satzungsänderung, darstellen. Hierbei dient die ungeschriebene Mitwirkung nach Holzmüller dem Schutz des Mitgliedschaftsrechts des einzelnen Aktionärs vor durch die Maßnahme drohende Mediatisierung von Herrschaftsbefugnissen und Vermögensinteressen. Dass in solchen Fällen daher ein grundsätzliches Bedürfnis nach einem Vorstandsbericht besteht, wird auch nicht ernstlich bestritten. Zu unübersehbar ist hier die Nähe zu einzelnen geregelten Maßnahmen mit vergleichbarer Eingriffsqualität, bei denen ein Vorstandsbericht erforderlich ist. Der Schutzzweck der Holzmüller - Regel begründet aber nunmehr

[688] MüKo AktG – *Kubis*, § 119 RN 51; *Weißhaupt*, AG 2004, 585 ff. (589).
[689] *Weißhaupt*, AG 204, 585 ff. (589).

nach den Gelatine – Urteilen erst dann eine Mitwirkung, wenn die Transaktion deutlich höhere Grenzwerte und Wesentlichkeitskriterien in qualitativer und quantitativer Hinsicht erfüllt, als bisher angenommen wurde. Aufgrund dieser nicht unerheblichen Schwellenwerte verlangen diese für die tief greifenden Eingriffe im Holzmüller – Sinn wertungsmäßig daher erst recht das strenge Informationsniveau gesetzlich geregelter Strukturmaßnahmen[690].

Zudem ist zu berücksichtigen, dass die Häufigkeit tatsächlicher Holzmüller – Beschlüsse zukünftig deutlich zurückgehen wird. Liegt dann aber ausnahmsweise eine nach den hier diskutierten Grundsätzen zustimmungspflichtige Maßnahme zur Abstimmung vor, dann scheint es weder überflüssige Förmelei noch eine verzichtbare Wiederholung bereits zur Verfügung gestellter Informationen, wenn der Vorstand auch die Gründe für die Umstrukturierung sowie sein unternehmerisches Konzept, welches für die Investitionsentscheidung des Aktionärs ganz entscheidend sein kann, schriftlich zu erläutern hat. Dies gilt dabei für alle Holzmüller – Konstellationen, also nicht nur solche, bei denen kein wesentlicher Vertragsinhalt bekannt gemacht werden kann, sondern auch dann, wenn ein konkreter Vertrag oder Vertragsentwurf vorliegt, dessen Inhalt mit der Einberufung bekannt zu machen ist. Denn angesichts der einheitlichen Eingriffsintensität sowie einheitlicher Schwellenwerte ist eine Ungleichbehandlung solcher identischer Fälle schwer einzusehen.

(2) Vergleich mit den Delisting – Fällen als zweite Quelle ungeschriebener Mitwirkung

Das Erfordernis eines Vorstandsberichts für Holzmüller – Fälle wird auch durch den Vergleich mit der Rechtsprechung zum regulären Delisting unterstützt. Im Rahmen der Untersuchung des Schutzzwecks ungeschriebener Mitwirkungsrechte wurde dazu das Macrotron – Urteil des BGH aus dem Jahre 2001 analysiert[691]. Hier ergab sich eine zweite Quelle ungeschriebener Mitwirkungsrechte mit der Funktion das Vermögen der Aktionäre zu schützen wie es sich aus dem Aktieneigentum ergibt, das insbesondere die jederzeitige Veräußerbarkeit der Aktie an der Börse umfasst. Ein Zustimmungserfordernis folgt nach dem BGH hier unmittelbar aus Art. 14 I GG, für die Zustimmung aber sei ein Beschluss mit einfacher Mehrheit ausreichend und ein Vorstandsbericht sei nicht anzufertigen. Das zwingend zu unterbreitende Abfindungsangebot an die Minderheitsaktionäre sei aber im Spruchverfahren überprüfbar. Gerade weil der BGH selbst im Delisting – Fall die Anwendbarkeit der Holzmüller – Regel ausdrücklich ablehnt, ergibt die vergleichende Einordnung der Hauptversammlungszuständigkeiten

[690] Diesen Einwand sieht auch *Weißhaupt*, AG 2004, 585 ff. (589); diese Überlegung liegt wohl auch dem Meinungsumschwung einiger Vertreter zu Grunde, die vor den Gelatine – Entscheidungen das Erfordernis eines Holzmüller – Berichts ganz ablehnten oder seinem Erfordernis zumindest skeptisch gegenüber standen, namentlich jetzt *Bungert*, BB 2004, 1345 ff. (1351), zuvor aber *ders.*, NZG 1998, 357 ff. (370), sowie Emmerich/Habersack – *Habersack*, jetzt Vor § 311 RN 52 („besteht"), zuvor aber *dies.* 3. Aufl., Vor § 311 RN 47 („geboten").

[691] BGHZ 153, 47 ff. (59); dazu ausführlich oben, Zweites Kapitel, II, 3, b.

ein für den Schutzzweck eindeutiges Ergebnis: Holzmüller schützt durch das Mitgliedschaftsrecht vermittelte Herrschaftsrechte, Macrotron hingegen zielt auf den Schutz des in der Aktie verkörperten Eigentums. In obiger Untersuchung wurden sowohl Beschlusserfordernis selbst als auch die dogmatische Begründung der Macrotron – Entscheidung kritisch beurteilt. Hier zeigte sich, dass es in der Sache darum geht, den Minderheitsaktionären jedenfalls die Möglichkeit eines wirtschaftlich fairen (und freiwilligen) Ausscheidens aus der Gesellschaft zu eröffnen, für die aber ein Hauptversammlungsbeschluss nicht notwendig erscheint. Vielmehr wirkt dieser in der Delisting – Situation zu dem alleinigen Zweck konstruiert, eine Anwendbarkeit des Spruchverfahrens zur Kontrolle eines fairen Angebots zu ermöglichen (Vehikel). Zu dieser Funktion passt es, wenn der BGH (konsequenterweise) keine strengeren Voraussetzungen an die Hauptversammlungszustimmung stellt und dementsprechend auch einen Vorstandsbericht ausdrücklich nicht verlangt. In Holzmüller – Fällen aber liegt es anders: Hier hat die Hauptversammlungszustimmung im Mitgliedschaftsschutz eine echte eigene Funktion, die aus den Wertungen des AktG selbst abzuleiten ist. Angesichts dieses Unterschieds kann die Betrachtung beider Urteile im Hinblick auf die Berichtspflicht aber nicht ergeben, dass auch bei „Holzmüller“ ein Bericht gerade nicht zu erstellen sei, sondern ergibt im Gegenteil, dass hier, auch mangels Anwendbarkeit kapitalmarktrechtlicher Informationspflichten wie sie mit der Börsennotierung für den Fall des Erwerbs wesentlicher Anteile einhergehen, ein Vorstandsbericht sinnvoll und notwendig erscheint[692].

(3) Divergierende Inhalte der wesentlichen Bekanntmachung des Vertragsinhalts und des Vorstandsberichts

Zum Teil meint man, ein ausführlicher Vorstandsbericht könne bei Holzmüller – Maßnahmen dann entfallen, wenn bereits mit der Einberufung eine Bekanntmachung des wesentlichen Inhalts des Vertragswerks i.S.v. § 124 II S. 2 2. Alt AktG erfolgt sei[693]. Dann sei dem Bedürfnis umfassender Information der Aktionäre in ausreichendem Maße Genüge getan[694]. Dieses Argument gegen einen Holzmüller - Bericht in einer solchen Beschlusslage wäre zutreffend, wenn die Bekanntmachung des wesentlichen Inhalts, die sich an § 124 II S. 2 AktG orientiert, mit dem Inhalt eines Vorstandsberichts wie ihn § 186 IV S. 2 oder § 293a AktG vorsehen, identisch wäre und den Aktionären keine neuen Informationen und Kenntnisse vermittelt würden. Dies ist jedoch nicht der Fall. Ein Holzmüller – Bericht in Anlehnung an § 186 IV S. 2 oder § 293a AktG geht inhaltlich nicht nur über die Bekanntmachungspflicht des wesentlichen Inhalts hinaus, sondern betrifft auch ganz andere Berichtsgegenstände. Die Bekanntmachung des wesentlichen Inhalts soll die kennzeichnenden und kritischen Punkte des

---

[692] Missverständlich *Weißhaupt*, AG 2004, 585 ff. (590).

[693] So MüKo AktG - *Kubis*, § 119 RN 51; *Kort*, ZIP 2002, 685 ff. (687 f.); auch OLG München, AG 2001, 364 ff. (366).

[694] *Kort*, ZIP 2002, 685 ff. (688).

Vertrags für einen verständigen Durchschnittsaktionär kennzeichnen[695]. Dies umfasst die Hauptleistungspflichten der Vertragsparteien, ggf. vereinbarte Schutzmaßnahmen etwa für Minderheitsaktionäre (z.B. Ausgleichs- und Abfindungsbestimmungen bei Unternehmensverträgen) sowie die Datierung der Maßnahmen. Neben diesen essentialia eines Vertrages umfasst die Bekanntmachungspflicht aber auch die für die Gesellschaft nachteiligen Eckpunkte[696]. Sinn und Zweck eines Vorstandsberichts, etwa nach § 186 IV S. 2 AktG, ist es demgegenüber, die Hauptversammlung über die Gründe für die Maßnahme zu informieren und durch eine weit verstandene Aufklärung über die Maßnahme eine fundierte und sachgerechte Entscheidung zu ermöglichen[697]. In der Sache geht es darum, der Hauptversammlung ein Urteil darüber zu ermöglichen, welches Gewicht der Maßnahme für das Unternehmen zukommt, welche Alternativen zur Verfügung stehen und welche Konsequenzen die Maßnahme hat. Der Bericht muss die für die Entscheidung erheblichen Tatsachen liefern und eine Bewertung derjenigen Tatsachen enthalten, die die Maßnahme nach Ansicht des Vorstands tragen[698]. Aus diesem Überblick wird ersichtlich, dass Vorstandsbericht und Bekanntmachungspflicht durchaus andere inhaltliche Punkte betreffen können und nicht gleichgestellt werden können. Daher ist eine Substituierung der Berichtspflicht durch die Bekanntmachungspflicht abzulehnen, und es ist von einer Verpflichtung des Vorstands zur Erstellung eines ausführlichen und schriftlichen Holzmüller – Berichts unabhängig von einer konkreten Vertragssituation auszugehen.

(4) Reduzierung des Anfechtungsrisikos

Oft wird im Zusammenhang mit Hauptversammlungsbeschlüssen die mit einer möglichen Anfechtung einhergehende Rechtsunsicherheit beklagt. Die Anfechtung wird dabei nicht selten auf die unzureichende oder fehlerhafte Information des anfechtenden Aktionärs gestützt. Insbesondere mündliche Auskünfte im Zusammenkunftstermin sind dabei oft fehleranfällig und bergen daher ein hohes Anfechtungsrisiko. Diesem geht der Vorstand durch einen regelmäßig mit großer Sorgfalt entworfenen schriftlichen Vorstandsbericht aus dem Weg[699]. Diese rechtstatsächliche Beobachtung erlangt vor allem mit Blick auf die durch das UMAG neu eingefügten Regelungen in § 131 III Nr. 7 AktG Bedeutung. Danach müssen bereits vorab über Internet den Aktionären zur Kenntnis gebrachte Informationen in der Hauptversammlung nicht mehr wiederholt werden. Daraus folgt, dass der Vorstand in dem Maße spätere Auskunftsbegehren der Aktionäre in der Hauptversammlung verwehren kann, in dem er vorab informiert. Gerade bei den wenig standardisierten Holzmüller – Sachverhalten mit relativ hoher Fehleranfälligkeit der mündlichen Auskunftserteilung mindert der Vorstandsbericht mit Blick auf die aufgezeigte Wechselwirkung von Bericht und Auskunft im Vorfeld der

[695] Vgl. MüKo AktG – *Kubis*, § 124 RN 36 m.w.N.
[696] MüKo AktG – *Kubis*, § 124 RN 37 m.w.N.
[697] Vgl. MüKo AktG – *Peifer*, § 186 RN 65 m.w.N.
[698] MüKo AktG – *Peifer*, § 186 RN 65; *Hüffer*, AktG, § 186 RN 24.
[699] *Lutter*, JZ 2000, 837 ff. (838).

Hauptversammlung das Anfechtungsrisiko erheblich. Mithin sprechen auch diese Überlegungen für eine Berichtspflicht.

(5) Dogmatische Begründung der Berichtspflicht

Die den Meinungsstand vor Gelatine dominierende Frage war die nach der dogmatischen Begründung einer Berichtspflicht in Holzmüller – Fällen. Gegen die Gesamtanalogie der hM wurde vor allem eingewandt, dass eine Berichtspflicht im Gesetz nur für singuläre Fälle vorgesehen sei. Im Lichte der Gelatine – Entscheidungen dürfte diese Streitfrage jedoch entscheidend an Bedeutung eingebüßt haben. Es wurde bereits darauf hingewiesen, dass strenge formale Anforderungen und Informationspflichten an einen Holzmüller – Beschluss vor dem Hintergrund des Ausnahmecharakters der Maßnahme insgesamt geboten erscheinen, und in dogmatischer Hinsicht als Annex - Pflicht einer in der offenen Rechtsfortbildung begründeten ungeschriebenen Mitwirkung begründet werden können. Eine solche Annex – Pflicht ergibt sich mit Blick auf solche gesetzlichen Fällen, die, wie Holzmüller – Sachverhalte, neben der Mitwirkung der Hauptversammlung auch entsprechende Berichtspflichten normieren und dadurch eine vergleichbare gesetzgeberische Wertung zum Ausdruck bringen (§§ 186 IV S. 2, 293a, 293f I Nr. 3, 293g I, 319 III S. 1 Nr. 3, S. 2 AktG und §§ 8, 63 I Nr. 4, III, 64 I S. 1, 127, 192 UmwG). Der Verzicht auf einen Vorstandsbericht in Holzmüller – Fällen wird daher nur schwer unter Hinweis auf die fehlende dogmatische Begründung zu vertreten sein, denn die Berichtsnotwendigkeit stellt sich als Annex der notwendigen Hauptversammlungsmitwirkung in einer offenen Rechtsfortbildung dar.

4. Zulässigkeit einer Vorausermächtigung des Vorstands zu holzmüllerpflichtigen Maßnahmen

a) Problemaufriss

Auch Geschäftsführungsmaßnahmen, die nach der Holzmüller – Regel eine Mitwirkung der Hauptversammlung erfordern, können nicht immer von langer Hand vorbereitet und organisiert werden. In der Schnelllebigkeit des heutigen Wirtschaftslebens kann sich daher die Notwendigkeit ergeben, auch Entscheidungen von grundsätzlicher Bedeutung relativ kurzfristig zu fassen, was der BGH in den Gelatine – Urteilen ausdrücklich anerkennt. Deshalb stellt sich auch im Zusammenhang mit Holzmüller häufig die Frage, ob der Vorstand vorab von der Hauptversammlung ermächtigt werden kann, eine bestimmte zustimmungspflichtige Transaktion autonom durchzuführen[700]. Die Holzmüller – Grundsätze sind dadurch gekennzeichnet, dass die Hauptversamm-

[700] Das praktische Bedürfnis nach einer entsprechenden Holzmüller – Ermächtigung entspricht im Wesentlichen der Interessenlage zum genehmigten Kapital.

lung eine *ad – hoc – Zustimmung* zu einer konkreten Geschäftsführungsmaßnahme erteilen muss. Eine Vorausermächtigung des Vorstands durch die Hauptversammlung verfolgt demgegenüber das Ziel, von diesem konkret - individuellen Gegenstand zu abstrahieren und den Vorstand zu einer verallgemeinerten Maßnahme zu ermächtigen. Die Frage, inwieweit der Ermächtigungsbeschluss von der individuellen Holzmüller – Maßnahme abstrahieren darf, ist damit gleichzeitig Beweggrund und Wirksamkeitsschranke einer jeden Form von Vorausermächtigung. Ihre Zulässigkeit in den verschiedenen Formen, namentlich in Form von Satzungsklauseln, aufschiebend bedingten Beschlüssen und (allgemeinen) Ermächtigungsbeschlüssen zugunsten des Vorstands, sowie die bei Bejahung der Zulässigkeit daran zu stellenden Voraussetzungen sind anhand der Aussagen des Gelatine – Urteils zu untersuchen.

b) Satzungsermächtigung zu Holzmüller - Maßnahmen

Die zukünftige Rolle und Bedeutung von Konzernklausel und Unternehmensgegenstand als Satzungsbestandteile nach den Gelatine – Entscheidungen wurde bereits betrachtet[701]; auf die dort gefundenen Ergebnisse kann somit verwiesen werden. Der Vorausermächtigung zu einer Holzmüller - Maßnahme durch Satzungsbestimmung kommen danach sicherlich die meisten Vorzüge zu, denn die Zulässigkeit des Vorstandshandelns auch im Innenverhältnis ergibt sich dann unmittelbar aus dem Gesellschaftsstatut. Dabei geht es nicht um die bisweilen diskutierte Frage der Zulässigkeit eines generellen Verzichts auf geschriebene oder ungeschriebene Hauptversammlungszuständigkeiten[702], sondern darum, ob eine Vorausermächtigung in der Satzung eine spätere Holzmüller – Zustimmung entfallen lassen kann. Jedoch wurde bereits festgestellt, dass eine Satzungsbestimmung, die sich auf einen konkreten Vorgang bezieht, realiter nicht vorkommen wird (kann), weshalb die meisten Satzungen so genannte Konzernklauseln enthalten, durch die eine abstrakt - generelle „Vor – Ordnung“[703] von Holzmüller – Maßnahmen versucht wird. Diese jedoch können nach der Klarstellung des BGH in Gelatine nicht als Vorausermächtigung des Vorstands angesehen werden[704].

c) Bedingung und Befristung von Holzmüller - Beschlüssen

Eine weitere Möglichkeit zur Vorausermächtigung des Vorstands stellen die Bedingung und die Befristung des Beschlusses der Hauptversammlung dar. Wie die meisten anderen Rechtsgeschäfte können auch Hauptversammlungsbeschlüsse nach §§ 158, 163 BGB mit einer Bedingung oder Zeitbestimmung verknüpft werden, es sei denn,

[701] Vgl. oben, Zweites Kapitel, VI, 1 und 2.
[702] Hierzu *Martens*, ZHR 147 (1983), 568 ff. (571).
[703] *Lutter/Leinekugel*, ZIP 1998, 805 ff. (807).
[704] Dazu vgl. oben, Zweites Kapitel, VI, 2.

diese steht dem besonderen Wesen des Hauptversammlungsbeschlusses als körperschaftlichem Willensbildungsakt entgegen.

aa) Befristung und auflösende Bedingung

Eine Befristung von Hauptversammlungsbeschlüssen ist zunächst nach ganz hM zulässig[705] und tritt in der Praxis insbesondere im Zusammenhang mit Gesetzesänderungen auf. Entscheidend ist, dass der Inhalt des Beschlusses hier vollständig feststeht, und nur seine Inkraftsetzung anhand eines Kalenders oder anderer eindeutiger Kriterien zu ermitteln ist. Gegen die Zulässigkeit der Befristung einer *konkreten* Holzmüller – Ermächtigung bestehen daher keine Bedenken.

Auflösend bedingte Beschlüsse sind demgegenüber unzulässig, da sie zwar einen inhaltlich feststehenden Beschluss beschreiben, dieser aber bei Eintritt eines ungewissen zukünftigen Ereignisses rückwirkend entfallen soll. Diese Konsequenz wird den in der Aktiengesellschaft gebotenen Anforderungen nach Rechtssicherheit nicht gerecht, was das Beispiel des Dividendenausschüttungsbeschlusses unter der Bedingung der Erzielung eines bestimmten Gewinns im nächsten Geschäftsjahr verdeutlicht. Wird das Gewinnziel verfehlt, wäre hier die ursprünglich rechtmäßige Gewinnausschüttung im Nachhinein als verbotene Kapitalrückzahlung mit den Konsequenzen der §§ 57 ff. AktG zu qualifizieren. Diese Folgen widersprechen dem Wesen der Aktiengesellschaft[706].

bb) Aufschiebende Bedingung

Auch aufschiebend bedingte Beschlüsse stehen ihrem Inhalt nach fest, sie treten aber zeitversetzt, nach Eintritt eines ungewissen zukünftigen Ereignisses, in Kraft. Dieses Vorgehen wird für einige Beschlussgegenstände, wie etwa die Bestellung von Abschlussprüfern oder die Verwendung des Bilanzgewinns, die ihrem Inhalt nach bedingungsfeindlich seien, für unzulässig gehalten[707], im Regelfall soll jedoch dem Bedürfnis der Gesellschaft nach gesteigerter Handlungsfähigkeit durch eine Hinnahme des mit der Bedingung einhergehenden Schwebezustands bis zur nächsten Hauptversammlung entgegengekommen werden[708]. Dabei darf aber das ungewisse zukünftige Ereignis nicht in der Zustimmung eines anderen Gesellschaftsorgans oder einer anderen dritten Stelle bestehen, da dies ein Mitentscheidungsrecht des jeweiligen Organs oder des Dritten darstellt. Insbesondere bei Holzmüller – Beschlüssen würde so das allein zugunsten der Hauptversammlung bestehende Zustimmungserfordernis in unzulässiger

[705] KK AktG – *Zöllner*, § 179 RN 197; *Lutter/Leinekugel*, ZIP 1998, 805 ff. (808); *Lutter*, FS Quack, S. 301 ff. (311); *Hüffer*, AktG, § 179 RN 25.

[706] Ausführlich dazu *Lutter*, FS Quack, S. 301 ff. (304).

[707] Vgl. dazu jeweils *Grunewald*, AG 1990, 133 ff. (137).

[708] *Grunewald*, AG 1990, 133 ff. (137); *Lutter/Leinekugel*, ZIP 1998, 805 ff. (809); *Lutter*, FS Quack, S. 301 ff. (306); GK AktG – *Wiedemann*, § 179 RN 77; KK AktG – *Zöllner*, § 179 RN 145.

Weise unterlaufen. Bestünde etwa für Vorstand oder Aufsichtsrat ein konkretes Zustimmungsrecht zu einer Holzmüller - Maßnahme, würde dieses Mitentscheidungsrecht eine Teil – Delegation der zum Mitgliedschaftsschutz bestehenden ungeschriebenen Hauptversammlungszuständigkeiten bedeuten. Dies ist jedoch, wie es für den Falle der Satzungsermächtigung in den Gelatine - Urteilen zutreffend entschieden wurde, weder möglich noch zulässig. Diese Maßgaben sind auf die aufschiebende Bedingung mit Blick auf den Schutzzweck ungeschriebener Mitwirkung übertragbar.

Darf die Bedingung also nicht zu einem materiellen Mitentscheidungsrecht anderer Organe, insbesondere der Verwaltung, führen, sind die Anforderungen an einen solchen bedingten Hauptversammlungsbeschluss zu präzisieren und einzugrenzen. Die Unzulässigkeit der Übertragung einer materiellen Entscheidungskompetenz bedeutet im Gegenzug, dass die Hauptversammlung ihrerseits umfassend, endgültig und verbindlich entschieden haben muss: Der Rahmen in dem sich die Verwaltung aufgrund der bedingten Zustimmung bewegen kann, muss daher von vornherein präzise abgesteckt sein. Zulässig erscheint demnach ein Beurteilungsspielraum der Verwaltung etwa hinsichtlich der Frage, ob die von der Hauptversammlung aufgestellten Voraussetzungen zur Durchführung des Beschlusses nun tatsächlich erfüllt sind. Dann begeben sich die Aktionäre nicht des durch die ungeschriebene Hauptversammlungszustimmung gewährten Schutzes ihrer Mitgliedschaftsrechte; es wächst dem Vorstand hier kein echter Entscheidungsspielraum zu. Freilich dürfen sich dabei die zu erfüllenden Voraussetzungen nicht ihrerseits in Allgemeinheiten erschöpfen, sondern müssen möglichst eindeutig definiert und subsumierbar sein.

Insgesamt wird daher durch bedingte Hauptversammlungsbeschlüsse gerade vor dem Hintergrund des erhellten Holzmüller – Schutzzwecks die unternehmerische Flexibilität nur in sehr eingeschränktem Umfang gestärkt. Die strengen Anforderungen, die an die inhaltliche Ausgestaltung aufschiebend bedingter Beschlüsse zu stellen sind, führen im Ergebnis dazu, dass dem Vorstand kein Letztentscheidungsrecht zukommen kann, sondern sämtliche wesentlichen Punkte von der Hauptversammlung selbst zu entscheiden sind[709]. Im Ergebnis ist ein aufschiebend bedingter Holzmüller – Beschluss damit zwar möglich, aber wenig hilfreich[710].

d) Ermächtigungsbeschluss

Ein Ermächtigungsbeschluss der Hauptversammlung lässt demgegenüber Dinge offen und gibt dem Vorstand nur den Rahmen vor, in dem er sich zu bewegen hat und schafft auf diese Weise Raum für unternehmerische Flexibilität. Anders als ein bedingter Beschluss, der seinem Inhalt nach feststeht und nur zeitversetzt in Kraft tritt, kann dadurch der Gestaltungsspielraum des Vorstands erweitert werden und ihm die Möglichkeit gegeben werden, in gewissem Rahmen über die maßgeblichen Inhalte der in

[709] Wie hier auch Lutter/*Leinekugel*, ZIP 1998, 805 ff. (811).

[710] Bei der Veräußerung wesentlicher Betriebsteile müsste somit neben einem Mindestpreis, den der Vorstand entweder zu erzielen hat oder aber vom Verkauf absehen muss, auch feststehen, welche Betriebsteile konkret veräußert werden sollen.

Rede stehenden Strukturmaßnahme selbst zu befinden. Nach einem Überblick über den bisherigen Meinungsstand wird hier zu untersuchen sein, welche Folgen und Modifizierungen aufgrund der Gelatine – Urteile sich für diesen nunmehr ergeben.

aa) Meinungsstand

Einige Autoren lehnen derartige Ermächtigungen des Vorstands ab. Für solche Maßnahmen, die sich noch nicht einmal in Vertragsentwürfen manifestiert habe, sondern allgemein gehalten sei, könne nicht die erforderliche *ad – hoc – Mitwirkung* der Hauptversammlung stattfinden[711]. Dies liege darin begründet, dass Holzmüller – Maßnahmen und die sie flankierenden Informationsrechte grundsätzlich als ius strictum zu qualifizieren seien. §§ 23 V S. 1 AktG, 1 III UmwG stellten nämlich klar, dass die Bestimmungen des Aktien- und Umwandlungsrechts zwingenden Charakter haben, so dass insbesondere die gesetzliche Zuständigkeitsverteilung aufgrund der geschriebenen Kompetenzzuweisungen weder zur Disposition des Satzungsgebers stünde, noch durch Beschlüsse der Aktionärsmehrheit verändert werden könnte. Diese Wertung sei für ungeschriebene Zuständigkeiten entsprechend zu übertragen, da auch sie dem geschriebenen Recht abgewonnenen Regeln entstammten und mithin zum Normbestand des Aktienrechts zu rechnen seien und deshalb zu den „Vorschriften dieses Gesetzes" i. S. v. § 23 V S. 1 AktG gehörten[712]. Darüber hinaus wird bei der Frage der Zulässigkeit einer Ermächtigung des Vorstands auch mit der dogmatischen Grundlage der Holzmüller – Doktrin argumentiert. Insbesondere von Vertretern der Gesamtanalogie zu gesetzlich geregelten Kompetenzen bei Strukturmaßnahmen wird so, unter Hinweis auf das für diese regelmäßig bestehende Erfordernis der Vorlage eines konkreten Vertrages bzw. Planes, geschlussfolgert, dass dementsprechend eine allgemeine Ermächtigung in Holzmüller – Fällen nicht zulässig sein könne[713], zumal nach dem Rechtsgedanken der §§ 58 II, S. 2, 202 I, 203 II, 237 VI AktG eine Ermächtigung des Vorstands mit Auswirkungen auf Aktionärsrechte nur in der Satzung möglich sei[714], was hier aber keine Alternative darstelle[715].

Die wohl herrschende Gegenansicht hält hingegen Ermächtigungsbeschlüsse jedenfalls in der Gestalt von so genannten Strukturkonzepten für zulässig[716]. Entscheidend dafür sei zunächst, dass das Gesetz selbst Ermächtigungen zur Vornahme von Struk-

---

[711] GK AktG – *Mülbert*, § 119 RN 68; *Schockenhoff*, NZG 2001, 921 ff. (925); *Zeidler*, NZG 1998, 91 ff. (92); tendenziell auch *Tröger*, ZIP 2001, 2029 ff. (2038 f.).

[712] Vgl. *Tröger*, ZIP 2001, 2029 ff. (2038); GK AktG – *Mülbert*, § 119 RN 68.

[713] Vgl. zu diesem Argument *Schockenhoff*, NZG 2001, 921 ff. (925); *Tröger*, ZIP 2001, 2029 ff. (2039); Münch.Hdb.GesR IV – *Krieger*, § 69 RN 9.

[714] GK AktG – *Mülbert*, § 119 RN 68.

[715] Dazu vgl. oben, Zweites Kapitel, VII, 4, b.

[716] *Grunewald*, AG 1990, 133 ff. (136); *Henze*, FS Ulmer, S. 211 ff. (231 ff.); *Lutter/Leinekugel*, ZIP 1998, 805 ff. (811 ff.); Semler/Stengel – *Schlitt*, UmwG, Anh. § 173 RN 38; Emmerich/Habersack – *Habersack*, Vor § 311 RN 51; MüKo AktG – *Kubis*, § 119 RN 94; *Priester*, EWiR 1990, 222 ff.; *Groß*, AG 1996, 111 ff. (113); aus der Rechtsprechung ebenfalls LG Frankfurt/M., AG 2001, 431 ff. (433); LG Hamburg, AG 1997, 238 ff.

turmaßnahmen kenne. Für Beschlüsse unterhalb der satzungsrelevanten Schwelle sehe § 71 I Nr. 8 AktG eine Delegationsmöglichkeit vor, für satzungsrelevante Entscheidungen sei eine Entscheidungsdelegation in §§ 202 II, 221 II AktG vorgesehen, die sogar die Möglichkeit zum Ausschluss des Bezugsrechts umfasse (203 I, II AktG)[717]. Vergleiche man nun die Ermächtigung des Vorstands zur Veränderung der Kapitalstruktur der Gesellschaft mit ungeschriebenen Maßnahmen nach der Holzmüller – Doktrin, so könne man einen qualitativen Unterschied nicht feststellen, vielmehr sei die Eingriffsintensität insoweit identisch[718]. Denn anders als bei einer Kapitalerhöhung unter Ausschluss des Bezugsrechts der Aktionäre nach §§ 186 III, 203 I, II AktG entscheide hier die Verwaltung nicht nur über das Wann und Wie der Ausgabe der neuen Aktien, sondern auch über das Ob eines solchen Vorgehens. Mithin sei zu konstatieren, dass es offensichtlich auch delegationsfähige Kompetenzen der Hauptversammlung bei Strukturmaßnahmen gebe[719]. Ferner liege es im Hinblick auf die Siemens/Nold – Entscheidung[720] nahe, vergleichbare Fälle dogmatisch – konstruktiv nach dem Vorbild des genehmigten Kapitals als Zuweisung von Anfang an übertragungsfähiger Kompetenzen zu verstehen[721]. Zwar habe der BGH in Siemens/Nold über die inhaltliche Verdichtung des Vorstandsberichts im Rahmen der Ausnutzung des genehmigten Kapitals zu entscheiden gehabt, doch entspreche dieser Fall bei wirtschaftlicher Betrachtung einer Holzmüller – Konstellation[722]. Insgesamt bestünden gegen die Billigung eines Strukturkonzepts durch die Hauptversammlung schließlich auch deshalb keine Bedenken, da gerade auch ein solches Konzept informationsrechtlich durch einen Vorstandsbericht abgesichert werden müsse[723], so dass die entscheidende Frage nicht die generelle Zulässigkeit einer Vorausermächtigung des Vorstands sei, sondern deren Konkretisierung und zeitliche Befristung.

bb) Zulässigkeit von Ermächtigungsbeschlüssen nach Gelatine

Die Gelatine – Entscheidungen enthalten zu der Frage der Zulässigkeit eines Ermächtigungsbeschlusses keine ausdrücklichen Aussagen. Fraglich ist damit, ob sich aus den übrigen Ausführungen des Gerichts Rückschlüsse oder Tendenzen für diese Fragestellung ableiten lassen. Insoweit lässt der BGH zunächst nicht erkennen, dass er mit Blick auf den skizzierten Meinungsstand Klärungsbedarf gesehen hat oder das bisher mehrheitlich Vertretene für unzulässig hält. Angesichts der um eine grundsätzliche Klärung der Holzmüller - Grundsätze bemühten Urteilsgründe spricht dies zunächst nicht gegen eine Unzulässigkeit der Vorausermächtigung. Sofern Ermächtigungsbe-

---

[717] Dazu ausführlich *Lutter/Leinekugel*, ZIP 1998, 805 ff. (812).
[718] So *Lutter/Leinekugel*, ZIP 1998, 805 ff. (813); einschränkend aber *Tröger*, ZIP 2001, 2029 ff. (2040).
[719] So bereits *Grunewald*, AG 1990, 133 ff. (136).
[720] BGHZ 136, 133 ff.
[721] So etwa *Westermann*, FS Koppensteiner, S. 259 ff. (267).
[722] Vgl. *Westermann*, FS Koppensteiner, S. 259 ff. (267).
[723] MüKo AktG – *Kubis*, § 119 RN 94 aE.

schlüsse bisher unter Hinweis auf die Gesamtanalogie als Rechtsgrundlage der Holzmüller – Doktrin als unzulässig angesehen wurden[724], ist dieser Argumentation nunmehr der Boden entzogen, denn der BGH leitet ungeschriebene Mitwirkungsrechte gerade nicht aus einer solchen Gesamtanalogie her[725]. Dem neuen Begründungsansatz einer offenen Rechtsfortbildung kann gerade vor dem Hintergrund seiner systematischen Einbettung in das geltende Aktienrecht nicht entnommen werden, dass er zu einem Verbot von Konzept- und Ermächtigungsbeschlüssen in ungeschriebenen Hauptversammlungszuständigkeiten nötigt. Denn das geltende Recht erkennt das Bedürfnis einer entsprechenden Ermächtigung auch zu satzungsrelevanten Strukturmaßnahmen an. Wenngleich die §§ 202, 221 AktG (lediglich) Finanzierungsaspekte betreffen, so dass die Übertragung der ratio dieser Normen nicht vollständig zu überzeugen vermag[726], so gilt es doch anzuerkennen, dass diesen Finanzierungsmaßnahmen durchaus auch Strukturcharakter zukommen kann. Entscheidend ist, dass in diesen vergleichbaren Fällen dann die Möglichkeit besteht, Kompetenzen auf die Verwaltung zu übertragen. Für nicht – satzungsrelevante Maßnahmen erkennt das Gesetz zudem in § 71 I Nr. 8 AktG die Zulässigkeit von Ermächtigungen an, so dass insgesamt von einem durchaus verallgemeinerungsfähigen Rechtsgedanken des geltenden Aktienrechts auszugehen ist.

Außerdem belegen die Gelatine – Urteile, dass sich der BGH um eine Stärkung der Vorstandsautonomie bemüht und so den Anwendungsbereich der Holzmüller – Regel insgesamt einzudämmen versucht. Mit der Bestrebung, die Leitungsbefugnis des Vorstands zu stärken, geht es einher, dass in Fällen, die eine Holzmüller – Zustimmung ausnahmsweise erfordern, die Aktionäre den Vorstand dann zur Vornahme entsprechender Maßnahmen nach seinem Ermessen ermächtigen dürfen; jedenfalls sofern diese Ermächtigung nicht ins Uferlose führt. Insoweit stellt die Möglichkeit zur Ermächtigung auch einen Aspekt der (Wieder-)Herstellung der Vorstandsautonomie in Holzmüller – Sachverhalten dar. Entscheidend für die Zulässigkeit eines Ermächtigungsbeschlusses in Holzmüller –Fällen streitet in diesem Zusammenhang die Einsicht des Gerichts, dass es „in einer global vernetzten Wirtschaftsordnung, in der es darauf ankommt, sich bietende Chancen umgehend zu nutzen oder aufkommenden Gefahren sogleich zu begegnen, eine zu enge Bindung an jeweils einzuholende Entschließungen der nicht ständig präsenten, sondern regelmäßig nur mit erheblichem Aufwand einzuberufenden Hauptversammlung (darstellt), die gänzlich unpraktikabel (wäre) und eine Lähmung der Gesellschaft zur Folge hätte“[727]. Die Anerkennung des Bedürfnisses eines flexiblen und zügigen Entscheidungsprozesses im globalisierten Wirtschaftsverkehr auch in quasi – satzungsändernden Strukturangelegenheiten nach den Maßgaben, die das Aktienrecht zwischen Mitgliedschaftsschutz und Unternehmenswohl vorgibt, deutet damit klar in Richtung Zulässigkeit einer Vorausermächtigung durch Ermächtigungsbeschluss. Damit liegen die Gelatine – Entscheidungen auf einer Linie mit der

[724] Vgl. dazu obigen Meinungsstand, Zweites Kapitel, VII, 4, d, aa.
[725] Dazu ausführlich oben, Zweites Kapitel, III, 3.
[726] Zutreffend bereits *Lutter/Leinekugel*, ZIP 1998, 805 ff (813).
[727] BGH, NZG 2004, 571 ff. (574).

Siemens/Nold – Rechtsprechung des BGH[728], die jüngst in den Mangusta/Commerzbank - Entscheidungen[729] erneut bestätigt und unterstrichen wurden[730], und denen genau dieser Aspekt eines an die Bedürfnisse der globalen Wirtschaft ausgerichteten Handelns des Vorstands zu Grunde liegt. Die Gelatine – Entscheidungen sprechen daher für eine Zulässigkeit von Ermächtigungsbeschlüssen im Bereich ungeschriebener Mitwirkungsrechte.

cc) Künftige Anforderungen an den Ermächtigungsbeschluss

Die grundsätzliche Zulässigkeit eines Ermächtigungsbeschlusses im Bereich ungeschriebener Hauptversammlungskompetenzen bedeutet indes nicht, dass dem Vorstand mit Ermächtigungsbeschlüssen alles erlaubt werden kann. Denn auch wenn Ermächtigungsbeschlüsse die Durchführung eines bestimmten unternehmerischen Konzepts sicherstellen und unter Zeit- und Kostengründen vereinfachen wollen, dürfen die ungeschriebenen Mitwirkungsrechte nicht sinnentleert werden. Den Vorstand treffen in einem Holzmüller – Fall umfassende Informations-, Berichts- und Bekanntmachungspflichten. Wünscht der Vorstand nun, noch weitergehend, sogar die Ermächtigung zu einer solchen Grundlagenveränderung, so kann zunächst nichts anderes gelten. Soll durch die vorherige Zustimmung der Aktionäre die nachträgliche Einschaltung der Hauptversammlung vermieden werden, so kann dies sicher nur unter der Voraussetzung zulässig sein, dass die Ausgestaltung des Beschlussverfahrens mindestens gleichwertig ist. Auch ein Ermächtigungsbeschluss ist daher an den Vorbehalt geknüpft, dass die Hauptversammlung als das für die Entscheidung eigentlich zuständige Organ, zu einer sorgfältigen, alle entscheidungsrelevanten Gesichtspunkte berücksichtigenden Entscheidung über den Eingriff in die Mitgliedschaftsrechte der Aktionäre überhaupt in der Lage ist. Die setzt zuvörderst die umfassende Kenntnis aller beurteilungsrelevanten Umstände voraus. Sofern es daher um die Billigung eines grundlegend neuen unternehmerischen Konzepts geht, verlangt dies eine Darstellung, Erläuterung und Bewertung gerade auch gegenüber den eigenen Aktionären. Aus den Klarstellungen der Gelatine – Urteile folgt, dass die Aktionäre im Zuge der Holzmüller – Maßnahme nicht nur mit deren Inhalt, sondern auch mit den unternehmerischen Gründen aus Sicht der Verwaltung vor Beginn der Hauptversammlung vertraut sein müssen

[728] BGHZ 136, 133 ff. Aufgrund der mit Siemens/Nold möglichen Umgehung aktienrechtlichen Aktionärsschutzes kritisch zu dieser Entscheidung *Lutter/Leinekugel*, ZIP 1998, 805 ff. (816).

[729] In den Mangusta/Commerzbank I und II – Entscheidungen vom 10. 10. 2005, DStR 2005, 2090 ff. und 2092 ff. hat der BGH das Siemens / Nold – Urteil bestätigt und im Hinblick auf die damit verbundenen Einbußen der Aktionäre an sachgerechter Information sowie an effektivem Rechtsschutz in der Literatur diskutierte Fragen zunächst abschließend entschieden. Vgl. dazu etwa *Kubis*, DStR 2006, 188 ff.; *Busch*, NZG 2006, 81 ff. Mit Nichtannahmebeschluss vom 14.07.2006 hat auch die 1. Kammer des Zweiten Senats des Bundesverfassungsgerichts diese Entscheidung des BGH bestätigt, Az.: 2 BvR 264/06. Das Bundesverfassungsgericht konnte weder einen Verstoß gegen die Eigentumsgarantie, noch einen Verstoß gegen das Recht auf den gesetzlichen Richter ausmachen.

[730] Worin das Gericht aber zugleich ausreichenden Aktionärsschutz durch Information und Rechtsschutzmöglichkeiten sicherzustellen versucht.

(Investitionscharakter der Entscheidung). Für die Normalfälle eines Holzmüller – Beschlusses (Zustimmung zu einem konkreten Vertrag oder Vertragsentwurf) existieren weitgehende Berichts- und Informationspflichten des Vorstands[731] sowie die Obliegenheit zu einem schriftlichen Vorstandsbericht. Mangels konkreter Vertragsunterlagen, die im Falle der Vorausermächtigung gerade nicht ausgelegt werden können, kommt es auf den Vorstandsbericht in einem solchen Falle besonders an. Daher hat der Vorstand hier sein unternehmerisches Konzept und die Gründe für die bevorstehende Strukturmaßnahme ausführlich zu erläutern, mit dem Ziel, der Hauptversammlung eine sachgerechte Meinungsbildung zu ermöglichen und die Aktionäre insbesondere in die Lage zu versetzen, die geplante Strukturänderung gegenüber anderen Lösungsalternativen abzuwägen. Der Strukturbericht muss also Angaben zu allen Punkten enthalten, die für einen rational handelnden Aktionär bei seiner Entscheidungsfindung von Bedeutung sind und eine möglichst genaue Präzisierung der Maßnahme enthalten.

Das bedeutet beispielsweise, dass etwa bei einer Beteiligungsveräußerung neben der Bezeichnung des Unternehmensteils auch die damit einhergehenden Konsequenzen für Bilanz und Ertragskraft darzustellen sind; beim Beteiligungserwerb ist der Verwaltung ein finanzielles Limit zu setzen, das sie nicht überschreiten darf; bei einer Ausgliederung sind anzugeben, welche Aktiva und Passiva auf welche Tochtergesellschaft übergehen sollen und welche Konsequenzen dies für Bilanz und Unternehmensstruktur bedeutet; beim Börsengang ist anzugeben, welche Aktiengattungen zu welchem Mindestpreis in den Handel kommen sollen.

dd) Beschlussinhalt bei Ermächtigungsbeschlüssen

Trotz dieser Präzisierung des Beschlussinhaltes ist einzuräumen: Eine abstrakte Umschreibung, die verbindliche und vollständige Vorgaben für einen Ermächtigungsbeschluss enthält, ist auch nach Gelatine kaum möglich[732]. Maßgebliche Bedeutung wird zunächst immer der geplanten Maßnahme selbst zukommen. Nicht ausreichend ist es jedenfalls, die Maßnahme lediglich zu benennen, oder nur für eine bestimmte Art von Strukturentscheidungen die Hauptversammlung um eine Ermächtigung zu ersuchen. Die Unternehmenssparte und der Umfang der fraglichen Maßnahme sind zwingend anzugeben, und nach vorstehenden Grundsätzen im Strukturbericht zu erläutern. Ist das unternehmerische Konzept noch nicht so weit gediehen, um die entsprechenden Angaben zu machen, fehlt die Entscheidungsgrundlage für einen Ermächtigungsbeschluss der Hauptversammlung. Die daraufhin vollzogene Transaktion stellt einen Verstoß gegen die Holzmüller – Grundsätze dar. Auch ein Vorratsbeschluss für Konzepte, die noch nicht einmal bis ins Planungsstadium gediehen sind, ist unzulässig[733], ebenso die Häufung von Ermächtigungsbeschlüssen derart, dass eine Vielzahl theoreti-

---

[731] Dazu bereits oben, Zweites Kapitel, VII, 2 und 3.

[732] Zuvor bereits *Lutter/Leinekugel*, ZIP 1998, 805 ff. (815).

[733] „Wir wissen noch nicht was wir tun, sorgen aber dafür, das wir es dürfen" – *Lutter/Leinekugel*, ZIP 1998, 80 ff. (815), die in diesem Zusammenhang auf die Fortgeltung der Holzmann – Grundsätze aus BGHZ 83, 319 ff. als Vorläufer der Siemens/Nold – Rechtsprechung hinweisen.

scher Möglichkeiten dem Vorstand freies Ermessen in jede nur erdenkliche Richtung lässt. Insoweit muss sichergestellt sein, dass der Vorstand nicht aufgrund eines Ermächtigungsbeschlusses die Fundamente der Gesellschaft verändern kann.

In zeitlicher Hinsicht kann der Vorstand nicht über die Zeit bis zur nächsten Hauptversammlung hinaus ermächtigt werden. Der Sinn und Zweck eines Ermächtigungsbeschlusses in ungeschriebenen Hauptversammlungszuständigkeiten liegt allein darin, die Zeit bis zur nächsten Hauptversammlung zu überbrücken und flexibles Handeln in dieser Zeit zu ermöglichen. Daher kann die Ermächtigung eben nicht, wie beim genehmigten Kapital kraft gesetzlicher Regelung, für fünf Jahre, sondern nur bis zur nächsten Hauptversammlung erteilt werden.

Macht der Vorstand im Laufe des Jahres von der Ermächtigung Gebrauch und führt er die Holzmüller – Maßnahme durch, hat er dies in der darauf folgenden Hauptversammlung offen zu legen und bisher den Aktionären nicht bekannte Details nachzutragen[734]. In Anlehnung an die Mangusta/Commerzbank I – Rechtsprechung [735] ist ein Vorstandsbericht im Vorfeld der Ausnutzung der Ermächtigung aber nicht erforderlich. Dies würde den mit der Ermächtigung verfolgten Zweck ad absurdum führen und eine übermäßige Förmelei darstellen.

5. Notwendigkeit einer Inhaltskontrolle von Hauptversammlungsbeschlüssen in ungeschriebenen Zuständigkeiten

Ist die Hauptversammlung nach den Holzmüller – Grundsätzen ausnahmsweise zur Entscheidung über mitgliedschaftsrechtliche Eingriffe berufen, so ist ungeklärt, ob sie dabei inhaltlich völlig frei ist oder ihr zustimmender Beschluss einer sachlichen Rechtfertigung bedarf.

a) Überblick über den Meinungsstand

Im Schrifttum wird eine solche Inhaltskontrolle auch für Holzmüller - Beschlüsse bisweilen gefordert[736], überwiegend jedoch abgelehnt[737]. Zur Begründung der Beschlusskontrolle wird argumentiert, dass wenn schon eine ungeschriebene Mitwirkungsbefug-

[734] Vgl. auch insoweit die Rechtslage beim genehmigten Kapital nach BGH, DStR 2005, 2090 ff. (2091) - Mangusta/Commerzbank I mit Hinweis auf die bisherige hM zum genehmigten Kapital.

[735] BGH, DStR 2005, 2090 ff.

[736] *Hirte*, Bezugsrechtsausschluss, S. 184 f.; Münch.Hdb.GesR IV – *Krieger*, § 69 RN 10; *Raiser*, KapGesR, § 2 RN 15; *Wiedemann*, Unternehmensgruppe, S. 57; *Liebscher*, Konzernbildungskontrolle, S. 95 ff.

[737] MüKo AktG – *Kubis*, § 119 RN 56; Emmerich/Habersack – *Habersack*, Vor § 311 RN 51; *Westermann*, FS Koppensteiner, S. 259 ff. (276); *Hüffer*, AktG § 119 RN 19; *Westermann*, ZGR 1984, 352 ff. (379); *Weißhaupt*, NZG 1999, 804 ff. (810); *Joost*, ZHR 163 (1999), 164 ff. (171); *Henze*, FS Ulmer, S. 224; KK AktG – *Koppensteiner*, Vor § 291 RN 21; *Wahlers*, Konzernbildungskontrolle, S. 192 ff.

nis der Hauptversammlung bestehe, die zur Abstimmung gestellte Maßnahme auch im Interesse der Gesellschaft sachlich gerechtfertig sein müsse (Erforderlichkeit und Angemessenheit). Zwar sei das Kontrollerfordernis vom BGH für Bezugsrechtsausschlüsse bei Kapitalerhöhungen entwickelt worden[738], doch sei es auf andere Mehrheitsentscheidungen zu übertragen, mit denen sich ein Eingriff in die Mitgliedschaftsrechte der Aktionäre verbinde[739]. Dies gelte nur dann nicht, wenn das Gesetz selbst die erforderliche Abwägung zwischen den Belangen der betroffenen Aktionäre und der Gesellschaft vornehme, was in Holzmüller – Fällen aber gerade nicht der Fall sei[740]. Dem wird entgegnet, dass das ungeschriebene Erfordernis einer sachlichen Rechtfertigung auf Fälle einer ungeschriebenen Mitwirkung deshalb nicht übertragen werden könne, da die Beschlusskontrolle für Angelegenheiten des Minderheitenschutzes entwickelt wurde, Holzmüller jedoch die Kompetenzabgrenzung zwischen Vorstand und Hauptversammlung behandle, so dass für Argumente aus dem minderheitlichen Schutzbereich à priori kein Raum sei[741]. Auch seien die materiellen Grenzen des Bezugsrechtsausschlusses auf Holzmüller – Fälle deshalb nicht übertragbar, weil Holzmüller keine enteignungsgleichen Eingriffe in die Mitgliedschaft als solche betreffe, sondern es vielmehr um einzelne daraus resultierende Vermögenspositionen gehe. Schließlich spreche auch die Nähe von Holzmüller – Maßnahmen zum Unternehmensgegenstand gegen das Erfordernis einer Inhaltsbindung[742]. Denn hätte der Unternehmensgegenstand die zur Beurteilung vorgesehene Maßnahme präzise beschrieben und damit den Vorstand zur autonomen Umsetzung befugt, hätte dieser Satzungsbeschluss ebenfalls keiner Inhaltskontrolle unterlegen. Eine Ausnahme sei aber für solche Konzernleitungsfälle zu machen, in denen die Entscheidung der Gesellschafterversammlung der Untergesellschaft einer sachlichen Rechtfertigung unterliege. Dann gelte das Kriterium der sachlichen Rechtfertigung auch für die ausnahmsweise zur Entscheidung berufene Hauptversammlung der Obergesellschaft.

b) Konsequenzen aus den Gelatine – Entscheidungen für die Inhaltskontrolle von Hauptversammlungsbeschlüssen nach der Holzmüller - Regel

In den Gelatine – Urteilen hat der BGH zu der Frage einer Inhaltskontrolle nicht Stellung genommen. Daher besteht die Aufgabe dieser Untersuchung darin, aus den gewonnenen Klarheiten in Sachen ungeschriebener Mitwirkungsrechte, Schlussfolgerun-

[738] BGHZ 71, 40 ff. (46) – Kali & Salz; BGHZ 83, 319 ff. (320) – Holzmann; BGHZ 125, 239 ff. (244) - Deutsche Bank; für inhaltliche Einzelheiten dieser Prüfung vgl. Überblick bei Münch.Hdb.GesR IV – *Krieger*, § 56 RN 69 ff.

[739] Münch.Hdb.GesR IV – *Krieger*, § 69 RN 10.

[740] BGHZ 83, 319 ff. (321); *Kort*, BB 1988, 79 ff. (82); noch weitergehender *Bischoff*, BB 1987, 1055 ff. (1059 ff.); *Wiedemann*, ZGR 1980, 147 ff. (157), die für alle Mehrheitsentscheidungen eine sachliche Rechtfertigung verlangen.

[741] MüKo AktG – *Kubis*, § 119 RN 56; *Hüffer*, AktG Vorauflage, § 119 RN 20; *ders.*, FS Ulmer, S. 297 f.

[742] MüKo AktG – *Kubis*, § 119 RN 56.

gen in die eine oder andere Richtung zu ziehen. Zuvor sind dazu jedoch die Grundlagen der Rechtsfigur der gerichtlichen Inhaltskontrolle nachzuzeichnen, da nur dann ein sinnvoller Abgleich beider Rechtsfiguren erfolgen kann, der sich für diese Untersuchung fruchtbar machen lässt.

aa) Überblick über Grundlagen und Inhalt der materiellen Beschlusskontrolle

Das heute etablierte, aber ebenfalls ungeschriebene, Rechtsinstitut der materiellen Beschlusskontrolle[743] durch Anfechtung gem. § 243 I AktG hatte der BGH erstmals im Kali und Salz – Urteil[744] aufgegriffen. Dort hatte das Gericht aufgrund des mit einem Bezugsrechtsausschluss verbundenen Eingriffs in die Interessen der ausgeschlossenen Aktionäre eine sachliche Begründung aus dem Gesellschaftszweck verlangt. Der Bezugsrechtsausschluss habe zur Verfolgung des Gesellschaftszwecks geeignet und erforderlich zu sein und dürfe die Interessen der Aktionäre nicht unverhältnismäßig beeinträchtigen[745]. Diese Kontrolle sei angesichts der mit einer Kapitalerhöhung für die Anteilseigner verbundenen Gefahr der Verletzung ihrer mitgliedschaftlichen und vermögensrechtlichen Stellung notwendig, da durch die Ausgabe neuer Aktien die Stellung der bisherigen Aktionäre verwässert werde, sofern sie nicht ihren Anteilsbesitz erhöhten[746]. Diese Gefährdungslage erfordere neben den formellen Voraussetzungen des § 186 III AktG zusätzliche materielle Gründe, die den Bezugsrechtsausschluss im Interesse der Gesellschaft rechtfertigten. Die Überprüfung der Verhältnismäßigkeit von Mittel und Zweck (insbesondere Geeignetheit, Erforderlichkeit, Angemessenheit) erfolgt dabei durch die gerichtliche Abwägung obiger Kriterien[747]. Diese Rechtsprechung ist trotz der mit ihr verbundenen Schwierigkeiten[748] bis heute weitgehend akzeptiert worden[749]: Sowohl Literatur[750] als auch Rechtsprechung[751] haben sich wiederholt zu dem Erfordernis einer materiellen Inhaltskontrolle bekannt und sie bis heute in

---

[743] Synonym verwendet werden die Begriffe Inhaltskontrolle, Sachgrunderfordernis oder sachliche Rechtfertigung.
[744] BGHZ 71, 40 ff.
[745] BGHZ 71, 40 ff. (44).
[746] BGHZ 71, 40 ff. (45).
[747] BGHZ 71, 40 ff (46 ff.).
[748] Diese resultierten vor allem daraus, dass eine konkrete Stellungnahme nicht erforderlich war und der BGH daher das Prüfungsprogramm nur in den skizzierten Grundsätzen vorgab, ohne aber eine eigene Prüfung vorzunehmen. Zu den Folgen dieser Rechtsprechung vgl. *Röhricht* ZGR 1999, 445 ff. (471).
[749] Vgl. GK AktG – *K. Schmidt*, § 243 RN 45 f.
[750] *Vollmer/Lorch*, DB 1991, 1313 ff.; *Timm*, DB 1982, 211 ff. (213); *Mülbert*, Aktiengesellschaft, S. 219; *Cahn*, ZHR 163 (1999), 554 ff. (569); *Bayer*, ZHR 163 (1999), 505 ff. (509).
[751] BGHZ 83, 319 ff. (Holzmann); BGHZ 136, 133 ff. (136) (Siemens/Nold); BGHZ 138, 71 ff. (Sachsenmilch).

zentralen Punkten nicht aufgegeben, bisweilen wird sogar eine Ausdehnung auf jede Mehrheitsentscheidung nicht ausgeschlossen[752].

In der Holzmann – Entscheidung[753] hat sodann der BGH seine Rechtsprechung erneut aufgegriffen und sie auf die Rechtsfigur des genehmigten Kapitals ausgedehnt. Die Ausnutzung genehmigten Kapitals unter Ausschluss des Bezugsrechts der Altaktionäre stelle sich nämlich als Schlupfloch zur Umgehung der Inhaltskontrolle beim regulären Bezugsrechtsausschluss dar, weshalb zur Vervollständigung des Schutzes des Minderheitsaktionärs eine Übertragung obiger Grundsätze angezeigt sei[754]. Angesichts der mit dieser Rechtsprechung einhergehenden Einschränkung und (faktischen) Eliminierung der Kapitalerhöhung mit Bezugsrechtsausschluss[755], die die Platzierung junger Aktien im internationalen Börsenhandel massiv behinderte, steuerte das Gericht in der Bremer – Bankverein – Entscheidung[756] sowie der Siemens/Nold – Entscheidung[757] dieser Entwicklung aber entgegen. Nachdem in Bremer Bankverein ein erstes Eingrenzen der Beschlusskontrolle für den Fall des Genussrechtebezugs nach § 221 IV AktG erfolgte, änderte der BGH schließlich in Sachen Siemens/Nold[758] seine Rechtsprechung zum Bezugsrechtsausschluss beim genehmigten Kapital. Ohne dass das Erfordernis eines sachlichen Grundes gänzlich aufgegeben wurde[759], senkte der BGH die materiellen Voraussetzungen an diese Kontrolle nun wesentlich ab. Ausreichend sei es, wenn zum Beschlusszeitpunkt die durchzuführende Maßnahme allgemein beschrieben und der Hauptversammlung bekannt gegeben werde, sowie wenn die Maßnahme im Interesse der Gesellschaft liege[760]. Eine Stärkung des Vorstands durch eine gesteigerte Eigenverantwortung bei der Ausübung des Bezugsrechts und eine Restriktion der Inhaltskontrolle setzte sich auch in der Sachsenmilch – Entscheidung[761] fort, in der der BGH die materielle Kontrolle von Mehrheitsentscheidungen nicht auf den Fall der Kapitalherabsetzung anwendet, obwohl diese sogar mit dem völligen Verlust der Aktionärsstellung enden kann[762]. Die Literatur hat sich in jüngerer Zeit zustimmend und fördernd mit der Rechtsprechung des BGH auseinandergesetzt und insbesondere durch den Aspekt einer „verantwortungsgerechten Einwirkungskontrolle" die Diskussion ergänzt[763], wobei aber auch kritische Stimmen, vor allem im Hinblick auf

[752] Vgl. *Käpplinger*, Inhaltskontrolle, S. 86 f., 88; konsequent auch *Wiedemann*, ZGR 1980, 147 ff. (157); s. auch *Mülbert*, Aktiengesellschaft, S. 313.
[753] BGHZ 83, 319 ff.
[754] BGHZ 83, 319 ff. (321).
[755] Dazu *Ulmer*, ZGR 1999, 751 ff. (764).
[756] BGHZ 120, 141 ff.
[757] BGHZ 136, 133ff.
[758] BGHZ 136, 133 ff.
[759] So auch *Wolf*, AG 1998, 212 ff. (213); *Röhricht*, ZGR 1999, 445 ff. (470).
[760] BGHZ 136, 133 ff. (139); vgl. dazu *Wolf*, AG 1998, 212 (213); *Cahn*, ZHR 163 (1999), 554 ff. (559).
[761] BGHZ 138, 71 ff.
[762] Vgl. *Hüffer*, AktG, § 222 RN 14.
[763] GK AktG – *K. Schmidt*, § 243 RN 45; *Timm*, ZGR 1987, 403 ff, m.w.N. in FN 11; *Wiedemann*, ZGR 1980, 147 ff. (155 ff.); *Lutter*, ZHR 162 (1998), 164 ff. (184 f.).

missbräuchliche Anfechtungsklagen, zu finden sind[764]. Eine abschließende Klärung der Frage, welche konkreten Aktionärsinteressen eines solchen Schutzes durch Beschlusskontrolle bedürfen, ist aber bislang weder von der Rechtsprechung[765] oder der Rechtswissenschaft[766], noch von Seiten der Legislative erfolgt.

Hinsichtlich der dogmatischen Grundlage der Beschlusskotrolle besteht Einigkeit insoweit, als dass sie überwiegend als eine Konkretisierung der Treubindungen in der Aktiengesellschaft qualifiziert wird, die sich aus zahlreichen Vorschriften des AktG ableiten lasse und letztlich in dem in § 242 BGB enthaltenen Grundsatz von Treu und Glauben wurzle[767]. Ihrem Inhalt nach verlangen die Rechtsprechungsgrundsätze eine Verhältnismäßigkeit von Hauptversammlungsbeschlüssen, die mit einem Eingriff in mitgliedschaftliche Interessen der nicht zustimmenden Aktionäre verbunden sind. Maßstab für die Verhältnismäßigkeitskontrolle ist dabei der Gesellschaftszweck, der die privatautonom gesetzte, aus der Satzung der Gesellschaft zu entnehmende Grundlage der Beziehung des Verbandes zu seinen Mitgliedern und der Mitglieder untereinander ist. Eine Maßnahme ist danach sachlich gerechtfertigt, wenn sie im Interesse der Gesellschaft beschlossen wird und nicht unverhältnismäßig in die mitgliedschaftlichen Interessen der nicht zustimmenden Aktionäre eingreift. Indizwirkung in dieser Abwägung kommt dabei der plausiblen Chance zu, dass der Eingriff in Aktionärsinteressen durch die angestrebten Vorteile der Maßnahme für die Gesellschaft kompensiert wird, an denen auch die Aktionäre durch ihre Weiterbeteiligung an der Gesellschaft anteilig profitieren werden.

bb) Inhaltskontrolle bei Holzmüller – Beschlüssen nach den Gelatine – Entscheidungen

(1) Zukünftige Holzmüller – Beschlüsse als Fallgruppe der materiellen Inhaltskontrolle?

Nach dem Gesagten scheint eine Einbeziehung von Holzmüller – Beschlüssen in den Anwendungsbereich der materiellen Beschlusskontrolle nahe zu liegen. Insoweit sprechen gerade die Klarstellungen in den Gelatine – Entscheidungen, und hier insbeson-

[764] Etwa *Martens*, FS Steindorff, S. 151 ff. (152 ff.).

[765] BGHZ 136, 133 ff.; BGHZ 138, 71 ff.

[766] Monografisch aus jüngerer Zeit *Boese*, Anwendungsgrenzen, S. 2 ff.

[767] Freilich sind Einzelheiten auch hier umstritten. Vgl. aus der uferlosen Literatur etwa *Hüffer*, AktG, § 53a RN 17; § 243 RN 21; die Existenz einer solchen Treuepflicht wird dabei heute wohl nicht mehr bestritten, sie sei ein „a priori existentes verbandsrechtliches Prinzip", so *Lutter*, ZHR 162 (1998), 164 ff. (166). Eine dogmatische Verortung habe der BGH selbst aber gar nicht vorgenommen, kritisiert hingegen *Mülbert*, Aktiengesellschaft, S. 216; eine „tragfähige Grundlage" vermisst auch *Käpplinger*, Inhaltskontrolle, S. 90; zusammenfassend zu möglichen rechtlichen Grundlagen der Beschlusskontrolle *Mülbert*, Aktiengesellschaft, S. 213 ff.; *Tröger*, Treupflicht, S. 254 ff.; *Seydel*, Konzernbildungskontrolle, S. 185 ff.

dere die Ausführungen zum Schutzzweck der Holzmüller – Grundsätze, für eine Erstreckung der Reichweite der Grundsätze zur Inhaltskontrolle. Die Fokussierung auf die Mediatisierungsgefahr mitgliedschaftlich vermittelter Herrschaftsrechte als Auslöser ungeschriebener Mitwirkung auf der einen Seite, und die Notwendigkeit materieller Sachkontrolle zur Wahrung der Verhältnismäßigkeit des Eingriffs in die Mitgliedschaftsrechte auf der anderen Seite, liegen nicht nur auf einer Linie im Hinblick auf das Schutzgut Mitgliedschaft, sondern können auch als sinnvolle und notwendige Ergänzung des einen ungeschriebenen Grundsatzes durch einen anderen angesehen werden.

Auch der Aspekt, dass die Inhaltskontrolle nur die Interessen der Aktionäre zu schützen beabsichtigt, die auf ihre fortdauernde Beteiligung an der Gesellschaft gerichtet sind sowie die ihnen durch die quotale Beteiligung vermittelten Herrschaftseinflüsse samt des damit verbundenen Vermögenswertes, ist mit Blick auf die Macrotron - Entscheidung des BGH zum Delisting schlüssig. Denn danach sollen Eingriffe (lediglich) in die Fungibilität der Aktie und das Interesse der Aktionäre an der möglichen Liquidierung der Beteiligung (durch Verkauf an der Börse) ausdrücklich nicht der materiellen Beschlusskontrolle unterfallen[768]. Daher wäre es konsequent, für Holzmüller – Fälle ein Sachgrunderfordernis zu verlangen.

Schließlich geht seit der Gelatine – Rechtsprechung auch die Argumentation zur Ablehnung der Inhaltskontrolle fehl, die sich auf eine Analogie zu gesetzlich normierten Strukturentscheidungen als Rechtsgrundlage der Holzmüller – Doktrin beruft. Denn sofern darauf verwiesen wird, dass für gesetzliche Strukturmaßnahmen formalisierte Regelungen bestünden, die eine Inhaltskontrolle regelmäßig nicht vorsähen, so geht diese Begründung nunmehr ins Leere. Die Neuorientierung hin zu einer offenen Rechtsfortbildung steht einer materiellen Kontrolle des Beschlusses sicherlich nicht entgegen, zumal angesichts des betonten Ausnahmecharakters von Holzmüller, eine entsprechende Beschlussfassung zukünftig seltener anzutreffen sein wird als bisher. Hinzu kommt, dass angesichts der qualitativen Erheblichkeit der Maßnahme, diese insgesamt als rechtfertigungsbedürftig erscheint.

(2) Holzmüller und materielle Beschlusskontrolle als unterschiedliche Rechtsfiguren mit Ausschlusswirkung

Doch greift die Schlussfolgerung, eine Einbeziehung der Beschlüsse in ungeschriebenen Angelegenheiten nach der Holzmüller – Doktrin sei nicht nur möglich, sondern angesichts des vergleichbaren Schutzgedankens geboten, zu kurz und nimmt insbesondere die aufgezeigte Entwicklung der Grundsätze zur Beschlusskontrolle unzureichend in den Blick. Vor diesem Hintergrund muss eine Ausdehnung der ungeschriebenen Inhaltskontrolle auf Beschlüsse in ungeschriebenen Zuständigkeiten als zu weitgehend

[768] BGHZ 153, 47 ff.(53) - Macrotron. Hier wird erneut deutlich, dass es dem BGH beim Delisting in der Sache weniger um die Frage der Verhältnismäßigkeit einer Mehrheitsentscheidung mit Konsequenzen für die Minderheit geht, sondern um die Kompensation der durch die Entscheidung bewirkten Nachteile in vermögensmäßiger Hinsicht; dazu ausführlich oben, Zweites Kapitel, II, 4.

erscheinen. Die jüngere Rechtsprechung hat ersichtlich den Anwendungsbereich der materiellen Inhaltskontrolle seit ihrem erstmaligen Erscheinen in Kali & Salz und Holzmann stetig eingegrenzt und die Anforderungen an die der Sache nach verlangte Verhältnismäßigkeit stetig abgesenkt. Zwar distanzieren sich der BGH und die hM (noch) nicht derart von der Beschlusskontrolle, dass von einer Aufgabe dieses Rechtsinstituts gesprochen werden kann, doch wird höchstrichterlich zunehmend ein Bedürfnis nach unternehmerischem Freiraum sowie ausreichender Handlungsfähigkeit des Vorstands anerkannt, was gerade auch in der Gelatine – Rechtsprechung zum Ausdruck kommt und hier eine der tragenden Grundideen darstellt. Jüngsten Niederschlag fand diese Tendenz auch im Mangusta/Commerzbank I – Urteil des BGH[769], das die Streitfrage eines Berichts vor Ausübung des genehmigten Kapitals durch den Vorstand gerade unter Hinweis auf dessen Handlungsfähigkeit und dem Bedürfnis nach zügigen Entscheidungen negativ beantwortet. Der dadurch entstehende Freiraum des Vorstands schließt auch solche Maßnahmen ein, die mitgliedschaftsrechtlich relevante Auswirkungen haben. Hier ist eine (ungeschriebene) Zustimmung der Aktionäre nach dem organisatorischen Grundkonzept des Aktienrechts notwendig, was aber im Außenverhältnis nichts daran ändert, dass es sich um eine vom Vorstand autonom zu treffende unternehmerische Entscheidung handelt. Mit dem Merkmal der (Erforderlichkeit und) Verhältnismäßigkeit, wonach die fragliche Maßnahme das angemessene und am besten geeignete Mittel zur Verfolgung überwiegender Gesellschaftsinteressen sein muss, wird jedoch, wie sich bei der Kapitalerhöhung immer wieder zeigt und wie es für das genehmigte Kapital in der Rechtsprechung in Sachen Siemens/Nold bereits dargelegt wurde[770], der erforderliche unternehmerische Beurteilungs- und Entscheidungsspielraum in zu starkem Maße eingeschränkt. Diesem Anliegen nach ausreichender unternehmerischer Freiheit kann vielmehr nur dadurch angemessen Rechnung getragen werden, dass der Zustimmungsbeschluss der Hauptversammlung in Holzmüller - Fällen an dem Kriterium auszurichten ist, dass auch für die Entscheidung des Vorstands maßgebend ist: Die Maßnahme muss sich am Unternehmenswohl orientieren, also im Interesse der Gesellschaft liegen. Das Interesse der Aktionäre an einer angemessenen Mitwirkung wird hierbei ebenso berücksichtigt wie ein hinreichender Beurteilungs-, Gestaltungs- und Entscheidungsspielraum des Vorstands für die Geschäftspolitik in der Gesellschaft bzw. im Konzern[771]. Dabei bleibt freilich die Missbrauchskontrolle nach § 243 II AktG auch für diese Hauptversammlungsbeschlüsse unberührt, doch insgesamt würde es der Tendenz der Rechtsprechung der letzten Jahre zu weniger Inhaltskontrolle verbunden mit einer Öffnung für die Bedürfnisse des modernen Wirtschaftslebens nach schnellem und effektivem Nutzen sich bietender Gelegenheiten widersprechen, die Grundsätze der ungeschriebenen materiellen Beschlusskontrolle auf Beschlüsse der Hauptversammlung in ungeschriebenen Angelegenheiten auszudehnen.

---

[769] BGH, DStR 2005, 2090 ff.
[770] BGHZ 136, 133 ff.
[771] *Henze*, FS Hüffer, S. 211 ff. (224).

Mit der bereits angesprochenen Innenwirkung der Holzmüller – Zustimmung wurde ein weiterer Aspekt erwähnt, der eine Inhaltskontrolle bei Holzmüller – Beschlüssen zweifelhaft erscheinen lässt. Dazu seien einmal die unstreitigen Fälle einer Inhaltskontrolle in den Blick genommen, namentlich der Bezugsrechtsausschluss und das genehmigte Kapital. Beide Konstellationen sind nicht nur Kapitalmaßnahmen, betreffen also die Finanzausstattung der Gesellschaft und nicht quasi – satzungsändernde Maßnahmen, sondern werden ferner auch nur mit Zustimmung der Hauptversammlung wirksam. Fehlt es also an der Zustimmung zum Bezugsrechtsausschluss, dann darf und wird, mit Blick auf die Eintragungspflicht, die Kapitalerhöhung nicht erfolgen; liegt sie vor, muss der Beschluss angefochten werden, um die Kapitalmaßnahme zu verhindern. Anders hingegen bei Holzmüller – Fällen: Hier kann zum einen die Maßnahme gerade ohne die Beschlussfassung der Hauptversammlung vorgenommen werden; holt der Vorstand die Zustimmung ein und wird dieser Beschluss angefochten, hindert dies nicht, dass die zur Abstimmung gestellte Maßnahme dennoch wirksam durchgeführt wird, was regelmäßig auch nicht durch einstweiligen Rechtsschutz verhindert werden kann[772]. Eine schadensersatzbegründende Pflichtverletzung im Innenverhältnis soll dabei an dieser Stelle außer Betracht bleiben, da allein die Wirksamkeit der Maßnahme in den Blick genommen werden soll. Insoweit verdeutlicht diese Gegenüberstellung, dass der unter Berufung auf Inhaltsmängel anfechtende Aktionär die Durchführung einer holzmüllerpflichtigen Transaktion ohnehin nicht verhindern kann, anders hingegen bei den anerkannten Fällen der materiellen Beschlusskontrolle. Für den Untersuchungsgegenstand steht damit jedoch fest, dass eine Beschlusskontrolle in ungeschriebenen Hauptversammlungsangelegenheiten aus Gründen des Aktionärsschutzes wenig sinnvoll ist, da die fehlende Verhältnismäßigkeit die Durchführung der Maßnahme nicht hindern kann.

Weiterhin kann auch die Inaugenscheinnahme der bisher diskutierten Konstellationen und Fallgruppen einer Beschlusskontrolle Aufschluss über eine Übertragung auf Holzmüller – Fälle geben. Das Erfordernis einer sachlichen Rechtfertigung wird etwa im Zusammenhang mit dem Bezugsrechtsausschluss bei der regulären Kapitalerhöhung[773], dem Bezugsrechtsausschluss beim genehmigten Kapital[774] sowie bei der Befreiung eines GmbH – Gesellschafters von einem laut Satzung bestehenden Wettbewerbsverbot mit der Folge der Abhängigkeit der Gesellschaft i.S.v. § 17 I AktG[775] bejaht. Es ist hingegen entbehrlich für Grundlagenbeschlüsse wie etwa die Auflösung der Gesellschaft[776], die nachträgliche Einführung eines Höchststimmrechts[777] (soweit dieses nach dem KonTraG überhaupt noch zulässig ist)[778], die Satzungsänderung

[772] Vgl. MüKo AktG – *Hüffer/Diregger*, § 243 RN 146 f.

[773] BGHZ 71, 40 ff. (43 ff.); 83, 319 ff. (321); 120, 141 ff. (145); 125, 239 ff. (244); vgl. *Hüffer*, AktG, § 186 RN 25 m.w.N.

[774] BGHZ 136, 133 ff. (138 ff.).

[775] BGHZ 80, 69 ff. (74) zur GmbH.

[776] BGHZ 76, 352 ff. (353).

[777] BGHZ 70, 117 ff. (121 ff.).

[778] Nach Inkrafttreten des KonTraG sind Höchststimmrechte nur noch für nichtbörsennotierte Gesellschaften i.S.v. § 3 II AktG erlaubt.

selbst[779], sowie den Beschluss der Hauptversammlung über die Vermögensübertragung nach § 179a AktG, und zwar auch dann, wenn das Gesellschaftsvermögen auf den Mehrheitsaktionär übertragen wird[780].

Dieser Überblick verdeutlicht, dass eine Inhaltskontrolle vor allem im Bereich der Kapitalmaßnahmen angenommen wird und in diesem Zusammenhang auch aus dem Schrifttum begrüßt wird. Keine Anwendung finden die Grundsätze hingegen bei Grundlagenbeschlüssen und Strukturänderungen, sieht man von dem Sonderfall der Abhängigkeitsbegründung in BGHZ 80, 69 ff. einmal ab. Nach dieser Systematik ist für Holzmüller – Fälle eine Übertragung der Grundsätze der materiellen Beschlusskontrolle nicht geboten. Denn wie bei der Bearbeitung des Schutzzwecks deutlich wurde, sind diese von ihrer Art her gerade nicht als Kapitalmaßnahmen im engeren Sinne zu qualifizieren. Diesen Befund bestätigt auch der Blick auf die jeweiligen Konfliktsituationen: Bei den der Inhaltskontrolle unterworfenen Kapitalmaßnahmen geht es um den Schutz der Minderheit vor unverhältnismäßigen Eingriffen in ihre (mitgliedschaftlich determinierten) Vermögensrechte durch die Mehrheit, bei Holzmüller geht es um eine massive Beeinträchtigung mitgliedschaftlicher Herrschaftsrechte durch bedeutende Maßnahmen des Vorstands, die nach dem Organisationskonzept des Aktiengesetzes eine Hauptversammlungsmitwirkung erfordern. Die Konfliktsituation ist jeweils eine andere: Holzmüller gewährt nicht Schutz vor einer Aktionärsmehrheit (und damit vor einem Teil desselben Organs), sondern vor Übergriffen in mitgliedschaftlich vermittelte Herrschaftsrechte, in die durch ein anderes Organ eingegriffen wird. Diese Verletzung liegt im Falle fehlender Hauptversammlungsbefassung einfach vor, ihre Kompensation durch ungeschriebene Mitwirkung nach den Holzmüller – Grundsätzen kann daher nicht als sachlich richtig, falsch oder unverhältnismäßig bewertet werden.

Abschließend sei noch auf die Charakterisierung von Holzmüller – Maßnahmen als Investitionsentscheidung verwiesen[781]. Danach haben die Aktionäre die Holzmüller – Maßnahme vor allem deswegen selbst zu beurteilen und können dies auch, da die Gründe für eine Reduktion der Hauptversammlungszuständigkeiten bei diesen Transaktionen nicht greifen, denn sie sind ebenso eine Investitionsentscheidung wie die Anlageentscheidung in Aktien überhaupt. Bei Kapitalmaßnahmen gilt dies hingegen nicht. Denn insoweit stellt es sich für den verständigen Durchschnittsaktionär als etwas anderes dar, ob er einer Maßnahme zustimmt oder seine Zustimmung verweigert, mit der sich der Kernbereich der Unternehmenstätigkeit verändert, oder ob er einer Kapitalmaßnahme zustimmt, deren wirtschaftlichen und rechtlichen Konsequenzen er im Augenblick der Entscheidung noch nicht abzusehen vermag. Für die inhaltlich somit aus Aktionärssicht wenig greifbaren Kapitalmaßnahmen mit Bezugsrechtsausschluss macht eine gerichtliche Inhaltskontrolle zur Wahrung der Verhältnismäßigkeit daher durchaus Sinn; kann der Aktionär sie hingegen selber beurteilen, ist sie überflüssig.

---

[779] Vgl. statt Vieler *Hüffer*, AktG. § 179 RN 29.

[780] Dazu ausführlich *Henze*, ZIP 1995, 1473 ff. (1477 ff.); *Hüffer*, AktG, § 179a RN 10 m.w.N.

[781] Dazu ausführlich oben, Zweites Kapitel, II, 6, e.

c) Ergebnis

Abschließend ist festzuhalten, dass Grundsätze der Inhaltskontrolle auf Beschlüsse in ungeschriebenen Zuständigkeiten keine Anwendung finden[782].

[782] Im Ergebnis so auch die bisherigen Stellungnahmen zur Gelatine – Rechtsprechung aber ohne Begründung, vgl. Emmerich/Habersack – *Habersack*, Vor § 311 RN 51; *Liebscher*, ZGR 2005, 1 ff. (32).

Drittes Kapitel: Ungeschriebene Mitwirkungsrechte nach der Holzmüller – Regel bei einzelnen Maßnahmen

Im Folgenden sollen einzelne Fallgruppen anhand der erarbeiteten Maßstäbe auf ihre Holzmüllerpflichtigkeit untersucht werden. Der BGH hat in den Gelatine – Entscheidungen ausdrücklich eingeräumt, dass eine ungeschriebene Zustimmung nicht nur bei der Ausgliederung von Unternehmensteilen auf eine Tochtergesellschaft in Betracht kommt, sondern auch bei Transaktionen, die eine Umstrukturierung der bestehenden Konzernlage bedeuten (Konzernleitung) oder sonstige Mediatisierungsgefahren für die Aktionäre begründen. Welche Maßnahmen dies im Einzelnen sein können, hat der BGH auch in den Gelatine – Urteilen bewusst offen gelassen.

Geklärt ist lediglich, dass der die Zustimmungspflicht auslösende Mediatisierungseffekt, neben dem Fall der klassischen Ausgliederung durch Einzelrechtsnachfolge (Holzmüller – Fall), auch dem in der Praxis als Verenkelung bezeichneten Fall der Ausgliederung von einer Tochter auf eine Enkelgesellschaft inne wohnt. Für diese geklärten Holzmüller - Fälle will diese Arbeit bisher wenig untersuchte Detailfragen beleuchten. Ausdrücklich verneint hat das Gericht die Holzmüllerpflichtigkeit hingegen bei der Übertragung von Geschäftsanteilen von einer 100 %igen Tochtergesellschaft auf eine andere 100 %ige Tochtergesellschaft.

I. Ausgliederungsfälle, Einbringungen und Veräußerungen

1. Ausgliederungsmaßnahmen und Einbringungen

a) Die klassische Ausgliederung

Den Prototyp einer ungeschriebenen Hauptversammlungsmitwirkung stellt die klassische Ausgliederung, also die Übertragung von Betriebsvermögen im Wege der Singularzession, dar. Der Sache nach erfasst die klassische Ausgliederung die Übertragung von genuinem Betriebsvermögen, d.h. nicht von Beteiligungen[1], auf eine Beteiligungsgesellschaft gegen Gewährung von Gesellschaftsrechten. Werden indes keine Gesellschaftsrechte und keine anderen Gegenleistungen gewährt, so handelt es sich um eine verdeckte Gewinneinlage, die aber zivilrechtlich der Einbringung gegen Gesellschaftsrechte gleichsteht, sofern die Einbringung in eine 100 %ige Tochtergesellschaft erfolgt[2].

---

[1] Dazu näher unten, Drittes Kapitel, I, 2.

[2] Steuerrechtlich führt eine solche verdeckte Einlage nach § 6 VI S. 1 EStG dabei zur Aufdeckung der stillen Reserve in dem übertragenen Vermögen.

Eine Zustimmungspflicht ist im Wege des Erst – Recht – Schlusses auch anzunehmen, wenn das Unternehmensvermögen nicht in eine reine Konzerngesellschaft, sondern in Beteiligungen eingebracht wird, an denen auch fremde Dritte als Minderheits- oder sogar Mehrheitsgesellschafter beteiligt sind. Denn besteht eine Zustimmungspflicht schon aufgrund des Verlustes der unmittelbaren Rechtsausübung auf Seiten der Aktionäre (Mediatisierung) für Fälle der Ausgliederung auf eine Tochter, bei der die Gesellschaft alleiniger Gesellschafter bleibt, dann muss eine solche Zustimmungspflicht erst recht für solche Fälle gelten, in denen der Einfluss der Gesellschaft, welcher nach der Ausgliederung ohnehin allein durch den Vorstand in der Tochtergesellschaft ausgeübt wird, durch die Existenz von weiteren Minderheitsgesellschaftern oder sogar von Mehrheitsgesellschaftern zurückgedrängt wird[3]. Nach der Klärung des Schutzzwecks ungeschriebener Mitwirkungsrechte durch die Gelatine – Rechtsprechung stellt dies insoweit für den Fall der Ausgliederung mit anfänglicher Beteiligung Dritter die konsequente Weiterentwicklung dar.

Fälle hingegen, bei denen im Zuge der Übertragung des Vermögens eine andere Gegenleistung gewährt wird, z.B. Einräumung einer Forderung oder Übernahme von Verbindlichkeiten, stellen eher einen Tausch bzw. tauschähnlichen Vorgang dar, der nicht als „klassische Ausgliederung“, sondern wie eine Veräußerung von Vermögen zu behandeln ist[4]. Ob auch in dieser Konstellation eine Mitwirkungspflicht anzunehmen ist, soll hier noch nicht vertieft werden[5].

b) Verenkelung und Einbringung von Beteiligungen

Über die Fälle der klassischen Ausgliederung hinaus kommt eine Holzmüller – Zustimmung auch für solche Maßnahmen in Betracht, die auf eine Umgestaltung vorhandener Konzernstrukturen zielen. Als eine Ausgliederung im weiteren Sinne ist es nämlich zu qualifizieren, wenn es um die Einbringung von Beteiligungen geht, die insoweit nur eine Sonderform der „klassischen Ausgliederung“ darstellt. Das Besondere besteht dabei darin, dass der Einbringungsgegenstand nicht wie bei der klassischen Ausgliederung genuines Betriebsvermögen ist, sondern die Beteiligung an einer anderen Gesellschaft. Für diese Konstellation gelten grundsätzlich alle bisher besprochenen Maßgaben im Hinblick auf Grenzwerte und Schutzzweck der Holzmüller – Doktrin.

Für den in der Praxis als Verenkelung bezeichnete Fall der Ausgliederung von einer Tochter auf eine Enkelgesellschaft oder anders gewendet, den Fall der Einbringung einer Beteiligung in eine Enkelgesellschaft, hat der BGH die Holzmüllerpflichtigkeit

[3] Dazu noch näher unten, Drittes Kapitel, I, 2, b.

[4] Diese Einordnung ist jedoch nicht zwingend, vgl. etwa. MüKo AktG – *Kubis*, § 119 RN 61, der es als unerheblich ansieht, ob die ausgliedernde Gesellschaft für ihre ausgegliederten Vermögensgegenstände überhaupt eine Gegenleistung erhält, oder ob durch deren Einbringung in die Tochtergesellschaft lediglich deren freie Kapitalrücklage dotiert wird, da der Mediatisierungseffekt in beiden Fällen identisch ist.

[5] Zur vollständigen Veräußerung von Unternehmensteilen sogleich, Drittes Kapitel, I, 2, b, aa.

einer solchen Transaktion in Gelatine anerkannt[6]. Die mit der Verenkelung einhergehende Tiefenstaffelung verstärkt den bereits durch die erste Ausgliederung begründeten Mediatisierungseffekt, indem die bisherige Tochter nunmehr noch weiter dem Einflussbereich der Aktionäre entzogen wird und sich die damit verbundenen Gefahren für die außen stehenden Aktionäre der Obergesellschaft weiter verstärken. Zwar üben die Aktionäre von Konzernobergesellschaften keinen unmittelbaren Einfluss auf einzelne Konzerngesellschaften aus, doch gilt es, sich die bereits in der Holzmüller – Entscheidung selbst angeführte Beschreibung des Schutzzwecks der ungeschriebenen Mitwirkung zu vergegenwärtigen. Dort heißt es, dass die Verwaltung „durch Unternehmensverträge mit einem Dritten oder durch die Aufnahme fremder Gesellschafter, etwa im Wege einer Kapitalerhöhung, die Mitgliedschaftsrechte der Aktionäre in der Obergesellschaft vollends aushöhlt“[7]. Diese Gefahren einer Quersubventionierung, wie selbstredend auch die Gefahr einer Verkürzung des Dividendenrechts der Aktionäre durch übermäßige Rücklagenbildung, verdoppeln sich aber bei dem hier zu besprechenden Fall der Einbringung/Ausgliederung einer Beteiligung in eine Enkelgesellschaft. Im Hinblick auf die bereits in Holzmüller beschriebene Gefahrenlage ist damit eine Zustimmungspflicht nahe liegend und konsequent. Auch der Hinweis auf eine Beteiligungspflicht an einzelnen Konzernleitungsmaßnahmen verfängt in diesem Zusammenhang nicht. Denn zum einen ist die Verenkelung selbst als Konzernleitungsmaßnahme zu qualifizieren, und zum anderen liegt das die Zustimmungspflicht auslösende Moment der Mediatisierung eben in dem (nochmaligen) Ausgliederungstatbestand als solchem, unabhängig von einem auf konzernleitende Maßnahmen bezogenen Zustimmungserfordernisses. Mithin kann bei Überschreiten der Wesentlichkeitsschwellen die Verenkelung im Wege der (erneuten) Ausgliederung/Einbringung eines Unternehmensteils nicht ohne Mitwirkung der Hauptversammlung erfolgen, und zwar unabhängig von einer zuvor ergangenen Zustimmung der Mutter zum Erwerb der Beteiligung[8].

Wie eingangs schon angedeutet, hat der BGH aber konsequent die bloße „Umhängung“ von Anteilen (= Übertragung der von einer 100 %igen Tochter gehaltenen Anteile auf eine andere 100 %ige Tochtergesellschaft) von einem Zustimmungserfordernis ausgeschlossen[9]. Solchen Umstrukturierungen zwischen Tochtergesellschaften wohnen gerade keine nachteiligen Auswirkungen auf die Teilhabe- und Vermögensrechte der Aktionäre inne, namentlich erfolgt hier keine tiefere Staffelung der betreffenden Gesellschaft im Konzern, da hier keine weitere Leitungsebene zwischen geschaltet wird.

---

[6] BGH, ZIP 2004, 993 ff. (996 f, 998 f.).

[7] BGHZ 83, 122 ff. (137).

[8] Dazu noch näher unten, Drittes Kapitel, III, 1, e.

[9] BGH, ZIP 2004, 993 ff. (998); begrüßend auch *Bungert*, BB 2004, 1345 ff. (1348) mit der Mutmaßung, dass diese Klarstellung dazu führen dürfte, dass ein beträchtlicher Teil von konzerninternen Umstrukturierungsmaßnahmen nicht mehr in den holzmüllerpflichtigen Bereich einrücke, da dies auch für andere Maßnahmen zwischen Konzernschwestern gelten müsse, wie etwa die Verschmelzung oder Abspaltung "zur Seite".

aa) Verzicht auf die Zustimmungspflicht bei Verenkelungen in Ausnahmefällen?

Diskutiert wird nun, ob die Zustimmungspflicht nach den Holzmüller – Grundsätzen bei Verenkelungen in bestimmten Konstellationen entfallen kann. Zum einen wird in diesem Zusammenhang gefragt, ob die Holzmüller – Zustimmungspflicht auch dann besteht, wenn die von einer Tochter in eine Enkelgesellschaft herab gestufte Gesellschaft über einen Beherrschungs- oder Gewinnabführungsvertrag mit der Muttergesellschaft verbunden bleibt[10]. Dieser Einwand wird dabei aus der Begründungserwägung des BGH gefolgert, dass insbesondere der Einfluss auf die Entscheidung über die Gewinnverwendung in der ehemaligen Tochtergesellschaft nach der Verenkelung abnehme[11]. Dies könne aber dann nicht gelten, wenn eine vertragliche Gewinnabführung vereinbart sei, so dass ein Entfallen der Zustimmungspflicht die Konsequenz sein müsse.

Zum anderen erscheint ein Verzicht auf die Mitwirkung nach der Holzmüller – Regel in Verenkelungs – Fällen mit Blick auf die Rechtsform der involvierten Gesellschaften erwägenswert. Zwar verlängert sich bei jeder Verenkelung unabhängig von der Rechtsform der Abstand zwischen Mutter – Hauptversammlung und dem abgespaltenen Betriebsteil, doch jedenfalls bei wertender Betrachtung ist zu konstatieren, dass die Ausübung der Holzmüller – Rechte im Gesellschafterorgan der Enkelgesellschaft vom Mutter – Vorstand zumindest mittelbar, nämlich über die Tochtergesellschaft, kontrolliert wird[12]. Diese Kontrollmöglichkeit besteht insbesondere bei GmbH - Tochtergesellschaften, da deren Geschäftsführer nach § 37 GmbHG angewiesen werden können. Fraglich ist nun, ob diese Weisungsmöglichkeit ein ausreichend hohes Maß an Kontrolle vermittelt, die der Annahme eines erneuten Mediatisierungseffekts entgegensteht. Anders als bei der Zwischenschaltung einer Aktiengesellschaft mit unabhängigem Vorstand entsteht bei GmbH – Enkeln keine wirklich neue, unabhängige Entscheidungsebene, die die Einflussrechte der Mutter deutlich verringert. Daher findet sich die These, die Verenkelung in Form der Einbringung von Vermögensteilen einer Tochter - GmbH in eine Enkel – GmbH sei ohne Holzmüller - Zustimmung möglich, wenn zudem über die Geschäftsordnung oder Satzung der beteiligten GmbH unmittelbare Durchgriffsrechte des Mutter - Vorstands auf die Enkel – Geschäftsführung geschaffen würden[13]. In solchen Fällen trete Mediatisierung nicht entscheidend ein, da der Holding – Vorstand ausreichend Kontrolle über den ausgegliederten Betriebsteil behalte[14].

---

[10] Ein Entfallen der Holzmüllerpflichtigkeit in einer solchen Konstellation erwägt namentlich *Bungert*, BB 2004, 1345 ff. (1348); ferner *Simon*, DStR 2004, 1482 ff. (1485).
[11] BGH, BB 2004, 1182 ff. (1187).
[12] In diese Richtung auch *Arnold*, ZIP 2005, 1573 ff. (1576).
[13] *Arnold*, ZIP 2005, 1573 (1576).
[14] *Arnold*, ZIP 2005, 1573 (1576).

bb) Bedenken gegen eine Auflockerung der Holzmüller - Zustimmungspflicht

Gegen diese Vorschläge einer Relativierung der Holzmüller – Zustimmung bestehen jedoch Bedenken. Hinsichtlich der angesprochenen Möglichkeit eines Entfallens der Zustimmungspflicht bei Bestehen eines Beherrschungs- oder Gewinnabführungsvertrages ist zunächst nicht ersichtlich, wie der die Zustimmungspflicht begründende Mediatisierungseffekt im Hinblick auf die Teilhaberechte der Aktionäre dauerhaft durch einen Beherrschungs- oder Gewinnabführungsvertrag, schon mit Blick auf dessen Befristungsmöglichkeit, ausgeglichen werden kann[15]. Der Schutz von (unternehmerischen) Interessen der Muttergesellschaft durch Beherrschungs- und Gewinnabführungsverträge ist insoweit nicht identisch mit dem durch ungeschriebene Mitwirkung bezweckten Schutz der Aktionäre der Muttergesellschaft.

Des Weiteren nimmt die Argumentation, aufgrund von Rechtsformunterschieden könne auf eine Holzmüller – Zustimmung verzichtet werden, angesichts des verbreiteten Strebens nach einer maximalen Reduktion des Anwendungsbereichs der Holzmüller – Doktrin, nicht Wunder, zumal wenn dies mit einem schlichten Verweis auf eine andere Rechtsform möglich erscheint. Doch es gilt auch hier, die Maßstäbe, die der BGH gerade auch im Hinblick auf mehr Rechtssicherheit sowie zur Stärkung der Vorstandsautonomie in Gelatine entwickelt hat, zu beachten und die Diskussion streng an diesen Vorgaben auszurichten. Danach ist für die Aktionäre der Obergesellschaft jedoch kein anderer Mediatisierungsgrad für solche Fälle erkennbar, in denen Tochter- und Enkelgesellschaft in der Rechtsform der GmbH organisiert sind. Von Bedeutung ist insoweit zunächst die bereits betonte Qualifikation der Holzmüller – Maßnahmen als besonders bedeutsame Einmalentscheidung. Sie macht klar, dass es nicht um einen Fall gesteigerter Konzernleitungskontrolle speziell im Aktienkonzern geht, sondern um die Teilhabe der Aktionäre der Mutter an wesentlichen Entscheidungen im Konzern als solche (Investitionsentscheidung). Daraus folgt, dass die Tatsache der Ausgliederung überhaupt (hier mit der Folge der Verenkelung) sowie der damit geschaffenen weiteren Hierarchieebene im Konzern das maßgebliche Kriterium für die Zustimmungspflichtigkeit darstellt. Unerheblich für die Aktionäre der Mutter ist dabei, in welcher Rechtsform der ausgegliederte Betriebsteil zukünftig geführt wird.

Dies stützt auch der Blick auf die ursprüngliche Holzmüller – Entscheidung. Denn dort war die neue Hafenbetriebsgesellschaft eine KGaA, bei der es auch keinen weisungsunabhängigen Vorstand wie bei der Aktiengesellschaft gibt, doch sah der BGH bekanntlich die Gefahr einer Mediatisierung gleichwohl als gegeben an. Damit besteht die Gefahr der Absorption mitgliedschaftlicher Rechte durch Ausgliederungsmaßnahmen, unabhängig von der Rechtsform der beteiligten Gesellschaften, zumal generell Zweifel an einer Beschränkung dieser Rechtsabsorption durch Vorstandskontrolle über den ausgegliederten Betriebsteil bestehen. Denn der Vorstand der Mutter ist das eigentliche Konzernleitungsorgan, welches die Mediatisierung von Aktionärsrechten durch die fragliche Holzmüller - Maßnahme überhaupt erst verursacht. Die Rechtfertigung eines solchen Eingriffs in Aktionärsrechte kann aber nur durch die Aktionäre

[15] Dagegen auch *Habersack*, AG 2005, 137 ff. (143).

selbst erfolgen, und zwar im Wege eines zustimmenden Hauptversammlungsbeschlusses. Des Weiteren spricht gegen obige These die ihr innewohnende Umgehungsgefahr, die in der Möglichkeit begründet liegt, der Verenkelung eines Betriebsteils eine Umwandlung der bisherigen Tochter in eine GmbH vorzuschalten. Gerade weil es sich bei ungeschriebenen Mitwirkungsrechten um ein Schutzinstrument zugunsten derjenigen Aktionäre der Muttergesellschaft handelt, die ihrerseits als Aktiengesellschaft organisiert ist, erscheint der Gewinn aus einer Rechtsformdifferenzierung zwischen einzelnen Ausgliederungsobjekten daher insgesamt zweifelhaft.

2. Veräußerung von Beteiligungen und Unternehmensteilen

Viel diskutiert im Zusammenhang mit den Holzmüller – Grundsätzen wird die Frage, ob die Veräußerung von Beteiligungen und Unternehmensteilen einen zustimmungspflichtigen Holzmüller – Fall darstellt[16]. Im Nachgang der Gelatine – Entscheidungen kann zunächst nicht angenommen werden, dass der Anwendungsbereich der Holzmüller – Grundsätze auf die angesprochenen Maßnahmen der Ausgliederung/Einbringung von Beteiligungen beschränkt bleibt. Denn gerade der Schutzzweck ungeschriebener Zustimmungsrechte legt es nahe, dass weitere Maßnahmen denkbar sind, die ihrer Art nach und bei Überschreiten der Wesentlichkeitsschwellen zustimmungsbedürftig sind, weshalb der BGH in Gelatine den Anwendungsbereich der Holzmüller - Doktrin bewusst nicht auf bestimmte Maßnahmen einschränkte[17]. Bei der Untersuchung möglicher holzmüllerpflichtiger Maßnahmen, hieran sei nochmals erinnert, gilt es immer zu beachten, dass der BGH in Gelatine überdeutlich, und zuvor auch bereits in den Gründen der Macrotron – Entscheidung, auf den der Ausgliederung und Einbringung anhaftenden Mediatisierungseffekt als zustimmungsbegründendes Merkmal abhebt[18]. Demnach muss auch Veräußerungsfällen ein entsprechender Verwässerungseffekt inne wohnen.

a) Überblick über den Meinungsstand in Veräußerungsfällen

aa) Befürworter einer Hauptversammlungszustimmung im Veräußerungsfall

Aus der Holzmüller – Entscheidung selbst ergeben sich keine unmittelbaren Hinweise, ob Veräußerungssachverhalte als Holzmüller – Fall zu qualifizieren sind. Daher finden sich in der Folge der Holzmüller – Entscheidung verschiedene argumentative Ansätze

[16] Vgl. den Überblick bei KK AktG – *Koppensteiner*, Vor § 291 RN 91; MüKo AktG – *Kubis*, § 119 RN 62ff.
[17] Vgl. auch *Fuhrmann*, AG 2004, 339 ff. (340 f.); *Bungert*, BB 2004, 1345 ff. (1349 f.); *Simon*, DStR 2004, 1482 ff. (1485 f.).
[18] BGH, ZIP 2004, 993 ff. (996).

zur Begründung einer Zustimmungspflicht. Die instanzgerichtliche Rechtsprechung[19] und die überwiegende Auffassung im Schrifttum[20] bejahen im Ergebnis eine Zustimmungspflicht im Falle der Abgabe einer Beteiligung. Betont wird dabei immer wieder, dass ein Zustimmungserfordernis in jedem Fall von einer mit der Veräußerung verbundenen Strukturänderung abhängig zu machen sei. Jedoch wird diese Strukturänderung höchst unterschiedlich definiert sowie die an sie zu stellenden Anforderungen unterschiedlich bestimmt. In Anlehnung an die vom BGH selbst genannte Weiterübertragung des Gesellschaftsvermögens nach § 179a I AktG (§ 361 AktG a.F.) oder den Auflösungsbeschluss hinsichtlich einer Tochter (§§ 262 I Nr. 2; 289 IV AktG a.F.)[21] folgern einige, dass, wenn schon die Vermögensübertragung bei der Tochtergesellschaft oder der Beschluss, sie zu liquidieren, der Zustimmung der Hauptversammlung in der Obergesellschaft bedürfe, dann für die Veräußerung der Beteiligung nichts anderes gelten könne[22]. Daher sei die Abgabe eines eigenständigen Geschäftszweigs im Kernbereich des Unternehmens als Holzmüller – Transaktion zu bewerten, denn sie ändere die Prägung und das Profil des Unternehmens[23].

Andere argumentieren, dass der BGH mit dem Hinweis auf die nach einer Ausgliederung bestehende Gefahr, dass „der Vorstand durch Unternehmensverträge mit einem Dritten oder durch Aufnahme fremder Gesellschafter, etwa im Wege einer Kapitalerhöhung, die Mitgliedschaftsrechte der Aktionäre in der Obergesellschaft vollends aushöhlen kann“[24] deutlich gemacht habe, dass eine ungeschriebene Mitwirkung in Veräußerungsfällen dann anzunehmen sei, wenn tatsächlich durch die Beteiligungsveräußerung ein fremder Gesellschafter aufgenommen werde[25]. Insoweit sei die Teil – Veräußerung mit einer Teilfusion, die im Wege einer Kapitalerhöhung bei der Tochtergesellschaft und der Zeichnung ihrer Aktien durch einen außenstehenden Dritten erfolge,

---

[19] OLG Celle, ZIP 2001, 613 ff. (615); OLG München, AG 1995, 232 ff. (233); LG Düsseldorf, AG 1999, 94 ff.; LG Hannover, AG 2001, 150 ff.; LG Frankfurt/M., ZIP 1997, 1698 ff. (1701 f.); offen lassend OLG Frankfurt/M., ZIP 1999, 842 ff. (845).

[20] Münch.Hdb.GesR IV – *Krieger*, § 69 RN 7; MüKo AktG – *Kubis*, § 119 RN 63; *Lutter*, FS Westermann, S. 347 ff. (365); *ders.*, FS Stimpel, S. 825 ff. (840, 849); *ders.*, AG 2000, 349 ff. (350); *Lutter/Leinekugel*, ZIP 1998, 225 ff. (229 ff.); KK AktG – *Mertens*, § 76 RN 52; *Hirte*, Bezugsrechtsausschluss, S. 182 ff.; *Hommelhoff*, Konzernleitungspflicht, S. 447; *Timm*, Konzernspitze, S. 138 ff.; *ders.*, ZIP 1993, 114 ff. (117); *Wiedemann*, Unternehmensgruppe, S. 57; *Wollburg/Gehling*, FS Lieberknecht, S. 133 ff. (155 ff.); *Reichert*, Ausstrahlungswirkungen, S. 25 ff. (69 f.) – inzwischen aber aufgegeben; *Zimmermann/Pentz*, FS W. Müller, S. 151 ff. (167 f.); *Fleischer*, ZHR 165 (2001), 513 ff. (524 f.); *Lüders/Wulff*, BB 2001, 1209 ff. (1211 f.); *Wackerbarth*, AG 2002, 14 ff. (16).

[21] BGHZ 83, 122 ff. (140).

[22] Vgl. *Götz*, AG 1984, 85 ff. (88); *Groß*, AG 1994, 266 ff. (271).

[23] So *Lutter/Leinekugel*, ZIP 1998, 225 ff. (229 ff.); *Wollburg/Gehling*, FS Lieberknecht, S. 133 ff. (155 ff.); GK AktG – *Wiedemann*, § 179 RN 75; *Zimmermann/Pentz*, FS W. Müller, S. 153 ff. (168); Münch.Hdb.GesR IV – *Krieger*, § 69 RN 48.

[24] BGHZ 83, 122 ff. (137).

[25] So namentlich *Lutter*, FS Westermann, S. 347 ff. (365); *ders.*, FS Stimpel, S. 825 ff. (849); *Fleischer*, ZHR 165 (2001), 513 ff. (524 f.); *Hirte*, Bezugsrechtsausschluss, S. 177 ff.; *Mülbert*, Aktiengesellschaft, S. 434 ff., *Wackerbarth*, AG 2002, 14 ff. (16); BeckHdb.AG – *Reichert*, § 5 RN 54.

vergleichbar[26]. Aus dem Wertungsmodell des § 186 III AktG folge, dass eine Beteiligung Dritter an der Tochtergesellschaft, wie der Bezugsrechtsausschluss bei einer von der Obergesellschaft selbst durchgeführten Kapitalerhöhung, der Zustimmung der Hauptversammlung bedürfe und einer Sachkontrolle unterliege, gleich ob die Beteiligung des Dritten durch Kapitalerhöhung oder Beteiligungsveräußerung erreicht werde. Die Beteiligung Dritter bewirke eine weitere Verwässerung des Einflusses der Aktionäre der Obergesellschaft. Die notwendige Zustimmung der Hauptversammlung zur Veräußerung sei jedoch auf Fälle zu begrenzen, in denen der Einfluss der Aktionäre um mehr als 25 % verkürzt werde[27]. Ein Zustimmungserfordernis in solchen Fällen sei zudem auch deswegen angezeigt, da schon die Ausgliederung, die nur die Möglichkeit zur Aufnahme fremder Gesellschafter schaffe, zustimmungsbedürftig sei[28]. Dann müsse aber erst recht in der Aufnahme gesellschaftsfremder Dritter, also in Teilveräußerungsfällen, das Zustimmungserfordernis auslösende Element der Strukturänderung angenommen werden[29]. Auch wird betont, der entscheidende Aspekt für die Annahme einer Zustimmungspflicht sei mit der in der Preisgabe von Herrschaftsbefugnissen der Obergesellschaft verbundenen Strukturänderung zu sehen[30]. Maßgeblich sei insoweit das Absinken des Anteilsbesitzes der Muttergesellschaft unter die Schwelle von 75 %[31] bzw. 50 %[32].

Schließlich wird angeführt, dass eine Nicht – Geltung der Holzmüller – Grundsätze zu gravierenden Friktionen zwischen verschiedenen konzernbildungsrelevanten Maßnahmen führen würde[33]. Insbesondere sei es nicht einsichtig, dass zwar die Rechtsverkürzung auf Aktionärsseite durch Konzernbildungssachverhalte, nicht aber die weitaus schwerer wiegende, vollständige Entäußerung aller Anteile an der Tochter, der Hauptversammlungsmitwirkung unterliegen solle[34]. Angesichts dieser Konsequenz liege es nahe, die Veräußerung von Beteiligungen nicht als Ausnahmefall, sondern ebenfalls als nach Art und Bedeutung der konkreten Maßnahme in das System ungeschriebener Hauptversammlungsmaßnahmen einzupassende Grundlagenentscheidung anzusehen[35].

---

[26] *Hirte*, Bezugsrechtsausschluss, S. 182 ff.; in diese Richtung auch *Lutter*, FS Stimpel, S: 825 ff. (840); dazu noch näher unten, Drittes Kapitel, III, 3.

[27] *Hirte*, Bezugsrechtsausschluss, S. 182 ff.

[28] So namentlich *Lutter*, FS Westermann, S. 347 ff. (365); ders., FS Stimpel, S. 825 ff. (849); *Fleischer*, ZHR 165 (2001), 513 ff. (524 f.); *Hirte*, Bezugsrechtsausschluss, S. 177 ff.; *Mülbert*, Aktiengesellschaft, S. 434 ff., *Wackerbarth*, AG 2002, 14 ff. (16); BeckHdb.AG – *Reichert*, § 5 RN 54.

[29] So *Fleischer*, ZHR 165 (2001), 513 ff. (524 f.); *Hirte*, Bezugsrechtsausschluss, S. 182 ff.; *Wackerbarth*, AG 2002, 14 ff. (16 f.).

[30] *Lüders/Wulff*, BB 2001 1209 ff. (1212); *Timm*, Konzernspitze, S. 142; *ders.*, ZIP 1993, 114 ff. (117); *Hommelhoff*, Konzernleitungspflicht, S. 447; in der Sache kommt diese Argumentation zu identischen Ergebnissen wie die zuvor dargestellte Begründungslinie.

[31] So *Lüders/Wulff*, BB 2001 1209 ff. (1212); *Timm*, Konzernspitze, S. 142; *ders.*, ZIP 1993, 114 ff. (117).

[32] *Hommelhoff*, Konzernleitungspflicht, S. 447 – für 50%-Grenze.

[33] MüKo AktG – *Kubis*, § 119 RN 63.

[34] So noch *Reichert*, Ausstrahlungswirkungen, S. 25 ff. (69 f.); *Henze*, FS Ulmer, S. 211 ff. (231).

[35] MüKo AktG – *Kubis*, § 119 RN 63; auch *Hirte*, Bezugsrechtsausschluss, S. 182 ff.; Münch.Hdb.GesR IV – *Krieger*, § 69 RN 7; *Hüffer*, FS Ulmer, S. 279 ff. (294 f.); *Henze*, FS Ulmer, S. 211 ff. (231).

bb) Gegner einer Hauptversammlungszustimmung im Veräußerungsfall

Die Gegenmeinung hält ein Zustimmungserfordernis nach der Holzmüller – Doktrin für Veräußerungsvorgänge und die Abgabe von Beteiligungsbesitz nicht für erforderlich[36], allerdings divergieren auch hier die Begründungsansätze erheblich. Teils wird darauf hingewiesen, dass auch die Veräußerung von Beteiligungen zunächst eine Frage der zugrunde liegenden Satzungsreichweite sei[37]. Sofern nämlich die Satzung das Halten von Beteiligungen gar nicht vorsehe, sei der Vorstand ohne weiteres zur Veräußerung berechtigt und verpflichtet; im Normalfall des Vorhandenseins einer Konzernklausel sei jedoch entscheidend, ob die Veräußerung der Beteiligung zur Aufgabe der statutarisch vorgesehenen Tätigkeit in einem Teilbereich führe und hierin eine Unterschreitung desselben mit der Folge liege, dass es zur Vermeidung einer faktischen Satzungsverletzung einer Änderung des statutarischen Unternehmensgegenstandes bedürfe. Insoweit folge dann die Hauptversammlungszustimmung unmittelbar aus § 179 AktG.

Ausgehend von der Konzernbildungskontrolle als Grundlage ungeschriebener Mitwirkung wird die Veräußerung einer Beteiligung, die nicht Konzernbildung ist, auch als zustimmungsfrei angesehen[38]. Dies sei schließlich auch für die Veräußerung von anderen Vermögensgegenständen, die die Gesellschaft unmittelbar in ihrem eigenen operativen Vermögen halte, möglich. Auch wird die Anwendung der Holzmüller – Grundsätze auf Veräußerungsfälle unter Hinweis auf die Wertung des § 20 V AktG abgelehnt[39]. Denn wenn die Veräußerung einer Mehrheitsbeteiligung im Vorfeld von der Hauptversammlung der veräußernden Gesellschaft zu billigen wäre, so würde es keiner besonderen Mitteilungspflicht bedürfen, weil der mitzuteilende Tatbestand dann ohnehin bekannt wäre. Ferner wird die Veräußerung von Tochtergesellschaften und Beteiligungsbesitz als actus contrarius zur Gründung von Tochtergesellschaften, ihrem Erwerb und ihrer Ausstattung mit Mitteln qualifiziert, die der BGH in der Holzmüller – Entscheidung ausdrücklich dem gewöhnlichen Rahmen der Geschäftsführungsmaßnahmen zugeordnet habe[40]. Daher müsse auch die Veräußerung von Tochtergesellschaften und Beteiligungsbesitz zustimmungsfrei sein. Letztlich wird angeführt, dass die Veräußerung einer Beteiligung im Gegensatz zur Ausgliederung eher als Aufhebung einer Rechtsverkürzung in Form einer Mediatisierung der Beteiligungsrechte beim Vorstand zu qualifizieren sei[41]. Die Veräußerung mache die eingetretene Media-

---

[36] So bereits *Sünner*, AG 1983, 169 ff. (170); *Werner*, ZHR 147 (1983), 429 ff. (447); *Mecke*, Konzernstruktur, S. 281; *Groß*, AG 1994, 266 ff. (271 f., 275 f.); Emerich/Habersack – *Habersack*, 3. Aufl., Vor § 311 RN 39; *Habersack*, DStR 1998, 533 ff. (535 f.); *ders.*, AG 2005, 137 ff. (145 ff.); *Joost*, ZHR 163 (1999), 164 ff. (185 f.); *Seydel*, Konzernbildungskontrolle, S. 441; Semler/Volhard – *Schlitt*, Arbeitshandbuch, § 23 RN 139.

[37] Dies erkennt namentlich MüKo AktG – *Kubis*, § 119 RN 62 an.

[38] So *Seydel*, Konzernbildungskontrolle, S. 441.

[39] So *Werner*, ZHR 147 (1983), 429 ff. (447).

[40] So *Sünner*, AG 1983,169 ff. (170).

[41] Emerich/Habersack – *Habersack*, 3. Aufl., Vor § 311 RN 39; *Joost*, ZHR 163 (1999), 164 ff. (185 f.); *Groß*, AG 1994, 266 ff. (275 f.).

tisierung wieder rückgängig und bewirke eine Wiederherstellung des unmittelbaren Verwendungszugriffs der Aktionäre auf den Beteiligungserlös. Bei Veräußerungsmaßnahmen sei, abgesehen von einer etwa erforderlichen Änderung des Unternehmensgegenstandes, daher kein Raum für eine Mitwirkung der Hauptversammlung.

b) Einordnung der Veräußerungsfälle nach Gelatine

Die große Rechtsunsicherheit und das uneinheitliche Schrifttum bei Veräußerungsfällen sind vor allem dem Umstand geschuldet, dass der BGH selbst sich bisher nicht mit dieser Frage befassen musste. So erklärt sich, weshalb auch die Stellungnahmen nach den Gelatine - Entscheidungen insoweit von einer gewissen Unsicherheit und Vorsicht geprägt sind[42].

Für die Diskussion maßgeblich ist, ob der jeweiligen Konstellation ein mitgliedschaftlicher, Aktionärsrechte verwässernder Mediatisierungseffekt inne wohnt oder nicht. Die Zentrierung des Untersuchungsprogramms für Holzmüller – Fälle auf diesen Mediatisierungseffekt ist ein maßgeblicher Verdienst der Gelatine – Entscheidung und stellt auch den Schlüssel zur Beantwortung der Frage der Holzmüllerpflichtigkeit von Veräußerungsfällen dar. Es ist also eine Akzentverschiebung auszumachen: Die Hauptversammlungspflichtigkeit von Veräußerungssachverhalten ist nicht mehr unter dem Aspekt einer Strukturänderung der Gesellschaft zu prüfen und zu diskutieren, sondern unter der Maßgabe einer Mediatisierung mitgliedschaftlicher Aktionärsrechte. Dies ist die Konsequenz aus der Klärung des Schutzanliegens ungeschriebener Mitwirkungsrechte nach Holzmüller durch die Gelatine – Entscheidungen. Dabei sinkt aber der Aspekt der Strukturänderung durch die Veräußerung nicht zur Bedeutungslosigkeit herab, sondern erlangt, und insoweit sei auf die Ausführungen des vorherigen Kapitels verwiesen, im Rahmen der Erheblichkeitsschwellen, also gewissermaßen auf zweiter Ebene, Bedeutung. Die einer Maßnahme anhaftende Mediatisierungsgefahr allein ist für das Erfordernis einer ungeschriebenen Mitwirkung nicht ausreichend, sie muss in der konkreten Situation auch so erheblich sein, dass sie nach den Wertungen des AktG eine ungeschriebene Mitwirkung erforderlich macht. Dazu muss eben ein Betroffensein des unternehmerischen Kernbereichs auszumachen sein, der in die Unternehmensstruktur eingreift und diese von Grund auf ändert. Für die Untersuchung der Holzmüllerpflichtigkeit von Veräußerungsfällen erscheint es sinnvoll, die in der bisherigen Diskussion bereits bestehende Differenzierung zwischen Teilabgabe und vollständiger Veräußerung einer Beteiligung aufzugreifen und fortzusetzen.

[42] So *Habersack*, AG 2005, 137 ff. (145) unter Verweis auf *Liebescher*, ZGR 2005, 1 ff. (23 f.); *Altmeppen*, ZIP 2004, 999 ff. (1001); *Reichert*, AG 2004, 150 ff. (155 f.); *Simon*, DStR 2004, 1482 ff. (1485 f.), die sich allesamt gegen eine Anwendung im Veräußerungsfall aussprechen; sowie auf *Götze*, NZG 2004, 585 ff. (588); *Bungert*, BB 204, 1345 ff. (1350), die sich für eine Geltung der Holzmüller – Grundsätze in Veräußerungssachverhalten aussprechen.

aa) Fälle vollständiger Veräußerung einer Beteiligung

In Anknüpfung an die Ausgliederungsfälle scheint es auf den ersten Blick nahe liegend, bei Überschreiten der Schwellenwerte der Transaktion im Übrigen mit einem argumentum a fortiori eine Hauptversammlungspflichtigkeit auch für die vollständige Veräußerung zu bejahen: Denn begründet die Mediatisierung als entscheidendes Moment das Zustimmungserfordernis bei (auch konzerninternen) Ausgliederungsmaßnahmen, dann müsste dies doch erst recht für die vollständige Aufgabe einer Beteiligung im Wege der Beteiligungsveräußerung gelten. Jedoch erscheint dieser Rückschluss bei näherer Betrachtung der rechtlichen und tatsächlichen Situation als etwas voreilig und oberflächlich. Insbesondere lässt er die bestehenden rechtlichen Rahmenbedingungen für den konkreten Fall der Beteiligungsveräußerung außer Acht und ignoriert die diesen und der Holzmüller – Mitwirkung zu Grunde liegenden Wertungen. Wie zu zeigen sein wird, erscheint es nach den Klarstellungen in Gelatine daher vorzugswürdig, die vollständige Veräußerung einer Beteiligung aus dem Anwendungsbereich der Holzmüller – Grundsätze auszuschließen[43].

(1) Fehlende Mediatisierung in Veräußerungsfällen

Zunächst beschreibt die Veräußerung von Beteiligungen bei rein wirtschaftlicher Betrachtung schlicht eine Veränderung des Bestandes des Gesellschaftsvermögens, genau so wie auch die Veräußerung sonstiger Vermögensgegenstände. Entsprechenden Transaktionen fehlt dabei jeder Bezug zur Ausübung mitgliedschaftlicher Teilhabe- und auch Vermögensrechte, vielmehr fallen sie als (klassische) Geschäftsführungsmaßnahmen in die ausschließliche Leitungs- und Verantwortungsmacht des Vorstands. Die Tatsache, dass es sich bei Veräußerungsfällen weder um eine Maßnahme der Konzernbildung noch der Konzernleitung handelt[44], steht zwar der Anwendung der Holzmüller – Grundsätze nicht entgegen, denn diese sind gerade nicht auf Konzernsachverhalte beschränkt. Jedoch ist das entscheidende Merkmal der Mediatisierungsgefahr von Teilhabe- und Vermögensrechten in den Veräußerungsfällen zweifelhaft. Bedenken folgen nicht nur aus der Frage, welche mitgliedschaftlichen Rechte nach der vollständigen Veräußerung mit der Folge der Aufgabe sämtlicher Rechte an der Beteiligung eigentlich noch mediatisiert werden, sondern werden auch deutlich, wenn man sich das mit Mediatisierung Gemeinte erneut vor Augen hält. Mediatisierung ist die Gefahr, die mit einer Verlagerung von ursprünglich der unmittelbaren Kontrolle der Aktionäre unterliegendem Vermögen in eine Tochter oder auch Enkelgesellschaft gegen Erwerb von durch den Vorstand zu verwaltenden Anteilsrechten verbunden ist. In der Konstellation der Beteiligungsveräußerung wird nun aber jene, die Aktionärsrechte beeinträchtigende Zuständigkeitsverlagerung gewissermaßen zurück genommen: Die

[43] So auch *Arnold*, ZIP 2005, 1573 ff. (1576 f.); *Reichert*, AG 2005, 150 ff. (155 f.); *Habersack*, AG 2005, 137 ff. (145 f.).

[44] So aber *Habersack*, AG 2005, 137 ff. (145): „…ein korporationsrechtlicher Charakter ist ihr fremd."

Gesellschaft verliert die ihr an der Beteiligung zustehenden Anteilsrechte und erhält dafür im Gegenzug einen bestimmten Gegenwert (Kaufpreis). Diese Gegenleistung ist nun im Hinblick auf die Aktionäre weniger unter vermögensmäßigen Aspekten bedeutsam, sondern vielmehr hinsichtlich der die Verwaltung treffende Aufgabe und ihr obliegenden Pflicht, den erhaltenen Gegenwert gewinnbringend einzusetzen. Die Reinvestition dieses erhaltenen Gegenwertes unterliegt dann aber nach Maßgabe des AktG wiederum der Kontrolle der Aktionäre[45]. Somit wird der seinerzeit durch den Erwerb oder Ausgliederung des nun veräußerten Unternehmensteils bewirkte Mediatisierungseffekt durch die an die Stelle der Beteiligung tretende Gegenleistung kompensiert. Neben dem Buchwert der Gegenleistung, besteht die Kompensationswirkung auch in der auf die Organe der veräußernden Gesellschaft zurückgeführten unmittelbaren Kontrolle über Ressourcen der Gesellschaft, von der auch die in der Hauptversammlung versammelten Aktionäre profitieren. Sollte allerdings nach Abgabe der Beteiligung die Gesellschaft nicht mehr im Stande sein, den satzungsmäßigen Unternehmensgegenstand auszufüllen, verlässt der Vorstand durch die Maßnahme den ihm in der Satzung vorgegebenen Handlungsrahmen. In einem solchen Extremfall folgt das Mitwirkungserfordernis der Aktionäre unter dem Aspekt der Satzungsunterschreitung unmittelbar aus § 179 I AktG, da eine Anpassung des Unternehmensgegenstandes erforderlich ist[46].

(2) Der Tatbestand des § 179a I AktG

Im Rahmen der Untersuchung der dogmatischen Herleitung der Holzmüller – Regel wurde festgestellt, dass diese mit dem BGH in einer offenen Rechtsfortbildung unter Auslegung und Weiterentwicklung der im Gesetz enthaltenen Wertungen gefunden werden kann. Dieses Ergebnis verlangt es aber, dass bei jeder konkreten Anwendung jener Grundsätze danach zu forschen ist, ob nicht das Gesetz selbst für die fragliche Transaktion eine Regel enthält oder ihm nicht Wertung oder Maßgaben zu entnehmen sind; keine Rechtsfortbildung darf sich in Widerspruch zu gesetzlichen Wertungen setzen. Bei der Betrachtung des AktG vor dem Hintergrund des Falles der Beteiligungsveräußerung fällt diesbezüglich die Wertung des § 179a I AktG ins Auge, der für die Veräußerung des gesamten Gesellschaftsvermögens einer Aktiengesellschaft ein Zustimmungserfordernis normiert. Diese Ausnahmevorschrift für Gesamtvermögensgeschäfte, die nicht gleich bedeutend mit der Veräußerung aller Anteile an einer Beteiligung ist, verdeutlicht, dass Veräußerungsvorgänge im Allgemeinen von der Geschäftsführungskompetenz des Vorstands gedeckt sind; dann gilt dies grundsätzlich auch für die Veräußerung von Beteiligungen. Zudem bringt § 179a I AktG zum Ausdruck, dass die Gefahr der Verschleuderung von Gesellschaftsvermögen, obgleich dies eine Wertbeeinträchtigung der von den Aktionären gehaltenen Anteile bedeuten kann,

---

[45] In diesem Sinne auch Emerich/Habersack – *Habersack*, 3. Aufl., Vor § 311 RN 39; *Joost*, ZHR 163 (1999), 164 ff. (185 f.); *Groß*, AG 1994, 266 ff. (275 f.).

[46] Einzelheiten dazu oben, Zweites Kapitel, VI, 1, b.

einen Eingriff in mitgliedschaftliche Rechte und damit eine Holzmüller – Zustimmung nicht begründen kann, denn die Gesamtvermögensgeschäfte des § 179a I AktG unterliegen nicht aufgrund ihrer vermeintlichen Verwässerung mitgliedschaftlicher Rechte einer Zustimmungspflicht, sondern allein im Hinblick auf die wirtschaftliche Tragweite der Maßnahme[47]. Insbesondere der Gefahr einer Übervorteilung der Gesellschaft und einer damit verbundenen mittelbaren Schädigung der Aktionäre, vor allem bei Veräußerungen an den Mehrheitsaktionär, soll so entgegen gewirkt werden. Wird jedoch die Schwelle des § 179a I AktG, der von der hM bereits schon jetzt auf Fälle des „nahezu gesamten Vermögens" angewendet wird[48], nicht erreicht, kann nicht subsidiär auf Holzmüller für Veräußerungen aller Art zurückgegriffen werden. Insoweit ist Holzmüller zum einen kein kleiner § 179a I AktG[49] und verfolgt zum anderen ein divergierendes Schutzanliegen, so dass unter Hinweis auf diese Norm ein Zustimmungserfordernis für Beteiligungsveräußerungen nicht begründet werden kann.

(3) Sorgfaltsanforderungen an den Vorstand

Gleichwohl ist der Vorstand bei der vollständigen Veräußerung nicht ohne Schranken. Denn eine unangemessene Gegenleistung oder eine sonstige nachteilige Regelung können ein pflichtwidriges Handeln des Vorstands darstellen und Schadensersatzansprüche der Aktiengesellschaft begründen. § 147 AktG verdeutlicht hier, dass die Aktionäre insoweit gerade nicht rechtlos gestellt sind. Diese Regressmöglichkeit spricht ebenfalls für eine Nichtanwendung der Holzmüller – Regel auf Fälle vollständiger Veräußerung, denn sie bietet eine Möglichkeit für die Aktionäre, sich in vermögensmäßiger Hinsicht schadlos zu halten. Gestützt wird dies nicht nur aus der Tatsache, dass der Vorstand auch bei Veräußerungsvorgängen den Sorgfaltsanforderungen des § 93 I AktG unterliegt[50], sondern insbesondere auch durch den im Wege des UMAG neu in das AktG eingefügten § 148 AktG, der für eine verbesserte Durchsetzung bestehender Ansprüche der Gesellschaft gegen ihre Organwalter sorgen wird[51].

bb) Fälle teilweiser Veräußerung einer Beteiligung

Besteht damit bei vollständiger Veräußerung nach diesseitiger Sicht mangels Mediatisierung keine Holzmüllerpflichtigkeit, ist nunmehr der Fall zu beleuchten, in dem die Beteiligung nicht in toto veräußert wird, sondern durch die Abgabe eines Teils der ge-

[47] *Habersack*, AG 2005, 137 ff. (146).
[48] Statt vieler *Hüffer*, AktG, § 179a RN 5.
[49] *Arnold*, ZIP 2005, 1573 ff. (1577).
[50] Dies betonen *Goette*, DStR 2004, 927 ff. (928); *Fleischer*, NJW 2004, 2335 ff. (2339); *Habersack*, AG 2005, 137 ff. (146).
[51] Ob hierbei der nunmehr in § 93 I S. 2 AktG kodifizierten business judgment rule eine besondere Bedeutung zukommen wird, wird kontrovers beurteilt. Verneinend etwa *Habersack*, AG 2005, 137 (146), eher bejahend *Arnold*, ZIP 2005, 1573 ff. (1577).

haltenen Anteile eine Drittbeteiligung begründet wird. Dabei sollen vorerst die hiermit zusammenhängenden Schwierigkeiten im Falle eines Börsengangs der Tochtergesellschaft ausgeklammert werden, da hierauf an späterer Stelle im Zusammenhang mit der Holzmüllerpflichtigkeit wesentlicher Maßnahmen in der Tochtergesellschaft zurückzukommen sein wird[52]. Für die hier anstehende Untersuchung bedeutet dies eine Beschränkung auf den klassischen (einfachen) Fall einer Beteiligungsveräußerung an ein anderes Unternehmen oder sonstige Dritte. Dieser ist auf Mediatisierungsgefahren für die Aktionäre der Obergesellschaft zu durchleuchten[53].

In der Diskussion über die Holzmüllerpflichtigkeit der Teilabgabe wird von einigen auch bei Verlust einer qualifizierten oder einfachen Mehrheit ein Zustimmungserfordernis nach Holzmüller verneint[54]. Da nämlich eine Konzernleitungspflicht[55] des Vorstands nicht bestehe, könne die mit der Aufnahme Dritter in die Beteiligung verbundene Einschränkung dieser Konzernleitungspflicht auch eine Zustimmung nach Holzmüller nicht begründen, was unabhängig von der Bedeutung der betroffenen Beteiligung oder des Unternehmensteils für das Gesamtunternehmen gelte[56]. Auch stelle die erstmalige Aufnahme von Minderheitsgesellschaftern in einer Tochter - AG keine Strukturänderung dar, weil der konzernrechtliche Status der Tochter durch diese Maßnahme keine Änderung erfahre[57]. Schließlich sei die Frage, ob die Teilveräußerung eine dem Bezugsrechtssausschluss vergleichbare Verwässerung der Aktionärsrechte bewirke[58], schon im Hinblick auf die Gegenleistung für den abgegebenen Teil zu verneinen[59]. Da mithin auch im Teilveräußerungsfall aufgrund der Gegenleistung für die Annahme einer veräußerungsbedingten Verwässerung von Herrschaftsbefugnissen kein Raum sei, werde deutlich, dass es insoweit allein um den Schutz der Mutteraktionäre vor einer Verschleuderung von Gesellschaftsvermögen gehe, was aber nicht dem Schutzanliegen ungeschriebener Mitwirkungsrechte nach der Holzmüller – Doktrin entspreche[60].

Die Ablehnung der Anwendung der Holzmüller – Grundsätze für den Fall, dass durch die Veräußerung eines Betriebsteils oder unselbständigen Unternehmensteils eine wesentliche Drittbeteiligung begründet wird, vermag indes bei näherer Betrachtung der Situation nicht zu überzeugen. Vielmehr entfällt der Mediatisierungseffekt

[52] Dazu siehe unten, Drittes Kapitel, III, 3.

[53] Kritisch zu den einzelnen, oben genannten Vorschlägen *Wollburg/Gehling*, FS Lieberknecht, S. 133 ff. (151 ff.).

[54] Insbesondere Emmerich/Habersack – *Habersack*, Vor § 311 RN 44; eingehend *Habersack*, AG 2005, 137 ff. (147).

[55] *Hommelhoff*, Konzernleitungspflicht, S. 447; zu diesem Ansatz eingehend oben, Zweites Kapitel, II, 2, b.

[56] Emmerich/Habersack – *Habersack*, Vor § 311 RN 44.

[57] Emmerich/Habersack – *Habersack*, Vor § 311 RN 44; *ders.*, ZIP 2001, 1230 ff. (1234).

[58] So argumentieren insbesondere *Lutter*, FS Westermann, S. 347 ff. (365 f.) und *Hirte*, Bezugsrechtsausschluss, S. 182 ff.; in vergleichbare Richtung auf der Grundlage seines vermögensbezogenen Schutzkonzepts *Mülbert*, Aktiengesellschaft, S. 434 f.

[59] *Habersack*, AG 2005, 137 ff. (147); zu diesem Argument siehe bereits oben, Drittes Kapitel, I, 2, b, aa.

[60] *Habersack*, AG 2005, 137 ff. (147).

mitgliedschaftlich vermittelter Herrschaftsrechte nur in Fällen der vollständigen Veräußerung; die Einräumung einer Drittbeteiligung bewirkt demgegenüber eine noch stärkere Verwässerung mitgliedschaftlicher Herrschaftsrechte der Anteilseigner in der Beteiligung, als dies bei der Ausgliederung der Fall ist, und führt zu einer Reduzierung des Gesellschaftseinflusses auf die Tochter insgesamt.

Sofern argumentiert wird, dass der konzernrechtliche Status der Tochter auch nach der Aufnahme Dritter in diese unverändert fortbesteht[61], ist zunächst festzuhalten, dass dieser Befund durchaus zutreffend ist, jedoch im Hinblick auf die im Holzmüller - Zusammenhang zu beantwortende Frage wenig hilfreich: Denn das Entstehen, das Beibehalten oder die Aufhebung einer Konzernierung *als solcher* sind für die Anwendbarkeit der Holzmüller – Grundsätze irrelevant. Entscheidend sind vielmehr die Rückwirkungen auf die mitgliedschaftlichen Interessen und Rechte der Aktionäre der Obergesellschaft[62]. Dabei stellen Konzernierungssachverhalte eine Möglichkeit dar, in der mitgliedschaftliche Interessen betroffen werden, nicht aber die einzige oder die entscheidende, so dass das Abstellen auf den beibehaltenen Status als Tochtergesellschaft nicht verfängt. Zu klären ist vielmehr, ob die mit der Aufnahme fremder Dritter in die Tochter einhergehenden Konsequenzen auch Rückwirkungen auf die Rechtsstellung der Aktionäre der Obergesellschaft zeitigen, die als Mediatisierung mitgliedschaftlicher Herrschaftsrechte zu qualifizieren sind. Insoweit vermögen der zusätzliche Formalaufwand durch die Aufnahme von Minderheitsgesellschaftern sowie die Eröffnung des Anwendungsbereichs der Aktionärsrechte aus §§ 315, 317 IV AktG sicher keinen hinreichenden Mediatisierungseffekt begründen[63], zumal es trotz der Minderheitsgesellschafter bei der Geltung der §§ 311 ff. AktG bleibt. Letzteres gilt jedenfalls solange, wie sich die Gesellschaft nicht ihres herrschenden Einflusses auf die abhängige Tochtergesellschaft begibt, denn solange ein herrschender Einfluss aufgrund der Höhe des Beteiligungsumfangs an der Tochter – AG noch besteht, kann es zu keiner weiteren Mediatisierung der Herrschaftsrechte der Aktionäre der Muttergesellschaft kommen[64]. Diese ist vielmehr noch in der Lage, ihren Willen in der Tochter durchzusetzen; eine Einschränkung ihrer Befugnisse und Rechte in der Tochter durch die Aufnahme weiterer Gesellschafter ist nicht auszumachen.

Anders gestaltet sich indes die Sachlage, wenn sich die Gesellschaft derart ihrer Beteiligung begibt, dass die Tochter dadurch maßgeblichen Fremdeinflüssen ausgesetzt wird. Wird durch die Veräußerung nämlich einem Dritten oder einer Koalition mehrerer verschiedener Minderheitsaktionäre eine Sperrminorität gewährt oder gar eine

[61] So *Habersack*, AG 2005, 137 ff. (147).

[62] Zutreffend insoweit *Habersack*, AG 2005, 137 ff. (147).

[63] Nur bei einer 100 %-igen Tochter bringt etwa die Vorschrift des § 121 VI AktG die Erleichterung, dass bei Präsenz aller Aktionäre die Hauptversammlung ihre Beschlüsse auch ohne Einhaltung der §§ 121 – 128 AktG fassen kann. Für nichtbörsennotierte Gesellschaften sieht § 130 I S. 3 überdies eine nicht unerhebliche Erleichterung im Zusammenhang mit der Niederschrift vor.

[64] Anders stellt sich die Lage indes im GmbH – Recht dar, wo seit BGHZ 149, 10 ff. (16 f.) dem alleinigen Gesellschafter nachteilige Einflussnahmen bis zur Grenze der Existenzvernichtung erlaubt sind; bei der mehrgliedrigen GmbH haben sich die Gesellschafter jedoch jeglicher Nachteilszufügung zu enthalten.

Mehrheitsbeteiligung eingeräumt, sinkt dadurch der Einfluss des bisherigen Mehrheitsgesellschafters und so mittelbar auch der Einfluss der Aktionäre der Obergesellschaft. Wird eine Alleinbeteiligung um mehr als 25 % durch die Aufnahme von Dritten dezimiert, verlieren die Obergesellschaft und ihre Aktionäre dadurch die Möglichkeit, Strukturentscheidungen herbeizuführen, die einer qualifizierten Mehrheit bedürfen, was die Beherrschung der Tochtergesellschaft erheblich erschwert[65]. Aufgrund dieser Auswirkungen einer Teilveräußerung muss daher eine dem Fall der Ausgliederung vergleichbare Mediatisierung von Herrschaftsrechten erkannt werden. Dies bestätigt auch der Blick auf die Rechtslage bei wesentlichen Strukturmaßnahmen in der Tochter, und hier insbesondere solchen mit Drittbezug. Im Holzmüller – Urteil hatte der BGH insoweit geurteilt, dass die Aktionäre der Obergesellschaft bei grundlegenden, für ihre Rechtsstellung bedeutsamen Entscheidungen in der Tochtergesellschaft über ihrer Hauptverhandlung so zu beteiligen sind, wie wenn es sich um Angelegenheiten der herrschenden Aktiengesellschaft selbst handeln würde[66]. Als solche Angelegenheiten der Tochter nennt der BGH den Abschluss eines Unternehmensvertrages mit Dritten oder Kapitalerhöhungen mit Bezugsrechtsausschluss. Im Ergebnis kann es dann aber nicht sein, dass Unterschiede auf dem Weg zu einer Drittbeteiligung über die Holzmüllerpflichtigkeit entscheiden. Dies aber wäre der Fall, wenn die im Holzmüller – Urteil umrissenen Maßnahmen einer Holzmüller – Zustimmung unterliegen, der Fall des unmittelbaren Verkaufs der Anteile der Mutter an einen Dritten jedoch, bei dem dieser auch noch wesentlichen Einfluss gewinnt, keiner solchen Zustimmung bedarf. Die im Hinblick auf die Aktionärsgefährdung vielmehr vergleichbaren Sachverhalte lassen hier eine unterschiedliche Behandlung der Hauptversammlungspflichtigkeit als wenig konsequent erscheinen, so dass nicht zuletzt bei wertungsmäßiger Betrachtung ein Gleichlauf der innergesellschaftlichen Zuständigkeiten angemessen erscheint. Die Zustimmungspflicht ist dabei kein Selbstzweck oder einzig vor dem Hintergrund einer einheitlichen Zuständigkeitsverteilung in Konzernleitungsfällen zu sehen, sondern ist notwendige Konsequenz, wenn man mit dem Schutzzweck ungeschriebener Hauptversammlungszuständigkeiten vor Mediatisierung der Herrschaftsrechte der Aktionäre der Obergesellschaft Ernst macht.

cc) Besonderheiten bei der Veräußerung von Beteiligungen über die Börse?

Kontrovers diskutiert wird, ob in Fällen, in denen die Beteiligungsveräußerung nicht an ein anderes Unternehmen erfolgt, sondern durch einen Börsengang der Tochter verwirklicht werden soll, Besonderheiten bestehen. In einer solchen Konstellation müsse insbesondere überlegt werden, ob nicht auch aus den Holzmüller – Grundsätzen die Einräumung eines Bezugs- oder Vorerwerbsrechts zugunsten der Aktionäre der

[65] Vgl. *Henze*, FS Ulmer, S. 211 ff. (231).

[66] BGHZ 83, 122 ff. (140); näher zu einzelnen holzmüllerpflichtigen Konzernleitungsmaßnahmen in der Tochter sogleich.

Muttergesellschaft abzuleiten sei[67]. Diese Frage, an „wen" die an die Börse zu bringenden Aktien verkauft werden dürfen, ist aber von dem bislang diskutierten Problem der Holzmüllerpflichtigkeit von Veräußerungssachverhalten überhaupt, zu unterscheiden. Da sich dasselbe Problem auch im Falle einer Kapitalerhöhung in der Tochtergesellschaft stellt, erscheint es sinnvoll, beide Konstellationen gemeinsam zu betrachten. Daher sei an dieser Stelle auf die Untersuchung der Holzmüllerpflichtigkeit von Kapitalmaßnahmen in Tochtergesellschaften verwiesen, wo sich diesem Problemkreis näher zugewendet werden wird[68].

3. Fälle vollständiger Einstellung oder Aufgabe von Geschäftsbereichen

Fraglich ist, ob die vollständige Einstellung oder Aufgabe von Geschäftsbereichen als holzmüllerpflichtiger Fall zu qualifizieren ist und einer Zustimmung der Hauptversammlung bedarf. Entscheidend dürfte sein, dass in dieser Konstellation der Gesellschaft kein substantieller Gegenwert als Gegenleistung zufließt. Daher stellt sich dieses Vorgehen im Vergleich zu den bisher angesprochenen Mediatisierungsfällen gewissermaßen als noch schlimmere, weitere Stufe dar. Denn hier kommt es zu einer endgültigen und ersatzlosen Vernichtung aktionärsbezogener Teilhabe- und Vermögensrechte, die einen der Mediatisierung identischen Eingriff in den Kernbereich der Unternehmenstätigkeit darstellt. Voraussetzung, wie bei jedem Holzmüller – Fall, ist auch hier, dass der in Rede stehende Geschäftsbereich für das Unternehmen wesentlich ist und zudem die quantitativen Schwellenwerte erreicht werden. Ist dies der Fall, führt die Einstellung von ganzen Geschäftsbereichen zu einem solch tiefen Eingriff in die Mitgliedsrechte der Aktionäre, der nach hiesigen Grundsätzen einer Zustimmung der Hauptversammlung bedarf.

Zu beachten ist aber, dass in diesen Konstellationen der Frage einer Hauptversammlungszustimmung aufgrund der Unterschreitung des satzungsmäßigen Unternehmensgegenstandes gem. § 179 AktG eine besondere Bedeutung zukommt. Denn nach wohl überwiegender Meinung ist der Vorstand verpflichtet, den Unternehmensgegenstand dauerhaft positiv auszufüllen[69]. Dementsprechend macht die Einstellung ganzer Geschäftsbereiche ggf. eine entsprechende Satzungsänderung mit entsprechender Hauptversammlungsmitwirkung nach § 179 AktG erforderlich.

Fraglich ist in diesem Zusammenhang, ob in einem solchen Fall der ausdrücklichen Beschränkung des Unternehmensgegenstandes durch die Hauptversammlung, zugleich auch eine hinreichende Zustimmung der Aktionäre nach der Holzmüller – Doktrin zu der Einstellung des Geschäftsbereichs gesehen werden kann. Auf den ersten Blick mag man dies bejahen, allerdings ist dies zu überdenken. Es wurde deutlich gemacht, dass Holzmüller – Fälle aufgrund ihrer unternehmerischen Bedeutung strengen Berichts-,

[67] Vgl. *Lutter*, AG 2000, 342 ff. (343 ff.); *ders.*, AG 2001, 349 ff. (350 ff.); *Becker/Fett*, WM 2001, 549 ff. (553 ff.); ablehnend *Habersack*, WM 2001, 545 ff. (546 ff.); *Busch/Groß*, AG 2000, 503 ff. (506).
[68] Dazu unten, Drittes Kapitel, III, 3.
[69] Dazu oben, Zweites Kapitel, VI, 1, a und b.

Auskunfts- und Informationspflichten unterliegen[70]. Diese Anforderungen drohen nun aber umgangen zu werden, wenn man zwei formal unterschiedliche Beschlussgegenstände mit einer Beschlussfassung abhandeln würde. Gerade die Einstellung ganzer Unternehmensbereiche kann durchaus als Anlage- und Investitionsentscheidung qualifiziert werden, die die Aktionäre zu treffen haben, für die sie auf der anderen Seite aber auch alle notwendigen Informationen zur Verfügung gestellt bekommen müssen. Im Fall der Einstellung eines ganzen Geschäftsbereichs, der die Holzmüller – Schwellenwerte erreicht, kann wohl nur so sichergestellt werden, dass eine so wesentliche Investitionsentscheidung für die Gesellschaft nicht als Satzungsänderung, für die eben geringere informationsrechtliche Anforderungen bestehen[71], durch die Aktionäre „abgenickt“ wird. Nimmt man hinzu, dass ein solcher Fall einer doppelten Beschlussfassung in der Praxis kaum vorkommen dürfte, scheint die oben angesprochene einheitliche Beschlussfassung umso mehr überdenkenswert, nicht zuletzt um auch einer Umgehung der Holzmüller – Zustimmung vorzubeugen.

Einen „holzmüllerfreien“ Sonderfall stellt es hingegen dar, wenn die Geschäftsbereichsaufgabe nicht auf einem freien Entschluss der Geschäftsleitung beruht, sondern vom Gesetzgeber erzwungen wird, wie dies im Bereich der Stromerzeugung durch Kernenergie der Fall ist. In einer solchen Konstellation erfüllen die Stromerzeuger mit dem Atomausstieg lediglich ihre gesetzlichen Verpflichtungen, weshalb eine interne Zustimmung der Hauptversammlung nicht zuletzt in Ermangelung weiterer rechtmäßiger Alternativen hier verzichtbar sein muss.

4. Abgestufte Veräußerungen als Umgehung der Hauptversammlung und des Holzmüller –Schutzzwecks?

Angesichts der durch die Gelatine – Rechtsprechung deutlich heraufgesetzten Wesentlichkeitsschwellen für das Eingreifen der Holzmüller – Grundsätze muss die Frage gestellt werden, wie der Gefahr begegnet wird, dass der Vorstand einen wirtschaftlich zusammengehörenden, den Holzmüller – Grundsätzen unterfallenden Vorgang in so viele Einzelmaßnahmen unterteilt, dass jede für sich gesehen aus dem Anwendungsbereich dieser Grundsätze heraus fällt[72]. Auf diese Weise könnte die Verwaltung durch einfache Aufspaltung einer wesentlichen Maßnahme die Mitwirkungsrechte der Hauptversammlung nach Holzmüller aushebeln. Um die Hauptversammlung vor einer solchen Ausschaltung zu bewahren, ist ein Umgehungsschutz notwendig. Dieser darf jedoch nicht dazu führen, dass ab einem bestimmten Zeitpunkt jede bedeutsame Maßnahme unabhängig von ihrem Umfang nur noch unter Mitwirkung der Hauptversammlung durchgeführt werden kann. Die Annahme eines Umgehungstatbestandes setzt auch nicht voraus, dass die Verwaltung in der Absicht gehandelt hat, durch Aufspaltung einer holzmüllerpflichtigen Maßnahme die Mitwirkungspflicht der Hauptver-

[70] Dazu oben, Zweites Kapitel, VII, 2 und 3.

[71] Insbesondere ist ein Vorstandsbericht hier nicht erforderlich.

[72] Vgl. dazu bereits *Lutter*, FS Barz, S. 199 ff. (125); *Seydel*, Konzernbildungskontrolle, S. 433; *Wahlers*, Konzernbildungskontrolle, S. 222.

sammlung zu umgehen. Denn die Gesetzesumgehung ist eine Frage der Rechtsanwendung, die an die Rechtsgeltung und an die Durchsetzbarkeit einer (auch ungeschriebenen) Norm aus eigener Kraft anknüpft; von einem subjektiv vorwerfbaren Verhalten im Sinne einer Absicht kann sie daher nicht berührt werden[73]. Erforderlich ist ein Sachverhalt, der bei allein objektiver Betrachtung eine entsprechende Umgehung darstellt.

Als entscheidende Voraussetzung für das Vorliegen eines solchen Umgehungssachverhaltes hat die bisher überwiegende Meinung eine sachliche und zeitliche Nähe der einzelnen Maßnahmen in analoger Anwendung der zu vergleichbarer Problematik im Bereich der verdeckten Sacheinlagen entwickelten Maßstäbe[74] verlangt[75]. An diesem zutreffenden Vorgehen, das in der Sache eine Zusammenrechnung der Einzelmaßnahmen bedeutet, sofern der erforderliche Zusammenhang besteht, ist auch nach der Neuausrichtung der Holzmüller – Grundsätze in Gelatine festzuhalten. Es erlaubt eine sachgerechte und die Besonderheiten des Einzelfalles berücksichtigende Lösung des Umgehungsproblems. Daher sind verschiedene ihrer Art nach holzmüllerpflichtige Maßnahmen, die in ihrer singulären Betrachtung jeweils unter den qualitativen und quantitativen Schwellenwerten bleiben, aber zusammen diese Grenzwerte übersteigen und vom Vorstand im Rahmen eines sachlichen und zeitlichen Zusammenhangs in Angriff genommen werden als Gesamtplan, dem eine unternehmerische Grundentscheidung zu Grunde liegt, der Zustimmung der Hauptversammlung unterworfen. Zu beachten ist jedoch, dass die zur Bestimmung des zeitlichen Zusammenhangs bei der verdeckten Sacheinlage im GmbH – Recht angenommene 6 Monatsfrist für Holzmüller – Umgehungsfälle in Anbetracht des Umfanges der Maßnahmen sicherlich zu kurz greift. Deshalb wird in der Literatur vorgeschlagen, in zeitlicher Hinsicht insoweit auf die in § 202 AktG festgelegte 5-Jahres-Grenze abzustellen[76]. Dagegen spricht jedoch, dass es sich bei dieser um keine zeitliche Beschränkung unter dem Gesichtspunkt des Umgehungsschutzes handelt, sondern um einen ausfüllungsfähigen zeitlichen Rahmen, dessen nähere Ausgestaltung in das Ermessen der Hauptversammlung gestellt ist[77]. So ist es der Hauptversammlung etwa nicht verwehrt, die Ermächtigung nach § 202 AktG nur für 2 Jahre oder gar wenige Monate zu erteilen. Gerade im Hinblick auf die in Gelatine betonte notwendige Aufrechterhaltung der Organisationsflexibilität der Aktiengesellschaft oder eines gesamten Konzerns im modernen Wirtschaftsleben bietet sich unter Umgehungsschutzgesichtspunkten eher eine 2 Jahres – Grenze an, wie sie beispielsweise § 52 I AktG vorsieht. Für eine Orientierung an § 52 I AktG spricht auch,

---

[73] Vgl. BGHZ 110, 47 ff. (64); MüKo AktG – *Kubis*, § 119 RN 48; *Teichmann*, Gesetzesumgehung, S. 69.

[74] Vgl. für Einzelheiten zum Problem der verdeckten Sacheinlage Baumbach/Hueck - *Hueck/Fastrich*, GmbHG, § 19 RN 37 ff.

[75] Münch.Hdb.GesR IV – *Krieger*, § 69 RN 8; MüKo AktG – *Kubis*, § 119 RN 48; Emmerich/Habersack – *Habersack*, Vor § 311 RN 47; Semler/Stengel – *Schlitt*, UmwG, Anh § 173 RN 33; *Zimmermann/Pentz*, FS W. Müller, S. 151 ff. (169 f.); ähnlich auch schon *Lutter*, FS Barz, S. 199 ff. (215).

[76] So *Hirte*, Bezugsrechtsausschluss, S. 180 f.

[77] Vgl. KK AktG – *Lutter*, § 202 RN 13.

dass dieser ausdrücklich als Schutzvorschrift konzipiert wurde, um Umgehungen im Sachgründungsbericht zu verhindern[78].

5. Verpfändung, Belastung und breitflächige schuldrechtliche Bindungen

Diskutiert wird ferner, ob auch ein Zustimmungserfordernis zu breitflächigen schuldrechtlichen Bindungen oder zu der Verpfändung und Belastung von Vermögen besteht[79]. Danach wäre ein Zustimmungsbeschluss der Hauptversammlung etwa zu Fremdfinanzierungsmaßnahmen einzuholen, die über Verpfändungen gesichert werden sollen, sowie eine Holzmüller – Zustimmung für solche schuldrechtlichen Maßnahmen erforderlich, durch die die Gesellschaft etwa die operative Verantwortung für den wesentlichen Geschäftsbereich auf Zeit auf eine Tochtergesellschaft delegiert[80] oder sich durch sonstige vertragliche Gestaltungen entscheidenden Einflusses auf die Unternehmenstätigkeit begibt, abgesichert durch empfindliche Sanktionen.

Für schuldrechtliche Maßnahmen kann sich die Holzmüller – Frage zunächst nur stellen, sofern es sich nicht bereits um einen Betriebspacht-, Betriebsführungs- oder Betriebsüberlassungsvertrag i.S.v. § 292 I Nr. 3 AktG handelt, für die bereits gem. § 293 I AktG eine Zustimmungspflicht besteht. Für alle anderen Konstellationen finden sich in der bisherigen Rechtsprechung keine Aussagen, doch galt ihre Holzmüllerqualität bisher als sehr zweifelhaft. Zwar schließt die Unveräußerlichkeit der Leitungsmacht des Vorstands auch extremste schuldrechtliche Dauerverpflichtungen einer Aktiengesellschaft über die im AktG geregelten Unternehmensverträge hinaus nicht aus, insbesondere wenn darin langfristige Festlegungen der Unternehmenspolitik erfolgen; jedoch wird die Grenze zur unzulässigen Bindung der Leitungsmacht überschritten, wenn organisatorische Strukturen des Unternehmens oder etwa die Besetzung von Führungspositionen zum Gegenstand von Verpflichtungen gemacht werden oder wenn zugesagt wird, dass die Geschäftspolitik gemäß künftiger Entscheidungen eines Dritten geführt wird. Doch ist dabei zu beachten, dass sich die Gesellschaft ihrer Autonomie sowie der Souveränität ihrer Leitungsorgane auf schuldrechtlicher Grundlage gar nicht begeben kann[81]. Im Hinblick auf die Holzmüllerpflichtigkeit solcher Maßnahmen kommt hinzu, dass, nach der Neupositionierung des BGH in Sachen Gelatine und der deutlichen Betonung des Mediatisierungsgedankens als zustimmungsbegründendes Kriterium, eine Anwendung der Holzmüller - Grundsätze fraglich erscheint. Denn zunächst liegt eine Mediatisierungscharakter aufweisende, satzungsnahe Maßnahme dann nicht vor, wenn es sich um eine bloße schuldrechtliche Überlassung von Betriebsvermögen auf begrenzte Zeit handelt, die unter Umständen noch während der Überlassung vertraglich vereinbarte Einflussmöglichkeiten der überlassenden Gesell-

---

[78] Vgl. *Hüffer*, AktG, § 52 RN 1.

[79] Vgl. Heckschen – *Simon*, § 4 RN 96; *Liebscher*, ZGR 2005, 1 ff. (27); *Bungert*, BB 2004 1345 ff. (1350).

[80] *Bungert*, BB 2004, 1345 f. (1350); *Zimmermann/Pentz*, FS W. Müller, S. 151 ff. (153).

[81] Vgl. KK AktG – *Koppensteiner*, § 292 RN 68; *Hommelhoff*, Konzernleitungspflicht, S. 284; *Huber*, ZHR 152 (1988), 1 ff. (33 ff.); KK AktG – *Mertens*, § 76 RN 45 ff.; *Raiser*, KapGesR, § 14 RN 12.

schaft vorsieht. Gegen einen Eingriff in mitgliedschaftlich vermittelte Rechte der Aktionäre spricht auch, dass es jedenfalls an einer auf Dauer angelegten Beeinträchtigung von Aktionärsrechten fehlt[82]. Schließlich besteht auch in einem solchen Fall die Möglichkeit für den Aktionär, bei Pflichtverletzungen des Vorstands im Rahmen der Geschäftsführung Schadensersatz gem. § 93 II AktG zu verlangen, denn die Haftungstatbestände gegen den eigenen Vorstand gelten selbst bei der auf obligatorischer Grundlage herbeigeführten Quasi – Fusion einer so genannten dual - headed company[83].

Die Ablehnung einer Anwendung der Holzmüller – Grundsätze auf entsprechende Vereinbarungen folgt aber auch aus der Einordnung und den Anforderungen an Holzmüller – Maßnahmen insgesamt. Denn es sollen zum einen nur ganz wesentliche Strukturmaßnahmen erfasst werden, die in den Kernbereich der Unternehmenstätigkeit eingreifen, zum anderen hat der BGH mit seinen Klarstellungen in Gelatine das Kompetenzgefüge des AktG und damit auch die unabhängige Leitung der Gesellschaft durch den Vorstand nach § 76 I AktG stärken wollen. Dieses Anliegen aber lässt sich mit einer ungeschriebenen Mitwirkungspflicht für (temporäre) schuldrechtliche Maßnahmen nicht vereinbaren. Das AktG 1937 und ihm folgend das AktG 1965 wollten gerade keine Hauptversammlungskompetenz für besonders kostspielige oder riskante Geschäfte[84], so dass sämtliche Geschäftsführungsmaßnahmen grundsätzlich der Vorstandsautonomie unterfallen. Mithin kann eine ungeschriebene Hauptversammlungszuständigkeit nicht allein aus der Tatsache folgen, dass eine Maßnahme ein besonderes unternehmerisches Risiko oder ein besonders hohes Volumen im Verhältnis zum Unternehmensgegenstand aufweist. Insgesamt vermag daher auch die Belastung von Vermögensgegenständen, beispielsweise im Zusammenhang mit Finanzierungsmaßnahmen, keine ungeschriebene Hauptversammlungszuständigkeit nach der Holzmüller – Regel zu begründen.

II. Beteiligungserwerb und Bargründung

1. Überblick über den Meinungsstand

Äußerst umstritten ist die Anwendung der Holzmüller – Grundsätze auch hinsichtlich eines Beteiligungserwerbs sowie der Bargründung von Tochtergesellschaften. Zwar wird letztere oftmals kurzerhand der Ausgliederung bzw. der Einbringung von Beteili-

[82] Dies betonen *Zimmermann/Pentz*, FS W. Müller, S. 151 ff. (153 ff.); wohl auch KK AktG – *Koppensteiner*, Vor § 291 RN 50; anders aber Münch.Hdb.GesR IV – *Krieger*, § 72 RN 63; *Weißmüller*, BB 2000, 1949 ff. (1950); unklar *Hohmann/Makatsch*, ET 2003, 833 ff. (836), die eine Zustimmung der Hauptversammlung bei Verpachtung bzw. Betriebsführung eines Teilbetriebs verlangen, hierfür aber auf § 293 ff. AktG zurückgreifen wollen, die nur bei Verpachtung des gesamten Vermögens eingriffen.

[83] Vgl. eingehend zu dual headed companies *Harbarth*, AG 2004, 573 ff. (580 ff.).

[84] Dazu oben, Zweites Kapitel, II, 6, b.

gungen gleichgestellt[85], doch findet dabei die konkrete Form der Finanzierung einer solchen Bargründung nicht ausreichend Berücksichtigung. Insoweit bestehen Parallelen zwischen einer Bargründung und dem Erwerb einer Beteiligung. Deutlich wird dies, wenn man die verschiedenen möglichen Formen des Erwerbs einer Beteiligung betrachtet: Erfolgt dieser gegen die Ausgabe von Aktien, also im Rahmen einer Sacheinlage in die Aktiengesellschaft, kommt eine Holzmüller – Konstellation von vornherein nicht in Betracht. Hier hatte die Hauptversammlung bereits im Rahmen der Kapitalerhöhung über die Sacheinlage zu beschließen. Selbiges gilt für die Ausgabe eigener Aktien als Gegenleistung. In dieser Konstellation hatte die Hauptversammlung über den Erwerb der eigenen Aktien zu beschließen. Soll der Beteiligungserwerb hingegen im Rahmen eines Kaufs oder Tauschs erfolgen, fehlt eine Zustimmung der Hauptversammlung zu der fraglichen Transaktion, so dass sich hier die Frage der Holzmüllerpflichtigkeit stellt. Diese Finanzierungsform eines Beteiligungserwerbes aus Barmitteln entspricht aber derjenigen einer Bargründung einer Tochtergesellschaft. Wenn umstritten ist, ob der Beteiligungserwerb eine Holzmüller – Zustimmung erfordert, muss dies auch für den Fall der Bargründung gelten.

In der bisherigen Literatur wird die Holzmüllerpflichtigkeit eines Beteiligungserwerbs im Wege eines angesprochenen Kauf- oder Tauschgeschäftes überwiegend verneint[86], jedoch mit unterschiedlichen Begründungen auch bejaht[87]. Der BGH hatte diesen Fall im Holzmüller – Urteil ausdrücklich offen gelassen. Dort heißt es nur, dass die Gründung oder der Erwerb einer Tochtergesellschaft und deren Ausstattung mit dem notwendigen Kapital gemeinhin zu den gewöhnlichen Handlungen der Geschäftsführung zu rechnen seien[88]. Zahlreiche Autoren stellen dennoch den Erwerb von Beteiligungen der Ausgliederung eines Unternehmensteils gleich[89]. Dieser Gleichstellung liegt die Erwägung zu Grunde, dass aus Sicht der Aktionäre beiden Vorgängen die gleichen Folgen zukommen. Umsatz, Ertrag und Vermögen würden in dem von der Muttergesellschaft betriebenen Unternehmen in ähnlicher Weise beeinträchtigt wie bei der Ausgliederung nach dem Modell Holzmüller. Spiele sich die Maßnahme zudem im Kerngeschäft ab, mit möglichen Auswirkungen auf das Image des Unternehmens und die langfristige Unternehmensstrategie, komme der Beteiligungserwerb mit seiner Fi-

[85] Emmerich/Habersack – *Habersack*, Vor § 311 RN 42.

[86] KK AktG – *Koppensteiner*, Vor § 291 RN 26; MüKo AktG – *Kubis*, § 119 RN 67; KK AktG – *Mertens*, § 76 RN 51 f. bei grundsätzlicher Ablehnung der Holzmüller – Grundsätze; Münch.Hdb.GesR IV – *Krieger*, § 69 RN 7; *Joost*, ZHR 163 (1999), 164 ff. (183); *Renner*, NZG 2002, 1091 ff.; *Timm*, ZIP 1993, 114 ff. (117); *Werner*, ZHR 147 (1983), 429 ff. (447); *Wollburg/Gehling*, FS Lieberknecht, S. 133 ff. (152).

[87] *Lutter*, FS Westermann, S. 347 ff. (364); *Hirte*, Bezugsrechtsausschluss, S. 163 ff., 173 f.; *Mecke*, Konzernstruktur, S. 90 ff.; *Mülbert*, Aktiengesellschaft, S. 371; Emmerich/Habersack – *Habersack*, Vor § 311 RN 42; *Geßler*, FS Stimpel, S. 771 ff. (786 f.); *Henze*, FS Ulmer, S. 211 ff. (229 f.); *Wahlers*, Konzernbildungskontrolle, S. 94 ff.; LG Stuttgart, AG 1992, 236 ff. (237f).

[88] BGHZ 83, 122 ff. (132).

[89] Vgl. etwa *Hirte*, Bezugsrechtsausschluss, S. 163 ff., 173 f.; *Mecke*, Konzernstruktur, S. 90 ff.; *Mülbert*, Aktiengesellschaft, S. 371; Emmerich/Habersack – *Habersack*, Vor § 311 RN 42; *Geßler*, FS Stimpel, S. 771 ff. (786 f.); *Henze*, FS Ulmer, S. 211 ff. (229 f.); *Wahlers*, Konzernbildungskontrolle, S. 94 ff.; LG Stuttgart, AG 1992, 236 ff. (237f).

nanzierungsgestaltung in seinen wirtschaftlichen Auswirkungen einer Änderung des Unternehmensgegenstandes oder einer Gesamtvermögensübertragung nahe und müsse als Holzmüller – Fall qualifiziert werden[90]. Zusammenfassen könne man diese Fälle mit der Umschreibung, dass unmittelbar der Gesellschaft zugeordnetes Vermögen in eine gesellschaftsrechtliche Beteiligung transformiert wird[91]. In beiden Fällen könnten die Aktionäre den Einsatz des ausgelagerten Wirtschaftspotenzials, das Risiko seines Verlustes und die Verwendung seiner Erträge nicht mehr unmittelbar beeinflussen, weshalb eine identische Gefährdungssituation vorliege.

Andere haben bei der Einbeziehung des Beteiligungskaufs in den Anwendungsbereich der Holzmüller – Grundsätze hingegen Zweifel[92]. Diese rühren daher, dass bei einem reinen Bargeschäft eine spätere Mediatisierung der Mitverwaltungsrechte der Aktionäre hinsichtlich der Unternehmensteile nicht in gleicher Weise wie bei der Ausgliederung wesentlicher Unternehmensteile drohe und sich auch die übrigen Auswirkungen anders darstellen würden[93]. Dies liege zwar nicht allein daran, dass die Ausgliederung das Anlegevermögen betreffe, während der Beteiligungserwerb aus dem Umlaufvermögen gespeist werde[94], entscheidend sei vielmehr der Vergleich mit anderweitigen Investitionen ohne Konzernbildungscharakter, wie etwa in neue Produktionsstätten oder in den Aufbau gesellschaftseigener Vertriebskanäle. Hier wie dort dürfe es keine allgemeine Mittelverwendungskontrolle durch die Hauptversammlung geben, wenn man die Leitungsbefugnis des Vorstands nicht aushöhlen wolle[95]. Auch werde dem Schutzbedürfnis der Aktionäre dadurch ausreichend Rechnung getragen, dass die Satzung eine Ermächtigung zum Beteiligungserwerb enthalte und sie deshalb mit entsprechenden Vorgängen zu rechnen hätten[96].

2. Auswirkungen der Gelatine – Entscheidungen auf diese Frage

Auch die Gelatine – Entscheidungen halten sich hinsichtlich des Falls des Beteiligungserwerbs und der Bargründung von Tochtergesellschaften bedeckt. Weder äußert sich der BGH ausdrücklich, noch lassen sich aus den Urteilsgründen zwingende Schlussfolgerungen ziehen. Fest steht zwar, dass auch ein Beteiligungserwerb überhaupt nur bei Erreichen der Wesentlichkeitsschwellen als holzmüllerpflichtige Maßnahme in Betracht kommt, doch treten erste Schwierigkeiten bereits bei der Bestim-

[90] *Henze*, FS Ulmer, S. 211 ff. (229).
[91] *Mülbert*, Aktiengesellschaft, S. 371.
[92] MüKo AktG – *Kubis*, § 119 RN 67; KK AktG – *Mertens*, § 76 RN 51 f. bei grundsätzlicher Ablehnung der Holzmüller – Grundsätze; Münch.Hdb.GesR IV – *Krieger*, § 69 RN 7; *Joost*, ZHR 163 (1999), 164 ff. (183); *Renner*, NZG 2002, 1091 ff.; *Timm*, ZIP 1993, 114 ff. (117); *Werner*, ZHR 147 (1983), 429 ff. (447); *Wollburg/Gehling*, FS Lieberknecht, S. 133 ff. (152).
[93] Vgl. Münch.Hdb.GesR IV – *Krieger*, § 69 RN 7.
[94] Diesen Unterschied betont vor allem *Timm*, ZIP 1993, 115 ff. (117).
[95] *Renner*, NZG 2002, 1091 ff. (1093); *Groß*, AG 1994, 266 ff. (273); *Werner*, ZHR 147 (1983), 429 ff. (447).
[96] So Münch.Hdb.GesR IV – *Krieger*, § 69 RN 7; *Joost*, ZHR 163 (1993), 164 ff. (183).

mung der qualitativen Wesentlichkeitsschwelle auf (Kernbereich der unternehmerischen Tätigkeit). Dies gilt insbesondere, wenn mit der erworbenen Beteiligung ein neues Geschäftsfeld eröffnet werden soll, denn der bisherige Kernbereich wird dann gerade nicht berührt.

a) Ausnahme des Beteiligungserwerbs von den Holzmüller – Grundsätzen?

Nimmt man den seit der Gelatine – Urteile die Zustimmung auslösenden Faktor (Mediatisierung) beim Wort, liegt es näher, den Beteiligungserwerb nicht als holzmüllerpflichtige Maßnahme anzusehen[97]. Denn an dem maßgeblichen Mediatisierungseffekt fehlt es gerade, da durch den Erwerb neue Aktivitäten in die Unternehmenstätigkeit hinzukommen, insbesondere wenn dies im Wege eines Bargeschäftes erfolgt. Ein ungeschriebenes Zustimmungsrecht hat in diesen Fällen dann eher die Funktion einer allgemeinen Mittelverwendungskontrolle, die mit geltendem Recht nicht zu vereinbaren ist[98]. Hinzu kommt, dass die durch den Barkauf einer Beteiligung aus der mittelbaren Kontrolle der Aktionäre entlassenen Barmittel zwar zur Gewinnverwendung nicht mehr zur Verfügung stehen, diese Form der Mediatisierung aber nicht mit der vom BGH beschriebenen Mediatisierung im Sinne einer Verkürzung der Verwaltungsrechte innerhalb eines Konzerns vergleichbar ist[99]. Der Entzug liquider Mittel durch deren Bindung im Beteiligungsvermögen ist kein der Ausgliederung unternehmerischer Aktivitäten vergleichbarer Eingriff, denn die (verlorenen) Liquiditätsreserven unterliegen nur in sehr eingeschränktem Umfang dem Zugriff der Aktionäre[100].

b) Beteiligungserwerb und Bargründung als Aktionärsrechte mediatisierende Holzmüller - Fälle

Gegen dieses Ergebnis bestehen jedoch angesichts der im vorherigen Kapitel erarbeiteten Indizien zur abstrakten Umgrenzung holzmüllerpflichtiger Sachverhalte anhand des Schutzzwecks der Holzmüller - Regel Bedenken. Es wird zu zeigen sein, dass ein Abgleich des Holzmüller - Schutzzwecks mit den Folgen eines Beteiligungserwerbs für ein Zustimmungserfordernis spricht. Dem Ansatz, dieses Ergebnis folge aus dem Aspekt der Konzernbildungskontrolle durch die Holzmüller – Grundsätze, ist infolge der Gelatine – Urteile der Boden entzogen. Der BGH versteht Holzmüller gerade nicht

[97] Den Mediatisierungseffekt negierend und die Holzmüller – Grundsätze nach Gelatine für unanwendbar haltend *Bungert*, BB 2004, 1345 ff. (1350); *Götze*, NZG 2004, 585 ff. (588 ff.); *Reichert*, AG 2005, 150 ff. (156 f.).

[98] *Bungert*, BB 2004, 1345 ff. (1350); zuvor bereits Münch.Hdb.GesR IV – *Krieger*, § 69 RN 7; *Groß*, AG 1994, 266 ff. (271).

[99] *Arnold*, ZIP 2005, 1573 ff. (1577).

[100] In diese Richtung *Reichert*, AG 2005, 150 ff. (156 f.).

als generelle Konzernbildungs- und -leitungskontrolle[101], sondern sieht diese Wirkung nur als Reflex der für erforderlich gehaltenen Beteiligung nach den Holzmüller – Grundsätzen[102]. Entscheidend ist, dass aus Sicht der Aktionäre dem Beteiligungserwerb die gleichen Konsequenzen und Gefährdungen anhaften, wie sie auch bei der Ausgliederung wesentlicher Unternehmensteile auftreten. Dies liegt beim Beteiligungserwerb im Wege eines Tauschgeschäftes, also gegen Abgabe von eigenem Betriebsvermögen, auf der Hand, da die isolierte Betrachtung dieser Transaktion in den hier erforderlichen Größenordnungen eine Mitwirkung der Hauptversammlung erfordert. Dies ergibt sich entweder aus Holzmüller oder gem. § 179a I AktG. Ist also der Beteiligungserwerb durch Tausch damit faktisch mitwirkungsbedürftig, ist nicht einsichtig, warum im Falle der Investition von Barmitteln eine solche Zustimmung soll entfallen können. Schon aus Gründen der Vereinheitlichung der Mitwirkung in Fällen des Beteiligungserwerbs sollte daher für diese Fälle insgesamt eine ungeschriebene Zuständigkeit angenommen werden, zumal es sich hierbei in Anbetracht der Schwellenwerte ohnehin um extrem gelagerte Sachverhalte handeln wird.

Darüber hinaus macht es auch im Hinblick auf die Mediatisierung des Aktionärseinflusses keinen Unterschied, ob die Gesellschaft nun vorhandene Aktivitäten oder liquide Mittel in eine Beteiligung verlagert. Der Weg, auf dem es zu dieser Verlagerung kommt, kann nicht ausschlaggebend für die Zustimmungspflicht in der Sache sein. In beiden Fällen wird schließlich Unternehmenssubstanz dem unmittelbaren Einfluss der Aktionäre entzogen, was den für Holzmüller maßgeblichen Mediatisierungseffekt auslöst[103].

Der Hinweis auf eine ausreichende Berücksichtigung des Aktionärsschutzes durch eine satzungsmäßige Ermächtigung zum Beteiligungserwerb vermag nach den oben gefundenen Ergebnissen zu Satzungsermächtigungen in keiner Weise zu überzeugen[104]. Holzmüller – Fälle betreffen gerade den Fall, dass sich der Vorstand noch im Rahmen der Satzung bewegt und erfordern eine einzelfallbezogene *ad – hoc* - Zustimmung der Hauptversammlung aufgrund der besonderen Qualität der Maßnahme, welche eine Berücksichtigung der Interessen der Anteilseigner verlangt. Dieser die Holzmüller – Fälle kennzeichnende Zwiespalt besteht aber auch im Fall des Beteiligungserwerbs: Grundsätzlich fällt auch der Erwerb von Tochtergesellschaften in den gewöhnlichen Rahmen von Handlungen der Geschäftsführung. Doch sind diese von solchen Erwerbsvorgängen mit besonderer Tragweite für Gesellschaft und Aktionäre zu unterscheiden. Dies gilt selbst für den Fall, dass es sich bei der erwerbenden Gesellschaft um eine Holding – AG handelt[105]. Denn zum einen kann hier seit Gelatine auch

[101] Vgl. hierzu *Liebscher*, Konzernbildungskontrolle, S. 86; *Hirte*, Bezugsrechtsausschluss, S. 162 ff.; *Seydel*, Konzernbildungskontrolle, S. 389; *Wahlers*, Konzernbildungskontrolle, S. 94 ff.

[102] BGH, ZIP 2004, 993 ff. (996); dazu ausführlich oben, Zweites Kapitel, II, 2, d, 4.

[103] Dazu ausführlich *Liebscher*, Konzernbildungskontrolle, S. 42 f.

[104] Vgl. zu satzungsmäßigen Ermächtigungen oben, Zweites Kapitel, VII, 4, b.

[105] *Reichert*, AG 2005, 150 ff. (157) wendet insoweit ein, dass bei Bejahung der Holzmüllerpflichtigkeit des Beteiligungserwerbs aber zumindest nach der Realstruktur der Gesellschaft zu differenzieren sei, da jedenfalls in der typischen Holding der Mediatisierungseffekt der Aktionäre angelegt sei. Angesichts der nach Gelatine geltenden Wesentlichkeitsgrenzen und der anerkannten Möglichkeit einer

das Einziehen einer weiteren Konzernstufe eine ungeschriebene Hauptversammlungszuständigkeit begründen, zum anderen kann auch bei einer Holding der Erwerb einer Beteiligung eine strategische Neuausrichtung des Konzerns zur Folge haben, die eine Mitwirkung nach den Holzmüller – Grundsätzen erforderlich machen kann.

Schließlich können hier auch die im Rahmen der abstrakten Umschreibung holzmüllerpflichtiger Maßnahmen gefundenen Ergebnisse fruchtbar gemacht werden. Danach gibt es angesichts der Weiterentwicklung der ökonomischen und rechtlichen Verhältnisse im Aktienrecht moderne Grundlagenentscheidungen, die bedeutsame Auswirkungen auf das Mitgliedschaftsverhältnis selbst und die dadurch vermittelten Aktionärsrechte zeitigen. Die Möglichkeit einer Aktiengesellschaft, selbst Beteiligungen an anderen Gesellschaften zu erwerben, ist als Folge dieses Entwicklungsprozesses anzusehen, denn sie kann Auswirkungen auf das Mitgliedschaftsverhältnis jedes Aktionärs haben. Als wesentliches Indiz für das Vorliegen einer Holzmüller – Maßnahme wurde jedoch sowohl anhand der historischen Entwicklung der Hauptversammlungszuständigkeiten, als auch unter rechtsvergleichenden Aspekten deutlich, dass die Beurteilung der fraglichen Maßnahme weniger eine fachliche Qualifikation voraussetzende betriebswirtschaftliche Entscheidung darstellt, sondern vielmehr eine Investitions- und Anlageentscheidung im weitesten Sinne, welche der Entscheidung jedes Aktionärs vergleichbar ist, ob und in welche Beteiligung er investieren will. Dass, die Überschreitung der Wesentlichkeitsschwellen für Holzmüller – Fälle im Übrigen vorausgesetzt, der Beteiligungserwerb als eine solche grundlegende (unternehmerische) Investitions- und Anlageentscheidung, die jeder Aktionär auch selbst zu beurteilen vermag, qualifiziert werden muss, kann von niemandem ernsthaft in Zweifel gezogen werden. Auch der Gesetzgeber qualifiziert den Beteiligungserwerb als (allerdings kapitalmarktrechtlich) keineswegs unbedeutende Maßnahme, wie verschiedene Melde- und Informationspflichten des AktG, WpHG und des WpÜG zeigen[106]. Schließlich bestätigt auch der Blick auf die Rechtslage in Großbritannien, dass für den Erwerb als „significant transaction“ eine Mitwirkungspflicht der Anteilseigner angenommen wird[107]. Das Indiz der Investitionsentscheidung spricht daher eindeutig für die Anwendbarkeit der Holzmüller – Grundsätze auf Fälle wesentlichen Beteiligungserwerbs und nicht etwa gegen sie[108].

Zudem wurde in obiger Untersuchung auch die vom BGH in Gelatine betonte Treuhänderstellung des Vorstands als Anhaltspunkt für eine Holzmüller – Maßnahme erkannt. Aus jener Treuhänderstellung folgt, dass zum Schutz der Anteilseigner vor einer durch grundlegende Entscheidungen des Vorstands eintretenden nachhaltigen Schwächung des Beteiligungswertes, den berechtigten Belangen der Aktionäre durch die Mitwirkung präventiv Rechung getragen werden soll[109]. Damit soll deutlich gemacht werden, dass einer möglichen Vermögensgefährdung Indizwirkung auch für

weiteren Verwässerung von Aktionärsrechten durch Verenkelung ist dieser Einwand nicht aufrecht zu erhalten.

[106] §§ 20, 21, 42, 328 IV AktG; §§ 9 I, 15, 25, 26 WpHG; § 23 WpÜG.

[107] Hierzu sei auf obige Ausführungen verwiesen, Zweites Kapitel, II, 6, c.

[108] So aber *Reichert*, AG 2005, 150 ff. (156).

[109] Vgl. BGH, NZG 2004, 571 ff. (573).

mögliche Mediatisierungsfälle zukommt, denn der Vorstand ist immer auch Verwalter fremden Vermögens. Überträgt man diese Überlegungen auf den Fall des Beteiligungserwerbs, dann wird man hier eine Gefährdung des Anteilswertes der Aktionäre - und damit ihrer Vermögensinteressen - durch den Kauf einer Beteiligung nicht in Abrede stellen können. Die aufgezeigte Kausalität zwischen Vermögensgefährdung und Mediatisierung, zumal in den Fällen der hier diskutierten Größenordnungen, legt daher eine ungeschriebene Mitwirkung nahe. Sie verdeutlicht darüber hinaus, dass es in der Sache nicht um eine allgemeine Mittelverwendungskontrolle für teure und vielleicht riskante Geschäftsführungsmaßnahmen durch die Hauptversammlung geht, sondern um den Schutz des Mitgliedschaftsrechts der Aktionäre.

Zu widerstehen ist in diesem Zusammenhang dem Gedanken, eine (ungeschriebene) Hauptversammlungszustimmung für den Fall des Beteiligungserwerbs mit der seit Macrotron existierenden zweiten Quelle ungeschriebener Mitwirkungsrechte, nämlich über Art. 14 I GG, zu begründen. Dieser Ansatz ist nicht nur aus oben dargelegten Gründen schon in grundlegender Hinsicht abzulehnen, auch ist seine Übertragbarkeit auf Erwerbsfälle mehr als zweifelhaft, denn er würde eine echte, und deswegen unerlaubte, Mittelverwendungskontrolle darstellen. Daher sollte, sofern an einer über Art. 14 I GG begründeten ungeschriebenen Hauptversammlungszustimmung überhaupt festgehalten wird, diese keinesfalls auf andere Fälle übertragen werden, sondern auf Delisting – Fälle beschränkt bleiben.

III. Notwendigkeit eines Hauptversammlungsbeschlusses der Mutter für herausgehobene Maßnahmen der Tochter

Wie bereits im Zusammenhang mit dem Fall der Verenkelung angesprochen, betreffen Holzmüller – Fälle nicht nur Maßnahmen der Mutter selbst oder solche zwischen ihr und einer Tochter, sondern können auch bei Maßnahmen in der Tochter bestehen. Bezüglich solcher, als Konzernleitungsmaßnahmen diskutierter Fälle, hatte der BGH im Holzmüller – Urteil einen Anspruch der Aktionäre der Obergesellschaft angenommen, „bei grundlegenden, für ihre Rechtsstellung bedeutsamen Entscheidungen in der Tochtergesellschaft über ihre Hauptversammlung so beteiligt zu werden, wie wenn es sich um Angelegenheiten der Obergesellschaft selbst handelt“[110]. Demnach hat der Vorstand der Obergesellschaft die Zustimmung seiner Hauptversammlung einzuholen, bevor er entsprechende Entscheidungen in der Tochtergesellschaft trifft[111]. Doch nicht

---

[110] BGHZ 83, 122 ff. (140). Vgl. dazu *Emmerich/Habersack*, Konzernrecht, § 9 VI 2; *Henze*, BB 2000, 209 ff. (211); *Hirte*, Bezugsrechtsausschluss, S. 163 ff., 177 f.; KK AktG – *Koppensteiner*, Vor § 291 RN 66 ff.; MüKo AktG – *Kubis*, § 119 RN 69 ff.; *Lutter*, FS Stimpel, 825 ff. (845); *Timm*, ZIP 1993, 114 ff. (116 ff.); *Wiedemann*, Unternehmensgruppe, S. 52 ff.; kritisch *Baums*, AG 1994, 1 ff. (10); *Altmeppen*, DB 1998, 49 ff. (51).

[111] Vgl. aus der Rechtsprechung etwa OLG Köln, ZIP 1993, 10 ff. (113); LG Frankfurt/M., ZIP 1997, 1698 ff. (1700 f.); aus der Literatur Emmerich/Habersack – *Habersack*, Vor § 311 RN 45 ff.; *Hirte*, Bezugsrechtsausschluss, S. 173 ff.; *Rehbinder*, ZGR 1983, 92 ff. (99).

nur für den bereits besprochenen Fall der Verenkelung[112] ist es folgerichtig, dass die Aktionäre der herrschenden Aktiengesellschaft auch an Maßnahmen zu beteiligen sind, die der Vorstand in einer bereits ausgegliederten oder anderweitig in die Unternehmensgruppe eingebundenen Gesellschaft ergreift. Für welche konkreten Maßnahmen der Konzernleitung, die die Konzernstruktur nachhaltig verändern und so mitgliedschaftliche Herrschafts- und Vermögensrechte der Aktionäre der Obergesellschaft beeinträchtigen, aber ein Zustimmungsbedürfnis besteht, ist völlig ungeklärt.

1. Grundlagen der ungeschriebenen Zustimmungspflicht bei Konzernleitungsmaßnahmen

Aufgrund des unübersichtlichen Meinungsspektrums und der damit verbundenen Rechtsunsicherheit sollen zunächst die Grundlagen einer Zustimmungspflicht zu Konzernleitungsmaßnahmen untersucht werden.

Maßgeblich für ein Mitwirkungsrecht der Mutteraktionäre für Maßnahmen in der Tochter ist zum ersten die Art und die Bedeutung der anvisierten Transaktion und zum zweiten die Bedeutung der Tochter im Verhältnis zur Mutter bzw. für den Konzern. Bezüglich der Art und der Bedeutung der konkreten, anstehenden Entscheidung gilt, dass ein Zustimmungserfordernis nur noch für wesentliche, strukturverändernde und vor allem mediatisierende Maßnahmen in der Tochtergesellschaft bestehen kann. Hinsichtlich der Bedeutung der betroffenen Tochter für den Unternehmensverbund wird auf die Kriterien zurückzugreifen sein, die für das Eingreifen der Holzmüller – Grundsätze insgesamt diskutiert wurden und die der BGH in den Gelatine – Urteilen präzisiert hat[113]. Denn nur wenn es sich um eine Tochter von anhand dieser Kriterien zu bestimmenden Bedeutung handelt, kann der festgestellte Mediatisierungseffekt ausnahmsweise eine ungeschriebene Mitwirkung rechtfertigen.

a) Umgrenzung zustimmungspflichtiger Konzernleitungsmaßnahmen

Einen ersten Orientierungspunkt zur abstrakten Umgrenzung zustimmungspflichtiger Konzernleitungsmaßnahmen kann zunächst darin gesehen werden, dass sicherlich solche Maßnahmen zustimmungsfrei sind, die auch auf der Ebene der Muttergesellschaft nicht zustimmungspflichtig wären. Zugleich kann aber auch nicht jede Maßnahme, die auf der Ebene der Tochtergesellschaft nur mit qualifizierter Mehrheit beschlossen werden kann, automatisch dem Zustimmungserfordernis der Aktionäre der Obergesellschaft unterstellt werden[114]. Daher ist nach überwiegender Auffassung auch nicht jede Strukturentscheidung in der Tochtergesellschaft automatisch zustimmungspflichtig.

[112] Vgl. dazu bereits oben, Drittes Kapitel, I, 1, b.

[113] Emmerich/Habersack – *Habersack*, Vor § 311 RN 48; *ders.*, AG 2005, 137 ff. (148); vor den Gelatine – Urteilen bereits MüKo AktG – *Kubis*, § 119 RN 75; Münch.Hdb.GesR IV – *Krieger*, § 69 RN 33; *Reichert*, Ausstrahlungswirkungen, S. 25 ff. (72 f.); *Henze*, FS Ulmer, S. 211 ff. (225).

[114] So schon zu recht BGHZ 83, 122 ff. (140 f.).

Satzungsänderungen etwa, die sich nicht oder nur unwesentlich auf die rechtlichen und wirtschaftlichen Verhältnisse der Obergesellschaft auswirken, bedürfen keiner Zustimmung, denn sie sind ohne Einfluss auf die mitgliedschaftliche Rechtsstellung der Aktionäre der Obergesellschaft[115].

Überwiegend als zustimmungsfrei angesehen werden der Formwechsel, die Kapitalherabsetzung[116], die Kapitalerhöhung aus Gesellschaftsmitteln bei der Tochter[117], Unternehmensverträge und Eingliederungen zwischen nachgeordneten Konzerntöchtern, jedenfalls soweit zwischen Mutter und Tochter kein Vertrags- oder Eingliederungskonzern besteht[118], sowie Verschmelzungen unter Tochtergesellschaften und Vermögensübertragungen auf eine Schwestergesellschaft[119]. Die Wesentlichkeit der Beteiligung vorausgesetzt, wird neben der im Holzmüller – Urteil ausdrücklich angesprochenen Kapitalerhöhung in der Tochter[120] und dem damit regelmäßig verbundenen Börsengang eine Zustimmungspflicht vor allem für Unternehmensverträge i.S.d. §§ 291 ff. AktG, die mit Dritten abgeschlossen werden[121], sowie für die Übertragung des Vermögens der Tochter nach § 179a AktG auf Dritte diskutiert [122]. Auf diese Konstellationen wird sogleich zurück zu kommen sein[123].

b) Die Bedeutung des Unternehmensgegenstandes

Für die Beurteilung von Konzernleitungsmaßnahmen ist, wie schon bereits zu „Holzmüller" generell ausgeführt, der satzungsmäßige Unternehmensgegenstand von übergeordneter Bedeutung. Dieser muss die konzernweite Erstreckung der unternehmerischen Aktivitäten grundsätzlich zulassen, also eine Konzernklausel enthalten. Die satzungsmäßige Zulässigkeit einer konzerndimensionalen Ausfüllung des Unternehmensgegenstandes ist daher auch notwendige Bedingung einer Konzernleitungsmaßnahme. Jedoch hat der BGH in Gelatine klargestellt, dass die Legitimation der Konzernbildung

[115] Neben den Regularbeschlüssen kann daher der Vorstand der Muttergesellschaft namentlich auch die Sitzverlegung, die Firmenänderung oder auch die Bindung des Vertretungsorgans an die Zustimmung des Aufsichtsrats bei bestimmten Geschäften ohne Zustimmung der Aktionäre der Obergesellschaft in der Tochter beschließen.

[116] Münch.Hdb.GesR IV – *Krieger*, § 69 RN 37; *Henze*, FS Ulmer, S. 211 ff. (225).

[117] So *Lutter*, FS Stimpel, S. 825 ff. (851).

[118] *Henze*, FS Ulmer, S. 211 ff. (225); Münch.Hdb.GesR IV – *Krieger*, § 69 RN 37; *Lutter*, FS Stimpel, S. 825 ff. (851); KK AktG – *Koppensteiner*, Vor § 291 RN 93.

[119] Jedenfalls sofern eine 100 %-ige Beteiligung besteht, bzw. der Einfluss der Mutter auf die übernehmende Tochter nicht wesentlich geringer ist als der auf die übertragende Gesellschaft, vgl. dazu *Lutter*, FS Stimpel, S. 825 ff. (851); KK AktG – *Koppensteiner*, Vor § 291 RN 93; *Martens*, ZHR 147 (1983), 377 ff. (424 f.).

[120] BGHZ 83. 122 ff. (141 ff.); dies ist allerdings umstritten, Einzelheiten dazu sogleich.

[121] Vgl. etwa KK AktG – *Koppensteiner*, Vor § 291 RN 105; *Götz*, AG 1984, 85 ff. (88); *Westermann*, ZGR 1984, 352 ff. (373, 376 f.); *Mecke*, Konzernstruktur, S. 161 ff.

[122] BGHZ 83, 122 ff. (140); zur Vermögensübertragung LG Frankfurt/M., ZIP 1997, 1698 ff. (1701); OLG Celle, BB 2001, 745 ff.

[123] Drittes Kapitel, III, 3, 4, und 5.

allein durch die Satzung noch keine ausreichende Ermächtigung für Konzernbildungs- und –leitungsmaßnahmen mit Holzmüller - Qualität darstellt. Für solche Fälle besteht vielmehr die ungeschriebene Mitwirkungskompetenz der Hauptversammlung[124].

c) Die Bedeutung der Beteiligungshöhe an der Tochter

Uneinheitlich beurteilt wird im Zusammenhang mit Konzernleitungsmaßnahmen, ob die Muttergesellschaft eine bestimmte Beteiligungshöhe an der von der Konzernleitungsmaßnahme betroffenen Konzerngesellschaft erreichen muss.

aa) Meinungsstand

Überwiegend wird hier bisher angenommen, dass diese für die Kompetenzabgrenzung zwischen Vorstand und Hauptversammlung keine Rolle spielt[125]. Dies folge aus der inneren Begründung für die Zuständigkeitszuweisung an die Hauptversammlung, die in der wesentlichen Beeinträchtigung vermögensrechtlicher Mitgliedschaftspositionen zu sehen sei[126]. Entscheidend sei die Relevanz der Maßnahme aus der Sicht der Aktionäre der Obergesellschaft, die je nach Bedeutung der anderweitigen unternehmerischen Aktivitäten auch bei einer 51 %igen Beteiligung relativ hoch und bei einer 100 %igen Beteiligung relativ gering sein könne. Mithin könnten im Extremfall auch Maßnahmen im Rahmen einer bloßen Verwaltung von Minderheiten in den Kompetenzbereich der Hauptversammlung der Mutter fallen[127]. Nur vereinzelt wurde dagegen eine Untergrenze der Beteiligung verlangt[128]. Insoweit berücksichtigten die Überlegungen zur Aufwertung einer Muttergesellschaft in nicht hinreichendem Maße, dass in anderen als den zu 100 % im Besitz der Mutter stehenden Töchtern die Hauptversammlung nicht gut für die gesamte Unternehmensgruppe gefragt werden und entscheiden könne, sowie, dass ihre Entschließung immer nur eine Legitimation für Eingriffe in Mitgliedschaftsrechte der Muttergesellschaft selbst darstellen könne[129].

---

[124] Für Einzelheiten vgl. oben, Zweites Kapitel, VI, 2.

[125] Vgl. etwa MüKo AktG – *Kubis*, § 119 RN 72; Münch.Hdb.GesR IV – *Krieger*, § 69 RN 34; *Reichert*, Ausstrahlungswirkungen, 25 ff. (72); *Martens*, ZHR 147 (1983), 377 ff. (420 f.); differenzierend KK AktG – *Koppensteiner*, Vor § 291 RN 88.

[126] So ausdrücklich MüKo AktG – *Kubis*, § 119 RN 72.

[127] MüKo AktG – *Kubis*, § 119 RN 72.

[128] Etwa KK AktG – *Koppensteiner*, Vor § 291 RN 88, der jedenfalls die Beteiligungshöhe oberhalb von 50 % für unerheblich hält; *H. P. Westermann*, FS Pleyer, S. 421 ff. (430), der sogar eine 100 % -ige Beteiligung verlangt.

[129] *H.P. Westermann*, FS Pleyer, S. 421 ff. (430).

bb) Auswirkungen der Gelatine – Entscheidungen

Der Frage nach der Beteiligungshöhe wird im Nachgang der Gelatine - Rechtsprechung entgegen der bisherigen hM gesteigerte Bedeutung zukommen. Zum einen kann die dargelegte Argumentation unter Hinweis auf die Beeinträchtigung *vermögensrechtlicher* Mitgliedschaftspositionen nicht mehr aufrechterhalten werden, da der BGH gerade den vermögensbezogenen Ansatz in seiner neuen Rechtsprechung nicht unterstützt, sondern sich vielmehr für eine Beeinträchtigung mitgliedschaftlicher Herrschaftsrechte als zustimmungsbegründendes Merkmal entschieden hat. Zum anderen legt dieser mitgliedschaftliche Ansatz zugleich das Erfordernis eines bestimmten Anteilsbesitzes nahe. Denn, wenn etwa nur eine bloße Minderheitsbeteiligung an einer Tochtergesellschaft besteht, ist es, unabhängig von der Frage, ob hier überhaupt effektive Mitwirkungsrechte der Muttergesellschaft bestehen, schwer vorstellbar, wie mitgliedschaftliche Rechte der Aktionäre der Muttergesellschaft durch Maßnahmen in einer solchen Tochter wesentlich mediatisiert zu werden drohen.

Die Analyse der Rechtsprechung des BGH zu Schutzzweck und dogmatischer Herleitung hat gezeigt, dass die zu schließende Gesetzeslücke auch abstrakt eine bestimmte Erheblichkeit für die Gesellschaft und die dahinter stehenden Aktionäre aufweisen muss[130]. Eine solche, nach obigen Kriterien zu umgrenzende Erheblichkeit der Holzmüller – Maßnahme für die Mutter, ist jedoch bei einer bloßen Minderheitsbeteiligung kaum vorstellbar. Hinzu kommt selbstverständlich, dass auch bei Konzernleitungsmaßnahmen die zuvor formulierten Schwellenwerte für das Eingreifen der ungeschriebenen Grundsätze erreicht sein müssen. Demnach muss quantitativ in etwa die 80 % - Grenze des Holzmüller – Falles bei den hierfür ausschlaggebenden Aufgreifkriterien erreicht werden[131]. Ohne dass hier die Beteiligungshöhe und die Holzmüller – Schwellenwerte in unzulässiger Weise vermengt werden, wird aber eine Minderheitsbeteiligung regelmäßig diese quantitativen Schwellenwerte nicht erreichen können, so dass sich die Frage des Erfordernisses eines Mindestanteils an einer Konzerntochter in praxi gar nicht mehr stellen dürfte. Letztlich gilt es auch, die durch Gelatine bewirkte Zurückdrängung ungeschriebener Mitwirkungsrechte mit der Einordnung als Ausnahmefall in der aktienrechtlichen Zuständigkeitsverteilung hier nicht zu relativieren. Dem mit dieser Qualifizierung verfolgten Ziel einer Eindämmung des Anwendungsbereiches der Holzmüller – Grundsätze zu Gunsten von mehr Rechtssicherheit und gestärkter Vorstandsautonomie steht es entgegen, wenn man bei Konzernleitungsmaßnahmen die Höhe der Beteiligung an der von der Leitungsmaßnahme betroffenen Konzerngesellschaft völlig unberücksichtigt lässt.

Spricht demnach Vieles für eine Untergrenze des Anteilsbesitzes an der entsprechenden Tochtergesellschaft, stellt sich die Frage, wie diese zu beziffern sein wird. Eine 100 %ige Beteiligung ist insoweit sicher zu weit gegriffen und würde den Schutzzweck ungeschriebener Mitwirkungsrechte wiederum konterkarieren. Dann könnte mit

[130] Vgl. dazu den Versuch einer abstrakten Umgrenzung des Schutzzwecks ungeschriebener Mitwirkungsrechte nach Holzmüller, Zweites Kapitel, II, 6.
[131] Dazu eingehend oben, Zweites Kapitel, IV, 1, b und c.

der schlichten Reduzierung des Beteiligungsanteils die Mitwirkung umgangen werden. Insoweit beschreibt die in der Literatur aufgezeigte 50 % - Grenze, im Sinne eines „safe harbor", zutreffend einen Bereich, ab dem die konkrete Beteiligungshöhe ohne Bedeutung ist[132]. Doch erscheint fraglich, ob darin zugleich eine Untergrenze gesehen werden kann. Jedenfalls im Hinblick auf die Holzmüller – Schwellenwerte ist es keineswegs ausgeschlossen, dass diese von einer Tochtergesellschaft erreicht werden, an der nur eine 50 %ige Beteiligung besteht. Daher erscheint es angezeigt, eine darunter liegende Beteiligungshöhe als Untergrenze zu fordern. Hierzu bietet es sich an, auf die eine Sperrminorität vermittelnde 25 % - Grenze zurück zu greifen. Denn nicht nur ist es bei einer 25 %igen Beteiligung vorstellbar, dass diese eine solche Bedeutung erlangen kann, wie sie die Schwellenwerte der Holzmüller – Regel fordern, sondern sie beschreibt zugleich eine Sperrminorität in der betreffenden Konzerntochter[133], von dessen Einfluss auch bei tatsächlicher Betrachtung eine Mediatisierung mitgliedschaftlicher Herrschaftsrechte der Aktionäre der Mutter abhängen kann.

d) Die Bedeutung der Konzernstufe

Unerheblich ist es demgegenüber, auf welcher Konzernstufe die fragliche Leitungsmaßnahme angesiedelt ist[134]. Mitwirkungskompetenzen der Obergesellschaft können daher auch für Maßnahmen in Enkel- oder Urenkelgesellschaften in Betracht kommen[135]. Dies folgt neben der eine Enkelgesellschaft betreffenden Gelatine – Entscheidung nicht zuletzt daraus, dass die Vermittlung der Beteiligung über eine bloße Zwischenholding an der Wesentlichkeitseinschätzung aus Sicht der Obergesellschaft nichts zu ändern vermag[136]. Fraglich aber ist in diesem Zusammenhang, ob dann u.U. eine weitere ungeschriebene Tochter – Hauptversammlung für Maßnahmen bei Enkelgesellschaften notwendig wird. Dies ist im Hinblick auf den Schutzzweck ungeschriebener Mitwirkungsrechte jedenfalls dann ausgeschlossen, wenn die Mutter alleine 100 % der Anteile der Tochter besitzt[137] oder die Tochter in unternehmensvertraglicher Bindung zur Obergesellschaft steht[138]. Handelt es sich jedoch um einen Fall faktischer Konzernierung der betreffenden Konzerngesellschaft mit der Folge eigener Minderheitsgesellschafter in der Tochter, ist hier im Hinblick auf den Schutzzweck der Holzmüller – Doktrin die Zustimmungspflicht der Hauptversammlung der Tochter gerade

[132] KK AktG – *Koppensteiner*, Vor § 291 RN 88.

[133] Jedenfalls sofern es sich hierbei um eine Aktiengesellschaft handelt.

[134] Schon bisher fast einhellige Meinung, vgl. etwa MüKo AktG – *Kubis*, § 119 RN 73; Münch.Hdb.GesR IV – *Krieger*, § 69 RN 35; *Ebenroth*, AG 1988, 1 ff. (5).

[135] Münch.Hdb.GesR IV – *Krieger*, § 69 RN 35; MüKo AktG –*Kubis*, § 119 RN 73; *Ebenroth*, AG 1988, 1 ff. (5); *Lutter*, FS Stimpel, S. 825 ff. (849).

[136] Zutreffend MüKo AktG – *Kubis*, § 119 RN 73.

[137] So zu recht OLG Karlsruhe, DB 2002, 1094 ff. (1095); Münch.Hdb.GesR IV – *Krieger*, § 69 RN 35.

[138] Dies ist freilich umstritten. Wie hier Münch.Hdb.GesR IV – *Krieger*, § 70 RN 151; MüKo AktG – *Altmeppen*, § 308 RN 91; ausführlich *Sieger/Hasselbach*, AG 1999, 241 ff. mwN; andere Ansicht aber OLG Celle, ZIP 2001, 613 ff. (615).

nicht von vorne herein ausgeschlossen. Denn vorbehaltlich der quantitativen und qualitativen Schwellenwerte für ein Eingreifen der Holzmüller – Grundsätze sind hier Mediatisierungsgefahren durch die fragliche Maßnahme nicht zuletzt mit Blick auf die übrigen außenstehenden Aktionäre denkbar. Einer ungeschriebenen Mitwirkung in der Tochter steht jedenfalls nicht entgegen, dass dann eine doppelte ungeschriebene Hauptversammlungskompetenz bei der Mutter und bei der Tochter besteht[139]. Insoweit geht es vielmehr darum, den Schutzgedanken ungeschriebener Mitwirkungsbefugnisse nach der Holzmüller - Doktrin konsequent umzusetzen.

e) Das Verhältnis von Konzernbildungs- und Konzernleitungskontrolle

Unterschiedlich beurteilt wird in der bisherigen Diskussion, in welchem Verhältnis Konzernbildungs- und Konzernleitungskontrolle zueinander stehen, namentlich, ob eine Zustimmung der Hauptversammlung zur Konzernbildung eine weitere Mitwirkung bei der Konzernleitung kompensiert und so die konkrete Art der Konzernentstehung für die Beurteilung von Konzernleitungsmaßnahmen von Bedeutung ist. Dies hatte der BGH in seinen Ausführungen im Holzmüller – Urteil offen gelassen[140], so dass sich hierzu seither ein breites Meinungsspektrum entwickelt hat.

aa) Meinungsstand

Einige bejahen eine Kompensation der Zustimmung durch Konzernleitungsmaßnahmen, da die Hauptversammlung mit ihrer Zustimmung zur Konzernbildung die daraus folgenden Gefahren abschließend in Kauf genommen habe[141]. Denn jene Gefahren stellten nicht zuletzt doch gerade den Grund für die Zustimmungspflicht anlässlich der Konzernbildung dar, so dass es Berücksichtigung finden müsse, wenn die Verselbständigung operativer Einheiten in einer Tochtergesellschaft gerade mit Billigung der Hauptversammlung erfolgt sei[142]. Andere nehmen einen solchen Vorrang der Konzernbildungskontrolle vor der Konzernleitungskontrolle an, ohne dass dadurch aber eine Zustimmungspflichtigkeit zu Konzernleitungsmaßnahmen kategorisch ausge-

---

[139] So auch Münch.Hdb.GesR IV – *Krieger*, § 69 RN 35; anders *Wahlers*, Konzernbildungskontrolle, S. 293 ff., der eine Doppelzustimmung in keinem Fall für notwendig hält.

[140] BGHZ 83, 122 ff. (140).

[141] *Sünner*, AG 1983, 169 ff. (172); *Martens*, ZHR 147 (1983), 377 ff. (407, 426 f.); *Becker/Fett*, WM 2001, 549 ff. (552 f.); *Lüders/Wulff*, BB 2001, 1209 ff. (1212) für den Fall der Börseneinführung von Tochtergesellschaften.

[142] *Reichert*, Ausstrahlungswirkungen, S: 25 ff. (73); *Martens*, ZHR 147 (1983), 377 ff. (420 f.); so auch das OLG Köln, ZIP 1993, 110 ff. (113), das die ungeschriebene Hauptversammlungszuständigkeit auf ausgliederungsbedingte Sachverhalte beschränken will; dagegen *Timm*, ZIP 1993, 115 ff. (117); zuvor bereits grundsätzlich *Lutter*, FS Stimpel, S, 825 ff. (849).

schlossen wird[143]. Zustimmungsbedürftige Maßnahmen sind danach nur solche, die die Rechtsstellung der Aktionäre der Obergesellschaft erneut tangierten[144]. Mehrheitlich wird aber eine unbeschränkte Vorstandsautonomie bei Konzernleitungsmaßnahmen aufgrund einer Hauptversammlungszustimmung zur Konzernbildung abgelehnt[145]. Im Rahmen der Konzernleitungskontrolle könne es keine Rolle spielen, ob die Tochtergesellschaft durch externes Wachstum oder durch Abspaltung von Betriebsvermögen entstanden sei, vielmehr sei eine Hauptversammlungszuständigkeit stets zu bejahen, sofern eine Maßnahme in der Tochtergesellschaft unmittelbare Auswirkungen auf Wert und Struktur der Muttergesellschaft und damit auch auf ihre Mitgliedschaften habe[146]. Die Art der Konzernentstehung sei daher für die Beurteilung der Konzernleitungsmaßnahme irrelevant[147], so dass etwa eine Zustimmung zur Ausgliederung das Schutzbedürfnis der Aktionäre der Mutter für die später ergehenden, grundlegenden Entscheidungen nicht entfallen lasse[148]. Für die Rechtsbeeinträchtigung der Aktionäre mache es schon aus Gründen der Rechtssicherheit keinen Unterschied, ob die von einer wesentlichen Maßnahme betroffene Beteiligung durch Ausgliederung, Erwerb oder Neugründung entstanden sei; aus diesem Grund komme es auch nicht auf den Zeitpunkt der Konzernbildung an[149].

bb) Auswirkungen der Gelatine – Entscheidungen

Letztere Stimmen können sich durch die Gelatine - Urteile des BGH zu ungeschriebenen Mitwirkungsrechten bestätigt sehen. Aus dem darin konkretisierten Schutzzweck der Holzmüller – Doktrin ergibt sich für die Mitwirkung der Hauptversammlung, dass eine Zustimmung zu Konzernleitungsmaßnahmen unabhängig von der Zustimmung zu einer vorausgehenden Gruppen bildenden oder –umbildenden Maßnahme zu beurteilen ist; es besteht kein Vorrang der Konzernbildungskontrolle vor der Konzernleitungskontrolle. Seit den Gelatine – Entscheidungen ist das Eingreifen der Holzmüller - Grundsätze maßgeblich anhand des mediatisierenden Effekts der konkreten, zur Ab-

[143] *Rehbinder*, ZGR 1983, 92 ff. (99, 101); *ders.*, FS Coing, Bd. 2, S. 423 ff. (427); *H.P. Westermann*, ZGR 1984, 352 ff. (367); *Kropff*, ZGR 1984, 112 ff. (131); *Reichert*, Ausstrahlungswirkungen, S: 25 ff. (72 f.).

[144] *Reichert*, Ausstrahlungswirkungen, S: 25 ff. (73); Münch.Hdb.GesR IV – *Krieger*, § 69 RN 32.

[145] Emmerich/Habersack – *Habersack*, Vor § 311 RN 48; KK AktG – *Koppensteiner*, Vor § 291 RN 38; MüKo AktG – *Kubis*, § 119 RN 71; Münch.Hdb.GesR IV – *Krieger* § 69 RN 34; *Lutter*, FS Stimpel, 825 ff. (849); *Heinsius*, ZGR 1984, 383 ff. (402 f.); *Timm*, ZIP 1993, 115 ff. (117); LG Frankfurt/M., ZIP 1997, 1697 ff. (1700); *Henze*, FS Ulmer, S. 211 ff. (226); jüngst *Habersack*, AG 2005, 137 ff. (148 f.); *Reichert*, AG 2005, 150 ff. (157 f.).

[146] *Timm*, ZIP 1993, 115 ff. (117).

[147] Münch.Hdb.GesR IV – *Krieger*, § 69 RN 34; Emmerich/Habersack – *Habersack*, Vor § 311 RN 48; KK AktG – Koppensteiner, Vor § 291 RN 38; *Heinsius*, ZGR 1984 383 ff. (402 f.); aA OLG Köln, ZIP 1993, 110 ff. (113), das die ungeschriebenen Hauptversammlungszuständigkeiten auf ausgliederungsbedingte Sachverhalte beschränken will; dagegen überzeugend *Timm*, ZIP 1993, 115 ff. (117).

[148] *Henze*, FS Ulmer, S. 211 ff. (226).

[149] MüKo AktG – *Kubis*, § 119 RN 71.

stimmung stehenden Maßnahme zu beurteilen. Dies schließt es aus, dass durch eine Rückblende auf den Zeitpunkt der Konzernentstehung das Zustimmungserfordernis wieder entfallen kann. Zum einen werden an der Konzernbildungsentscheidung regelmäßig personell andere Aktionäre beteiligt gewesen sein, so dass zum Zeitpunkt der fraglichen Konzernleitungsmaßnahme ein ganz anderer Aktionärswille bestehen kann, zum anderen verdeutlicht dies etwa auch die Regelung der §§ 123 ff. UmwG, die sich gemäß des Regelungsplans des UmwG allein mit der Spaltung als solcher befassen. Weitergehende Mitspracherechte der Gesellschafter der sich spaltenden Gesellschaft liegen hier außerhalb des Regelungsgegenstandes und werden daher konsequenterweise vom Regelungsgeber auch gar nicht in den Blick genommen[150]. Wenn dies für Fälle geregelter Spaltungsmaßnahmen gilt, ist nicht einsichtig, weshalb etwa im Falle einer Ausgliederung durch Einzelrechtsnachfolge als Prototyp eines Holzmüller – Falles etwas anderes gelten soll. Die schrankenlose Überführung der Konzernleitung in die Hände des Vorstands allein aufgrund einer einmalig gebilligten Konzernbildung würde damit einer unbeschränkten Ermächtigung für alle künftigen Maßnahmen im Konzern gleich kommen, wie sie in dieser Reichweite vom Gesetz in vergleichbaren Fällen nicht akzeptiert wird. Schließlich verdeutlichen die §§ 71 I Nr. 8, 202 II, III AktG, dass auch eine pauschale Billigung des Konzerneingangsbeschlusses zeitlich und nicht zuletzt auch quantitative Grenzen haben muss, was die Befristung der Ermächtigung zur Ausübung des genehmigten Kapitals auf fünf Jahre sowie die Limitierung auf die Hälfte des Grundkapitals zum Ausdruck bringt. Die Diskussion darüber, ob die Zustimmung zur Konzernbildung eine neuerliche Zustimmung zu Konzernleitungsmaßnahmen kompensiert und damit die Art der Konzernentstehung für die Mitwirkung bei Konzernleitungsmaßnahmen Bedeutung erlangt, wird in Folge der Gelatine – Entscheidungen zugunsten einer erneuten Vorlagepflicht daher für geklärt zu halten sein.

2. Kapitalerhöhungen in der Tochter

Kapitalmaßnahmen in der Tochter hatte der BGH in der Holzmüller – Entscheidung als „klassischen" Fall einer Zustimmungsnotwendigkeit bezeichnet[151], was vehemente Kritik im Schrifttum hervorrief[152]. Hilfreich ist es, zwischen Kapitalerhöhungen unter Ausnutzung des Bezugsrechts durch die Muttergesellschaft und solchen mit Bezugsrechtsausschluss zu differenzieren[153].

---

[150] Dazu Emmerich/Habersack – *Habersack*, Vor § 311 RN 48.

[151] BGHZ 83, 122 ff. (141 ff.).

[152] *Semler*, BB 1983, 1566 ff. (1572); *Sünner*, AG 1983, 169 ff. (172 f.); *Werner*, ZHR 147 (1983), 429 ff. (453); *Westermann*, ZGR 1984, 352 ff. (375); *Heinsius*, ZGR 1984, 383 ff. (400 f.); gegen jede Beteiligung *Martens*, ZHR 147 (1983), 377 ff. (412 ff.); *Götz*, AG 1984, 85 ff. (88); dazu näher bereits oben, Zweites Kapitel, I, 3.

[153] Für die Einräumung genehmigten Kapitals gelten diese Ausführungen entsprechend; wie hier BGHZ 83, 122 ff. (141 ff.); Münch.Hdb.GesR IV – *Krieger*, § 69 RN 40; *Semler*, BB 1983, 1566 ff. (1573); MüKo AktG – *Kubis*, § 119 RN 78.

a) Kapitalerhöhungen in der Tochtergesellschaft bei Wahrung des Bezugsrechts der Obergesellschaft

aa) Meinungsstand

Nach Ansicht des BGH ist eine Zustimmung der Mutter - Hauptversammlung erforderlich, wenn in einer durch Ausgliederung wesentlicher Betriebsteile entstandenen Tochter das Kapital erhöht werden soll[154], ohne dass der BGH damit zusammenhängende Fragen in den Urteilsgründen ansprach[155]. Zur Begründung heißt es, dass diese Zustimmung als Folge der durch die Ausgliederung eintretenden Schmälerung der Aktionärsrechte bei der Verwendung des Jahresüberschusses, beim Abschluss von Unternehmensverträgen durch die Tochter und bei der Aufnahme fremder Gesellschafter zu sehen sei[156]. Es widerspreche der Tendenz des geltenden Rechts, Minderheitsaktionäre der Verbandsspitze hiergegen nicht zu schützen[157]. Gerade im Fall der Kapitalerhöhung in der Tochtergesellschaft bestehe die Gefahr, dass die Mitgliedschaft in der Obergesellschaft beeinträchtigt, ihr Wert verwässert und die Bezugsrechte ausgehöhlt würden. Der Fall, dass die Obergesellschaft das Bezugsrecht bei der Tochter voll ausnutze, lasse sich hiervon nicht grundsätzlich ausnehmen[158].

Im Schrifttum stößt dies überwiegend auf Ablehnung[159], denn die vollständige Übernahme der Kapitalerhöhung bei der Tochter durch die Obergesellschaft zeige, dass für die Tochtergesellschaft kein zusätzlicher Außenfinanzierungsbedarf bestehe und somit nur ein konzerninterner Finanzierungsvorgang vorliege[160]. Sollte zusätzliches Eigenkapital notwendig sein, werde die Obergesellschaft ihr eigenes Grundkapital erhöhen und in diesem Zusammenhang ihren Aktionären entsprechende Bezugsrechte

---

[154] BGHZ 83, 122 ff. (136 ff., 140 ff.).

[155] Etwa die, was gelte, wenn das Vermögen der Tochtergesellschaft anders als durch eine Abspaltung von Betriebsvermögen entstanden ist (BGHZ 83, 122 ff. (138), dazu oben, Drittes Kapitel, III, 1, e; was gelte, wenn es sich nicht um eine zu 100 % von der Obergesellschaft beherrschte Tochter handelt (BGHZ 83, 122 ff.(139), dazu oben, Drittes Kapitel III, 1, c; schließlich wie sich bei Fehlen eines Unternehmensvertrages ein Mitspracherecht der Aktionäre in der herrschenden Gesellschaft mit der Pflicht der zuständigen Organe vertrüge, auch die Interessen des abhängigen Unternehmens und seiner Gesellschafter mit der gebotenen Sorgfalt zu wahren (BGHZ 83, 122 ff. (140), dazu oben, Drittes Kapitel III, 1, c.

[156] BGHZ 83, 122 ff. (136 ff.); eingehend zur Begründung des BGH bereits oben; Zweites Kapitel, III, 1, a.

[157] BGHZ 83, 122 ff. (139).

[158] BGHZ 83, 122 ff. (142 f.).

[159] Münch.Hdb.GesR IV – *Krieger*, § 69 RN 39; KK AktG – *Koppensteiner*, Vor § 291 RN 100 ff.; MüKo AktG – *Kubis*, § 119 RN 77; *Mecke*, Konzernstruktur, S. 246 ff.; *Mülbert*, Aktiengesellschaft, S. 401 ff.; *Lüders/Wulff*, BB 2001, 1209 ff. (1211); *Semler*, BB 1983, 1566 ff. (1572); *Götz*, AG 1984, 85 ff. (87 f.); *Heinsius*, ZGR 1984, 383 ff. (400 ff.); *Sünner*, AG 1983, 169 ff. (172); *Westermann*, ZGR 1984, 252 ff. (375 f.); *Werner*, ZHR 147 (1983), 429 ff. (452 f.); dem BGH zustimmend *Hirte*, Bezugsrechtsausschluss, S. 175 ff.; *Rehbinder*, ZGR 1983, 92 ff. (102).

[160] Vgl. KK AktG – *Koppensteiner*, Vor § 291 RN 100.

einräumen. In entsprechenden Fällen sei zudem regelmäßig davon auszugehen, dass in der Satzung eine Konzernklausel enthalten sei, so dass der Muttergesellschaft nicht in unzulässiger Weise Betriebsmittel entzogen würden, die ihrerseits eine Mitwirkung der Hauptversammlung erforderten[161]. Schließlich dürfe nicht die Zuständigkeit des Vorstands für die Konzernfinanzierungspolitik in Frage gestellt werden und damit indirekt das Wesen des Konzerns überhaupt. Daher seien Kapitalerhöhungen bei einer Tochtergesellschaft jedenfalls dann in der Zuständigkeit des Konzernvorstands anzusiedeln, wenn das Bezugsrecht der Mutter voll wahrgenommen werde[162]. Eine vereinzelt vertretene, vermittelnde Ansicht schlägt vor, den Vorstand zu verpflichten, Bezugsrechte im Zusammenhang mit der Kapitalerhöhung bei der Tochter den eigenen Aktionären zuzuwenden[163]. Daraus könne eine Hauptversammlungszuständigkeit dann abgeleitet werden, wenn der Vorstand von dieser Verteilungsregel abweichen möchte.

bb) Auswirkungen der Gelatine - Urteile

Die Gelatine – Urteile könnten in dieser Frage eine nicht unerhebliche Kurskorrektur bedeuten. Zunächst kann der Vorschlag nicht überzeugen, Bezugsrechte bei der Tochter den eigenen Aktionären zuzuwenden. Abgesehen von einer fehlenden systematischen Einordnung in das geltende Aktienrecht ist ein konzerndimensionales Bezugsrecht der Aktionäre der Konzernspitze, das auch bei Enkel- und Urenkelgesellschaften nicht Halt machen dürfte, schon deshalb abzulehnen, weil es aus Sicht der Minderheitsgesellschafter in den einzelnen Konzerngesellschaften zu einem unberechenbaren Bezugsrecht Dritter auswächst, dessen Wahrung zudem langwierige und komplizierte Prozeduren nach sich zieht[164].

Aber auch obige Argumentation zur Ablehnung einer Hauptversammlungszuständigkeit bei Kapitalerhöhungen in der Tochter unter Wahrung des Bezugsrechts der Obergesellschaft erscheint aus hiesiger Sicht nur schwer aufrechterhalten werden zu können. Nimmt die Muttergesellschaft das ihr zustehende Bezugsrecht wahr, so führt die Kapitalerhöhung zu einer Verlagerung von Unternehmensvermögen auf die Ebene der Tochtergesellschaft; dies gilt für Bar- und Sachkapitalerhöhungen gleichermaßen. Die Konsequenzen aus diesem Vorgehen entsprechen jedoch der Gefahrenlage, wie sie bei der klassischen Ausgliederung, dem Prototyp aller Holzmüller – Fälle, besteht.

---

[161] KK AktG – *Koppensteiner*, Vor § 291 RN 100.

[162] Münch.Hdb.GesR IV – *Krieger*, § 69 RN 39; KK AktG – *Koppensteiner*, Vor § 291 RN 100 ff.; MüKo AktG – *Kubis*, § 119 RN 77; *Mecke*, Konzernstruktur, S. 246 ff.; *Mülbert*, Aktiengesellschaft, S. 401 ff.; *Lüders/Wulff*, BB 2001, 1209 ff. (1211); *Semler*, BB 1983, 1566 ff. (1572); *Götz*, AG 1984, 85 ff. (87 f.); *Heinsius*, ZGR 1984, 383 ff. (400 ff.); *Sünner*, AG 1983, 169 ff. (172); *Westermann*, ZGR 1984, 252 ff. (375 f.); *Werner*, ZHR 147 (1983), 429 ff. (452 f.).

[163] Namentlich *Martens*, ZHR 147 (1983), 307 ff. (406 ff.); *Lüders/Wulff*, BB 2001, 1209 ff. (1212 f.); *Rehbinder*, FS Coing Bd. 2, S. 423 ff. (428); *Heinsius*, ZGR 1984, 383 ff. (403 f.).

[164] Im Ergebnis ebenfalls ablehnend KK AktG – *Koppensteiner*, Vor § 291 RN 101; MüKo AktG – *Kubis*, § 119 RN 76; zum Verhältnis von Holzmüller und verlängertem Bezugsrecht vgl. auch unten, Drittes Kapitel, III, 3, b.

Diese Beobachtung spricht daher für die Annahme einer ungeschriebenen Hauptversammlungszuständigkeit. Hinzu kommt ein weiterer Aspekt: Der Effekt der Verlagerung verfügbarer Mittel von der Mutter- auf die Tochtergesellschaft verstärkt den bereits mit der Ausgliederung des Unternehmensteils verbundenen Mediatisierungseffekt wirtschaftlich noch weiter[165]. Im Lichte der Gelatine – Entscheidung kann aber die Kontrolle durch die Hauptversammlung der Obergesellschaft allein bei der Erstinstallierung dieses Effektes oder bereits bei der Festlegung der konzernweiten Reichweite des satzungsmäßigen Unternehmensgegenstandes gerade nicht ausreichen. Denn nicht nur ist eine Konzernklausel erste notwendige Voraussetzung für eine konzerndimensionale Unternehmensführung überhaupt, sondern der BGH hält in Gelatine ausdrücklich auch solche Maßnahmen für holzmüllerpflichtig, die zu einer weiteren Mediatisierung der Aktionärsrechte führen. Die dadurch bewirkte Intensivierung des Mediatisierungseffektes geht aber auch mit einer Kapitalerhöhung in der Tochter einher und wurde gerade für den Fall der Verenkelung in Gelatine als Holzmüller – Fall qualifiziert. Da zudem eine Kompensation der Mitwirkung an Konzernleitungsmaßnahmen durch eine Mitwirkung an der Konzernbildung nicht erfolgt, gehören Kapitalmaßnahmen im Konzern auch bei Wahrung des Bezugsrechts insoweit nicht mehr zur autonomen Vorstandskompetenz der Konzernspitze. Vielmehr unterliegen sie als Konsequenz der Holzmüller - Neujustierung einer erneuten ungeschriebenen Hauptversammlungszustimmung, was im Ergebnis bereits auch in der Holzmüller – Entscheidung durchscheint.

b) Kapitalerhöhungen in der Tochtergesellschaft bei Ausschluss des Bezugsrechts der Obergesellschaft

Nach wohl überwiegender Auffassung[166] überschreitet die Kapitalerhöhungn in der Tochtergesellschaft bei Ausschluss des Bezugsrechts der Obergesellschaft in struktureller Hinsicht die alleinige Geschäftsführungskompetenz des Vorstands der Obergesellschaft. Dies lässt sich nicht nur dem Wortlaut der ursprünglichen Holzmüller – Entscheidung entnehmen[167], sondern erscheint auch im Wege eines Erst – Recht – Schlusses zu vorstehenden Ausführungen konsequent. Letztlich ergibt sich die Zustimmungsnotwendigkeit auch aus einem wertenden Vergleich mit der wirtschaftlich identischen Teil - Veräußerung von Beteiligungen: In beiden Konstellationen werden

[165] Dies gesteht etwa MüKo AktG – *Kubis*, § 119 RN 77 ausdrücklich zu.

[166] Wie hier etwa KK AktG – *Koppensteiner*, Vor § 291 RN 102; Münch.Hdb.GesR IV – *Krieger*, § 69 RN 39; *Hirte*, Bezugsrechtsausschluss, S. 182 ff.; *Fleischer*, ZHR 165 (2001), 513 ff. (524); *Westermann*, ZGR 1984, 352 ff. (376); *Semler*, BB 1983, 1566 ff. (1572 f.); aA *Götz*, AG 1984, 85 ff. (87 f.).

[167] Dort heißt es: „Es muss daher der ...Hauptversammlung der Beklagten überlassen bleiben, ob eine Kapitalerhöhung unter diesen Umständen durchgeführt werden soll, oder ob etwa das Bezugsrecht der Beklagten ausgeschlossen und stattdessen ihren Aktionären in entsprechender Anwendung von § 186 I, II V AktG ein Bezugsrecht eingeräumt werden soll. Ist auch dies nicht gewollt, etwa weil Sacheinlagen gewünscht sind, so kann dem die Hauptversammlung ebenfalls zustimmen" BGHZ 83, 122 ff. (143).

Fremdeinflüsse in der Tochtergesellschaft wirksam. Das zuständigkeitsbegründende Kriterium des Mediatisierungseffektes liegt beim Bezugsrechtsausschluss in konsequenter Weiterführung des Holzmüller- und Gelatine – Schutzzwecks in den mit ihm verbundenen Gefahren für die Konzernspitze zu sehen, die sich in der Tochter schwindenden Einflussmöglichkeiten gegenüber sieht. Denn die mit der Kapitalerhöhung geschaffenen neuen Aktien bedeuten eine Veränderung der Beteiligungsquote an der jeweiligen Gesellschaft. Diese liegt bei einer 100 %igen Konzerngesellschaft in der erstmaligen Aufnahme von Minderheitsgesellschaftern und ansonsten in jeder Unterschreitung einer nach Gesetz oder Satzung in der Tochtergesellschaft bedeutenden Stimmrechtsrelevanzgrenze[168].

c) Voraussetzungen und Anforderungen an den Hauptversammlungsbeschluss

Auch eine Zustimmung der Hauptversammlung der Obergesellschaft zu Kapitalmaßnahmen in der Tochter setzt voraus, dass es sich dabei um eine Tochtergesellschaft handelt, die einen wesentlichen Teil der unternehmerischen Aktivitäten des Gesamtunternehmens vermittelt, es sich also um eine wesentliche Beteiligung handelt, was sich nach den Verhältnissen bei Vornahme der jeweiligen Maßnahme bestimmt[169]. Die von der Kapitalmaßnahme betroffene Tochtergesellschaft muss also die oben bearbeiteten qualitativen und quantitativen Erheblichkeitsschwellen erreichen, damit die Maßnahme zur Beeinträchtigung der mitgliedschaftlichen Position der Aktionäre führt und eine wesentliche Beeinträchtigung ihrer Mitwirkungsbefugnisse vorliegt[170]. Beschlussgegenstand in diesen Fällen ist das Abstimmungsverhalten des Vorstands in der Hauptversammlung der Tochtergesellschaft. Der wesentliche Inhalt des Beschlusses ist bekannt zu machen, zudem ist ein Vorstandsbericht über die Gründe der Kapitalerhöhung zu erstellen, der ebenfalls bekannt zu machen ist[171]. Die Hauptversammlung der Obergesellschaft entscheidet mit ¾ - Mehrheit des bei der Beschlussfassung vertretenen Grundkapitals.

Von diesem Zustimmungserfordernis zu Kapitalmaßnahmen in der Tochtergesellschaft zu trennen ist die Frage, ob es die mit der Kapitalerhöhung verbundene Änderung der Kapitalstruktur und der drohende Vermögensnachteil für die bisherigen Aktionäre der Mutter notwendig machen, ihnen ein Recht auf den Bezug der jungen Aktien der Tochtergesellschaft einzuräumen. Auf ein solches Vorerwerbsrecht, das seine

---

[168] 75%, 50% oder 25% der Stimmrechte. Vgl. dazu Münch.Hdb.GesR IV – *Krieger*, § 69 RN 39; ferner *Hirte*, Bezugsrechtsausschluss, S. 182 ff. (186); *Lüders/Wulff*, BB 2001, 1209 ff. (1212).

[169] Emmerich/Habersack – *Habersack*, Vor § 311 RN 48; *ders.*, AG 2005, 137 ff. (148 f.); *Reichert*, AG 2005, 150 ff. (157 f.); MüKo AktG – *Kubis*, § 119 RN 75.

[170] Unstreitig; vgl. dazu ausführlich oben, Zweites Kapitel, IV, 1 und 2; wie hier auch schon *Lutter*, FS Stimpel, S. 825 ff. (846 ff.); *Wahlers*, Konzernbildungskontrolle, S. 203 ff.; *Goette*, DStR 2004, 927 ff. (928); *Bungert*, BB 2004, 1345 ff. (1347); *Liebscher*, ZGR 2005, 1 ff. (15 f.); *Götze*, NZG 2004, 585 ff. (589).

[171] Vgl. Münch.Hdb.GesR IV – *Krieger*, § 69 RN 41.

Grundlage ebenfalls in der Holzmüller – Doktrin haben soll[172], wird sogleich im Rahmen der Untersuchung der Zustimmungspflichtigkeit des Börsengangs einzugehen sein.

3. Börsengang von Tochtergesellschaften

a) Die Börseneinführung eines abhängigen Unternehmens als zustimmungspflichtige Maßnahme?

Die im Zusammenhang mit der Holzmüller – Doktrin und dem Stichwort der Börseneinführung von Tochtergesellschaften diskutierten Fragestellungen wurden bereits an zwei Stellen dieser Arbeit berührt: Zum einen im Rahmen der Untersuchung der Holzmüllerpflichtigkeit von Beteiligungsveräußerungen, zum anderen vor dem Hintergrund einer Kapitalerhöhung in der Tochtergesellschaft unter Ausschluss des Bezugsrechts der Muttergesellschaft. Die Börseneinführung von Tochtergesellschaften stellt in der ersten Konstellation eine schlichte Teilveräußerung von Beteiligungsrechten dar, nur dass die Anteile hier nicht an ein anderes Unternehmen, sondern über die Börse veräußert werden. In der zweiten Konstellation handelt es sich sodann um einen soeben angesprochenen Sonderfall zustimmungspflichtiger Konzernleitungsmaßnahmen, da die Kapitalerhöhung gegen Einlagen zu einer quotalen Minderung der Beteiligung führt. Dieses Vorgehen entspricht ebenfalls einer Teilveräußerung der Beteiligung.

Beide Vorgehensweisen, und damit zwangsläufig auch die Mixtur beider Methoden, wurden in dieser Arbeit bereits als mitgliedschaftlich relevanter Eingriff, der zu einer Mediatisierung der Rechte der Aktionäre der Obergesellschaft führen kann, qualifiziert. Gerade der Teilveräußerung haftet im Gegensatz zu Fällen vollständiger Veräußerung eine noch stärkere Verwässerung mitgliedschaftlicher Herrschaftsrechte der Anteilseigner an: Wenn eine Alleinbeteiligung bereits um mehr als 25 % durch die Aufnahme von Dritten dezimiert wird, reduziert sich dadurch der Gesellschaftseinfluss auf die Tochter insgesamt drastisch[173]. Wird mithin in einer wesentlichen Tochtergesellschaft ihr bisheriges Grundkapital um mehr als 25 % erhöht und das Bezugsrecht der Muttergesellschaft ausgeschlossen, dann verlangt der Schutzzweck der Holzmüller – Doktrin eine Befassung der Hauptversammlung der Muttergesellschaft.

Systematisch handelt es sich bei dieser Zustimmungspflicht jedoch nicht um eine aus der Börsennotierung als solcher resultierenden Beeinträchtigung der Mitgliedschaft der Aktionäre der Obergesellschaft, sondern der ihr vorangegangenen Kapitalmaßnahme. Die Schaffung einer eigenen Kapitalmarktadresse stärkt zwar die Selbständigkeit der Tochtergesellschaft und ihres Managements gegenüber der Konzern-

[172] Dieselbe Frage stellte sich bereits oben im Rahmen des Verkaufs einer Beteiligung über die Börse, Drittes Kapitel, I, 2, b, cc; dazu näher sogleich bei der Untersuchung des Börsengangs von Tochtergesellschaften, Drittes Kapitel, III, 3.

[173] Dazu vgl. ausführlich oben, Drittes Kapitel, I, 2, b.

spitze, fördert die Entstehung einer eigenständigen Unternehmenskultur in der Tochtergesellschaft und trägt damit zu einer Änderung der Führungsstrukturen im Konzern bei. Der damit aber einhergehende (weitere) Einflussverlust der Obergesellschaft weist jedoch in Bezug auf die Mitgliedsstellung ihrer Aktionäre keine eigenständige rechtliche Qualität auf im Vergleich zu der Situation, die ohnehin schon durch die Einräumung der Minderheitsbeteiligung an der Tochtergesellschaft eingetreten ist. Die Geltung besonderer bilanz- und kapitalmarktrechtlicher Regelungen für das börsennotierte Tochterunternehmen und seine Gesellschafter bedeutet keine Mediatisierung von Herrschaftsrechten, so dass für eine konzerndimensionale Erweiterung des ungeschriebenen Zustimmungserfordernisses der Hauptversammlung beim Börsengang aus sich heraus kein Anlass besteht. Nur wenn der beabsichtigte Börsengang im Vorfeld eine Kapitalmaßnahme in der Tochter erfordert oder der Anteilsverkauf ohnehin die Holzmüller – Schwellen überschreitet, bedarf der Vorstand der Obergesellschaft jedenfalls faktisch[174] zur Ausgabe der Tochteranteile an der Börse der Zustimmung seiner eigenen Hauptversammlung nach den Holzmüller - Grundsätzen[175].

b) Holzmüller als Grundlage für ein verlängertes Bezugs- bzw. Vorerwerbsrecht der Mutteraktionäre?

Eine darüber hinaus gehende und in jüngerer Zeit viel diskutierte Streitfrage ist die nach einem verlängerten Bezugsrecht bzw. Vorerwerbsrecht der Aktionäre der Obergesellschaft[176]. Es würde jedoch den Rahmen dieser Arbeit sprengen, wollte man dem aufgeworfenen Problem in seinen Einzelheiten nachgehen. Daher soll nur auf den in diesem Zusammenhang aufgeworfenen Bezug zu Holzmüller eingegangen werden. In der Literatur wird nämlich die Überlegung, dass ein Vorerwerbsrecht der Aktionäre der Obergesellschaft analog § 186 I AktG bestehe, auch auf die Erörterungen des BGH im Fall Holzmüller gestützt[177]. Bei beiden Konstellationen gehe es um eine Kompensation der Beeinträchtigung der Mitgliedschaft sowie um die Treuepflicht der Gesellschaft und ihrer Organe gegenüber ihren Aktionären[178], denn durch den Verkauf der Aktien an der Tochter verlören die Mutter – Aktionäre ihr mittelbares Miteigentum an der Tochter und stünden zugleich vor der Gefahr einer Verwässerung und damit eines

---

[174] Die Holzmüllerpflichtigkeit des Börsengangs der Tochtergesellschaft folgt nach diesseitiger Ansicht nicht aus der Tatsache der Going Public selbst, sondern aus vorgelagerten gesellschaftsrechtlichen Mitwirkungsrechten.

[175] So im Ergebnis auch *Hüffer*, AktG, § 119 RN 18c; *Trapp/Schick*, AG 2001, 381 ff. (386); *Fleischer*, ZHR 165 (2001), 513 ff. (522 ff.); *Lutter*, AG 2000, 342 ff.; *ders.*, AG 2001, 349 ff. (350); *Busch/Groß*, AG 2000, 503 ff. (506 f); aA *Becker/Fett*, WM 2001, 549 ff. (552 f.) bei vorheriger Konzernbildungskontrolle durch die Hauptversammlung der Obergesellschaft.

[176] Dazu vgl. als Initialzündung der gesellschaftsrechtlichen Diskussion *Lutter*, AG 2000, 342 ff.; *ders.*, AG 2001, 349 ff. (350 ff.); kritisch *Trapp/Schick*, AG 2001, 381 ff. (388 ff.); *Habersack*, WM 2001, 545 ff. (546 ff.); *Becker/Fett*, WM 2001, 549 ff. (554 f.) *Lüders/Wulff*, BB 2001, 1209 ff. (1212 ff.); *Busch/Groß*, AG 2000, 503 ff. *Henze*, FS Ulmer, S. 211 ff. (237 f.).

[177] *Lutter*, AG 2000, 342 ff. (344).

[178] *Lutter*, AG 2000, 342 ff. (344).

Vermögensverlustes aus ihrer Beteiligung. Daher habe der BGH in der Holzmüller – Entscheidung die Mitwirkungsbefugnis der Hauptversammlung, das Klagerecht jedes Aktionärs bei der Verletzung dieser Mitwirkungsbefugnis sowie das Bezugsrecht der Mutter – Aktionäre an der Kapitalerhöhung in der Tochter entwickelt[179].

Die überwiegende Auffassung lehnt eine solche Pflicht der Muttergesellschaft, ihr potentiell zustehende Aktien an die eigenen Aktionäre weiterzureichen, zutreffend ab[180], da sie in Analogie zu § 186 I AktG nicht zu entwickeln sei[181] und zudem zu berücksichtigen sei, dass der Beteiligungsbesitz an einer abhängigen Gesellschaft regelmäßig weniger Wert sei als Anteile an der Obergesellschaft[182] und die Konzernherrschaft durch ein solches Bezugsrecht aufgrund der Vermehrung unerwünschter Minderheitsaktionäre in der Tochter insgesamt erschwert werde[183].

Des ungeachtet greift in diesem Zusammenhang aber auch der Verweis auf die Holzmüller – Entscheidung nicht, was durch Gelatine deutlich unterstrichen wird. Zwar sieht der BGH ein Mitwirkungsbedürfnis bei der Kapitalerhöhung in der Tochtergesellschaft[184], fährt dann aber fort, dass es der bislang nicht beteiligten Hauptversammlung überlassen bleibe, darüber zu entscheiden, ob eine Kapitalerhöhung in der fraglichen Tochter durchgeführt werde, oder ob etwa das Bezugsrecht der Mutter ausgeschlossen und statt dessen ihren Aktionären in entsprechender Anwendung des § 186 I, II V AktG ein Bezugsrecht eingeräumt werden solle[185]. Sei dies nicht gewollt, weil zum Beispiel Sacheinlagen erwünscht seien, könne die Hauptversammlung diesem ebenfalls zustimmen; dann sei aber eine sachliche Rechtfertigung erforderlich[186]. Im Übrigen gelten die gleichen Regeln und die gleichen Mehrheiten, wie sie für entsprechende Kapitalbeschaffungsmaßnahmen in der Muttergesellschaft selbst gem. §§ 182 ff. AktG zu beachten wären[187]. Hieran wird deutlich, dass es dem BGH in Holzmüller um interne Mitentscheidungskompetenzen der Obergesellschaft geht und nicht um ein unmittelbares konzerndimensionales Bezugsrechts (analog § 186 AktG). Dies wird in Gelatine dadurch unterstrichen, dass neben der Betonung des Ausnahmecharakters ausdrücklich die alleinige Innenwirkung eines Verstoßes gegen die Mitwirkungspflicht, die aufgrund drohender Mediatisierungsgefahren besteht, bekräftig wird. Hier kann keine einheitliche gedankliche Linie erkannt werden, so dass dies nicht als Aspekt für ein Vorerwerbsrecht herangezogen werden kann. Vielmehr kann die Hauptversammlung im Einzelfall durch entsprechende Entscheidung ein solches nur selbst

[179] *Lutter*, AG 2000, 342 ff. (344).

[180] *Götz*, AG 1984, 85 ff. (87); *Hirte*, Bezugsrechtsausschluss, S. 186 ff.; *Mecke*, Konzernstruktur, S. 255 f.; *Timm*, AG 1980, 172 ff. (183 f.); *Werner*, ZHR 147 (1983), 429 ff. (452, FN 57).

[181] Insoweit weist *Mecke*, Konzernstruktur, S. 255 f. zutreffend darauf hin, dass dies sowohl zu einer Lockerung des Konzernzusammenhalts führe als auch den Interessen der Aktionäre des Mutterunternehmens nicht zwingend dienlich sei.

[182] *Hirte*, Bezugsrechtsausschluss, S. 187; *Mecke*, Konzernstruktur, S. 255 f.

[183] *Timm*, AG 1980, 172 ff. (183 f), der aber gleichwohl zugesteht, dass ein Bezugsrecht dem Aktionärsschutz in diesen Fällen dienlich sein kann.

[184] BGHZ 83, 122 ff. (143); dazu näher oben, Drittes Kapitel, III, 2.

[185] BGHZ 83, 122 ff. (143).

[186] BGHZ 83, 122 ff. (143).

[187] BGHZ 83, 122 ff. (143).

begründen. Führt der Vorstand einen zustimmenden Beschluss seiner Aktionäre (und nicht mehr, aber auch nicht weniger) zu der Kapitalmaßnahme herbei, liegt es nach der Konzeption der Holzmüller- und Gelatine – Grundsätzen in deren Händen, die Zustimmung von einem Ausschluss des Bezugsrechts der Obergesellschaft und der Begründung eines eigenen Bezugsrechts entsprechend § 186 I, II, V AktG abhängig zu machen oder zu unterlassen. Damit wird die Kompensation der sowohl mit der Ausgliederung als auch mit der durch die anschließende Kapitalerhöhung verbundene Gefahrenlage gänzlich der Zuständigkeit und der Verantwortung der Aktionäre unterstellt, die der Kapitalerhöhung vorbehaltlos zustimmen können, der Kapitalerhöhung mit Bezugsrechtsausschluss zugunsten der Obergesellschaft mit der Folge der Aufnahme weiterer, bislang unbeteiligter Aktionäre zustimmen können, oder sie stimmen der Kapitalerhöhung mit der Maßgabe zu, dass der Vorstand im Namen der Obergesellschaft auf deren Bezugsrecht verzichtet und statt dessen sie selbst zum Bezug der neuen Aktien berechtigt werden. Ein Vorerwerbsrecht der Aktionäre ist mithin in den Holzmüller – Grundsätzen nicht angelegt[188].

4. Abschluss von Beherrschungs- und Gewinnabführungsverträgen auf Tochterebene

a) Meinungsstand

Neben Kapitalerhöhungen wird auch der Abschluss von Beherrschungs- und Gewinnabführungsverträgen sowie weiterer Unternehmensverträge durch die Tochter bisher mehrheitlich als Holzmüller – Fall qualifiziert[189]. Beherrschungs- und Gewinnabführungsverträge[190], aber auch der Abschluss von Teilgewinnabführungsverträgen[191] sowie Gewinn- oder Teilgewinngemeinschaften[192] seien aufgrund des identischen Schutzbedürfnisses der Aktionäre der Konzernobergesellschaft, wie es der BGH im Fall der Kapitalerhöhung erläutert habe, zustimmungspflichtig. Es drohten in der Konzernuntergesellschaft Entscheidungen gefällt zu werden, die, wenn sie in gleicher Art

---

[188] Zuvor bereits *Busch/Groß*, AG 2000, 503 ff. (506); *Habersack*, WM 2001, 545 ff. (546); vgl. ferner *Martens*, ZHR 147 (1983), 377 ff. (410 f.).

[189] Vgl. BGHZ 83, 122 ff. (140); *Lutter*, FS Stimpel, S. 825 ff. (849); Münch.Hdb.GesR IV – *Krieger*, § 69 RN 37 f.

[190] Münch.Hdb.GesR IV – *Krieger*, § 69 RN 38;*Götz*, AG 1984, 85 ff. (88); *Westermann*, ZGR 1984, 352 ff. (371 ff.); *Mecke*, Konzernstruktur, S. 276; KK AktG – *Koppensteiner*, Vor § 291 RN 105; MüKo AktG – *Kubis*, § 119 RN 75.

[191] *Götz*, AG 1984, 85 ff. (88); *Westermann*, ZGR 1984, 352 ff. (371 ff.); Münch.Hdb.GesR IV – *Krieger*, § 69 RN 38; *Mecke*, Konzernstruktur, S. 278; aA. zum Teilgewinnabführungsvertrag aber KK AktG – *Koppensteiner*, Vor § 291 RN 105.

[192] *Götz*, AG 1984, 85 ff. (88); *Westermann*, ZGR 1984, 352 ff. (373 f.); Münch.Hdb.GesR IV – *Krieger*, § 69 RN 38; *Mecke*, Konzernstruktur, S. 278; *Lutter*, FS Westermann, S. 347 ff. (367); *ders.*, FS Barz, S. 199 ff. (214); *Mecke*, Konzernstruktur, S. 278 f.; aA auch zur Gewinngemeinschaft KK AktG – *Koppensteiner*, Vor § 291 RN 105.

und mit den gleichen Auswirkungen auf der Ebene der Konzernobergesellschaft getroffen würden, die Mitwirkung ihrer Hauptversammlung erforderlich machten[193].

b) Stellungnahme

Eine Holzmüllerpflichtigkeit von Unternehmensverträgen sowie Beherrschungs- und Gewinnabführungsverträgen im Besonderen wird im Lichte der neuen Gelatine – Entscheidungen nicht generalisierend zu bejahen oder zu verneinen sein. Vielmehr ist insoweit eine differenzierende Betrachtung angezeigt. Unternehmensverträge einer Tochtergesellschaft bedürfen grundsätzlich nur dann der Zustimmung der Obergesellschaft, wenn die Voraussetzungen des § 293 II AktG vorliegen. Danach besteht ein Zustimmungserfordernis nur für den Abschluss eines Beherrschungs- und Gewinnabführungsvertrages zwischen Mutter und Tochter. In allen anderen Fällen von Unternehmensverträgen unter Konzerngesellschaften sollte daher eine Zuständigkeit der Hauptversammlung der Mutter nicht angenommen werden. Denn sie stellen durchweg Entscheidungen unternehmensorganisatorischer Art dar, welche bei statutarisch zulässiger konzerndimensionaler Unternehmensführung Sache des Vorstands und nicht der Aktionäre sind und dies nicht zuletzt durch die in Gelatine erfolgte Stärkung der Vorstandsautonomie auch bleiben sollten[194].

Problematisch können hingegen solche Fälle sein, in denen eine Tochtergesellschaft mit einem Dritten einen Unternehmensvertrag schließt. Für den Fall des Beherrschungs- und Gewinnabführungsvertrages sieht das Gesetz in dieser Konstellation keine Mitwirkung der Aktionäre der Muttergesellschaft vor. Ob daher eine ungeschriebene Zuständigkeit in diesen Fällen anzunehmen ist, wird zunächst vom Inhalt des Vertragswerks selbst abhängen. Begründet der Beherrschungs- und Gewinnabführungsvertrag eine herrschende Stellung der Tochter, scheidet eine Holzmüller – Konstellation auf der Ebene der Muttergesellschaft aus. Hier kann keine Mediatisierungsgefahr ausgemacht werden, insbesondere kann im Eingehen von Haftungsrisiken eine solche nicht gesehen werden[195]. Dies ist i.E. anerkannt und gängige Praxis[196], soweit zwischen Mutter und Tochter kein Unternehmensvertrag besteht; dies kann aber auch bei Vorliegen eines Vertrags- bzw. Eingliederungskonzerns zwischen Mutter und Tochter nicht anders sein.

Folglich bleibt Raum für ein ungeschriebenes Mitwirkungsrecht der Aktionäre der Muttergesellschaft nach Holzmüller nur, wenn die Tochtergesellschaft durch den Beherrschungs- und Gewinnabführungsvertrag beherrschtes Unternehmen wird. Hier ist es aufgrund der Beherrschungsmöglichkeiten, welche dem Dritten durch den Unternehmensvertrag eingeräumt werden, möglich, dass der Unternehmensvertrag zu einer grundsätzlichen Änderung der Unternehmensstruktur und damit zu einem tiefen Ein-

[193] *Götz*, AG 1984, 85 ff. (88).

[194] Insoweit überzeugend *Martens*, ZHR 147 (1983), 377 ff. (424 f.); Münch.Hdb.GesR IV – *Krieger*, § 69 RN 37, f; KK AktG – *Koppensteiner*, Vor § 291 RN 105.

[195] So aber Emmerich/Habersack - *Habersack*, Vor § 311 RN 49.

[196] Vgl. Münch.Hdb.GesR IV – *Krieger*, § 69 RN 37; *ders.*, § 70 RN 23; *ders.*, § 73 RN 14.

griff in die Aktionärsrechte der mehrheitlich beteiligten Obergesellschaft führt. Dies ist der Fall, wenn etwa die Tochter bisher von der Mutter (faktisch) beherrscht wird (§ 17 II AktG), der Unternehmensvertrag dann aber zu einem Dritten ein Konzernverhältnis i.S.v. § 18 I S. 2 AktG begründet. Diese Konstellation wird in der Praxis jedoch eher selten sein und sollte daher nicht überbetont werden[197].

Gleichwohl verdeutlicht die aufgezeigte Situation, dass dem Abschluss eines Unternehmensvertrages durch die Tochter i.E. für die Aktionäre der Obergesellschaft dieselben Wirkungen zukommen können, wie dies bei der teilweisen Veräußerung von Beteiligungen der Fall ist. Dort konnte zwar bei der vollständigen Beteiligungsabgabe gerade kein Mediatisierungseffekt ausgemacht werden, da die an die Stelle der Beteiligung tretende Gegenleistung unmittelbar in die Kontrolle der Organe der Obergesellschaft zurückgeführt wird; im Falle der Teilveräußerung jedoch stellte sich die Gefährdungslage gänzlich anders dar. Durch die Abgabe der Beteiligungsanteile öffnet sich die Tochter maßgeblichen Fremdeinflüssen, da zugunsten Dritter der Einfluss der Obergesellschaft herabsinkt. Für diesen Effekt der Einflusseinbuße macht es jedoch keinen Unterschied, ob der Dritteinfluss durch Absinken einer Beteiligungsquote, Kapitalerhöhungen mit Bezugsrechtsausschluss oder eben durch den Abschluss eines Unternehmensvertrages der Tochter mit Dritten begründet wird. In allen Fällen handelt es sich um wesentliche Strukturentscheidungen, die insbesondere aufgrund ihres Drittbezugs mit einer Mediatisierung des Aktionärseinflusses der Anteilseigner der bisherigen Mehrheitseignerin verbunden sind und deshalb einem ungeschriebenen Mitwirkungsrecht nach den Holzmüller – Grundsätzen auch nach den Gelatine – Urteilen unterliegen.

Auch für diese Fallgruppe ungeschriebener Mitwirkungsrechte gelten jedoch die oben besprochenen Schwellenwerte für ein Eingreifen der Rechtsprechungsgrundsätze. Dies dürfte dazu führen, dass in tatsächlicher Hinsicht das Zustimmungserfordernis zu Unternehmensverträgen in den meisten Fällen nicht erforderlich sein wird. Der Abschluss eines Unternehmensvertrages durch eine Tochter, an der bisher nur eine Minderheitsbeteiligung (namentlich weniger als 25 %) bestand, wird daher nicht als Holzmüller – Fall qualifiziert werden können, da die quantitativen Schwellenwerte nur schwer erreicht werden dürften und auch die in qualitativer Hinsicht erforderliche grundlegende Änderung der Unternehmensstruktur mit quasi – satzungsändernder Qualität in diesem Fall nicht auszumachen sein wird.

---

[197] Vgl. KK AktG – *Koppensteiner*, Vor § 291 RN 105.

5. Gesamtvermögensgeschäfte des § 179a I AktG und Auflösungsbeschlüsse

a) Gesamtvermögensgeschäfte der Tochter

aa) Meinungsstand

Als weitere, in der Obergesellschaft zustimmungsbedürftige Maßnahmen werden auf Tochterebene angesiedelte Gesamtvermögensgeschäfte und Auflösungsbeschlüsse genannt[198]. Gesamtvermögensgeschäften könnten dieselben Auswirkungen zukommen wie dem Verkauf des Unternehmens der Mutter selbst[199]. Dies komme insbesondere dann in Betracht, wenn die Beteiligung an der Gesellschaft, deren Unternehmen veräußert werden soll, den im Wesentlichen einzigen Vermögensgegenstand der Mutter ausmache[200]. Auch deuteten die Ausführungen des BGH in Sachen Holzmüller auf eine Zustimmungspflicht hin, wenn es hinsichtlich der auf die Aktionäre der Obergesellschaft durchschlagenden Angelegenheiten heiße[201], „dass neben den schon erwähnten Unternehmensverträgen und Kapitalerhöhungen vor allem an die Weiterübertragung des Gesellschaftsvermögens gemäß § 179a I AktG (§ 361 AktG a.F.) oder an einen Auflösungsbeschluss (§ 262 Abs. 1 Nr. 2, § 289 Abs. 4 AktG) zu denken“ ist[202]. Darüber hinaus wird vorgeschlagen, dass sich in diesen Fällen eine Zustimmungspflicht in der Obergesellschaft auch aus analoger Anwendung des § 179a I AktG ergebe, so dass hier eine Beschränkung der Geschäftsführungsbefugnis des Vorstands hinsichtlich seines Abstimmungsverhaltens bzgl. des Beschlusses der Tochter anzunehmen sei[203].

bb) Auswirkungen der Gelatine – Entscheidungen und Stellungnahme

Zunächst kann die vorgeschlagene analoge Anwendung des § 179a I AktG nicht in Betracht kommen. Neben den bereits dazu angestellten Überlegungen[204] spricht gegen einen solchen Rückgriff in dieser Konstellation, dass es sich bei § 179a I AktG um eine aus Gründen der Rechtssicherheit restriktiv zu handhabende Ausnahmevorschrift handelt, die grundsätzlich nur dann zum Tragen kommt, wenn das Vermögen der Ge-

---

[198] BGHZ 83, 122 ff. (140); OLG Celle, ZIP 2001, 613 ff. (615); dazu *Windbichler*, EWiR 2001, 651 f. (651); LG Hannover, DB 2000, 1607 f.; LG Frankfurt/M., ZIP 1997, 1698 ff. (1701); *Mecke*, Konzernbildungskontrolle, S. 258 ff.; Emmerich/Habersack – *Habersack*, Vor § 311 RN 49.
[199] KK AktG – *Koppensteiner*, Vor § 291 RN 103.
[200] OLG Celle, NZG 2001, 409 f. (410); KK AktG – *Koppensteiner*, Vor § 291 RN 103.
[201] So in der Sache *Henze*, FS Ulmer, S. 211 ff. (225); Emmerich/Habersack- *Habersack*, Vor § 311 RN 49; MüKo AktG – *Kubis*, § 119 RN 75.
[202] BGHZ 83, 122 ff (140).
[203] KK AktG – *Koppensteiner*, Vor § 291 RN 103.
[204] Dazu vgl. oben, Zweites Kapitel, III, 2,c.

sellschaft selbst als Ganzes übertragen wird[205]. Daher muss eine entsprechende Anwendung ausscheiden, wenn es nicht um die Übertragung des Vermögens der Gesellschaft selbst, sondern um die Übertragung des Vermögens einer Konzerntochter geht[206].

Fehlt es damit an einer die Zuständigkeit der Hauptversammlung der Obergesellschaft begründenden Vorschrift, kann eine Konzernleitungskontrolle in diesem Fall nur nach Maßgabe der Holzmüller – Grundsätze bestehen[207]. Voraussetzung dafür ist, dass die Maßnahme „an die Kernkompetenz der Hauptversammlung, über die Verfassung der Aktiengesellschaft zu bestimmen, rührt, weil sie Veränderungen nach sich zieht, die denjenigen zumindest nahe kommen, welche allein durch eine Satzungsänderung herbeigeführt werden können“[208]. Ob angesichts dieser Fokussierung der neu ausgerichteten Holzmüller – Grundsätze auf den durch eine Maßnahme bewirkten Mediatisierungseffekt aber noch eine ungeschriebene Hauptversammlungszuständigkeit für den Fall des § 179a I AktG auf Tochterebene begründet werden kann, erscheint zweifelhaft. Denn stellt der Mediatisierungseffekt zulasten der Aktionäre der Obergesellschaft das zuständigkeitsbegründende Kriterium dar, bestehen Reibungspunkte mit dem Anwendungsbereich des § 179a I AktG. Der Regelungszweck des § 179a I AktG ist in dem Schutz der Anteilseigner der betreffenden Aktiengesellschaft vor unangemessener Vertragsgestaltung zu sehen[209]. Damit schützt § 179a I AktG vermögensmäßige Interessen der Aktionäre und zielt nicht auf durch die Übertragung des Gesellschaftsvermögens drohende Einbuße mitgliedschaftlich vermittelter Herrschaftsrechte. Wenn aber nach den Gelatine – Urteilen eben nicht vermögensmäßige, sondern gerade mitgliedschaftliche Befugnisse primäres Schutzobjekt sind, ist nicht einsichtig, wie der Fall des § 179a I AktG auf Tochterebene einen solch massiven Eingriff in mitgliedschaftliche Rechte der Aktionäre der Obergesellschaft darstellen soll, dass aus diesem Grund ausnahmsweise eine ungeschriebene Mitwirkung für diese Maßnahme erforderlich wird.

Dies verdeutlichen auch die Urteilsgründe des OLG Celle in Sachen Allied Signal / Riedel de Haen recht anschaulich[210], in denen das Gericht im Ergebnis eine Zustimmungspflicht der Obergesellschaft aufgrund der Holzmüller – Rechtsprechung bejahte. Dort stellt das Gericht zur Begründung der Holzmüller – Pflichtigkeit fest, dass die Aktionäre durch den Verkauf des gesamten Vermögens in ihren rechtlich geschützten Interessen, insbes. in ihrem Vermögensinteresse betroffen seien[211]. In der Folge der Maßnahme besäßen sie lediglich Aktien eines vermögensverwaltend tätigen Unter-

[205] Wie hier auch schon OLG Celle, BB 2001, 745 ff. (746); *Martens*, ZHR 147 (1983), 377 ff. (424 f.).

[206] In der Konstellation des OLG Celle, BB 2001, 745 ff. (746) handelte es sich beispielsweise um das Vermögen einer in die Gesellschaft eingegliederten Tochtergesellschaft.

[207] So i.E auch OLG Celle, BB 2001, 745 ff. (747), allerdings unter besonderer Betonung der vermögensrechtlichen Komponente.

[208] So der erste Leitsatz der wortgleichen Gelatine – Entscheidungen, BGH, NZG 2004, 571 ff.

[209] Statt Vieler *Hüffer*, AktG, § 179a RN 1 m.w.N.

[210] OLG Celle, NZG 2001, 409 f. = ZIP 2001, 613 ff. = AG 2001, 357 ff.

[211] OLG Celle, NZG 2001, 409 f. (410).

nehmens, weshalb allein aufgrund möglicher unterschiedlicher Ertragsaussichten schon eine Beeinträchtigung ihres Vermögensinteresses anzunehmen sei[212]. Daran könne auch die im Spruchverfahren gewährte Abfindung nichts ändern, da sich diese nur auf die Eingliederung als solche und deren unmittelbare Auswirkungen beziehe, aber den Vermögensinteressen der Aktionäre keine Rechnung trage[213]. Diese, ausschließlich auf Vermögensinteressen abstellende Begründung einer Holzmüller – Mitwirkung ist nach der Neujustierung ungeschriebener Mitwirkungsrechte nicht mehr möglich und mit dem neuen Gewand der Holzmüller – Grundsätze unvereinbar.

Ein zweiter Aspekt gegen die Zustimmungspflicht im Falle eines Gesamtvermögensgeschäfts der Tochter folgt aus dem Vergleich dieser Konstellation mit dem Fall der vollständigen Beteiligungsveräußerung[214]. Dort wurde ein Mediatisierungseffekt beim Beteiligungsverkauf aus verschiedenen Gründen verneint. Dortige Erwägungen zum Verzicht auf ein Mitwirkungserfordernis greifen aber auch im vorliegenden Falle. Insoweit wäre es widersprüchlich, im obigen Zusammenhang eine Zustimmungspflicht abzulehnen, hier aber Selbige zu bejahen[215]. In der Sache würde dies für die Fälle der Gesamtvermögensgeschäfte der Tochter eine Bezugnahme auf § 179a I AktG bedeuten, um ein Zustimmungsrecht der Mutter zu begründen. Dies ist für Holzmüller aber weder dogmatisch erforderlich, noch vom Schutzgedanken her sachgerecht. Gesamtvermögensgeschäfte einer Tochter bedürfen daher keiner Holzmüller – Zustimmung in der Hauptversammlung der Obergesellschaft.

b) Auflösungsbeschlüsse der Tochter

Beschlüsse gem. §§ 262 I Nr. 2; 289 IV AktG in der Tochter können hingegen die Mitwirkung der Hauptversammlung der Konzernmutter erfordern[216]. Nicht nur hat der BGH solche Beschlüsse im Holzmüller – Urteil ausdrücklich genannt[217], sondern dies folgt auch aus der Qualität des Auflösungsbeschlusses als wohl intensivster Eingriff in Aktionärsrechte. Dementsprechend wurde auch bereits die vollständige Einstellung und Aufgabe von Geschäftsbereichen als mögliche Holzmüller – Konstellation bewertet[218]. Auf die dort angestellten Erwägungen zum mitgliedschaftlichen Eingriff kann an dieser Stelle verwiesen werden.

---

[212] OLG Celle, NZG 2001, 409 f. (410).
[213] OLG Celle, NZG 2001, 409 f. (410).
[214] Dazu ausführlich oben, Drittes Kapitel, I, 2, aa.
[215] So aber wohl auch nach Gelatine Emmerich/Habersack – *Habersack*, Vor § 311 RN 43, 49.
[216] HM, vgl. MüKo AktG – *Kubis*, § 119 RN 75; Münch.Hdb.GesR IV – *Krieger*, § 69 RN 38; *Henze*, FS Ulmer, S 211 ff. (225); aA *Westermann*, ZGR 1984, 352 ff. (383); *Götz*, AG 1984, 85 ff. (88 f.).
[217] BGHZ 83, 122 ff. (140).
[218] Dazu oben, Drittes Kapitel, I, 3.

IV. Börseneinführung der Gesellschaft als Holzmüller – Fall?

1. Problemaufriss und Meinungsstand

Aus obigen Ausführungen zum Börsengang von Tochtergesellschaften erschließt sich auch das Ergebnis für den Fall der Börseneinführung der Gesellschaft (IPO)[219] selbst. Vor dem Börsengang eines Unternehmens erfolgt regelmäßig eine Kapitalerhöhung bei gleichzeitigem Bezugsrechtsausschluss, um die Bezugsrechte über das Emissionskonsortium mittelbar den Erstzeichnern anzubieten. Diese Beschlussfassung ist nur unter der Mitwirkung der Aktionäre möglich. Dabei ist diese Hauptversammlung sowohl hinsichtlich Beschlussmehrheit (§ 182 I S. 1 AktG) als auch der Zielsetzung (Börseneinführung als Begründung für den Bezugsrechtsausschluss) in formeller und materieller Hinsicht in allen Anforderungen einem strukturänderndem Beschluss aufgrund ungeschriebener Hauptversammlungszuständigkeit gleichwertig. Insoweit kann davon ausgegangen werden, dass der Kapitalerhöhungsbeschluss die Holzmüller – Mitwirkung konsumiert und überlagert[220].

Anders könnte die Situation aber zu bewerten sein, wenn dem Kapitalmarkt nur bestehende Aktien angeboten werden sollen. Hier besteht keine gesetzliche Zustimmungspflicht der Hauptversammlung, so dass nur die Holzmüller - Grundsätze eine Zustimmungspflicht begründen könnten. Voraussetzung dafür ist, dass der Börsennotierung ein Mediatisierungseffekt anhaftet und ihr quasi – satzungsändernde Qualität zukommt. Dies wird im Schrifttum mehrheitlich mit der Begründung bejaht, dass der Börsengang die Privilegierungen beseitige, die das Aktiengesetz für kleine Aktiengesellschaften bereithalte[221]. Auch träten Auswirkungen auf Publizität und Rechnungslegung ein, die es erforderten, dass die Hauptversammlung hier eine ungeschriebene Kompetenz erhalte. Schließlich öffne sich die Gesellschaft mit der Börsennotierung einem unbegrenzten Anlegerkreis, was für sie im Hinblick auf feindliche Übernahmen nicht frei von Gefahren sei[222]. Auch begründe der Börsengang sowohl für die Gesellschaft als auch die Aktionäre kapitalmarktrechtliche Pflichten, die für ein Zustimmungserfordernis sprächen[223].

---

[219] Initial Public Offer.

[220] So auch MüKo AktG – *Kubis*, § 119 RN 80.

[221] Vgl. *Vollmer/Grupp*, ZGR 1995, 459 ff. (466); *Lutter*, FS Zöllner Bd. 1, S. 363 ff. (378 ff.); *Lutter/Drygala*, FS Raisch, S. 239 ff. (240 f.); *Lutter/Leinekugel*, ZIP 1998, 805 ff. (806); *Picot/Land*, DB 1999, 570 ff. (571); *Henze*, FS Ulmer, S 211 ff. (236); *Trapp/Schick* ,AG 2001, 381 ff. (382 f.); *Becker/Fett*, WM 2001, 549 ff. (550); aA. MüKo AktG – *Kubis*, § 119 RN 80.

[222] *Trapp/Schick*, AG 2001, 381 ff. (382); *Becker/Fett*, WM 2001, 549 ff. (550).

[223] Namentlich Insiderhandelsverbot, ad-hoc – Publizität und Mitteilungspflichten über Erwerb und Veräußerung wesentlicher Beteiligungen; vgl. dazu *Trapp/Schick*, AG 2001, 381 ff. (382 f.); *Becker/Fett*, WM 2001, 549 ff. (550).

2. Stellungnahme

Diesem Ansatz ist nicht zu folgen. Die Holzmüller – Grundsätze vermögen eine Zustimmungspflicht der Hauptversammlung beim Börsengang nicht zu begründen.

Zunächst verdient hier Beachtung, dass die Aktiengesellschaft rechtsformtypisch strukturell auf eine Vielzahl von Anlegern ausgerichtet ist, deren *unternehmerisches* Engagement gerade im Vergleich der Rechtsformen als gering und auch nicht gewollt einzustufen ist. Der unkontrollierbare Anteilseignerkreis sowie die Einbeziehung der Gesellschaft in den Geltungsbereich des WpHG aufgrund der Öffentlichkeit der Gesellschaft nach dem IPO kann mithin nicht einen satzungsnahen Eingriff mit Holzmüller – Qualität darstellen[224]. Für die Gewährleistung eines geschlossenen Anteilseignerkreises ist auf die Rechtsformen des Personenhandelsgesellschaftsrechts oder auf die GmbH zurückzugreifen. Wer sich hingegen an einer Aktiengesellschaft beteiligt, muss auch den öffentlichen Handel der Anteilsrechte einkalkulieren. Dem darin liegenden Risiko kann durch satzungsmäßigen Ausschluss der Börsennotierung, etwa im Unternehmensgegenstand, begegnet werden[225]. Soll dieses dann später geändert werden, liegt eine Satzungsänderung vor, für die die Hauptversammlung gemäß § 179 AktG zuständig ist.

Die mit der Börsennotierung einhergehende Optimierung der Fungibilität der Aktie stellt ebenfalls keinen mitgliedschaftsrelevanten Eingriff dar. Zwar mögen Überfremdungs- und Konzernierungsgefahren die wirtschaftlichen Interessen einzelner Aktionäre berühren, doch sind diese Gefahren gerade in der Aktiengesellschaft strukturell angelegt[226]. Hinzu kommt, dass gerade bei der Aktiengesellschaft die Möglichkeit des jederzeitigen Ausstiegs des Aktionärs durch den Verkauf seiner Anteile besteht. Hiervon kann im Vergleich zu kleinen Aktiengesellschaften oder anderen Rechtsformen sogar viel einfacher Gebrauch gemacht werden, wenn die Gesellschaft börsennotiert ist.

Schließlich kommen ungeschriebene Hauptversammlungszuständigkeiten nach den Holzmüller – Grundsätzen dann in Betracht, wenn einer Maßnahme Mediatisierungswirkungen zulasten der Aktionäre innewohnt und diese Maßnahme qualitativ und quantitativ nicht unerhebliche Schwellenwerte überschreitet[227]. Neben den Schwierigkeiten, den der Börsengang im Hinblick auf diese Schwellenwerte macht[228], kann eine Verwässerung mitgliedschaftlicher Rechte hierbei nicht ausgemacht werden. Denn gerade im Hinblick auf mitgliedschaftliche Herrschaftsrechte erfährt die Rechtsstellung der Aktionäre der betroffenen Gesellschaft keine Veränderung, insbesondere kommt es zu keiner Verkürzung von Teilhaberechten der Aktionäre, welche durch eine ungeschriebene Mitwirkung zu kompensieren wären. Vielmehr kann die aufgrund der Börsenzulassung erforderliche, gesteigerte Transparenz in der Gesellschaft die Wahr-

---

[224] Vgl. MüKo AktG – *Kubis*, § 119 RN 80.

[225] So auch *Vollmer/Grupp*, ZGR 1995, 459 ff. (467 f.); *Lutter*, FS Zöllner Bd. 1, S. 363 ff. (377).

[226] So auch MüKo AktG – *Kubis*, § 119 RN 80.

[227] Dazu ausführlich oben, Zweites Kapitel, IV, 1 und 2.

[228] Fraglich ist insoweit, ob die Schwellenwerte hier überhaupt handhabbar sind oder auf sie vollständig verzichtet werden kann.

nehmung von den Anteilseignern zustehenden Rechte und Befugnisse erleichtern und ist damit keine die bisherigen Aktionäre benachteiligende Entscheidung. Dieses Ergebnis stellt auch eine Konsequenz aus dem im zweiten Kapitel zum Börsenrückzug besprochenen Macrotron – Urteil dar[229]. Dort wurde zutreffend eine ungeschriebene Zuständigkeit nach der Holzmüller – Doktrin mangels des die Mitwirkungspflicht begründenden Mediatisierungseffektes ausdrücklich abgelehnt. Kommt nun aber dem Delisting ein Mediatisierungseffekt nicht zu, dann ist nicht einsichtig, wie dies bei dem umgekehrten Fall des Börseneintritts bejaht werden kann. Beide Entscheidungen sind bezogen auf die Mitgliedschaft vielmehr als neutral anzusehen und bedürfen daher keiner Holzmüller – Zustimmung.

V. Ungeschriebene Hauptversammlungszuständigkeit bei der übertragenden Auflösung

Im Zusammenhang mit der Holzmüller – Regel wird immer wieder diskutiert, ob die als Liquidationsmodell oder auflösungsbedingte Übertragung bezeichnete übertragende Auflösung[230] zustimmungsbedürftig ist. In der Sache geht es dabei um die Gestaltung, dass die Aktiengesellschaft, an der Minderheitsaktionäre beteiligt sind, ihr gesamtes Vermögen veräußert und sodann ihre Auflösung beschließt. Regelmäßig ist in diesen Fällen der Erwerber des veräußerten Gesellschaftsvermögens der Hauptaktionär oder ein von ihm beherrschtes Unternehmen. Die auflösende Übertragung stellt damit einen Vorgang dar, der sowohl einer Verschmelzung als auch einem (jedenfalls faktischem) Squeeze – Out ähnelt. Bei diesen gesetzlich geregelten Vorgängen steht jedoch weniger die Frage nach einem formellen Aktionärs- bzw. Minderheitenschutz durch Hauptversammlungszuständigkeiten im Vordergrund, sondern entscheidend ist in diesen Fällen, wie *materieller* Aktionärs- bzw. Minderheitenschutz sichergestellt werden kann. Neben der sachlichen Rechtfertigung des Auflösungsbeschlusses, kann dies durch eine Entschädigung der Aktionäre in der Höhe des vollen Wertes ihrer Aktien sichergestellt werden, wie dies in der Moto – Meter[231] und Magna – Media[232] – Rechtsprechung geschehen ist. Für ungeschriebene Mitwirkungsrechte nach Holzmüller ist in dieser Konstellation jedenfalls schon deshalb kein Raum, weil die Veräußerung des Unternehmensvermögens nach § 179a AktG und die Auflösung der Gesellschaft einer solchen Mitwirkung nach §§ 119 I Nr. 8, 262 I Nr. 2 AktG eines Hauptversammlungsbeschlusses bedarf.

[229] BGHZ 153, 47 ff.; dazu ausführlich oben, Zweites Kapitel, II, 3, b.
[230] Vgl. aus der Literatur *Wiedemann*, ZGR 1999, 857 ff.; *Lutter/Drygala*, FS Kropff, S. 191 ff.
[231] BGHZ 153, 47 ff. = ZIP 2003, 387 ff. = NJW 2003, 1032 ff.
[232] BayObLGZ 1998, 211 ff. = ZIP 1998, 2002 ff.

VI. Ungeschriebene Hauptversammlungszuständigkeit im Rahmen der Abwehr feindlicher Übernahmen

1. Problemaufriss

Ein Anwendungsfall der Holzmüller – Rechtsprechung wird auch in Übernahmesituationen diskutiert. Wenn es einer Zielgesellschaft nicht gelingt, ein feindliches Übernahmeangebot eines Bieters durch verschiedene Abwehrmaßnahmen abzuwehren[233], aber auch, wenn für eine erfolgreiche Abwehr keine Aussicht auf Erfolg besteht, bleibt dem Vorstand der Zielgesellschaft nur noch die Möglichkeit, das Übernahmeziel des Bieters, sofern ihm dies bekannt ist, zu vereiteln bzw. die Übernahme für den Bieter in sonstiger Weise unattraktiv zu machen. Denn das Interesse eines Bieters ist häufig auf bestimmte Teile des Gesellschaftsvermögens, insbesondere Tochtergesellschaften, Unternehmensbeteiligungen, Patente, Lizenzen oder Grundbesitz beschränkt, da der Bieter jene Vermögensteile etwa zur Erreichung angestrebter Synergieeffekte benötigt oder aber sie für bilanziell unterbewertet hält und durch eine Veräußerung erhebliche Gewinne zu erzielen meint[234]. Durch eine Veräußerung der entsprechenden Vermögenswerte bzw. durch eine Ausgliederung auf eine Tochtergesellschaft verbunden mit einem Going Public kann die Zielgesellschaft jedoch ihrerseits den Zugang des Bieters auf die begehrten Vermögenswerte erschweren oder ganz ausschließen. Ein solches, im anglo – amerikanischen Rechtskreis als „Crown Juwel Defence“[235] bezeichnetes Vorgehen, hat zudem im Hinblick auf die abzuwehrende Übernahme den Nebeneffekt, dass durch die Aufdeckung verborgener Vermögenswerte die Zielgesellschaft an Wert gewinnt, was sich regelmäßig positiv auf deren Aktienkurs auswirkt, die Übernahme damit verteuert und den angestrebten Übernahmegewinn verringert.

Ob aber der Vorstand autonom zu solchen Maßnahmen befugt ist, ist insbesondere vor dem Hintergrund des § 33 I WpÜG fraglich. § 33 I WpÜG modifiziert die aktienrechtlichen Pflichten des Vorstands einer Zielgesellschaft in Übernahmekonstellationen derart, dass der Vorstand während der Laufzeit eines Angebots keine Handlungen vornehmen darf, durch die die Aktionäre der Zielgesellschaft an der Annahme des Angebots gehindert werden könnten. Dies dient dem Ziel, den Aktionären der Zielgesellschaft die Möglichkeit zu geben, ihre Entscheidung über den Verkauf der Anteile unabhängig von tatsächlichen Maßnahmen der Verwaltung zu treffen und nicht an der Annahme des Angebots gehindert zu werden, es sei denn, die zwischenzeitlichen Maßnahmen sind sachlich gerechtfertig oder von den Aktionären selbst autorisiert[236]. Dies gilt jedoch nicht, wenn eine der Ausnahmen des § 33 I S. 2 WPÜG vorliegt oder, in

[233] Einzelheiten aus diesem Bereich sind in dieser Arbeit nicht zu vertiefen. Vgl. ausführlich zu den verschiedenen zur Verfügung stehenden Abwehrmaßnahmen *Ulbricht*, Abwehrmaßnahmen, S. 115 ff.

[234] *Herrmann*, Zivilrechtliche Abwehrmaßnahmen, S. 125.

[235] Vgl. dazu näher *Harbarth*, ZVglRWiss 100 (2001) 275 ff. (302).

[236] Die im Übernahmerecht geführte Holzmüller – Diskussion findet sich üblicherweise bei § 33 WpÜG verortet, vgl. KK WpÜG – *Hirte*, § 33 RN 103; Ehricke/Ekkenga/Oechsler – *Ekkenga*, § 33 RN 64; Baums/Achenbach – *Grunewald*, § 33 RN 42.

der Zeit vor der Veröffentlichung der Entscheidung zur Abgabe eines Angebots bis zur Veröffentlichung des Ergebnisses nach § 23 Abs. I S. 1 Nr. 2 WpÜG, die Hauptversammlung unter Beachtung der weiteren formalen Kautelen[237] den Vorstand in einem begrenzten Zeitraum vor einem konkret formulierten Übernahmeangebot zu Abwehrmaßnahmen ermächtigt (§ 33 II WPÜG). Voraussetzung für eine Ermächtigung durch die Hauptversammlung ist aber, dass bzgl. der Maßnahme, zu der ermächtigt wurde, überhaupt eine Hauptversammlungszuständigkeit besteht. § 33 II WpÜG soll und kann die aktienrechtliche Zuständigkeitsordnung insoweit nicht außer Kraft setzen[238], so dass das Vorliegen einer Hauptversammlungszuständigkeit sich nach allgemeinen gesellschaftsrechtlichen Grundsätzen bestimmt[239]. Neben denjenigen Fällen, in denen das Aktienrecht selbst eine Übertragung originärer Hauptversammlungskompetenzen auf den Vorstand ausdrücklich erlaubt[240], erhebt sich die Frage, wie und ob in diesem Zusammenhang auch eine Ermächtigung zu Holzmüller – Beschlüssen erfolgen kann[241].

2. Ungeschriebene Mitwirkungsrechte der Hauptversammlung bei Abwehrmaßnahmen in Übernahmekonstellationen

Bereits aus dem bisher Gesagten wird aber deutlich, dass es hier nicht um einen spezifisch übernahmerechtlichen Anwendungsfall der Holzmüller – Grundsätze geht, sondern um deren generelle Geltung und Anwendung im Rahmen der Abwehr einer feindlichen Übernahme. Dabei kann ein Vorgehen nach der aufgezeigten Crown Juwel Strategie bei Erreichen der Schwellenwerte unproblematisch einen Holzmüller - Sachverhalt darstellen[242], etwa wenn der wertvollste Betriebszweig ausgegliedert werden soll. Dies ergibt sich, unabhängig von dem Vorliegen einer Übernahmesituation, schlicht aus dem Schutzanliegen ungeschriebener Mitwirkungsrechte. Gegen eine Geltung der Holzmüller – Doktrin in dieser Situation wird insbesondere nicht eingewendet werden

[237] Neben der Bezeichnung der Art der Maßnahme in dem Hauptversammlungsbeschluss ist dieser für 18 Monate zu befristen, mit ¾ - Mehrheit des bei der Beschlussfassung vertretenen Kapitals zu fassen und bei Gebrauchmachung von der Ermächtigung ist die Zustimmung des Aufsichtsrats einzuholen.

[238] KK WpÜG – *Hirte*, § 33 RN 96 f.

[239] KK WpÜG – *Hirte*, § 33 RN 98 unter Verweis auf die Begründung des Finanzausschusses des Bundestages zu § 33 I WpÜG.

[240] Etwa die Schaffung genehmigten Kapitals, § 202 AktG; die Ermächtigung zum Rückerwerb eigener Aktien, § 71 I Nr. 8 AktG; die Ermächtigung zur Ausgabe von Bezugsrechten, § 192 II Nr. 3 AktG.

[241] Auf die darüber hinausgehende Streitfrage, ob nicht sogar jede den Übernahmeerfolg vereitelnde Abwehrmaßnahme einer ausdrücklichen Hauptversammlungsermächtigung bedarf, welche insbesondere aus der Aufwertung des verfassungsrechtlichen Eigentumsschutzes folgt, soll an dieser Stelle nicht näher eingegangen werden, vgl. dazu *Hopt*, FS Lutter, S. 1361 ff. (1390); *Mülbert*, IStR 1999, 83 ff. (88); aA *Kiem*, ZIP 2000, 1509 ff. (1513 f.); *Krause*, AG 2000, 217 ff. (221); den Eigentumsschutz betonend *Winter/Harbarth*, ZIP 2002,1 ff. (8).

[242] Ganz überwiegende Meinung, vgl. KK WpÜG – *Hirte*, § 33 RN 103; Ehricke/Ekkenga/Oechsler – *Ekkenga*, § 33 RN 64; Baums/Achenbach – *Grunewald*, § 33 RN 42; *Mülbert*, IStR 1999, 83 ff. (88 ff); *Martens*, FS Beusch, S. 529 ff.(551 mit Fn. 51); *Ebenroth/Daum*, DB 1991, 1157 ff.; LG Düsseldorf, WM 2000, 528 ff. (530 f).

können, dass es nach der Kodifizierung des Ermächtigungsvorbehalts in § 33 II WpÜG an einer ungeschriebenen Hauptversammlungszuständigkeit fehle[243]. Denn bei den nach der Holzmüller – Doktrin zustimmungspflichtigen Maßnahmen geht es gerade darum, für nicht abschließend vom Gesetz erfasste Strukturmaßnahmen mit mitgliedschaftsrechtlichem Bezug einen an die explizit geregelten Fälle angelehnten Schutzstandard zu gewährleisten, der dabei aber nicht allein auf die Sicherung der Entscheidungsteilhabe der Aktionäre beschränkt ist, sondern vielmehr auch besondere Mehrheitserfordernisse und beschlussbegleitende Informationsrechte umfasst[244].

Andererseits kann aber auch das Vorliegen einer Holzmüller – Konstellation nicht allein mit der Erwägung begründet werden, die aus der erfolgreichen Übernahme resultierende Abhängigkeit der Zielgesellschaft stelle eine Quasi - Änderung des Verbandszwecks dar; in der Entscheidung zur Vornahme von Verteidigungsmaßnahmen aber liege eine Bestätigung des bisherigen Zwecks, welche nach dem Kompetenzgefüge des AktG 1965 in die Zuständigkeit der Aktionäre falle[245]. Insoweit vermag weder die Prämisse des zweckändernden Charakters der Abhängigkeitsbegründung zu überzeugen[246], noch lässt die in Gelatine erfolgte Neuausrichtung ungeschriebener Mitwirkungsrechte sich für ein spezielles ungeschriebenes Zustimmungsrecht der Aktionäre in Übernahmesituationen heranziehen. Denn wenn der BGH gerade den Ausnahmecharakter ungeschriebener Mitwirkung betonen will, liefe es dieser Einordnung zuwider, hier einen weiteren Fall ungeschriebener Zuständigkeiten anzunehmen, der noch nicht einmal mit den Holzmüller – Grundsätzen begründet wird. Ungeschriebene Zustimmungsrechte werden auch in dieser Situation vielmehr nur in Betracht kommen, wenn die Abwehrmaßnahme die in Gelatine präzisierten Grenzen erreicht und damit nach den allgemeinen Holzmüller – Grundsätzen ein Mitwirkungsrecht besteht.

Diese Geltung der Holzmüller – Grundsätze schließt auch die Ermächtigung des Vorstands zu Holzmüller - Maßnahmen ein, was im Zusammenhang mit der Abwehr feindlicher Übernahmen besonderer Erwähnung bedarf, da es hier notwendigerweise immer um eine solche Vorab – Ermächtigung geht. Eine entsprechende Ermächtigung muss konkret umrissen und auf einen bestimmten Fall bezogen erfolgen, dabei ist insbesondere eine Pauschalermächtigung unzulässig[247]. Anderenfalls können die Aktionäre nämlich nicht mehr angemessen darüber urteilen, ob die zur Abstimmung stehende Maßnahme in ihrem und dem Interesse der Gesellschaft liegt, womit der mit der Holzmüller – Mitwirkung bezweckte Schutz leer laufen würde. Ist der Ermächtigungsbeschluss indes konkret genug, bestehen nach obiger Maßgabe dagegen keine Beden-

[243] So aber *Kiem*, ZIP 2000, 1509 ff. (1513 f.).
[244] Dazu vgl. oben, Zweites Kapitel, VII, 2 und 3.
[245] *Mülbert*, IStR 1999, 83 ff. (88); ders., Aktiengesellschaft, S. 280 ff.; ferner *Kallmeyer*, AG 2000, 553 ff. (555), der stets die Hauptversammlung über die Übernahme entscheiden lassen und bei negativem Ergebnis den Vorstand ohne weiteres zu allen in Betracht kommenden Abwehrmaßnahmen ermächtigen will; ähnlich *Baums*, ZIP 1997, 1310 ff. (1314); *Schneider/Burgard*, DB 2001, 963 ff. (968).
[246] Vgl. *Tröger*, Treuepflicht, S. 199 f.; *ders.*, DZWiR 2002, 397 ff. (403, FN 90).
[247] Eingehend oben, Zweites Kapitel, VII, 4; ferner *Lutter/Leinekugel*, ZIP 1998, 805 ff. (815).

ken[248]. Insbesondere in dem hier interessierenden Zusammenhang sprechen auch praktische Überlegungen für dieses Ergebnis; denn der für das angestrebte Geschäft einerseits sowie die Einberufung der Hauptversammlung andererseits notwendige Zeitrahmen ist häufig nicht miteinander zu vereinbaren und erfordert somit die Möglichkeit einer „Vorverlegung" der Holzmüller – Zustimmung durch Ermächtigungsbeschlüsse.

3. Ungeschriebene Hauptversammlungszuständigkeit bei der Übertragung vinkulierter Namensaktien?

Einen anderen Weg zur Abwehr feindlicher Übernahmen bieten vinkulierte Namensaktien. Dementsprechend finden sich auch Überlegungen, die Übertragung vinkulierter Namensaktien als Holzmüller – Fall einzuordnen[249]. Zwar stehe die Entscheidung über die Zustimmung zur Übertragung gem. § 68 II S. 2 AktG dem Vorstand zu, die dieser nach pflichtgemäßem Ermessen zu treffen habe[250]. Primäres Element in der vom Vorstand vorzunehmenden Abwägung sei neben dem Interesse der Gesellschaft aber gerade im Falle der Vinkulierung auch das Interesse an der unternehmerischen Unabhängigkeit der Gesellschaft[251]. Denn hier ergebe die objektive Interpretation der statutarischen Vinkulierung, dass diese als Instrument zur Abwehr von Abhängigkeit und zur Verteidigung der unternehmerischen Selbständigkeit bestehe. Seien daher keine anderen herausragenden Interessen der Aktiengesellschaft erkennbar, die den Vorstand zur Zustimmung veranlassen könnten, sei dieser dann kraft der Satzung dazu verpflichtet, das ihm zugewiesene Instrument zur Verteidigung der Unabhängigkeit der Gesellschaft einzusetzen und die Zustimmung zur Übertragung der vinkulierten Anteile zu verweigern[252]. Wolle er hingegen die Zustimmung erteilen, bedürfe es hierzu eines mit qualifizierter Mehrheit zu fassenden Beschlusses der Hauptversammlung, da dieser satzungsdurchbrechenden Inhalt habe, was einer Holzmüller – Konstellation entspreche[253].

Die mit dieser Begründung geforderte ungeschriebene Mitwirkungskompetenz der Hauptversammlung hat bereits bisher wenig Aufmerksamkeit erfahren und wird sich (spätestens) seit den Gelatine – Entscheidungen erübrigt haben. Ein ungeschriebenes Zustimmungserfordernis ist für diesen Fall weder systematisch begründbar noch im Ergebnis sachgerecht. Zum einen ist die dieser Argumentation zu Grunde liegende konzernspezifische Interpretation der Holzmüller – Entscheidung nicht mehr haltbar, zum anderen kann auch der das Zustimmungserfordernis begründende Mediatisierungseffekt durch Übertragung der Anteile nur schwer ausgemacht werden. Herrschafts-

---

[248] Vgl. oben; Zweites Kapitel, VII, 4, d; *Lutter/Leinekugel*, ZIP 1998, 805 ff. (815); Münch.Hdb.GesR IV – *Krieger*, § 69 RN 7 ff.; aA. GK AktG – *Mülbert*, § 119 RN 63 f., 67 f.

[249] Vgl. dazu vor allem *K. Schmidt*, FS Beusch, S. 759 ff. (768); *Lutter*, AG 1992, 369 ff. (374); *Reichert*, GmbHR 1995, 176 ff. (177).

[250] *Lutter*, AG 1992, 369 ff. (373); LG Aachen, ZIP 1992, 924 ff. (925).

[251] *Lutter*, AG 1992, 369 ff. (373).

[252] *Lutter*, AG 1992, 369 ff. (374); einschränkend *K. Schmidt*, FS Beusch, S. 759 ff. (773).

[253] *Lutter*, AG 1992, 369 ff. (374 f.; *K. Schmidt*, FS Beusch, S. 759 ff. (781).

rechte der Aktionäre bleiben bei der Übertragung der Anteile gerade unberührt und werden nicht verwässert, woran auch die Tatsache der Vinkulierung der Aktien nichts ändert. Denn selbst wenn man, ungeachtet der bei der unterstellten Auslegung der Satzung bestehenden Bedenken, die statutarische Vinkulierung als Übernahmeschutz begreift, obliegt es nach der gesetzlichen Wertung gerade dem Vorstand, die bei diesem Schutzinstrument bestehende Entscheidung über die anvisierte Übertragung zu treffen. Diese ist nämlich a priori auch eine unternehmerische Entscheidung, die nicht zuletzt im Hinblick auf das konkrete Gesellschaftsinteresse gerade in die Zuständigkeit des geschäftsführenden Organs fällt. Denn infolge der Professionalisierung der Managementstrukturen verfügt dieses über spezialisiertere Fähigkeiten als das Aktionärsorgan Hauptversammlung[254]. Im Ergebnis wird Einigkeit bestehen, dass es sich hierbei um einen eher „exotischen Fall“[255] handelt, bei dem ein ungeschriebenes Zustimmungsrecht nach der Holzmüller – Regel nicht in Betracht kommen kann.

VII. Initiativrecht der Hauptversammlung zu Holzmüller - Maßnahmen?

In der bisherigen Untersuchung wurden allein solche Konstellationen in den Blick genommen, in denen die Anteilseigner über eine vom Vorstand vorgeschlagene Holzmüller - Transaktion zu befinden hatten. Nicht beleuchtet wurde demgegenüber, ob auch ein Recht der Hauptversammlung besteht, ihrerseits Holzmüller – Maßnahmen zu veranlassen und unter Umständen sogar gegen den Willen des Vorstands durchzusetzen. Ein solches Initiativrecht in analoger Anwendung von § 83 I AktG wird für Holzmüller – Fälle durchaus kontrovers beurteilt[256]. Zu unterscheiden ist ein solches Initiativrecht dabei von dem Minderheitenrecht nach § 122 I AktG auf Einberufung einer Hauptversammlung[257]. Ein solches Minderheitsverlangen könnte sich allenfalls darauf richten, dass die Hauptversammlung die Initiative zu einer Holzmüller – Maßnahme analog § 83 I AktG ergreifen möge. Es betrifft jedoch selbst keine Holzmüller – Angelegenheit, so dass auch nicht die Minderheit an die Stelle der Hauptversammlung tritt[258].

---

[254] Dazu vgl. bereits oben, Zweites Kapitel, II, 6 und III, 4, b, aa.

[255] *Liebscher*, ZGR 2005, 1 f. (24).

[256] Für ein Initiativrecht KK AktG – *Mertens*, § 83 RN 2; MüKo AktG – *Hefermehl/Spindler*, § 83 RN 3; GK AktG – *Habersack*, § 83 RN 6; *Liebscher*, ZGR 2005, 1 ff. (32); *Arnold*, ZIP 2005, 1573 ff. (1578); gegen ein Initiativrecht Geßler/Hefermehl/Eckardt/Kropff – *Hefermehl*, § 83 RN 4; *Hüffer*, AktG, § 83 RN 2; GK AktG – *Werner*, § 122 RN 26 ff; offen lassend OLG Frankfurt/M., NZG 2005, 558 ff. (559 f.).

[257] Vgl. hierzu statt Vieler *Schaaf*, Praxis der Hauptversammlung, Rn 55 ff. (89).

[258] Vgl. zu dieser Unterscheidung zwischen Minderheitsverlangen nach den Regeln des § 122 AktG und der hier interessierenden Frage eines Rechts der Aktionäre auf Vorbereitung holzmüllerpflichtiger Angelegenheiten GK AktG – *Werner*, § 122 RN 27 ff.; ähnlich *Schaaf*, Praxis der Hauptversammlung, RN 89.

1. Meinungsstand

Mehrheitlich wurde vor allem unter Hinweis auf die bisherige Rechtsgrundlage der Holzmüller – Grundsätze in § 119 II AktG ein solches Initiativrecht abgelehnt. Denn weder liege im Fall des § 119 II AktG das Initiativrecht beim Vorstand, noch könne sich die Hauptversammlung in Geschäftsführungsangelegenheiten selbst zuständig machen[259]. Die Entscheidung über das Ob einer Maßnahme liege daher allein beim Vorstand, die Hauptversammlung sei nur zur Mitwirkung berufen, wenn sich der Vorstand für eine solche Maßnahme entscheide[260]. Ferner fehle es bei der rein internen Zustimmung nach „Holzmüller" an einer ausschließlichen Entscheidungskompetenz der Hauptversammlung und auch der Zweck des § 83 I S. 1 AktG sei allein darin zu sehen, der Hauptversammlung eine sachgerechte Entscheidung über solche Maßnahmen zu ermöglichen, für deren Vornahme sie zuständig sei[261].

Insbesondere in der jüngeren Literatur, und vor allem nach den Gelatine – Entscheidungen, wird jedoch vertreten, dass ungeschriebene Mitwirkungsrechte und ungeschriebene Initiativrechte miteinander korrespondierten und zwei Seiten derselben Medaille darstellten[262]. § 83 AktG gelte für alle Maßnahmen, die in die Zuständigkeit der Hauptversammlung fielen, was auch Maßnahmen mit strukturänderndem Charakter umfasse, die nach der Holzmüller – Entscheidung zustimmungspflichtig seien[263]. Auch würde das Schutzanliegen der Holzmüller – Grundsätze imperfekt umgesetzt und Wertungswidersprüche entstünden, wenn die Hauptversammlung nicht die Möglichkeit habe, Holzmüller – Maßnahmen ihrerseits zu veranlassen[264]. Insbesondere stehe nach den Gelatine – Entscheidungen § 119 II AktG der Annahme eines Initiativrechts nicht mehr entgegen, so dass es nunmehr näher liege, Holzmüller – Fälle als Maßnahmen anzusehen, die zwar formal Geschäftsführungsmaßnahmen seien, aber aufgrund ihrer Satzungsnähe in die Zuständigkeit der Hauptversammlung fielen[265]. Dem Sinn und Zweck von § 83 I AktG, der Stärkung der Effizienz von Hauptversammlungskompetenzen, entspreche es, wenn bei diesen Fundamentalfragen Initiativrecht und Hauptversammlungskompetenz verknüpft würden, denn nur so könne der besonderen Bedeutung der Aktionärsbeteiligung in Ausnahmefällen nach Gelatine gerecht werden[266].

[259] Vgl. *Hüffer*, AktG, § 83 RN 2; GK AktG – *Werner*, § 122 RN 27.
[260] GK AktG – *Werner*, § 83 RN 28 f.
[261] Geßler/Hefermehl/Eckardt/Kropff – *Hefermehl*, § 83 RN 4.
[262] *Liebscher*, ZGR 2005, 1 ff. (32).
[263] Vgl. GK AktG – *Habersack*, § 83 RN 6; KK AktG – *Mertens*, § 83 RN 2; MüKo AktG – *Hefermehl/Spindler*, § 83 RN 3.
[264] *Liebscher*, ZGR 2005, 1 ff. (32).
[265] *Arnold*, ZIP 2005, 1573 ff. (1578).
[266] *Arnold*, ZIP 2005, 1573 ff. (1578).

2. Stellungnahme

Sowohl aus § 83 I AktG als auch aus den Holzmüller – Grundsätzen nach ihrer Neuausrichtung lässt sich jedoch ein Initiativrecht der Hauptversammlung begründen. Dies ist für einen effektiven Aktionärsschutz auch nicht erforderlich. Soweit § 83 I AktG zunächst in der Kommentarliteratur auf Holzmüller – Fälle angewendet wird, soll damit kein Initiativrecht der Hauptversammlung begründet werden, sondern es geht dabei um die (selbstverständliche) Klarstellung, dass die Grundsätze des § 83 I AktG auch für Holzmüller –Fälle gelten, wonach der Vorstand Maßnahmen vorzubereiten hat, die in die Zuständigkeit der Hauptversammlung fallen. Dass dies gerade auch für Holzmüller – Maßnahmen gilt, liegt auf der Hand und ist rein praktisch gar nicht anders möglich; mit einem Initiativrecht hat dies indes nichts zu tun.

Aber auch vor dem Hintergrund der Gelatine – Entscheidungen des BGH ist die Annahme eines Initiativrechts abzulehnen. Dies folgt zum einen aus der Absicht des BGH, mit der Einschränkung der Anwendbarkeit der Holzmüller – Grundsätze, die Vorstandsautonomie im Bereich der Geschäftsführung (§ 76 AktG) zu unterstreichen und zu stärken. Diesem Bestreben läuft es zuwider, wenn andererseits die Hauptversammlung selbst befugt wäre, Maßnahmen von Holzmüller – Qualität anzustrengen. Regelmäßig wird in Fällen, in denen ein solches Initiativrecht virulent wird, ein Großaktionär dadurch versuchen, unmittelbaren Einfluss auf die Geschäftsführung zu nehmen. Dies mag aus Sicht des Großaktionärs vorteilhaft sein, das geltende Aktienrecht indes sieht eine solche Einflussnahme der Aktionäre auf die Geschäftsführung gerade nicht vor, so dass ein solches Modell mit gesetzlichen Grundprinzipien nicht vereinbar ist.

Auch aus dem Schutzzweck ungeschriebener Mitwirkungsrechte nach den Holzmüller – Grundsätzen ergeben sich hinsichtlich eines Initiativrechts zu entsprechenden Transaktionen Bedenken. Denn ist mit der Mitwirkung der Anteilseigner in der Hauptversammlung ein Schutz vor Mediatisierungseffekten im Hinblick auf mitgliedschaftlich vermittelte Herrschaftsrechte durch Maßnahmen des Vorstands gemeint, verträgt sich diese Schutzrichtung nicht mit der durch das Initiativrecht eröffneten Möglichkeit der zu Schützenden, die das Schutzbedürfnis begründende Maßnahme selbst zu initiieren. Der insoweit eher repressive Schutzansatz der Rechtsprechungsgrundsätze, welcher nur ausnahmsweise zu einer Kompetenzdurchbrechung nach dem Holzmüller – Modell führen kann, würde durch ein Initiativrecht zu einem gesellschaftsrechtlichen Machtinstrument des (Groß)Aktionärs, welches sich von den in Gelatine durch den BGH aufgezeigten Grundlagen weit entfernt. Die ihrem Wesen nach als Schutzinstrument zugunsten der Aktionäre bei außergewöhnlichen Gefährdungssituationen konzipierte Rechtsprechung zu ungeschriebenen Mitwirkungsrechten ist daher insgesamt weder geeignet noch darauf angelegt, in gesetzeswidriger Weise Einfluss auf die Geschäftsführung in Form eines Initiativrechts der Hauptversammlung zu nehmen.

VIII. Ungeschriebene Zuständigkeit der Hauptversammlung im Rahmen der Sanierung der Aktiengesellschaft bei der Stellung eines Insolvenzantrags wegen drohender Zahlungsunfähigkeit

1. Problemaufriss und Meinungsstand

Ungeschriebene Mitwirkungsrechte der Hauptversammlung werden jüngst auch im Zusammenhang mit der Stellung eines Insolvenzantrags wegen drohender Zahlungsunfähigkeit zum Zwecke der Sanierung der Gesellschaft diskutiert[267]. Mit dem im Zuge der Insolvenzrechtsreform des Jahres 1999 neu eingefügten § 18 InsO wurde der Eröffnungsgrund der drohenden Zahlungsunfähigkeit eingeführt, der zwar die insolvenzrechtlichen Anforderungen an seine wirksame Stellung in § 18 III InsO enthält, darin jedoch für juristische Personen nur die Mitglieder des Vertretungsorgans nennt und im Falle der Aktiengesellschaft die Aktionäre des von der Antragstellung betroffenen Unternehmens nicht berücksichtigt. Diese aber könnten in erster Linie von der Entscheidung beeinträchtigt werden, da sie im Falle der späteren Liquidation der Gesellschaft jedenfalls einen wirtschaftlichen Totalverlust erleiden, ohne zuvor an der Entscheidung über die Stellung des Insolvenzantrags in irgendeiner Weise beteiligt gewesen zu sein[268]. Hinzu komme, dass auch im Insolvenzverfahren keine Möglichkeit der Einflussnahme für die Anteilseigener besteht, da unabhängig vom Eröffnungsgrund der Fortgang des Insolvenzverfahrens in den Händen des Insolvenzverwalters und der Gläubigerversammlung liege und somit eine Präjudizierung des Verfahrens durch den Eröffnungsgrund in keiner Weise erfolge[269]. Diesen Gefahren durch das Auseinanderfallen von Antragsteller und von Antragstellung Betroffenem könne durch ein ungeschriebenes Mitwirkungsrecht der Aktionäre nach der Holzmüller – Doktrin wirksam begegnet werden[270]. Der Vorstand gebe mit der Entscheidung über die Stellung eines Insolvenzantrags die Entscheidungsmacht über das Schicksal der Gesellschaft aus der Hand. Ex ante sei es nicht möglich, das wirtschaftliche Schicksal der Gesellschaft und die daraus resultierenden Konsequenzen für die Aktionäre abzusehen, so dass von dem nachteiligsten Szenario für die Aktionäre auszugehen sei, das im Untergang aller Mitgliedschaftsrechte durch die Liquidation des Unternehmens im Insolvenzverfahren zu sehen sei[271]. Dann würde der ursprüngliche in der Satzung verankerte werbende Zweck des Unternehmens nicht mehr verfolgt, sondern vielmehr dessen Abwicklung betrieben, was einer Satzungsänderung nahe komme und die vom BGH aufgestellten Anforderungen an eine ungeschriebene Mitwirkung erfülle. Auch im Falle einer übertragenden Sanierung seien die Mitgliedschaftsrechte der Aktionäre betroffen, denn insoweit mache es keinen Unterschied, ob der Geschäftsbetrieb des Unternehmens tat-

[267] Vgl. *Wortberg*, ZinsO 2004, 707 ff.; *Görg*, FS Greiner, S. 51 ff.
[268] *Wortberg*, ZinsO 2004, 707 ff. (707).
[269] *Uhlenbruck*, InsO, § 18 RN 2.
[270] *Wortberg*, ZinsO 2004, 707 ff. (708).
[271] *Wortberg*, ZinsO 2004, 707 ff. (708).

sächlich eingestellt werde und die Vermögensgegenstände einzeln verwertet würden, oder ob das Unternehmen insgesamt an einen neuen Investor veräußert werde[272]. In jedem Falle könne der Vorstand bei Stellung des Insolvenzantrags wegen drohender Zahlungsunfähigkeit vorhersehen, dass eine hohe Wahrscheinlichkeit für einen Entzug des Mitgliedschaftsrechts bestehe, der eine Mitwirkung nach den Holzmüller – Grundsätzen erfordere.

2. Stellungnahme

Dem ist nicht zu folgen. Bedenken bestehen zuvörderst mit Blick auf das die Mitwirkungspflicht begründende Kriterium der Mediatisierungsgefahr. Denn eine solche wohnt der Stellung des Antrags nach § 18 InsO gerade nicht inne. Hier ist nicht einmal eine konkrete und im Sinne der Holzmüller – Doktrin bedeutsame Maßnahme genannt oder sonst absehbar. Es wird, bei Stattgabe des Antrags, allein ein langfristiger Prozess in Gang gesetzt, dem als solchem keine Mediatisierung anhaftet und der die mitgliedschaftliche Stellung der Aktionäre nicht berührt. Eine unmittelbare Anwendung der Holzmüller – Grundsätze kann daher nicht konstruiert werden, denn die Auswirkungen der zur Abstimmung gestellten Maßnahme sind völlig offen. Es liegt aber gerade im Wesen der Holzmüller – Zustimmung, dass diese eine, auf einen konkreten Einzelfall bezogene *ad – hoc* – Zustimmung zu einer Transaktion von bedeutendem Ausmaß darstellt. Des Weiteren sind auch die Auswirkungen auf die Gesellschaft überhaupt nicht absehbar. Sofern dem Antrag auf Eröffnung des Verfahrens überhaupt stattgegeben wird, ist schon gar nicht vorhersehbar, welchen Verlauf das Insolvenzverfahren nehmen wird. Die Liquidation der Gesellschaft ist dabei eine Alternative, ebenso wie die übertragende Sanierung oder aber auch die Eröffnung neuer Fremdfinanzierungsmöglichkeiten und die Weiterführung des Unternehmens.

Gleichwohl ist zuzugeben, dass das Insolvenzverfahren für die Anteilseigner der Gesellschaft eine nicht unerhebliche Gefährdung ihrer wirtschaftlichen Interessen als Kapitalgeber darstellt. Doch zwischen dieser These und den Holzmüller – Grundsätzen ergibt sich vor dem Hintergrund der Ergebnisse des zweiten Kapitels ein weiterer Zwiespalt, der gegen eine Holzmüller – Zustimmung bei der Stellung eines Insolvenzantrags nach § 18 InsO spricht. Es wurde herausgearbeitet, dass es nicht a priori wirtschaftliche und finanzielle, sondern mitgliedschaftliche Interessen sind, nach denen das Eingreifen der Holzmüller – Grundsätze zu bestimmen ist und eine ungeschriebene Mitwirkung erforderlich wird. Ob insoweit möglicherweise der zweite Weg zu ungeschriebener Mitwirkung der Aktionäre, wie ihn der BGH im Falle des Delisting über Art. 14 I GG beschritten hat, und in dem es ausdrücklich um die wirtschaftliche Position der Aktionäre ging, im Fall des § 18 InsO eine Option darstellt, mag dahingestellt bleiben. Jedoch ist nicht absehbar, dass das Gericht insoweit ein Interesse daran hat, die mit Gelatine mühsam erreichte Eingrenzung des Anwendungsbereichs ungeschrie-

---

[272] *Wortberg*, ZinsO 2004, 707 ff. (709).

bener Mitwirkungsrechte durch die Hintertür über Art. 14 I GG wieder auszuweiten, zumal gegen diesen Begründungsansatz ohnehin massive Bedenken bestehen[273].

Im Falle der Stellung eines Insolvenzantrags kommt hinzu, dass die wirtschaftliche Position der Anteilseigner ohnehin schon geschwächt sein dürfte. Denn jedenfalls sofern es um eine börsennotierte Aktiengesellschaft geht, dürfte nicht selten der Aktienkurs der Unternehmensanteile bereits vor der Antragstellung eingebrochen sein und den wirtschaftlichen Schaden der Aktionäre beschreiben. Dies aber ist das von jedem Aktionär zu tragende Risiko des Kurseinbruchs, welchem durch das formelle Schutzinstrument der Hauptversammlungsmitwirkung nicht nur völlig unzureichend, sondern auch erfolglos begegnet wird. Letztlich ist die drohende Insolvenz Folge verfehlten Vorstandshandelns und gegen diese zwingende Folge kann es keinen Schutz für die Mitglieder geben.

Von Bedeutung im Rahmen dieser Untersuchung ist ferner die Beobachtung, dass unter den Vorzeichen einer drohenden Insolvenz sich auch bei den festen Strukturen in der Aktiengesellschaft die Rechte und Pflichten der Beteiligten insgesamt verschieben. Deutlich wird dies etwa beim Ausschluss des Bezugsrechts der Aktionäre nach § 186 AktG, der durch einen Sanierungszweck gerechtfertigt sein kann[274], aber auch bei den Regeln über die vereinfachte Kapitalherabsetzung gem. § 237 AktG. In beiden Konstellationen müssen die unterlegenen Aktionäre im Interesse der Gesellschaft formale Statusverluste hinnehmen, die ihnen sonst so nicht zugemutet werden[275].

In praktischer Hinsicht gilt es darüber hinaus zu bedenken, dass bei akutem Sanierungsbedarf eine Beteiligung der Hauptversammlung zu mehr Wirrsal denn zu (Rechts-)Sicherheit führen kann. Die gegen jede Beschlussfassung der Hauptversammlung mögliche Anfechtung durch einen einzelnen Aktionär kann dabei zu einer gelegentlich jahrelang anhaltenden Unsicherheit führen[276]. Zudem räumt § 92 II AktG dem Vorstand bei Vorliegen eines Insolvenzgrundes eine Reaktionszeit von drei Wochen ein. Demgegenüber dauert die Einberufung der Hauptversammlung einer Aktiengesellschaft, unabhängig von ihrer komplexen Vorbereitung, mit den dafür nötigen Veröffentlichungen mindestens fünf bis sechs Wochen[277]. Erfolgsversprechende Rettungsgeschäfte können schon deshalb nicht an die Zustimmung der Hauptversammlung geknüpft werden.

Unabhängig von der Frage, ob eine nachträgliche Befassung der Hauptversammlung in derartigen Konstellationen in Betracht kommt[278], spricht schließlich gegen ein Zustimmungserfordernis in diesen Fällen, dass auch der Aktionär gerade für den Fall, dass eine Aktiengesellschaft sanierungsbedürftig ist, Treuepflichten unterliegt, wonach er sich einer sinnvollen und mehrheitlich angestrebten Sanierung nicht widersetzen

---

273 Zum Ganzen vgl. ausführlich oben, Zweites Kapitel, II, 3, c, bb, (1).
274 Vgl. BGHZ 83, 319 ff.
275 In diese Richtung auch *Görg*, FS Greiner, S. 51 ff. (53 f.).
276 Zutreffend *Görg*, FS Greiner, S. 51 ff. (54).
277 *Görg*, FS Greiner, S. 51 ff. (54).
278 Mangels einschlägiger Rechtsprechung ist offen, ob diese Möglichkeit überhaupt besteht. Dagegen etwa GK AktG – *Mülbert*, § 119 RN 42 mit Hinweis auf die darin liegende unzulässige Entlastung für eine Einzelmaßnahme; aA *Görg*, FS Greiner, S 51 ff. (55).

darf[279]. Ob daraus für einen im Hinblick auf die Existenz der Gesellschaft notwendigen Beschlusses eine wie auch immer geartete positive Stimmpflicht des Aktionärs folgt, deren Ausübung jedoch eine verzichtbare Förmelei darstellen würde, soll hier nicht vertieft werden. Festgehalten werden kann abschließend jedoch, dass eine Holzmüller – Zustimmung im Falle eines Insolvenzantrags wegen drohender Zahlungsunfähigkeit nicht in Betracht kommen kann[280].

IX. Anwendbarkeit der Holzmüller – Grundsätze im Recht der KGaA

1. Einführung und Problemaufriss

Im Fokus der bisherigen Untersuchung stand die Aktiengesellschaft bzw. der Aktienkonzern, als unmittelbar von der Holzmüller – Doktrin betroffene Rechtsform. Bedeutung kommt den Rechtsprechungsgrundsätzen aber auch für andere Rechtsformen, insbesondere der KGaA, zu, bei der die Anwendbarkeit der Holzmüller – Doktrin uneinheitlich beurteilt wird.

a) Überblick über die Rechtslage in der KGaA

Die Kontroverse entzündet sich an der die Besonderheit des KGaA – Rechts ausmachenden Vereinigung personengesellschaftsrechtlicher und aktienrechtlicher Elemente. Plakativ formuliert handelt es sich bei der KGaA um eine Aktiengesellschaft, die anstelle eines Vorstands über persönlich haftende Gesellschafter verfügt und dessen Grundkapital von den Kommanditaktionären zu erbringen ist, die dafür (börsenfähige) Anteile erhalten. Das auf die KGaA anwendbare Recht wird entscheidend durch die beiden Generalverweisungen des § 278 II, III AktG geprägt, die teilweise Personengesellschaftsrecht, insbesondere die Gestaltungsfreiheit, und subsidiär Aktienrecht und die Satzungsstrenge für anwendbar erklären, was das Spannungsfeld für das KGaA – Recht zwischen Personengesellschafts- und Aktienrecht beschreibt und in der die Streitfragen des KGaA – Rechts kulminieren[281]. Auch für die Beurteilung der Holzmüller – Problematik ist es unumgänglich, zunächst die Rechtslage in der KGaA für „bedeutende Maßnahmen" zu beleuchten, denn nur so kann deutlich werden, dass unter bestimmten Voraussetzungen die typische Holzmüller – Gefährdungslage auch in der KGaA auftreten kann.

Ausgangspunkt ist die nach § 278 II AktG den persönlich haftenden Gesellschaftern zugewiesene Geschäftsführungs- und Vertretungsmacht für die KGaA. Insoweit finden daher §§ 114 – 118 HGB i.V.m. § 161 II HGB Anwendung. Die persönlich haftenden

---

[279] Vgl. insoweit auch die Ausführungen des BGH im Girmes – Fall, BGHZ 129, 136 ff. (152).

[280] So i.E. auch *Görg*, FS Greiner, S: 51 ff. (55).

[281] Vgl. dazu ausführlich *Philbert*, Die Kommanditgesellschaft auf Aktien, S. 38 ff; *Arnold*, GmbH & Co. KGaA, S. 60 ff.

Gesellschafter sind für die Zeit der Zugehörigkeit zu dieser Gesellschaftergruppe geborene Geschäftsführer und es gilt der personengesellschaftsrechtliche Grundsatz der Selbstorganschaft. Zu den aus §§ 114 ff. HGB folgenden Rechten und Pflichten der Geschäftsführer gehört insbesondere die Aufgabe, alles Erforderliche für eine prosperierende Unternehmensentwicklung zu tun, was neben den üblichen Verwaltungsgeschäften auch Maßnahmen und Vorhaben in Bezug auf die strategische Ausrichtung des Unternehmens beinhaltet. Vorbehaltlich einer, und gerade bei der KGaA möglichen abweichenden Bestimmung in der Satzung, steht die Geschäftsführung nach § 114 HGB allen persönlich haftenden Gesellschaftern nach dem Prinzip der Einzelgeschäftsführung mit Widerspruchsrecht der anderen Geschäftsführungsberechtigten zu[282]. Danach hat die fragliche Maßnahme zu unterbleiben, wenn ein anderer geschäftsführungsbefugter Komplementär ihr widersprochen hat (§ 115 HGB). Der Umfang dieser Geschäftsführungsbefugnis bestimmt sich gem. §§ 161 II, 116, 164 HGB ebenfalls nach personengesellschaftsrechtlichen Grundsätzen. Sie umfasst alle Handlungen, die der gewöhnliche Betrieb des Handelsgewerbes (dieser Gesellschaft) mit sich bringt, also solche, die sich nach ihrem Inhalt, ihrer Art, und den mit ihnen verbundenen Risiken im Rahmen dessen bewegen, was den aktuellen üblichen Geschäftsbetrieb der jeweiligen Gesellschaft ausmacht und von Zeit zu Zeit zu erwarten ist[283].

Demgegenüber bedürfen außergewöhnliche Geschäfte nach § 116 II, 164 S. 1 HGB eines Zustimmungsbeschlusses sämtlicher Gesellschafter. Außergewöhnlich sind solche Geschäfte, die nicht zu den gewöhnlichen Geschäften gehören und denen daher Ausnahmecharakter zukommt[284]. In der KGaA ist daher für solche Geschäfte grundsätzlich die Zustimmung der Komplementäre (§ 116 II HGB) als auch der Gesamtheit der Kommanditaktionäre, also der Hauptversammlung (§ 164 S. 1 HGB), notwendig[285].

b) Die Holzmüller – Problematik in der KGaA

Die Holzmüller – Diskussion im KGaA – Recht setzt bei dieser Einordnung von Geschäftsführungsfragen anhand des Personengesellschaftsrechts an. Vorstehende Grundsätze legen es eigentlich nahe, dass es keiner Rechtsfortbildung nach Holzmüller bedarf, um die aufgeworfene Frage im Recht der KGaA zufrieden stellend zu beantworten. Denn anders als das Aktienrecht hält das Personengesellschaftsrecht eben Regelungen vor, ob und in welcher Form geschäftsführungsbefugte Gesellschafter ihre Mitgesellschafter bei Geschäftsführungsmaßnahmen zu beteiligen haben: In der KGaA muss grundsätzlich wegen § 278 II AktG, § 164 HGB die Hauptversammlung bei der Veräußerung wesentlicher Unternehmensteile um Zustimmung gebeten werden. Ließe

[282] MüKo AktG – *Semler/Perlitt*, § 278 RN 174; *Hüffer*, AktG, § 278 RN 11; GK AktG - *Assmann/Sethe*, § 278 RN 106.
[283] BGHZ 76, 160 (162).
[284] RGZ 158, 302 (308); *Sethe*, Kapitalgesellschaft, S. 148; MüKo AktG - *Semler/Perlitt*, § 278 RN 177.
[285] RGZ 158, 302 (305); MüKo AktG - *Semler/Perlitt*, § 278 RN 177; *Hüffer*, AktG, § 278 RN 13.

sich das Problem bereits mit diesem Verweis lösen, wären Holzmüller - Sachverhalte in der KGaA leicht zu entscheiden. Doch kann das Zustimmungsrecht der Hauptversammlung zu außergewöhnlichen Geschäftsführungsmaßnahmen aus §§ 278 II AktG, 164 HGB in der Satzung ausgeschlossen werden, was für die gesetzestypische, personalistische KGaA nach ganz hM anerkannt ist[286] und in der Praxis auch regelmäßig geschieht[287].

Problematisch wird dieser Ausschluss aber dann, wenn es sich um eine kapitalistische GmbH & Co. KGaA handelt, welche der BGH im Jahre 1997 für zulässig erklärt hat[288]. An dieser Stelle sollen zwar nicht alle Einzelheiten der vom BGH diesbezüglich angestoßenen[289] und seitdem kontrovers diskutierten Frage[290] abgearbeitet werden, doch die wesentlichen Argumente können angesichts der Bedeutung dieser Frage für den Untersuchungsgegenstand nicht unberücksichtigt bleiben. Einige wollen als Konsequenz der Anerkennung der kapitalistischen KGaA einen Ausschluss des § 164 S. 1 HGB in der GmbH & Co. KGaA nur noch beschränkt zulassen[291]. Denn sonst hätten die Kommanditaktionäre keinerlei Einfluss mehr auf Maßnahmen der Geschäftsführung und auch der Aufsichtsrat könne sich Zustimmungsvorbehalte nach § 111 IV S. 2 AktG nicht selbst begründen. Im Hinblick auf die fehlende Steuerungsfunktion der persönlichen Haftung und den fehlenden Einfluss der Kommanditaktionäre sei ein vollständiger Ausschluss des § 164 S. 1 HGB nicht akzeptabel. Ausreichend aber sei es, wenn das Zustimmungserfordernis auf den Aufsichtsrat oder einen besonderen Aktionärsausschuss (Beirat) übertragen werde[292].

Gegen einen satzungsmäßigen Zustimmungsausschluss des nach Personenhandelsgesellschaftsrecht zu bestimmenden Bereichs außergewöhnlicher Geschäftsführungsmaßnahmen bestehen jedoch keine durchgreifenden Bedenken, was auch in der Literatur mehrheitlich so gesehen wird[293]. Zum einen würde die Unzulässigkeit eines Zustimmungsausschlusses zu einer einflussreicheren Stellung der Hauptversammlung der KGaA im Vergleich zur Hauptversammlung im Aktienrecht führen, zum anderen könnten so langwierige und unpraktische Entscheidungsverfahren in der Hauptver-

---

[286] Vgl. KK AktG - *Mertens/Cahn*, § 278 RN 86; *Hennerkes/May*, BB 1988, 2393 (2398); *Schürmann/Groh*, BB 1995, 684 (685); *Hesselmann*, GmbHR 1988, 472 (475); dies bestätigt auch der BGH, BGHZ 134, 392 ff. (399), implizit; vgl. dazu GK AktG - *Assmann/Sethe*, § 278 RN 113; MüKo AktG - *Semler/Perlitt*, § 278 RN 230, 368; *Sethe*, Kapitalgesellschaft, S. 151.

[287] Teilweise wird dem Aufsichtsrat oder einem fakultativen Gesellschaftsorgan (z.B. einem Beirat) ein Zustimmungsrecht zu bestimmten oder zu allen außergewöhnlichen Geschäften eingeräumt, vgl. zu den Gestaltungen in der Praxis *Förl*, Die GmbH & Co. KGaA, S. 20.

[288] BGHZ 134, 392 ff.

[289] BGH NJW 1997, 1923 ff. (1925).

[290] Bedenken äußert insoweit bereits der BGH, vgl. BGH NJW 1997, 1923 ff. (1925).

[291] *Ihrig/Schlitt*, Die KGaA, S. 33 ff. (64 ff.); *Sethe*, Kapitalgesellschaft, S. 157.

[292] *Sethe*, Kapitalgesellschaft, S. 157.

[293] MüKo AktG – *Semler/Perlitt*, § 278 RN 369; *Wichert*, AG 2000, 268 f. (270); *Schaumburg/Schulte*, S. 38 ff.; *Overlack*, RWS – Forum, S. 237 ff. (258 ff.); *Heermann*, ZGR 2000, 61 ff. (81 ff.), der darauf hinweist, dass der Ausschluss des § 164 S. 1 HGB nicht automatisch den Kernbereich der Mitgliedschaft der Aktionäre berührt.

sammlung der KGaA vermieden werden[294]. Gegen eine Übertragung des Zustimmungserfordernisses auf den Aufsichtsrat oder einen Beirat ist einzuwenden, dass die KGaA keine Spielart der Aktiengesellschaft darstellt, sondern eine eigenständige Gesellschaftsform ist, bei der der Normzweck des § 111 IV S. 2 AktG (Kompensation fehlender Mitwirkung der Hauptversammlung der Aktiengesellschaft) so nicht eingreift[295]. Hinzu kommt, dass die Beschränkung oder das Verbot der Möglichkeit dieses, im tatsächlichen Umfang nicht unwesentliche, gesetzliche Zustimmungsrecht zu außergewöhnlichen Geschäftsführungsmaßnahmen auszuschließen, einen massiven Eingriff in die gerade bei der KGaA propagierte Gestaltungsfreiheit darstellt, was auch im Ergebnis unangebracht erscheint. Denn nicht nur aus Praktikabilitätsgründen kann es kaum gewollt sein, immerhin im Bereich der Geschäftsführung (und nicht der ohnehin zustimmungspflichtigen Grundlagengeschäfte), Zustimmungserfordernisse nicht beschränken zu können. Zum einen ist im Hinblick auf die Kombination von Aktiengesellschaft und Kommanditgesellschaft in der KGaA als Wesensmerkmal dieser Rechtsform jedenfalls die Option des Zustimmungsausschlusses systematisch möglich und konsequent, zum anderen steht die Unzulässigkeit des Zustimmungsausschlusses nach § 164 S. 1 HGB einer Steigerung der Attraktivität der KGaA als alternativer Rechtsform eher abträglich gegenüber.

Ist damit auch in der GmbH & Co. KGaA ein Ausschluss des § 164 HGB möglich und nimmt man hinzu, dass bei der KGaA umfassend von der personengesellschaftsrechtlichen Satzungsautonomie Gebrauch gemacht werden kann und in praxi auch wird, folgt daraus insgesamt, dass sich auch für die KGaA ein durchaus weiter und von den Komplementären autonom auszufüllender Pflichten und Aufgabenkreis ergibt, der der Vorstandsautonomie bei der Aktiengesellschaft nach § 76 I AktG durchaus entspricht. Gewährt man den geschäftsführenden Komplementären der KGaA einen solchen Freiraum in der Führung der Geschäfte, ist jedoch auch die Frage in den Blick zu nehmen, wann diese Autonomie an Grenzen stößt. Diese können sich aus den personengesellschaftsrechtlichen Grundlagengeschäften einerseits sowie aus Schutzüberlegungen zugunsten mitgliedschaftlicher Interessen der Kommanditaktionäre andererseits ergeben.

c) Grenzen zustimmungsfreien Vorstandshandelns in der KGaA

aa) Grundlagengeschäfte

Eine Grenze zustimmungsfreien Geschäftsführerhandelns in der KGaA bilden wie schon angedeutet die personengesellschaftsrechtlichen Grundlagengeschäfte. Grundlagengeschäfte sind solche, die die wesentlichen gesellschaftsvertraglichen Rechte der Gesellschafter berühren, also unmittelbar auf die gesellschaftsvertragliche Ebene des

[294] *Ladewig/Motte*, DStR 1997, 1539 ff. (1541); *Jacques*, NZG 2000, 401 ff. (408).
[295] Vgl. *Heermann*, ZGR 2000, 61 ff. (81 ff.).

Verbandes durchschlagen. Namentlich umfasst dies etwa Änderungen des Gesellschaftsvertrages, Entziehung von Geschäftsführungs- und Vertretungsmacht, Auflösung der Gesellschaft, Änderung der Firma, (teilweise) Einstellung des Gewerbebetriebs, Aufnahme und Ausschließung von Gesellschaftern, Veräußerung und Verpachtung des Unternehmens oder den Verlust der rechtlichen Selbständigkeit der Gesellschaft. Auf solche Grundlagengeschäfte erstreckt sich die gem. §§ 278 II AktG, 161 II, 114 HGB personengesellschaftsrechtlich determinierte Geschäftsführungs- und -vertretungsbefugnis der geschäftsführungsbefugten Komplementäre nicht[296]. In diesen Fällen ist daher die Zustimmung aller Gesellschafter beider Gesellschaftergruppen der KGaA notwendig[297], was sich aus unmittelbarer Anwendung von KG und OHG - Recht ergibt.

bb) Holzmüller – Grundsätze

Eine weitere Grenze des zustimmungsfreien Handelns des oder der geschäftsführenden Komplementäre könnte sich neben den genannten Grundlagenzuständigkeiten aber auch aus Schutzüberlegungen zugunsten sämtlicher weiterer Gesellschafter ergeben, wenn diese durch Maßnahmen der Geschäftsführungsberechtigten in ihren mitgliedschaftlichen Rechten massiv beeinträchtigt werden. Dies betrifft die Gesellschaftergruppe der Komplementäre, deren Geschäftsführungsbefugnis satzungsmäßig ausgeschlossen wurde, gleichermaßen wie Kommanditaktionäre, für die § 164 HGB in der Satzung abbedungen wurde. Aufgrund dieser Abweichungen vom gesetzlichen Leitbild der KGaA, die bei entsprechender Satzungsausgestaltung vor allem in der kapitalistischen KGaA gipfeln, könnte sich daher eine Grenze zustimmungsfreien Handelns im Innenverhältnis aus der Anwendung der Holzmüller – Grundsätze ergeben.

2. Überblick über den Meinungsstand

Die Anwendbarkeit der Holzmüller – Grundsätze im Recht der KGaA wird dabei kontrovers beurteilt. Einige sprechen sich für eine Übertragung der Holzmüller – Doktrin aus[298], andere lehne dies vehement ab[299], wobei sich aufgrund der insgesamt mit dem Holzmüller – Urteil bislang verbundenen Rechtsunsicherheit keine umfassende und tragfähige Begründung der einen oder anderen Ansicht ausmachen lässt.

---

[296] GK AktG - *Assmann/Sethe*, § 278 RN 122; MüKo AktG - *Semler/Perlitt*, § 278 RN 180; *Fett/Förl*, NZG 2004, 210 ff. (213); zur OHG/KG Schlegelberger - *K. Schmidt*, HGB, § 126 RN 10; *ders.*, ZGR 1995, 675 ff. (679 f.); Baumbach/Hopt - *Hopt* , HGB, § 126 RN 3.

[297] GK AktG - *Assmann/Sethe*, § 278 RN 122; MüKo AktG - *Semler/Perlitt*, § 278 RN 180.

[298] Vgl. *Heermann*, ZGR 2000, 61 ff (70); *Ihrig/Schlitt*, Die KGaA, 33 ff. (65 f.); *Jacques*, NZG 200, 401 ff. (406) FN 76; *Sethe*, Kapitalgesellschaft S. 148 f.; MüKo AktG - *Semler/Perlitt*, § 278 RN 180.

[299] *Hoffmann – Becking/Herfs*, FS Sigle, S. 273 ff. (286 f.); GK AktG - *Assmann/Sethe*, § 278 RN 123; *Kessler*, Möglichkeiten zur Einwirkung auf die Geschäftsführung, S. 220; differenzierend *Arnold*, GmbH & Co. KGaA, S. 61 f.

Gegen die Übertragung der Holzmüller – Grundsätze auf die KGaA wird vorgebracht, dass hier insoweit kein Raum sei, da entsprechende Transaktionen Grundlagengeschäfte darstellten, die gem. §§ 278 II, 285 II S. 1 AktG ohnehin zustimmungspflichtig seien[300]. Die Anwendbarkeit des Personengesellschaftsrechtes auf die fraglichen Maßnahmen bewirke daher, dass es einer Rechtsfortbildung im Sinne von Holzmüller nicht bedürfe, um die aufgeworfenen Fragen zufrieden stellend zu beantworten. Denn anders als das Aktienrecht halte das Personengesellschaftsrecht Regelungen vor, ob und in welcher Form geschäftsführungsbefugte Gesellschafter ihre Mitgesellschafter bei Geschäftsführungsmaßnahmen zu beteiligen hätten[301].

Zugunsten einer Anwendbarkeit wird argumentiert, dass Holzmüller – Maßnahmen nicht nur das Verhältnis zwischen den Gesellschaftergruppen beträfen, sondern die KGaA in ihrer Eigenschaft als juristische Person gem. § 278 I AktG betroffen sei. Daher sei nicht mehr der Anwendungsbereich des § 278 II AktG gegeben, sondern § 278 III AktG mit der Folge der Anwendung von Aktienrecht und damit auch der Holzmüller - Grundsätze[302]. Auch müsse die Hauptversammlung deswegen zustimmen, da die Komplementäre jedenfalls aufgrund der gesellschaftsrechtlichen Treuepflicht verpflichtet seien, Holzmüller – Maßnahmen nicht ohne die Zustimmung der Kommanditaktionäre durchzuführen[303]. Die Interessen der Kommanditaktionäre dürften nicht übergangen werden, da diese wirtschaftliche Eigentümer der KGaA seien, was insbesondere für die GmbH & Co. KGaA gelte[304]. Weiterhin wird argumentiert, die Holzmüller – Rechtsprechung müsse auch im Hinblick auf § 179a AktG auf die KGaA übertragen werden[305]. Bei Holzmüller handele es sich nämlich der Sache nach um eine Ausdehnung des Anwendungsbereichs des § 179a AktG auf die Übertragung wesentlicher Vermögensteile. Da § 179a AktG aber auch in der KGaA gelte[306], sei die Anwendung der Holzmüller – Doktrin auf die KGaA mit dem Rechtsgedanken des § 179a AktG zu begründen[307]. Ferner heißt es, die Holzmüller – Doktrin müsse als Teil einer generellen Konzernbildungskontrolle auch in der KGaA Anwendung finden[308]. Insoweit habe der BGH mit der Holzmüller – Rechtsprechung allgemeine Grundsätze zum Konzernrecht aufgestellt, die nicht an eine bestimmte Rechtsform gebunden seien, sondern auf andere Rechtsformen ausstrahlten und zu übertragen seien[309]. Schließlich wird erwogen, im Grundsatz die personengesellschaftsrechtliche Zuständigkeitsverteilung und Satzungsautonomie in der KGaA anzuerkennen, doch sei aus der Tatsache, dass der jeweilige Entscheidungsgegenstand einer strukturverändernden Maßnahme

[300] *Philbert*, Die Kommanditgesellschaft auf Aktien, S. 193.

[301] *Fett/Förl*, NZG 2004, 210 ff. (212); OLG Stuttgart, NZG 2003, 778 ff. (782 ff.); GK AktG - *Assmann/Sethe*, Vor § 278 RN 102; *Hoffmann - Becking/Herfs*, FS Sigle, S. 273 ff. (286 f.); *Sethe*, Die personalistische Kapitalgesellschaft mit Börsenzugang, S. 178 f.

[302] Vgl. *Philbert*, Die Kommanditgesellschaft auf Aktien, S. 193.

[303] *Koch*, DB 2002, 1701 ff. (1703).

[304] *Koch*, DB 2002, 1701 ff. (1703).

[305] *Koch*, DB 2002, 1701 ff. (1703).

[306] *Hüffer*, AktG, § 179a RN 22; *Philbert*, Die Kommanditgesellschaft auf Aktien, S. 182 f.

[307] *Koch*, DB 2002, 1701 ff. (1704).

[308] *Heermann*, ZGR 200, 61 ff. (71); *Wichert*, AG 2000, 268 ff. (270).

[309] So bereits *Emmerich*, FS Stimpel, S. 743 ff. (756 f.); *ders.*, AG 1991, 303 ff. (310).

auch in die im Anteilseigentum verkörperten Vermögensinteressen der Kommanditaktionäre eingreife und diese somit in ihrem mitgliedschaftlichen Vermögensinteressen berühre, zu schließen, dass eine Abbedingung des Hauptversammlungsbeschlusses in bestimmten Fällen nicht möglich sei[310].

3. Ungeschriebene Hauptversammlungszuständigkeiten in der KGaA nach Gelatine

Die Anwendbarkeit der Holzmüller – Grundsätze auf die KGaA ist weniger eine Frage der Übertragbarkeit der Rechtsprechungsgrundsätze auf eine andere Rechtsform überhaupt, als vielmehr die, ob ein vergleichbares Schutzbedürfnis der Kommanditaktionäre besteht. Insoweit wurde bereits deutlich, dass es möglich ist, die eigentlich an personengesellschaftsrechtlichen Grundsätzen orientierte Rechtslage in der KGaA weitestgehend auszuschalten und so die KGaA an die Aktiengesellschaft anzunähern. Hierbei darf aber im Gegenzug nicht die Situation der Kommanditaktionäre vernachlässigt werden, deren Rechtsstellung sich dann immer mehr derjenigen eines Aktionärs annähert mit der Folge, dass für diese eine durchaus identische Gefahrenlage bestehen kann.

Zentraler Schutzzweck ungeschriebener Mitwirkungsrechte in der Aktiengesellschaft war der Schutz des Mitgliedschaftsrechts des Aktionärs vor Mediatisierung seiner Herrschaftsrechte sowie einer Verwässerung seines Beteiligungswertes durch Maßnahmen des Vorstands. Diese Schutzaspekte greifen aber auch bei der einer Aktiengesellschaft weitestgehend angenäherten KGaA, namentlich der GmbH & Co. KGaA mit satzungsmäßigem Ausschluss des Zustimmungsrechts zu außergewöhnlichen Geschäftsführungsmaßnahmen (§ 164 I HGB). Denn über die Beschlussgegenstände des §§ 285 I Nr. 1 – 6; 278 III i.V.m. 119 I AktG und o.g. Grundlagengeschäfte hinaus sind moderne Konstellationen und Maßnahmen denkbar[311], die zwar mangels unmittelbarem Satzungsbezug eben keine Grundlagengeschäfte darstellen[312], aber andererseits den regelmäßig zustimmungsbefreiten Bereich außergewöhnlicher Geschäftsführungsmaßnahmen in normativer Hinsicht überschreiten. Insoweit handelt es sich nicht mehr um außergewöhnliche Geschäftsführungsmaßnahmen, sondern um wesentliche Anlage-, Investitions- und Strukturentscheidungen der Gesellschaft; in den Worten des BGH ausgedrückt um solche, die „in ihren Auswirkungen in die Nähe einer Satzungsänderung heranreichen“[313]. Maßnahmen solcher Qualität können von einem satzungsmäßigen Ausschluss des § 164 S. 1 HGB aber nicht mehr erfasst sein,

---

[310] Dazu *Philbert*, Die Kommanditgesellschaft auf Aktien, S. 199 f.

[311] Für entsprechende Einzelfälle vgl. MüKo AktG – *Kubis*, § 119 RN 61 ff. sowie die bisher hier im dritten Kapitel erörterten Konstellationen.

[312] Im Ausgangspunkt handelt es sich also um (außergewöhnliche) Geschäftsführungsmaßnahmen. Es geht gerade nicht darum, mit Holzmüller die Kategorie des Grundlagengeschäfts in das Aktienrecht einzuführen, deren Existenz im KGaA – Recht einer Anwendung von Holzmüller daher auch nicht entgegensteht; so aber *Kessler*, Möglichkeiten zur Einwirkung auf die Geschäftsführung, S. 220.

[313] BGH, NZG 2004, 571 ff. (574).

da sie regelmäßig eine Mediatisierung mitgliedschaftlich vermittelter Rechte der Kommanditaktionäre sowie eine Verwässerung ihres Beteiligungswertes mit sich bringen. Genau der Schutz des Mitgliedschaftsrechts vor diesen Gefährdungen ist das nun präzisierte Anliegen der Holzmüller – Mitwirkung, die eine *einzelfallbezogene* Zustimmung erfordert[314]. Dieser Schutzgedanke beansprucht aber auch Geltung im Recht der KGaA, deren Kommanditaktionäre ebenso Verbandsmitglied sind wie Gesellschafter anderer Rechtsformen.

Eine Unanwendbarkeit der Holzmüller – Doktrin wurde vielfach damit begründet, dass sich Holzmüller auf § 119 II AktG gründe, der im KGaA – Recht wegen § 278 II AktG nicht gelte[315]; die kompetenziellen Fragen hinsichtlich der Mitwirkung der Hauptversammlung seien bei der KGaA von der Struktur her anders geregelt[316]. Dieser Argumentation ist nach Gelatine die Grundlage entzogen. Ungeschriebene Mitwirkungsrechte der Aktionäre nach Holzmüller als Ergebnis einer offenen Rechtsfortbildung[317] mit dem Schutz vor Mediatisierung als zentralem Anliegen sind dogmatisch und systematisch auf die KGaA anwendbar. Anders als oft vertreten geht es nicht primär um eine kompetenzielle Fragestellung. Diese tritt hier lediglich als Reflex der zum Schutz vor Mediatisierung des Mitgliedschaftsrechts erforderlichen Beteiligung auf.

Rechtstatsächlich dürften Holzmüller – Fälle im Bereich der KGaA freilich selten auftreten. Der einer Holzmüller – Maßnahme insoweit zukommende Ausnahmecharakter wird nicht zuletzt auch durch die vom BGH gezogenen qualitativen und quantitativen Grenzen unterstrichen, wonach die Ausmaße des Holzmüller - Falls erreicht werden müssen[318]. Auch unter diesem Aspekt erscheint die Anwendung von Holzmüller nach Gelatine auf die KGaA der Sache nach daher nunmehr geboten, zugleich aber beschränkt auf „krasse" Ausnahmefälle.

Folge einer unterlassenen Mitwirkung der Hauptversammlung ist auch bei der KGaA eine Pflichtverletzung des geschäftsführenden Organs im Innenverhältnis, das aber eine wirksame Vertretung der Gesellschaft nach außen nicht hindert. Denn es sind keine Gründe ersichtlich, die eine Modifizierung dieses Ergebnisses für die KGaA erforderlich machen. Nicht nur ist es ausdrücklicher Bestandteil der vom BGH gewählten dogmatischen Herleitung, es ist auch gerade bei der KGaA sachlich zutreffend: Der wesentliche Unterschied einer Holzmüller – Maßnahme zu einer außergewöhnlichen Geschäftsführungsmaßnahme i.S.d. regelmäßig abbedungenen § 164 S. 1 HGB liegt in dem einer Maßnahme innewohnenden Mediatisierungseffekt. Der Ausschluss des § 164 S. 1 HGB zeigt aber, dass für den Großteil außergewöhnlicher Maßnahmen die Geschäftsführungs- und -vertretungsbefugnis der persönlich haftenden Gesell-

[314] Vgl. *Hüffer*, AktG, § 278 RN 20, der bzgl. der Mitgliedschaft des Aktionärs zu Recht § 278 III AktG und damit Aktienrecht für anwendbar hält.

[315] So etwa *Kessler*, Möglichkeiten zur Einwirkung auf die Geschäftsführung, S. 220; *Arnold*, GmbH & Co. KGaA, S. 62 mit FN 85; *Sethe*, Kapitalgesellschaft, S. 148 f.

[316] *Sethe*, Kapitalgesellschaft, S. 148 f. mit FN 172.

[317] Hierzu kritisch etwa *Koppensteiner*, Der Konzern 2004, S. 381 ff. (385); *Liebscher* ZGR 2005, 1 ff.

[318] Dazu eingehend im Zweiten Kapitel, IV; in quantitativer Hinsicht betraf Holzmüller 80% der Aktiva der Gesellschaft und in qualitativer Hinsicht den Kernbereich der Unternehmenstätigkeit und nicht etwa eine Peripherietätigkeit bei der Ausfüllung des Unternehmensgegenstandes.

schafter aufrechterhalten bleiben soll. Diese Wertung ist auch für die Holzmüller – Fälle im Blick auf den zu schützenden Rechtsverkehr zu übernehmen.

Schlussbetrachtung

In einer abschließenden Gesamtbetrachtung kann festgehalten werden, dass der BGH mit den beiden Urteilen „Gelatine“ sowie „Macrotron“ die sich ihm bietenden Gelegenheiten genutzt hat, seine Rechtsprechung zu ungeschriebenen Hauptversammlungszuständigkeiten zu präzisieren und zu konkretisieren. Obgleich nicht alle in diesem Zusammenhang bestehenden Streitfragen abschließend gelöst sind, lassen sich ungeschriebene Mitwirkungsrechte in Zusammenschau der Macrotron- und Gelatine – Urteile nunmehr in rechtssystematischer Hinsicht klarer einordnen, greifen sinnvoll im Aktionärsschutzsystem Platz und erhalten insgesamt deutlichere Konturen.

Den Schutzzweck ungeschriebener Mitwirkung nach Holzmüller haben die Gelatine - Entscheidungen auf die modernen Grundlagenentscheidungen inne wohnenden Verwässerungsgefahren hinsichtlich mitgliedschaftlich vermittelter Herrschafts- und Vermögensrechte der Aktionäre eingegrenzt und damit die Funktion und Aufgabe als Mitgliedschaftsschutzinstrument klargestellt. Ein solcher Mediatisierungseffekt muss in seinen Auswirkungen in die Nähe einer Satzungsänderung kommen. Damit stellt Holzmüller weder ein konzernspezifisches, noch ein rein auf Vermögensschutz der Anteilseigner zielendes Schutzinstrument dar. Das ungeschriebene Zustimmungsrecht nach Macrotron für den Fall des Delistings zielt hingegen auf den Schutz des Vermögensinteresses des Minderheitsaktionärs und ist als Minderheitenschutzrecht einzuordnen. Das Delisting beeinträchtigt den Kleinaktionär in seiner jederzeitigen Veräußerungsmöglichkeit, die einen Bestandteil des verfassungsrechtlich in Art. 14 I GG geschützten Eigentums darstellt. Damit bestehen nach der gegenwärtigen Rechtslage verschiedene Schutzgegenstände ungeschriebener Hauptversammlungszuständigkeiten, an die unterschiedliche Anforderungen zu stellen sind.

Diese in den Entscheidungen Holzmüller/Gelatine und Macrotron gefundenen Ergebnisse lassen es nicht zu, einen gemeinsamen Schutzzweck ungeschriebener Mitwirkungsrechte auszumachen. Insbesondere der Mitgliedschaftsschutz kann insoweit nur schwer als gemeinsames Schutzobjekt angesehen werden, was neben der Analyse der angesprochenen Urteile auch aus dem Ziel des BGH folgt, für eine größere Rechtssicherheit zu sorgen, da insoweit einheitliche Maßgaben für Grenzen und Anwendungsbereiche fehlen. Für den Schutzzweck ungeschriebener Zustimmungserfordernisse nach der Holzmüller – Doktrin, welche im Mittelpunkt dieser Arbeit standen, lässt sich jedoch nach der Neuausrichtung der Rechtsprechungsgrundsätze ein verallgemeinerungsfähiger Kerngehalt entwickeln. Über den Fall Holzmüller hinaus werden ungeschriebene Mitwirkungsrechte der Hauptversammlung für moderne Grundlagenentscheidungen, die im geltenden Recht nicht geregelt sind, erneut höchstrichterlich anerkannt. Die systematische und historische Auslegung ergibt, dass es sich hierbei um Transaktionen mit Investitions- und Anlagecharakter handelt, die aufgrund ihrer quasi – satzungsändernden Qualität keine Geschäftsführungsmaßnahme des Vorstands mehr darstellen können, sondern einen Beschluss der Hauptversammlung erfordern.

Es ist zu begrüßen, dass der BGH die dogmatische Grundlage ungeschriebener Zustimmung nach Holzmüller von § 119 II AktG löst und auf ein neues Fundament stellt. Die offene Rechtsfortbildung ist hier nicht nur eine methodisch mögliche, sondern auch in der Sache zulässige Vorgehensweise. Sie ergibt sich aus der typischen Machtverteilung in der Aktiengesellschaft und den Kategorien geschriebener Hauptversammlungszuständigkeiten einerseits und der aus Rechtssicherheitsgründen das Innenverhältnis betreffenden Rechtsfolge vor dem Hintergrund der mit Holzmüller zu lösenden Fälle moderner Grundlagenentscheidungen andererseits.

Insbesondere für die Praxis ergibt sich ein beträchtlicher Gewinn an Rechtssicherheit, indem die Holzmüller – Mitwirkung vor allem durch solche Erheblichkeitsschwellen bekräftigt wird, die diesen Namen verdienen. Damit erteilt der Senat den in der Literatur und Instanzrechtsprechung diskutierten Größen eine klare Absage und bleibt zugleich auf der bereits im Zusammenhang mit dem Schutzzweck und der dogmatischen Herleitung eingeschlagenen Linie eines den Ausnahmecharakter betonenden und daher restriktiven Umgangs mit ungeschriebenen Zustimmungserfordernissen nach Holzmüller. Danach erscheint es konsequent und folgerichtig, eine holzmüllerpflichtige Maßnahme nur anzunehmen, wenn in qualitativer Hinsicht der Kernbereich der unternehmerischen Tätigkeit der Aktiengesellschaft betroffen ist und die Maßnahme eine Qualität aufweist, die derjenigen einer Satzungsänderung nahe kommt. In quantitativer Hinsicht muss ein wesentlicher Eingriff insoweit vorliegen, als dass die Ausmaße des Holzmüller – Falles erreicht sein müssen (80 % - Grenze). Maßgebliche Bezugsgrößen sind in diesem Zusammenhang das Jahresergebnis und der Ertragswert des von der Maßnahme betroffenen Vermögens in wertender Gesamtschau; Bezugsobjekt ist der Gesamtkonzern bzw. das Gesamtunternehmen. Als folgerichtige Schlussfolgerung und in der Sache zutreffendes Mehrheitserfordernis verdient die vom BGH geforderte ¾ - Mehrheit des bei der Beschlussfassung vertretenen Grundkapitals uneingeschränkte Zustimmung.

Die immer wieder im Zusammenhang mit dem Thema dieser Arbeit diskutierten Fälle faktischer Satzungsänderungen sind von „Holzmüller" zu unterscheiden. Faktische Satzungsänderungen betreffen den Unternehmensgegenstand, indem dieser von der Verwaltung über- oder unterschritten wird. Ein Zustimmungserfordernis für faktische Satzungsänderungen folgt daher unmittelbar aus § 179 I AktG. Vergleichbares gilt auch für Konzernklauseln, die als Bestandteil und Beschreibung des Unternehmensgegenstandes keine ausreichende Ermächtigungsgrundlage für Holzmüller – Maßnahmen darstellen können.

Beschlussgegenstand einer Holzmüller – Zustimmung sollte aufgrund des Ad-hoc-Charakters der Entscheidung grundsätzlich eine konkrete Maßnahme sein. Angesichts der damit in der Praxis verbundenen Schwierigkeiten ist jedoch zur flexibleren Handhabung auch eine Vorausermächtigung der Verwaltung in Form eines Ermächtigungsbeschlusses zulässig. Dabei darf es sich jedoch nicht um einen bloßen Konzeptbeschluss handeln, sondern die Vorausermächtigung kann nur eine Transaktion betreffen, deren wirtschaftliche und rechtliche Rahmenbedingungen hinreichend konkret sind und die übrigen Anforderungen an eine wirksame Holzmüller - Beschlussfassung gewahrt sind. Hierbei trifft den Vorstand die Verpflichtung, i.S.v. § 124 II AktG umfassend über die anvisierte Transaktion zu informieren und diese bekannt zu machen. Die Rechtsgrundlage dieser Verpflichtung ist dabei nicht in einer Analogie zu § 124 II AktG zu sehen, sondern vielmehr als Annexverpflichtung zur Vorlagepflicht überhaupt. Darüber hinaus besteht die Pflicht zur Erläuterung sowie zur Auslegung in der Hauptversammlung. Aufgrund der Bedeutung und Wesentlichkeit, die Holzmüller – Maßnahmen zukünftig zukommt, ist es ferner sachgerecht für entsprechende Beschlussgegenstände auch von einer Berichtspflicht des Vorstands auszugehen. Eine solche ergibt sich anhand eines Vergleichs der Qualität, die Holzmüller – Maßnahmen zukommt, mit der Qualität derjenigen Maßnahmen, für die das Gesetz einen Vorstandsbericht anordnet. Zudem reduziert ein solcher Bericht das Anfechtungsrisiko des zu fassenden Hauptversammlungsbeschlusses und schafft Rechtssicherheit. Auch seine Rechtsgrundlage kann in einer Annexverpflichtung zu der auf offener Rechtsfortbildung fußenden Zustimmungspflicht gesehen werden. Holzmüller – Fälle unterliegen jedoch keiner Inhaltskontrolle. Dies widerspricht der Einordnung als Investitions- und Anlageentscheidung und wäre ganz und gar unpassend. Zudem stünde ein Sachgrunderfordernis im Gegensatz zu der in der Rechtsprechung bestehenden Tendenz einer Zurückdrängung der Inhaltskontrolle.

Welche Typen von Maßnahmen im Einzelnen unter die Holzmüller – Pflichtigkeit fallen, hat der BGH auch jetzt nicht ausdrücklich festgelegt. Jedenfalls die Ausgliederung in eine Tochtergesellschaft und die Verenkelung einer bisherigen Tochter unter eine andere Tochtergesellschaft fallen unter eine Zustimmungspflicht. Eingedenk des Schutzzwecks ungeschriebener Mitwirkung wird Selbiges künftig aber auch für Fälle des Beteiligungserwerbs und der Bargründung anzunehmen sein. Differenziert sollten Veräußerungsfälle beurteilt werden: Der Fall der vollständigen Beteiligungsabgabe erscheint nach den Klarstellungen in Gelatine mangels drohender Mediatisierung zustimmungsfrei, wohingegen in Fällen teilweiser Veräußerung der Mediatisierungseffekt durch das Entstehen von Dritteinflüssen in verstärkter Weise auszumachen ist. Die vollständige Einstellung und Aufgabe ganzer Geschäftsbereiche kann zwar im Einzelfall eine Holzmüller – Zustimmung erfordern, doch werden hier zukünftig die Fälle faktischer Satzungsdurchbrechung wegen Unterschreitung des Unternehmensgegenstandes mit der Folge einer Hauptversammlungszustimmung nach § 179 I AktG an Bedeutung gewinnen.

Die Analyse hat gezeigt, dass eine Holzmüller – Konstellation bei der Börseneinführung der Gesellschaft sowie in Fällen der übertragenden Auflösung eher fern liegt. In diesen Fällen bestehen entweder ausreichende gesetzliche Schutzmechanismen, so bei der übertragenden Auflösung, oder aber es fehlt am notwendigen Verwässerungseffekt von Mitgliedschaftsrechten, wie im Falle der Börsennotierung. Aus selbigem Grund kommt auch die Stellung eines Insolvenzantrags wegen drohender Zahlungsunfähigkeit der Gesellschaft nicht als Holzmüller – Fall in Betracht. Schließlich lichtet sich der Nebel auch für die unter dem Schlagwort Konzernleitung erörterten Fragen durch die Gelatine – Entscheidungen. Neben der (fortwährenden) Anwendbarkeit der Rechtsprechungsgrundsätze auf Konzernleitungsmaßnahmen, unabhängig von der Konzernstufe, wird auch ein Vorrang der Konzernbildungs- vor der -leitungskontrolle nicht mehr angenommen werden können. Hinsichtlich einzelner Konzernleitungsmaßnahmen bestimmt sich die Holzmüllerpflichtigkeit ebenfalls anhand eines durch die Maßnahme bewirkten Mediatisierungseffektes für die Aktionäre der Obergesellschaft.

Die Untersuchung hat ergeben, dass Kapitalerhöhungen in der Tochter unabhängig von der Wahrung oder dem Ausschluss des Bezugsrechts der Obergesellschaft als Holzmüller – Fall einzustufen sind. Dies folgt aus der in beiden Situationen eintretenden Verstärkung vorhandener Mediatisierung, die ein ungeschriebenes Zustimmungserfordernis gerade nach Gelatine begründen kann. Der Börsengang der Tochtergesellschaft weist als solcher keine Holzmüller – Qualität auf. Allerdings können dem Börsengang vorgelagerte Maßnahmen, namentlich der Kapitalerhöhungsbeschluss mit Bezugsrechtsausschluss in der Tochter sowie die Entscheidung über den Anteilsverkauf, eine Holzmüller – Zustimmung begründen. Auch der Abschluss von Unternehmensverträgen mit Dritten, die eine beherrschte Stellung der Tochter begründen, stellen holzmüllerpflichtige Maßnahmen dar, sofern hier die Schwellenwerte erreicht werden. Verzichtbar scheint demgegenüber eine ungeschriebene Mitwirkung in der Obergesellschaft für Gesamtvermögensgeschäfte der Tochter. Eine Anwendbarkeit der Holzmüller – Grundsätze kommt schließlich auch im KGaA - Recht in Betracht. Hier kann die Satzungsfreiheit zu einer Gefährdungslage der Kommanditaktionäre führen, wie sie für die Aktionäre der Aktiengesellschaft in Holzmüllerfällen besteht. Dies begründet ein Schutzbedürfnis der Kommanditaktionäre für moderne Grundlagenmaßnahmen zwischen den personengesellschaftsrechtlichen Grundlagengeschäften einerseits und zustimmungsfreien Geschäftsführungsmaßnahmen andererseits.

Abschließend kann festgehalten werden, dass sich viele bislang kontrovers diskutierte mögliche Holzmüller – Fälle bei konsequenter Beschränkung auf den Mediatisierungseffekt als das zuständigkeitsbegründende Kriterium angemessen lösen lassen und so für Wissenschaft und Praxis handhabbar werden. Als Folge der Neuausrichtung der Holzmüller – Grundsätze ist eine Stärkung der autonomen Leitungsmacht des Vorstands erfolgt. Dies untermauert seine Stellung in der aktienrechtlichen Organtrias maßgeblich und liegt insoweit mit dem wirtschaftspolitischen Grundanliegen der Siemens – Nold – Entscheidung[1] auf einer Linie. Dort hieß es, dass im heutigen Wirtschaftsleben in erhöhtem Maße die Notwendigkeit bestehe, schnell und flexibel zu handeln[2]. Wenn es nun in Gelatine lautet, dass es darauf ankomme, „in einer global vernetzten Wirtschaftsordnung sich bietende Chancen umgehend zu nutzen oder aufkommenden Gefahren sogleich zu begegnen“[3] und deshalb „eine enge Bindung an für einen Einzelfall einzuholende Entschließung der nicht ständig präsenten Hauptversammlung gänzlich unpraktikabel ist“[4], dann wird deutlich, dass der gleiche Tenor beider Entscheidungen auf eine flexible Unternehmensführung durch einen starken Vorstand zielt. Dass die Vorstände großer Aktienkonzerne auch nicht zögern werden, von der ihnen neu gewährten Freiheit Gebrauch zu machen, zeigte sich bereits kurz nach der Veröffentlichung der Gelatine – Urteile in eindrucksvoller Weise. Auf der

[1] BGHZ 136, 133 ff.; zur Verbindung zwischen Siemens/Nold und Holzmüller auch schon *Westermann*, FS Koppensteiner, S. 259 ff. (260 ff.).

[2] Vgl. BGHZ 136, 133 ff. (137).

[3] BGH, NJW 2004, 1860 ff. (1864).

[4] BGH, NJW 2004, 1860 ff. (1864).

Hauptversammlung der TUI AG am 18.05.2004 wurde auf die Zustimmung der Aktionäre zur Börseneinführung der Tochter Hapag – Lloyd unter Hinweis auf die Gelatine – Rechtsprechung kurzfristig verzichtet[5]. Ob es aber zu der (nicht nur) seither unisono geforderten effektiveren Organhaftung[6], insbesondere nach Verabschiedung des UMAG, kommt und so eine Stärkung der „checks and balances“[7] zwischen den Gesellschaftsorganen sichergestellt werden kann, ist nicht frei von Zweifeln. Denn dies verlangt von den Aktionären, dass sie ihrerseits aktiv gegen Maßnahmen der Gesellschaft vorgehen, was angesichts der rationalen Apathie vieler Anteilseigner immer noch fraglich erscheinen muss[8].

Inwieweit sich an dem nunmehr erreichten Stand der Holzmüller – Diskussion durch eine stärkere Gebrauchmachung neuer Kommunikationstechnologien etwas ändert, ist nicht zuletzt im Hinblick auf die mit der Einführung neuer Technologien in das geltende Aktienrecht insgesamt verbundenen Schwierigkeiten, nicht vorhersehbar[9]. So finden sich Stimmen, die einen Ausbau ungeschriebener Zuständigkeiten aufgrund der etwa durch das Internet gewonnenen Flexibilität befürworten[10]. Dann könnten gerade wichtige Ad-hoc-Entscheidungen zu einzelnen Strukturmaßnahmen ohne Probleme außerhalb der jährlichen Hauptversammlung getroffen werden[11]. Ob aber mit der fraglos auch in diesem Bereich an Bedeutung gewinnenden Nutzung neuer Kommunikationstechniken eine Ausweitung der materiellen Zuständigkeiten der Hauptversammlung einhergehen kann, muss skeptisch beurteilt werden. Denn zum einen würde damit die gesamte klassische Organisationsstruktur der Aktiengesellschaft in Frage gestellt[12] und zum anderen würden auch neue Schwierigkeiten im Zusammenhang mit der Holzmüller – Doktrin selbst auftreten. Insbesondere der insoweit herausgearbeitete Ausnahmecharakter ungeschriebener Zuständigkeiten im Kompetenzgefüge der Aktiengesellschaft darf nicht zuletzt unter Berücksichtigung seiner neuen dogmatischen Fundierung erneut relativiert werden. In dieser Rückführung der Holzmüller – Grundsätze auf ihren Kerngehalt liegt der große Verdienst der Gelatine – Entscheidungen. Auch ohne das alle Fragen geklärt und alle denkbaren Konstellationen überprüft sind, lassen sich bei der Anwendung der Holzmüller – Grundsätze durch eine konsequente Beschränkung auf Mediatisierungsfälle angemessene Lösungen finden.

[5] Im Handelsblatt Nr. 97 vom 19.05.2004, S. 15 heißt es dazu, dass Konzernchef Michael Frenzel gegenüber den Aktionären erklärte, dass der Grund hierfür nicht eine Änderung der entsprechenden Pläne, sondern ein aktuelles Urteil des BGH von Ende April sei.

[6] In dieser Richtung *Fleischer*, NJW 2004, 2335 ff. (2339); *Goette*, DStR 2004, 927 ff. (928); *Habersack*, AG 2005, 137 ff. (146).

[7] Vgl. zur Rechtswirklichkeit der „checks and balances“ und einer immer stärkeren Trennung von Eigentümerstellung und Kontrolle, *Schmitz*, Einfluss neuer Technologien, S. 3 ff.

[8] Vgl. dazu *Servatius*, Strukturmaßnahmen, S. 196 ff.

[9] Vgl. dazu *Giedinghagen*, Virtuelle Hauptversammlung, S. 325 f.

[10] *Giedinghagen*, Virtuelle Hauptversammlung, S. 305; *Habersack*, AG 2005, 137 ff. (149); *ders.*, ZHR 165 (2001), 172 ff. (195 f.); *Noack*, LMK 2004, 162; in der Tendenz auch *Hirte*, FS Buxbaum, S. 283 ff. (295 ff.).

[11] *Giedinghagen*, Virtuelle Hauptversammlung, S. 305.

[12] *Hirte*, FS Buxbaum, S. 283 ff. (295, 297).

Literaturverzeichnis

Adolff, Johannes
Tieves, Johannes
Über den rechten Umgang mit einem entschlusslosen Gesetzgeber: Die aktienrechtliche Lösung des BGH für den Rückzug von der Börse
in: BB 2003, 797 ff.
Zitiert: *Adolff/Tieves,* BB 2003

Ackermann, Brunhilde
Anmerkungen zum BGH - Urteil vom 26.04.2004 (II ZR 154/02 – Gelatine)
in: jurisPR-BGHZivilR 23/2004 Anm. 2
Zitiert: *Ackermann,* jurisPR 23/2004

Albach, Horst (Mitverf.)
Deregulierung des Aktienrechts: Das Drei-Stufen-Modell
Gütersloh 1988
Zitiert: *Albach,* Deregulierung des Aktienrechts

Allen, William T.
Kraakman, Reinier
Commentaries and cases on the law of business organization
New York 2003
Zitiert: *Allen/Kraakman,* Commentaries and cases

Altmeppen, Holger
Ausgliederung zwecks Organbildung gegen die Sperrminorität
in: DB 1998, 49 ff.
Zitiert: *Altmeppen,* DB 1998

ders.
Anmerkung zu BGH ZIP 2004, 993 ff. (Gelatine)
in: ZIP 2004, 999 ff.
Zitiert: *Altmeppen,* ZIP 2004

Arnold, Arnd
Die GmbH & Co. KGaA
Köln 2000
Zitiert: *Arnold,* GmbH & Co. KGaA

ders.
Mitwirkungsbefugnisse der Aktionäre nach Gelatine und Macrotron
in: ZIP 2005, 1573 ff.
Zitiert: *Arnold,* ZIP 2005

Aßers, Claus
Schlienkamp, Caroline
Weisner, Arnd
Anforderungen des BGH an den Rückzug von der Börse - die Macrotron - Entscheidung des BGH
in: DStR 2003, 985 ff.
Zitiert: *Aßers/Schlienkamp/Weisner,* DStR 2003

Bachmann, Gregor	Verwaltungsvollmacht und "Aktionärsdemokratie" - Selbstregulative Ansätze für die Hauptversammlung in: AG 2001, 635 ff. Zitiert: *Bachmann,* AG 2001
Bahrenfuss, Dirk	Die Entstehung des Aktiengesetzes von 1965 Berlin 2001 Zitiert: *Bahrenfuss,* Entstehung
Banerjea, Nirmal Robert	Due Diligence beim Erwerb von Aktien über die Börse in: ZIP 2003, 1730 ff. Zitiert: *Banerjea,* ZIP 2003
Baumbach, Adolf ***Hopt,*** Klaus J.	Handelsgesetzbuch 31. Auflage, München 2003 Zitiert: Baumbach/Hopt - *Bearbeiter*, HGB
Baums, Theodor	Empfiehlt sich eine Neuregelung des aktienrechtlichen Anfechtungs- und Organhaftungsrechts, insbesondere der Klagemöglichkeiten von Aktionären? Gutachten für den 63. Deutschen Juristentag 2000, F 1 – 263 Zitiert: *Baums,* Gutachten
ders.	Vorzugsaktien, Ausgliederung und Konzernfinanzierung in: AG 1994, 1 ff. Zitiert: *Baums,* AG 1994
ders.	Bericht der Regierungskommission Corporate Governance Köln 2001 Zitiert: *Baums,* Kommissionsbericht
ders. ***Achenbach,*** Hans	Kommentar zum Wertpapiererwerbs- und Übernahmegesetz Köln 2004 Zitiert: Baums/Achenbach – *Bearbeiter*
Bayer, Walter	Herrschaftsveränderungen im Vertragskonzern in: ZGR 1993, 599 ff. Zitiert: *Bayer,* ZGR 1993
ders.	Kein Abschied vom Minderheitenschutz durch Information in: ZGR 1995, 613 ff. Zitiert: *Bayer,* ZGR 1995
ders.	1000 Tage neues Umwandlungsrecht – eine Zwischenbilanz in: ZIP 1997, 1613 ff. Zitiert: *Bayer,* ZIP 1997

Beck, Heiko
Hedtmann, Oliver
Ausgewählte Rechtsfragen des börsenrechtlichen Delistings
in: BKR 2003, 190 ff.
Zitiert: *Beck/Hedtmann,* BKR 2003

Becker, Florian
Fett, Torsten
Börsengang im Konzern
in: WM 2001, 549 ff.
Zitiert: *Becker/Fett,* WM 2001

Becker, Friedwart A.
Horn, Claus – Henrik
Ungeschriebene Aktionärsrechte nach Holzmüller und Gelatine
in: JuS 2005, 1067 ff.
Zitiert: *Becker/Horn,* JuS 2005

Becker, Michael
Verwaltungskontrolle durch Gesellschafterrechte
Tübingen 1997
Zitiert: *Becker,* Verwaltungskontrolle

Benecke, Martina
Gesellschaftliche Voraussetzungen des Delisting
in: WM 2004, 1122 ff.
Zitiert: *Benecke,* WM 2004

Bernhardt, Wolfgang
Unternehmensführung und Hauptversammlung
in: DB 2000, 1873 ff.
Zitiert: *Bernhardt,* DB 2000

Beusch, Karl
Die Aktiengesellschaft – eine Kommanditgesellschaft in der Gestalt einer juristischen Person?
in: Hadding, Walther (Hrsg.), Festschrift für Winfried Werner zum 65. Geburtstag, S. 1 ff.
Berlin u.A. 1984
Zitiert: *Beusch,* FS Werner

Bischoff, Thomas
Sachliche Voraussetzungen von Mehrheitsbeschlüssen in Kapitalgesellschaften
in: BB 1987, 1055 ff.
Zitiert: *Bischoff,* BB 1987

Boese, Norbert
Die Anwendungsgrenzen des Erfordernisses sachlicher Rechtfertigung bei HV - Beschlüssen
Köln u.A. 2004
Zitiert: *Boese,* Anwendungsgrenzen

Böttcher, Lars
Verpflichtung des Vorstands einer AG zur Durchführung einer Due Diligence
in: NZG 2005, 49 ff.
Zitiert: *Böttcher,* NZG 2005

ders. Die Grenzen der Leitungsmacht des Vorstands
Blasche, Sebastian in: NZG 2006, 569 ff.
Zitiert: *Böttcher/Blasche,* NZG 2006

Brauer, Markus Die Rechte der Aktionäre beim Börsengang und Börsenrückzug ihrer Aktiengesellschaft
Berlin 2005
Zitiert: *Brauer,* Rechte der Aktionäre

Bungert, Hartwin Delisting und Hauptversammlung
in: BB 2000, 53 ff.
Zitiert: *Bungert,* BB 2000

ders. Festschreibung der ungeschriebenen Holzmüller - Hauptversammlungszuständigkeiten bei der Aktiengesellschaft
in: BB 2004, 1345 ff.
Zitiert: *Bungert,* BB 2004

Bürgers, Tobias Aktienrechtlicher Schutz beim Delisting?
in: NJW 2003, 1642 ff.
Zitiert: *Bürgers,* NJW 2003

Busch, Torsten Mangusta/Commerzbank - Rechtsschutz nach Ausnutzung eines genehmigten Kapitals
in: NZG 2006, 81 ff.
Zitiert: *Busch,* NZG 2006

Busch, Torsten
Groß, Wolfgang Vorerwerbsrechte der Aktionäre bei Verkauf von Tochtergesellschaften über die Börse?
in: AG 2000, 503 ff.
Zitiert: *Busch/Groß,* AG 2000

Bydlinski, Franz Juristische Methodenlehre und Rechtsbegriff
2. Auflage, Wien u.A. 1991
Zitiert: *Bydlinski,* Methodenlehre

Cahn, Andreas Pflichten des Vorstandes beim genehmigten Kapital mit Bezugsrechtsausschluss
in: ZHR 163 (1999), 554 ff.
Zitiert: *Cahn,* ZHR 163 (1999)

Canaris, Wilhelm Grundrecht und Privatrecht: eine Zwischenbilanz
Berlin u.A. 1999
Zitiert: *Canaris,* Grundrechte

De Vries, Kolja — Delisting - Kapitalmarktrecht, Gesellschaftsrecht, Umwandlungsrecht
Köln 2002
Zitiert: *de Vries,* Delisting

Drinkuth, Henrik — Formalisierte Informationsrechte bei Holzmüller-Beschlüssen?
in: AG 2001, 256 ff.
Zitiert: *Drinkuth,* AG 2001

Duden, Konrad — Zur Mitbestimmung in Konzernverhältnissen nach dem Mitbestimmungsgesetz
in: ZHR 141 (1977), 145 ff.
Zitiert: *Duden,* ZHR 141 (1977)

Ebenroth, Carsten Thomas — Konzernbildungs- und Konzernleitungskontrolle – Ein Beitrag zu den Kompetenzen von Vorstand und Hauptversammlung
Konstanz 1987
Zitiert: *Ebenroth,* Konzernbildungskontrolle

ders. — Die Kompetenzen des Vorstands und der Aktionärsschutz in der Konzernobergesellschaft
in: AG 1988, 1 ff.
Zitiert: *Ebenroth,* AG 1988

Edelmann, Herve — Ausschluss von Penny Stocks - Kann das Regelwerk Neuer Markt einseitig geändert werden?
in: BB 2002, 1332 ff.
Zitiert: *Edelmann,* BB 2002

Ehricke, Ulrich
Ekkenga, Jens
Oechsler, Jürgen — Wertpapiererwerbs – und Übernahmegesetz – Kommentar
München 2003
Zitiert: Ehricke/Ekkenga/Oechsler - *Bearbeiter*

Eickhoff, Wolfgang — Der Gang an die Börse - und kein Weg zurück?
in: WM 1988, 1713 ff.
Zitiert: *Eickhoff,* WM 1988

Eisenberg, Melvin Aron — The structure of the corporation
Boston u.A. 1976
Zitiert: *Eisenberg,* Structure

Ekkenga, Jens — Das Organisationsrecht des genehmigten Kapitals (Teil I)
in: AG 2001, 567 ff.
Zitiert: *Ekkenga,* AG 2001

ders. Macrotron und das Grundrecht auf Aktieneigentum - der BGH als der bessere Gesetzgeber?
in: ZGR 2003, 878 ff.
Zitiert: *Ekkenga,* ZGR 2003

***Emmerich,* Volker** Das Konzernrecht der Personengesellschaften – Rückblick und Ausblick
in: Lutter, Marcus (Hrsg.), Festschrift für Walter Stimpel zum 68. Geburtstag, S. 743 ff.
Berlin 1985
Zitiert: *Emmerich,* FS Stimpel

ders. Konzernbildungskontrolle
in: AG 1991, 303 ff.
Zitiert: *Emmerich,* AG 1991

ders.
***Sonnenschein,* Jürgen** Konzernrecht
2. Auflage, München 1977
Zitiert: *Emmerich/Sonnenschein,* Konzernrecht 2. Aufl.

***Emmerich,* Volker**
***Habersack,* Mathias** Konzernrecht
8. Auflage, München 2005
Zitiert: *Emmerich/Habersack,* Konzernrecht

dies. Aktien- und GmbH- Konzernrecht
3. Auflage, München 2003
Zitiert: Emmerich/Habersack, 3. Aufl. - *Bearbeiter*

dies. Aktien- und GmbH- Konzernrecht
4. Auflage, München 2005
Zitiert: Emmerich/Habersack – *Bearbeiter*

***Engisch,* Karl**
***Würtenberger,* Thomas**
(Hrsg. u. Bearb.) Einführung in das juristische Denken
9. Auflage, Stuttgart u.A. 1997
Zitiert: *Engisch,* Einführung

***Esser,* Josef** Grundsatz und Norm in der richterlichen Fortbildung des Privatrechts
4. Auflage, Tübingen 1990
Zitiert: *Esser,* Grundsatz und Norm

***Even,* Frank**
***Vera,* Antonio** Die Techniken des Going Private in Deutschland
in: DStR 2002, 1315 ff.
Zitiert: *Even/Vera,* DStR 2002

Fischer, Curt Eduard
Rechtsschein und Wirklichkeit im Aktienrecht – Rechtspolitische Betrachtungen zu einer Reform des Aktiengesetzes
in: AcP 154 (1954), 85 ff.
Zitiert: *Fischer,* AcP 154 (1954)

ders.
Die Reform des Aktiengesetzes - Grundsätzliche Gesichtspunkte und einige Vorschläge für die Neufassung
in: AcP 154 (1954), 181 ff.
Zitiert: *Fischer,* AcP 154 (1954)

Fleck, Hans – Joachim
Die Rechtsprechung des Bundesgerichtshofes zum Recht der verbundenen Unternehmen
in: WM 1986, 1205 ff.
Zitiert: *Fleck,* WM 1986

Fleischer, Holger
Börseneinführung von Tochtergesellschaften
in: ZHR 165 (2001), 513 ff.
Zitiert: *Fleischer,* ZHR 165 (2001)

ders.
Verwaltung und Hauptversammlung im englischen und deutschen Aktienrecht
in: Lorenz, Stephan (Hrsg.), Festschrift für Andreas Heldrich zum 70. Geburtstag, S. 597 ff.
München 2005
Zitiert: *Fleischer,* FS Heldrich

ders.
Ungeschriebene Hauptversammlungszuständigkeiten im Aktienrecht: Von „Holzmüller" zu „Gelatine"
in: NJW 2004, 2335 ff.
Zitiert: *Fleischer,* NJW 2004

Flume, Werner
Allgemeiner Teil des bürgerlichen Rechts – Band I, 2: Die juristische Person
Berlin u.A. 1983
Zitiert: *Flume,* Jur. Person

ders.
Die Rechtsprechung des II. Zivilsenats des BGH zur Treupflicht des GmbH-Gesellschafters und des Aktionärs
in: ZIP 1996, 161 ff.
Zitiert: *Flume,* ZIP 1996

Förl, Thomas
Die GmbH & Co. KGaA als abhängiges Unternehmen
Düsseldorf 2003
Zitiert: *Förl,* GmbH & Co. KGaA

ders. Die GmbH & Co. KGaA als abhängiges Unternehmen: die Möglichkeiten der Einflussnahme auf die GmbH & Co. KGaA und deren Rechtsfolgen aus dem Aktienkonzernrecht, dem Konzernmitbestimmungsrecht und dem Recht der Konzernrechnungslegung
Düsseldorf 2003
Zitiert: *Förl,* Die GmbH & Co. KGaA

Fuchs, Andreas — Der Schutz der Aktionäre beim Börsengang der Tochtergesellschaft
in: RWS – Forum Gesellschaftsrecht in Berlin 2001, Köln 2001
Zitiert: *Fuchs,* RWS Forum Gesellschaftsrecht

Fuhrmann, Lambertus — „Gelatine" und die Holzmüller-Doktrin - Ende einer juristischen Irrfahrt?
in: AG 2004, 339 ff.
Zitiert: *Fuhrmann,* AG 2004

Gadow, Wilhelm (Begr.)
Hopt, Klaus J. (Hrsg.)
Wiedemann, Herbert (Hrsg.) — Großkommentar zum Aktiengesetz - §§ 1 – 53
4. Auflage, Berlin u.A. 1992 - 2004
Zitiert: GK AktG – *Bearbeiter*

dies. Großkommentar zum Aktiengesetz - §§ 118 – 120
4. Auflage, Berlin u.A. 1993 - 1999
Zitiert: GK AktG – *Bearbeiter*

dies. Großkommentar zum Aktiengesetz - §§ 278 – 290
4. Auflage, Berlin u.A. 2001
Zitiert: GK AktG – *Bearbeiter*

Geßler, Ernst — Vorstand und Aufsichtsrat im neuen Aktiengesetz
in: JW 1937, 497 ff.
Zitiert: *Geßler,* JW 1937

ders. Einberufung und ungeschriebenen Hauptversammlungszuständigkeiten
in: Lutter, Marcus (Hrsg.), Festschrift für Walter Stimpel zum 68. Geburtstag, S. 771 ff.
Berlin u.A. 1985
Zitiert: *Geßler,* FS Stimpel

ders. (Hrsg.)
Hefermehl, Wolfgang
Eckardt, Ulrich
Kropff, Bruno — Aktiengesetz, Bd. 2, §§ 76 - 147
München, 1974
Zitiert: Geßler/Hefermehl/Eckardt/Kropff – *Bearbeiter*

Geyrhalter, Volker
Zirngibl, Nikolas
Alles unklar beim formalen Delisting - eine Zwischenbilanz 18 Monate nach Macrotron
in: DStR 2004, 1048 ff.
Zitiert: *Geyrhalter/Zirngibl*, DStR 2004

Geyrhalter, Volker
Gänßler, Peggy
Gesellschaftsrechtliche Voraussetzungen eines formalen Delistings
in: NZG 2003, 313 ff.
Zitiert: *Geyrhalter/Gänßler*, NZG 2003

Giedinghagen, Jan C.
Die virtuelle Hauptversammlung im US – amerikanischen und deutschen Aktienrecht
Hamburg 2005
Zitiert: *Giedinghagen*, Virtuelle Hauptversammlung

Goette, Wulf
Anmerkung zu BGH DStR 2004, 922 ff. (Gelatine)
in: DStR 2004, 927 ff.
Zitiert: *Goette*, DStR 2004

ders.
Aktuelle Rechtsprechung des Bundesgerichtshofs zum Aktienrecht (Teil II)
in: DStR 2005, 603 ff.
Zitiert: *Goette*, DStR 2005

Görg, Klaus Hubert
Behindern Holzmüller und Gelatine die Sanierung der Aktiengesellschaft?
in: Piepenburg, Horst (Hrsg.), Festschrift für Günter Greiner zum 70. Geburtstag, S. 51 ff.
Köln u.A. 2005
Zitiert: *Görg*, FS Greiner

Götz, Heinrich
Die Sicherung der Rechte der Aktionäre der Konzernobergesellschaft bei Konzernbildung und Konzernleitung
in: AG 1980, 85 ff.
Zitiert: *Götz*, AG 1980

ders.
Leitungssorgfalt und Leitungskontrolle der Aktiengesellschaft hinsichtlich abhängiger Unternehmen
in: ZGR 1998, 524 ff.
Zitiert: *Götz*, ZGR 1998

Götze, Cornelius
Gelatine statt Holzmüller – Zur Reichweite ungeschriebener Mitwirkungsbefugnisse der Hauptversammlung
in: NZG 2004, 585 ff.
Zitiert: *Götze*, NZG 2004

Gower, Laurence C.
Davies, Paul L.
Principles of modern company law
7. ed., London 2003
Zitiert: *Gower/Davies,* Principles

Groß, Ernst
Der „vollständige Wortlaut" des Gesellschaftsvertrags einer Gesellschaft m.b.H.
in: Der Deutsche Rechtspfleger 1972, 241 ff.
Zitiert: *Groß,* RPfl1972

ders.
Zuständigkeit der Hauptversammlung bei Erwerb und Veräußerung von Unternehmensbeteiligungen
in: AG 1994, 266 ff.
Zitiert: *Groß,* AG 1994

ders.
Vorbereitung und Durchführung von Hauptversammlungsbeschlüssen zu Erwerb oder Veräußerung von Unternehmensbeteiligungen
in: AG 1996, 111 ff.
Zitiert: *Groß,* AG 1996

ders.
Rechtsprobleme des Delisting
in: ZHR 165 (2001), 141 ff.
Zitiert: *Groß,* ZHR 165 (2001)

Grossfeld, Bernhard
Brondics, Klaus
Die Aktionärsklage – nun auch im deutschen Recht
in: JZ 1982, 589 ff.
Zitiert: *Grossfeld/Brondics,* JZ 1982

Grunewald, Barbara
Rückverlagerung von Entscheidungskompetenzen der Hauptversammlung auf den Vorstand
in: AG 1990, 133 ff.
Zitiert: *Grunewald,* AG 1990

dies.
Das Recht zum Austritt aus der Aktiengesellschaft
in: Martens, Klaus - Peter (Hrsg.), Festschrift für Carsten Peter Claussen zum 70. Geburtstag, S. 103 ff.
Köln u.A. 1997
Zitiert: *Grunewald,* FS Claussen

dies.
Die Auswirkungen der Macrotron - Entscheidung auf das kalte Delisting"
in: ZIP 2004, 542 ff.
Zitiert: *Grunewald,* ZIP 2004

dies.
Gesellschaftsrecht
6. Auflage, Tübingen 2005
Zitiert: *Grunewald,* GesR

***Grupp,* Alexander** — Börseneintritt und Börsenaustritt
Stuttgart 1995
Zitiert: *Grupp,* Börseneintritt und Börsenaustritt

***Habersack,* Mathias** — Die Mitgliedschaft: subjektives und sonstiges Recht
Tübingen 1996
Zitiert: *Habersack,* Mitgliedschaft

ders. — "Holzmüller" und die schönen Töchter
in: WM 2001, 545 ff.
Zitiert: *Habersack,* WM 2001

ders. — Aktienrecht und Internet
in: ZHR 165 (2001), 172 ff.
Zitiert: *Habersack,* ZHR 165 (2001)

ders. — Mitwirkungsrechte der Aktionäre nach Macrotron und Gelatine
in: AG 2005, 137 ff.
Zitiert: *Habersack,* AG 2005

***Halasz,* Christian**
***Kloster,* Lars** — Börsengang - eine Entscheidung der Hauptversammlung?
in: ZBB 2001, 474 ff.
Zitiert: *Halasz/Kloster,* ZBB 2001

***Hall,* Reiner** — Anmerkung zum BGH - Urteil vom 26.04.2004 (II ZR 155/02 – Gelatine)
in: jurisPR-BGHZivilR 26/2004 Anm. 1
Zitiert: *Hall,* jurisPR 26/2004

***Hammen,* Horst** — Anmerkung zu EWiR 2002, 335 (Urteil des OLG Frankfurt vom 29.01.02)
in: EWiR 2002, 335 f.
Zitiert: *Hammen,* EwiR 2002

***Hannigan,* Brenda** — Company Law
London 2003
Zitiert: *Hannigan,* Company Law

***Harbarth,* Stephan** — Abwehr feindlicher Übernahmen in den USA
in: ZVglRWiss 100 (2001), 275 ff.
Zitiert: *Harbarth,* ZVglRWiss 100 (2001)

ders. — Dual Headed Companies
in: AG 2004, 573 ff.
Zitiert: *Harbarth,* AG 2004

Heckschen, Heribert
Simon, Stefan
Umwandlungsrecht: Gestaltungsschwerpunkte der Praxis
Köln u.A. 2003
Zitiert: Heckschen – *Bearbeiter*

Heermann, Peter W.
Unentziehbare Mitwirkungsrechte der Minderheitsaktionäre bei außergewöhnlichen Geschäften in der GmbH & Co KGaA
in: ZGR 2000, 61 ff.
Zitiert: *Heermann,* ZGR 2000

Heinsius, Theodor
Organzuständigkeit bei Bildung, Erweiterung und Umorganisation des Konzerns
in: ZGR 1984, 383 ff.
Zitiert: *Heinsius,* ZGR 1984

Hellwig, Hans – Jürgen
Möglichkeiten einer Börsenreform zur Stärkung des deutschen Kapitalmarktes
in: ZGR 1999, 781 ff.
Zitiert: *Hellwig,* ZGR 1999

ders.
Bormann, Michael
Die Abfindungsregeln beim Going Private - Der Gesetzgeber ist gefordert!
in: ZGR 2002, 465 ff.
Zitiert: *Hellwig/Bormann,* ZGR 2002

Hemeling, Peter
Gesellschaftsrechtliche Fragen der „Due Diligence" beim Unternehmenskauf
in: ZHR 169 (2005), 274 ff.
Zitiert: *Hemeling* ZHR 169 (2005)

Henn, Günter
Die Wahrung der Interessen der Aktionäre innerhalb und außerhalb der Hauptversammlung
in: BB 1982, 1185 ff.
Zitiert: *Henn,* BB 1982

ders.
Handbuch des Aktienrechts
6. Auflage, Heidelberg 1998
Zitiert: *Henn,* Hdb.AktR

Hennerkes, Brun - Hagen
May, Peter
Noch einmal - Die GmbH & Co KG auf Aktien als Rechtsform für börsenwillige Familienunternehmen?
in: BB 1988, 2393 ff.
Zitiert: *Hennerkes/May,* BB 1988

Henssler, Martin
Minderheitenschutz im faktischen GmbH – Konzern
in: Lieb, Manfred (Hrsg.), Festschrift für Wolfgang Zöllner zum 70. Geburtstag, Bd. 1, S. 203 ff.
Köln u.A. 1999
Zitiert: *Henssler,* FS Zöllner

Henze, Hartwig
Die Treupflicht im Aktienrecht
in: BB 1996, 489 ff.
Zitiert: *Henze,* BB 1996

ders.
Treupflichten der Gesellschafter im Kapitalgesellschaftsrecht
in: ZHR 162 (1998), 186 ff.
Zitiert: *Henze,* ZHR 162 (1998)

ders.
Leitungsverantwortung des Vorstands - Überwachungspflicht des Aufsichtsrats
in: BB 2000, 209 ff.
Zitiert: *Henze,* BB 2000

ders.
Holzmüller vollendet das 21. Lebensjahr
in: Habersack, Mathias (Hrsg.), Festschrift für Peter Ulmer zum 70. Geburtstag, S. 211 ff.
Berlin u.A. 2003
Zitiert: *Henze,* FS Ulmer

Herrmann, Marcus
Zivilrechtliche Abwehrmaßnahmen gegen unfreundliche Übernahmeversuche in Deutschland und Großbritannien
Heidelberg 1993
Zitiert: *Herrmann,* Zivilrechtliche Abwehrmaßnahmen

Hesselmann, Malte
GmbH & Co Kommanditgesellschaft auf Aktien
in: GmbHR 1988, 472 ff.
Zitiert: *Hesselmann,* GmbHR 1988

Hirte, Heribert
Bezugsrechtsausschluss und Konzernbildung
Köln u.A. 1986
Zitiert: *Hirte,* Bezugsrechtsausschluss

ders.
Geldausgleich statt Inhaltskontrolle: vermögensbezogener Aktionärsschutz in der börsennotierten Aktiengesellschaft
in: WM 1997, 1001 ff.
Zitiert: *Hirte,* WM 1997

ders. Der Einfluss neuer Informationstechniken auf das Gesellschaftsrecht und die Corporate – Governance - Debatte
in: Baums, Theodor (Hrsg.), Corporations, capital markets and business in the law: liber amicorum Richard M. Buxbaum, London u.A. 2000, S. 283 ff.
Zitiert: *Hirte,* FS Buxbaum

ders. Kapitalgesellschaftsrecht
4. Auflage, Köln 2003
Zitiert: *Hirte,* KapGesR

ders. Anmerkung zu BGH ZIP 2004, 1001 ff. (Gelatine)
in: EWiR 2004, 1161 f.
Zitiert: *Hirte,* EWiR 2004

ders.
Bülow, Christoph von
Kölner Kommentar zum WpÜG
Köln u.A. 2003
Zitiert: KK WpÜG – *Bearbeiter*

Hoffmann - Becking, Michael (Hrsg.) Münchener Handbuch des Gesellschaftsrechts – Band IV, Aktiengesellschaft
2. Auflage, München 1999
Zitiert: Münch. Hdb.GesR IV – *Bearbeiter*

ders.
Herfs, Achim
Struktur und Satzung der Familien – KGaA
in: Hommelhoff, Peter (Hrsg.), Familiengesellschaften: Festschrift für Walter Sigle zum 70. Geburtstag, S. 273 ff.
Köln 2000
Zitiert: *Hoffmann - Becking/Herfs,* FS Sigle

Hohmann, Harald
Makatsch, Tilman
Legal Unbundling: Möglichkeiten einer praktischen Umsetzung
in: Energiewirtschaftliche Tagesfragen 2003, 833 ff.
Zitiert: *Hohmann/Makatsch,* ET 2003

Holzborn, Timo BGH verschärft Delisting - Voraussetzungen
in: WM 2003, 1105 ff.
Zitiert: *Holzborn,* WM 2003

ders.
Schlösser, Daniel
Systemwechsel beim Going private
in: BKR 2002, 486 ff.
Zitiert: *Holzborn/Schlösser,* BKR 2002

Hommelhoff, Peter Die Konzernleitungspflicht
Köln u.A. 1982
Zitiert: *Hommelhoff,* Konzernleitungspflicht

ders. 100 Bände BGHZ – Aktienrecht
in: ZHR 151 (1987), 493 ff.
Zitiert: *Hommelhoff,* ZHR 151 (1987)

ders. Zur Kontrolle strukturändernder Gesellschafterbeschlüsse
in: ZGR 1990, 447 ff.
Zitiert: *Hommelhoff,* ZGR 1990

Hopt, Klaus J. Verhaltenspflichten des Vorstands der Zielgesellschaft bei feindlichen Übernahmen
in: Schneider, Uwe H. (Hrsg.), Deutsches und europäisches Gesellschafts-, Konzern- und Kapitalmarktrecht: Festschrift für Marcus Lutter zum 70. Geburtstag, S. 1361 ff
Köln 2000
Zitiert: *Hopt,* FS Lutter

Horbach, Matthias Verfahrensfragen bei Holzmüller – Beschlüssen
in: BB 2001, 893 ff.
Zitiert: *Horbach,* BB 2001

Huber, Ulrich Betriebsführungsverträge zwischen selbständigen Unternehmen
in: ZHR 152 (1988), 1 ff.
Zitiert: *Huber,* ZHR 152 (1988)

Hübner, Ulrich Die Ausgliederung von Unternehmensteilen in aktien- und aufsichtsrechtlicher Sicht
in: Lutter, Marcus (Hrsg.), Festschrift für Walter Stimpel zum 68. Geburtstag, S. 791 ff.
Berlin u.A. 1985
Zitiert: *Hübner,* FS Stimpel

Hüffer, Uwe Die Ausgleichsklausel des § 243 II S. 2 AktG: misslungene Privilegierung der Mehrheitsherrschaft oder Grundlage für bloßen Vermögensschutz des Kapitalanlegers
in: Forster, Karl – Heinz (Hrsg.), Aktien- und Bilanzrecht: Festschrift für Bruno Kropff, S. 128 ff.
Düsseldorf 1997
Zitiert: *Hüffer,* FS Kropff

ders. Zur Holzmüller – Problematik: Reduktion des Vorstandsermessens oder Grundlagenkompetenz der Hauptversammlung
in: Habersack, Mathias (Hrsg.), Festschrift für Peter Ulmer zum 70. Geburtstag, S. 279 ff.
Berlin 2003
Zitiert: *Hüffer,* FS Ulmer

ders. Gesellschaftsrecht
6. Auflage, München 2003
Zitiert: *Hüffer,* GesR

ders. Aktiengesetz - Kommentar
6. Auflage, München 2004
Zitiert: *Hüffer,* AktG Vorauflage

ders. „Aktiengesetz - Kommentar“
7. Auflage, München 2006
Zitiert: *Hüffer,* AktG

***Ihrig,* Hans – Christoph**
***Schlitt,* Michael** Die KGaA nach dem Beschluss des BGH vom 24.02.1997
in: Ulmer, Peter (Hrsg.), Die GmbH und Co. KGaA nach dem Beschluss BGHZ 134, 392 – ZHR - Sonderheft 67, 1998, S. 33 ff.
Heidelberg 1998
Zitiert: *Ihrig/Schlitt,* Die KGaA

***Jacques,* Henning** Börsengang und Führungskontinuität durch die kapitalistische KGaA
in: NZG 2000, 401 ff.
Zitiert: *Jacques,* NZG 2000

***Janzen,* Christine** Konzernbildungskontrolle im faktischen GmbH – Konzern
Münster u.A. 1993
Zitiert: *Janzen,* Konzernbildungskontrolle

***Joost,* Detlev** Holzmüller 2000 vor dem Hintergrund des Umwandlungsgesetzes
in: ZHR 163 (1999), 164 ff.
Zitiert: *Joost,* ZHR 163 (1999)

***Just,* Clemens** Anmerkung zu BGH ZIP 2004, 992 ff. (Gelatine)
in: EWiR 2004, 573 f.
Zitiert: *Just,* EWiR 2004

***Kallmeyer,* Harald** Neutralitätspflichten des Vorstands und Entscheidungsbefugnis der Hauptversammlung im Übernahmerecht
in: AG 2000, 553 ff.
Zitiert: *Kallmeyer,* AG 2000

***Käpplinger,* Markus** Inhaltskontrolle von Aktienoptionsplänen
Baden-Baden 2003
Zitiert: *Käpplinger,* Inhaltskontrolle

Kessler, Alexander — Die rechtlichen Möglichkeiten der Kommanditaktionäre einer GmbH & Co. KGaA zur Einwirkung auf die Geschäftsführung
Köln 2003
Zitiert: *Kessler,* Möglichkeiten zur Einwirkung auf die Geschäftsführung

Kiem, Roger — Anmerkung zu ZIP 1999, 2017 ff.(Urteil des LG München vom 04.11.99 - Macrotron)
in: EWiR 2000, 75 f.
Zitiert: *Kiem,* EwiR 2000

ders. — Der Hauptversammlungsentscheid zur Legitimation von Abwehrmaßnahmen nach dem neuen Übernahmegesetz
in: ZIP 2000, 1509 ff.
Zitiert: *Kiem,* ZIP 2000

Kirchhof, Paul — Richterliche Rechtsfindung, gebunden an Gesetz und Recht
in: NJW 1986, 2275 ff.
Zitiert: *Kirchhof,* NJW 1986

Klausing, Friedrich — Gesetz über Aktiengesellschaften und Kommanditgesellschaften auf Aktien
Berlin 1937
Zitiert: *Klausing,* AktG

Kleindiek, Detlef — Going Private und Anlegerschutz
in: Westermann, Harm Peter (Hrsg.), Festschrift für Gerold Bezzenberger zum 70. Geburtstag, S. 653 ff.
Berlin u.A. 2000
Zitiert: *Kleindiek,* FS Bezzenberger

Klenke, Hilmar — Der Rückzug mehrfach notierter Unternehmen von den deutschen Regionalbörsen
in: WM 1995, 1085 ff.
Zitiert: *Klenke,* WM 1995

Klöhn, Lars — Zum Pflichtangebot und Spruchverfahren beim regulären Delisting
in: ZBB 2003, 208 ff.
Zitiert: *Klöhn,* ZBB 2003

Koch, Stefan — Mitwirkungsrechte der Kommanditaktionäre bei der GmbH & Co. KGaA: Grenzen satzungsmäßiger Einschränkung
in: DB 2002, 1701 ff.
Zitiert: *Koch,* DB 2002

Kopp, Ferdinand O.
Ramsauer, Ulrich
Verwaltungsverfahrensgesetz
9. Auflage, München 2005
Zitiert: Kopp/*Bearbeiter,* VwVfG

Koppensteiner, Hans - Georg
Holzmüller auf dem Prüfstand des BGH
in: Der Konzern 2004, 381 ff.
Zitiert: *Koppensteiner,* Der Konzern 2004

Kort, Michael
Bezugsrechtsfragen und "Holzmüller" - Fragen einer Tochter Kapitalerhöhung aus Sanierungsgründen
in: AG 2002, 369 ff.
Zitiert: *Kort,* AG 2002

ders.
Bekanntmachungs-, Berichts- und Informationspflichten bei Holzmüller – Beschlüssen der Mutter
in: ZIP 2002, 685 ff.
Zitiert: *Kort,* ZIP 2002

Kraakman, Reinier H. (Hrsg.)
The Anatomy of Corporate Law
Oxford 2004
Zitiert: *Bearbeiter* in: Kraakman, Anatomy

Krämer, Lutz Robert
Theiß, Simone
Delisting nach der Macrotron - Entscheidung des BGH
in: AG 2003, 225 ff.
Zitiert: *Krämer/Theiß,* AG 2003

Krause, Hartmut
Zur Pool- und Frontenbildung im Übernahmekampf und zur Organzuständigkeit für Abwehrmaßnahmen
in: AG 2000, 217 ff.
Zitiert: *Krause,* AG 2000

Krieger, Gerd
Der Konzern in Fusion und Umwandlung
in: ZGR 1990, 517 ff.
Zitiert: *Krieger,* ZGR 1990

Kropff, Bruno
Zur Konzernleitungspflicht
in: ZGR 1984, 112 ff.
Zitiert: *Kropff,* ZGR 1984

ders.
Semler, Johannes
Münchener Kommentar zum Aktiengesetz – Bd. 1, §§ 1 – 53 AktG
München 2000
Zitiert: MüKo AktG – *Bearbeiter*

dies.
Münchener Kommentar zum Aktiengesetz – Bd. 3, §§ 76 – 117 AktG
2. Auflage, München 2004
Zitiert: MüKo AktG – *Bearbeiter*

dies. Münchener Kommentar zum Aktiengesetz – Bd. 4, §§ 118 – 147 AktG
2. Auflage, München 2004
Zitiert: MüKo AktG – *Bearbeiter*

dies. Münchener Kommentar zum Aktiengesetz – Bd. 8, §§ 278 - 328 AktG
2. Auflage, München 2000
Zitiert: MüKo AktG – *Bearbeiter*

Kruse, Tobias Gerichtliche Kontrolle des obligatorischen Aktienkaufangebots beim börsenrechtlichen Delistingverfahren?
in: NZG 2000, 1112 ff.
Zitiert: *Kruse,* NZG 2000

Kubis, Dietmar Information und Rechtsschutz der Aktionäre beim genehmigten Kapital
in: DStR 2006, 188 ff.
Zitiert: *Kubis,* DStR 2006

Kuhnt, Dietmar Geschäftsordnungsanträge und Geschäftsordnungsmaßnahmen bei Hauptversammlungen
in: Niederleithinger, Ernst (Hrsg.), Festschrift für Otfried Lieberknecht zum 70. Geburtstag, S. 45 ff.
München 1997
Zitiert: *Kuhnt,* FS Lieberknecht

Ladewig, Peter
Motte, Frank Die GmbH & Co KGaA nach der Zulassung durch den BGH - die neue Rechtsform für den Mittelstand?
in: DStR 1997, 1539 ff.
Zitiert: *Ladewig/Motte*, DStR 1997

Land, Volker
Hasselbach, Kai Going Private und squeeze - out nach deutschem Aktien-, Börsen- und Übernahmerecht
in: DB 2000, 557 ff.
Zitiert: *Land/Hasselbach,* DB 2000

Land, Volker
Behnke, Thorsten Die praktische Durchführung eines Delistings nach der Macrotron - Entscheidung des BGH
in: DB 2003, 2531 ff.
Zitiert: *Land/Behnke,* DB 2003

Lappe, Thomas Michael Gemischte Kapitalerhöhungen und Bezugsrechtsausschluss in Restrukturierungsfällen
in: BB 2000, 313 ff.
Zitiert: *Lappe,* BB 2000

Larenz, Karl
Canaris, Claus - Wilhelm
Methodenlehre der Rechtswissenschaft
3. Auflage, Berlin u.A. 1995
Zitiert: *Larenz/Canaris*, Methodenlehre

Lehmann, Karl
Das Recht der Aktiengesellschaften, Bd. I
Berlin 1898
Zitiert: *Lehmann*, Recht der AG I

ders.
Das Recht der Aktiengesellschaften Bd. II
Berlin u.A. 1904
Zitiert: *Lehmann*, Recht der AG II

Leinekugel, Rolf
Die Ausstrahlungswirkungen des Umwandlungsgesetzes
Köln u.A. 2000
Zitiert: *Leinekugel*, Ausstrahlungswirkungen

Lenenbach, Markus
Anmerkung zu BGH WM 2004, 1085 ff., 1090 ff. (Gelatine)
in: WuB II A § 119 AktG 1.04
Zitiert: *Lenenbach*, WuB II A § 119 AktG 1.04

Liebscher, Thomas
Konzernbildungskontrolle
Berlin 1995
Zitiert: *Liebscher*, Konzernbildungskontrolle

ders.
Ungeschriebene Hauptversammlungszuständigkeiten im Lichte von Holzmüller, Macrotron und Gelatine
in: ZGR 2005, 1 ff.
Zitiert: *Liebscher*, ZGR 2005

Lüders, Jürgen
Wulff, Jakob
Rechte der Aktionäre der Muttergesellschaft beim Börsengang des Tochterunternehmens
in: BB 2001, 1209 ff.
Zitiert: *Lüders/Wulff*, BB 2001

Lutter, Marcus
Die Rechte der Gesellschafter beim Abschluss fusionsähnlicher Unternehmensverbindungen
in: DB 1974, Beilage 21 zu Heft 46
Düsseldorf 1974
Zitiert: *Lutter*, DB Beilage 21

ders.
Zur Binnenstruktur des Konzerns
in: Hefermehl, Wolfgang (Hrsg.), Festschrift für Harry Westermann zum 65. Geburtstag, S. 347 ff.
Karlsruhe, 1974
Zitiert: *Lutter*, FS Westermann

ders. Teilfusionen im Gesellschaftsrecht
in: Fischer, Robert u.A. (Hrsg.) Wirtschaftsfragen der Gegenwart: Festschrift für Carl Hans Barz zum 65. Geburtstag, S. 199 ff.
Berlin u.A. 1974
Zitiert: *Lutter,* FS Barz

ders. Theorie der Mitgliedschaft
in: AcP 180 (1980), 84 ff.
Zitiert: *Lutter,* AcP 180 (1980)

ders. Organzuständigkeiten im Konzern
in: Lutter, Marcus (Hrsg.), Festschrift für Walter Stimpel zum 68. Geburtstag, S. 825 ff.
Berlin u.A. 1985
Zitiert: *Lutter,* FS Stimpel

ders. 100 Bände BGHZ – Konzernrecht
in: ZHR 151 (1987), 444 ff.
Zitiert: *Lutter,* ZHR 151 (1987)

ders. Zur Vorbereitung und Durchführung von Grundlagenbeschlüssen in Aktiengesellschaften
in: Goerdeler, Reinhard (Hrsg.), Festschrift für Hans – Joachim Fleck zum 70. Geburtstag, S. 169 ff.
Berlin u.A. 1988
Zitiert: *Lutter,* FS Fleck

ders. Die entschlussschwache Hauptversammlung
in: Westermann, Harm Peter (Hrsg.), Festschrift für Karlheinz Quack zum 65. Geburtstag, S. 301 ff.
Berlin u.A. 1991
Zitiert: *Lutter,* FS Quack

ders. Die Rechte und Pflichten des Vorstands bei der Übertragung vinkulierter Namensaktien
in: AG 1992, 369 ff.
Zitiert: *Lutter,* AG 1992

ders. Treupflichten und ihre Anwendungsfälle
in: ZHR 162 (1998), 164 ff.
Zitiert: *Lutter,* ZHR 162 (1998)

ders. „Gesellschaftsrecht und Kapitalmarkt"
in: Lieb, Manfred (Hrsg.), Festschrift für Wolfgang Zöllner zum 70. Geburtstag, Band I, S. 363 ff.
Köln u.A. 1999
Zitiert: *Lutter,* FS Zöllner Bd. 1

ders. Aktionärs - Klagerechte
in: JZ 2000, 837 ff.
Zitiert: *Lutter,* JZ 2000

ders. Aktionärsbezugsrecht beim Börsenverkauf von Tochtergesellschaften
in: AG 2000, 342 ff.
Zitiert: *Lutter,* AG 2000

ders. Aktionärs – Vorerwerbsrecht beim Börsenverkauf von Tochtergesellschaften
in: AG 2001, 349 ff.
Zitiert: *Lutter,* AG 2001

ders. Noch einmal: Zum Vorerwerbsrecht der Aktionäre beim Verkauf von Tochtergesellschaften über die Börse
in: AG 2001, 349 ff.
Zitiert: *Lutter,* AG 2001

ders. Anmerkung zu BGH JZ 2003, 680 ff." (Urteil vom 25.11.02 – Macrotron)
in: JZ 2003, 684 ff.
Zitiert: *Lutter,* JZ 2003

ders. Umwandlungsgesetz – Kommentar
3. Auflage, Köln 2004
Zitiert: Lutter - *Bearbeiter,* UmwG

ders.
Hommelhoff, Peter
GmbHG – Kommentar
16. Auflage, Köln 2004
Zitiert: *Lutter/Hommelhoff,* GmbHG

Lutter, Marcus
Leinekugel, Rolf
Kompetenzen von Hauptversammlung und Gesellschafterversammlung beim Verkauf von Unternehmensteilen
in: ZIP 1998, 225 ff.
Zitiert: *Lutter/Leinekugel,* ZIP 1998

dies. Der Ermächtigungsbeschluss der Hauptversammlung zu grundlegenden Strukturmaßnahmen - zulässige Kompetenzübertragung oder unzulässige Selbstentmachtung?
in: ZIP 1998, 805 ff.
Zitiert: *Lutter/Leinekugel,* ZIP 1998

dies. Planmäßige Unterschiede im umwandlungsrechtlichen Minderheitenschutz?
in: ZIP 1999, 261 ff.
Zitiert: *Lutter/Leinekugel,* ZIP 1999

Lutter, Marcus
Drygala, Tim

„Rechtsfragen beim Gang an die Börse"
in: Schmidt, Karsten (Hrsg.), Unternehmen, Recht und Wirtschaftsordnung: Festschrift für Peter Raisch zum 70. Geburtstag, S. 239 ff.
Köln u.A. 1995
Zitiert: *Lutter/Drygala,* FS Raisch

dies.

Die übertragende Auflösung: Liquidation der Aktiengesellschaft oder Liquidation des Minderheitenschutzes?
in: Forster, Karl – Heinz, Aktien- und Bilanzrecht: Festschrift für Bruno Kropff, S. 191 ff.
Düsseldorf 1997
Zitiert: *Lutter/Drygala,* FS Kropff

Marsch – Barner, Reinhard

Anlegerschutz und Rolle der Hauptversammlung beim Rückzug einer Gesellschaft von der Börse - reguläres Delisting
in: LMK 2003, 109 f.
Zitiert: *Marsch – Barner,* LMK 2003

Martens, Klaus – Peter

Die Entscheidungsautonomie des Vorstands und Basisdemokratie in der Aktiengesellschaft
in: ZHR 147 (1983), 377 ff.
Zitiert: *Martens,* ZHR 147 (1983)

ders.

Der Bezugsrechtsausschluss anlässlich eines ausländischen Beteiligungserwerbs
in: Baur, Jürgen F. (Hrsg.), Festschrift für Ernst Steindorff zum 70. Geburtstag zum 70. Geburtstag, S. 151 ff.
Berlin u.A. 1990
Zitiert: *Martens,* FS Steindorff

Martinius, Philip
von Oppen, Matthias

Verfassungsrechtliche Zulässigkeit des Delisting - Spruchverfahrens?
in: DB 2005, 212 ff.
Zitiert: *Martinius/von Oppen,* DB 2005

Martinius, Philipp
Schiffer, Jack

Anmerkung zu DB 2001, 747 ff. (Urteil des OLG München vom 14.02.01 - Macrotron)
in: DB 2001, 750 f.
Zitiert: *Martinius/Schiffer,* DB 2001

Maunz, Theodor
Dürig, Günter

Grundgesetz
Band 1, München 1983
Zitiert: Maunz/Dürig – *Bearbeiter*

Mecke, Thomas	Konzernstruktur und Aktionärsentscheid Baden-Baden 1992 Zitiert: *Mecke,* Konzernstruktur
Mertens, Hans – Joachim	Organstreit in der Aktiengesellschaft? in: ZHR 154 (1990), 24 ff. Zitiert: *Mertens,* ZHR 154 (1990)
ders.	Der Aktionär als Wahrer des Rechts? in: AG 1990, 49 ff. Zitiert: *Mertens,* AG 1990
Mestmäcker, Ernst – Joachim	Verwaltung, Konzerngewalt und Rechte der Aktionäre Karlsruhe 1958 Zitiert: *Mestmäcker,* Verwaltung
Meyer – Landrut, Andreas ***Kiem,*** Roger	Der Formwechsel einer Publikumsaktiengesellschaft – Teil II in: WM 1997, 1413 ff. Zitiert: *Meyer - Landrut/Kiem,* WM 1997
Mülbert, Peter O.	Aktiengesellschaft, Unternehmensgruppe und Kapitalmarkt 2. Auflage, München 1996 Zitiert: *Mülbert,* Aktiengesellschaft
ders.	Die Zielgesellschaft im Vorschlag 1997 einer Takeover - Richtlinie in: IStR 1999, 83 ff. Zitiert: *Mülbert,* IStR 1999
ders.	Rechtsprobleme des Delisting in: ZHR 165 (2001), 104 ff. Zitiert: *Mülbert,* ZHR 165 (2001)
Müller, Welf	Die Entscheidungsspielräume der Verwaltung einer Aktiengesellschaft im Verhältnis zu ihren Aktionären“ in: Bierich, Marcus (Hrsg.), Festschrift für Johannes Semler zum 70. Geburtstag, S. 195 ff. Berlin u.A. 1993 Zitiert: *Müller,* FS Semler
Müller, Welf ***Rödder,*** Thomas	Beck'sches Handbuch der AG München 2004 Zitiert: BeckHdb.AG – *Bearbeiter*

Mutter, Stefan	Anmerkung zu ZIP 2001, 700 ff. (Urteil des OLG München vom 14.02.01 - Macrotron) in: EWiR 2001, 459 f. Zitiert: *Mutter,* EwiR 2001
ders.	Anmerkung zu LG Karlsruhe DZWiR 207 - Entsprechende Anwendung des UmwG auf die Einzelrechtsübertragung? in: DZWiR 1998, 212 f. Zitiert: *Mutter,* DZWiR 1998
Neye, Hans – Werner	Das neue Spruchverfahrensgesetz Köln 2003 Zitiert: *Neye,* Das neue SpruchG
Noack, Ulrich	Anmerkung zu BGH NJW 2004, 1860 ff. (Gelatine) in: LMK 2004, 162 f. Zitiert: *Noack,* LMK 2004
Obermüller, Walter ***Werner,*** Winfried ***Winden,*** Kurt ***Butzke,*** Volker (Bearb.)	Die Hauptversammlung der Aktiengesellschaft 4. Auflage, Stuttgart 2001 Zitiert: Obermüller/Werner/Winden/*Butzke*
Overlack, Arndt	Der Komplementär in der GmbH & Co KGaA in: Hommelhoff Peter, RWS – Forum Gesellschaftsrecht 1997, Köln 1998 Zitiert: *Overlack,* RWS – Forum
Palandt, Otto (Hrsg.)	Bürgerliches Gesetzbuch 65. Auflage, München 2006 Zitiert: Pal. - *Bearbeiter*
Pawlowski, Hans – Martin	Methodenlehre für Juristen 3. Auflage, Heidelberg 1999 Zitiert: *Pawlowski,* Methodenlehre
Pellens, Bernhard	Aktionärsschutz im Konzern Wiesbaden 1994 Zitiert: *Pellens,* Aktionärsschutz
Pentz, Andreas	Übersicht zur höchstrichterlichen Rechtsprechung zum Aktienrecht 2004 in: BB 2005, 1397 ff. Zitiert: *Pentz,* BB 2005

Pfüller, Markus
Anders, Dietmar
Delisting - Motive vor dem Hintergrund neuerer Rechtsentwicklungen
in: NZG 2003, 459 ff.
Zitiert: *Pfüller/Anders,* NZG 2003

Philbert, Stephen
Die Kommanditgesellschaft auf Aktien zwischen Personengesellschaftsrecht und Aktienrecht
Berlin 2005
Zitiert: *Philbert,* Die Kommanditgesellschaft auf Aktien

Picot, Gerhard
Land, Volker
Going Public - Typische Rechtsfragen des Ganges an die Börse
in: DB 1999, 570 ff.
Zitiert: *Picot/Land,* DB 1999

Pieroth, Bodo
Schlink, Bernhard
Staatsrecht II – Grundrechte
22. Auflage, Heidelberg 2006
Zitiert: *Pieroth/Schlink*

Pluskat, Sorika
Going Private durch reguläres Delisting
in: WM 2002, 833 ff.
Zitiert: *Pluskat,* WM 2002

dies.
Anmerkung zu WM 2002, 662 ff. (Urteil des OLG München vom 14.02.01 – Macrotron)
in: WuB I G 7 3.02
Zitiert: *Pluskat,* WuB I G 7 3.02

Priester, Hans – Joachim
Satzungsänderung und Satzungsdurchbrechung
in: ZHR 151 (1987), 40 ff.
Zitiert: *Priester,* ZHR 151 (1987)

ders.
Die klassische Ausgliederung - ein Opfer des Umwandlungsgesetzes 1994?
in: ZHR 163 (1999), 187 ff.
Zitiert: *Priester,* ZHR 163 (1999)

Raiser, Thomas
Recht der Kapitalgesellschaften
3. Auflage, München 2001
Zitiert: *Raiser,* KapGesR

Raiser, Thomas
Wiesner, Georg
Aktien- und Unternehmensrecht im Spiegel der Festschrift für Carl Hans Barz
in: AG 1976, 266
Zitiert: *Raiser/Wiesner,* AG 1976

Rehbinder, Eckard — Gesellschaftsrechtliche Probleme mehrstufiger Unternehmensverbindungen
in: ZGR 1977, 581 ff.
Zitiert: *Rehbinder,* ZGR 1977

ders. — Ausgründung und Erwerb von Tochtergesellschaften und Rechte der Aktionäre
in: Horn, Norbert (Hrsg.), Europäisches Rechtsdenken in Geschichte und Gegenwart: Festschrift für Helmut Coing zum 70. Geburtstag, Bd. 2, S. 423 ff.
München 1982
Zitiert: *Rehbinder,* FS Coing Bd. 2

ders. — Zum konzernrechtlichen Schutz der Aktionäre einer Obergesellschaft
in: ZGR 1983, 92 ff.
Zitiert: *Rehbinder,* ZGR 1983

ders. — Besprechung: Die Konzernleitungspflicht von Peter Hommelhoff
in: ZHR 147 (1983), S. 464 ff.
Zitiert: *Rehbinder,* ZHR 147 (1983)

Reichert, Jochem — Folgen der Anteilsvinkulierung für Umstrukturierungen von Gesellschaften mit beschränkter Haftung und Aktiengesellschaften nach dem Umwandlungsgesetz 1995
in: GmbHR 1995, 176 ff.
Zitiert: *Reichert,* GmbHR 1995

ders. — Ausstrahlungswirkungen der Ausgliederungsvoraussetzungen nach dem UmwG auf andere Strukturänderungen
in: Habersack, Mathias u.A. (Hrsg.), Die Spaltung im neuen Umwandlungsrecht und ihre Rechtsfolgen, ZHR - Sonderheft 68, S. 25 ff.
Heidelberg 1999
Zitiert: *Reichert,* Ausstrahlungswirkungen

ders. — Mitwirkungsrechte und Rechtsschutz der Aktionäre nach Macrotron und Gelatine
in: AG 2005, 150 ff.
Zitiert: *Reichert,* AG 2005

Reiff, Gunter — Gesellschaftsrechtliche Aspekte des regulären Delistings
Frankfurt u.A. 2004
Zitiert: *Reiff,* Aspekte

Renaud, Achilles
Das Recht der Aktiengesellschaften
2. Auflage, Leipzig 1875
Zitiert: *Renaud,* Recht der AG

Renner, Wolfgang
Schiffer, Jack
Anmerkung zu DB 2002, 1986 ff. (Urteil des VG Frankfurt vom 17.06.02 – Macrotron)
in: DB 2002, 1990 f.
Zitiert: *Renner/Schiffer,* DB 2002

Richard, Jörg
Weinheimer, Stefan
Der Weg zurück: Going Private
in: BB 1999, 1613 ff.
Zitiert: *Richard/Weinheimer,* BB 1999

Riehmer, Klaus
Anmerkung zu BGH NJW 2004, 1860 ff. (Gelatine)
in: BGHReport 2004, 950 f.
Zitiert: *Riehmer,* BGHReport 2004

Ring, Viktor
Das Reichsgesetz betreffend die KGaA und die AG vom 18. Juli 1884
2. Auflage, Berlin 1893
Zitiert: *Ring,* AktG

Rittner, Fritz
Konzernorganisation und Privatautonomie
in: AcP 183 (1983), 295 ff.
Zitiert: *Rittner,* AcP 183 (1983)

Röhricht, Volker
Rechtswissenschaft und Rechtsprechung
in: ZGR 1999, 445 ff.
Zitiert: *Röhricht,* ZGR 1999

Schaaf, Andreas
Die Praxis der Hauptversammlung
2. Auflage, Köln 1999
Zitiert: *Schaaf,* Praxis der Hauptversammlung

Schaub, Bernhard
Anmerkung zu DStR 2001, 950 f. (Urteil des OLG München vom 14.02.01 - Macrotron)
in: DStR 2001, 951 f.
Zitiert: *Schaub,* DStR 2001

Schaumburg, Harald
Schulte, Christoph
Die KGaA: Recht und Steuern in der Praxis
Köln 2000
Zitiert: *Schaumburg/Schulte*

Scheffler, Eberhard
Der qualifizierte faktische Konzern
in: AG 1990, 173 ff.
Zitiert: *Scheffler,* AG 1990

Schiessl, Maximilian
Ist das deutsche Aktienrecht kapitalmarkttauglich?
in: AG 1999, 442 ff.
Zitiert: *Schiessl*, AG 1999

Schlegelberger, Franz (Begr.)
Erneuerung des Aktienrechts
Berlin 1935
Zitiert: *Schlegelberger,* Erneuerung

ders.
Handelsgesetzbuch
Bd. 3, §§ 105 - 160
5. Auflage, München 1992
Zitiert: Schlegelberger – *Bearbeiter*

Schlitt, Michael
Die gesellschaftsrechtlichen Voraussetzungen des regulären Delisting - Macrotron und die Folgen
in: ZIP 2004, 533 ff.
Zitiert: *Schlitt,* ZIP 2004

Schmidbauer, Rainer
Die Bewertung von Konzernen als Problem in der Theorie der Unternehmensbewertung
in: DStR 2002, 1542 ff.
Zitiert: *Schmidbauer,* DStR 2002

Schmidt, Karsten
Wider eine „lex Holzmüller
in: Kübler, Friedrich (Hrsg.), Festschrift für Theodor Heinsius zum 65. Geburtstag, S. 715 ff.
Berlin u.A. 1991
Zitiert: *K. Schmidt,* FS Heinsius

ders.
Aktionärs- und Gesellschafterzuständigkeiten bei der Freigabe vinkulierter Aktien und Geschäftsanteile
in: Beisse, Heinrich (Hrsg.), Festschrift für Karl Beusch zum 68. Geburtstag, S. 759 ff.
Berlin u.A. 1993
Zitiert: *K. Schmidt,* FS Beusch

ders.
Vermögensveräußerung aus der Personengesellschaft - ein Lehrstück am Rande des neuen Umwandlungsrechts
in: ZGR 1995, 675 ff.
Zitiert: *K. Schmidt,* ZGR 1995

ders.
Gesellschaftsrecht
4. Auflage, Köln u.A. 2002
Zitiert: *K. Schmidt*, GesR

ders. Macrotron oder: weitere Ausdifferenzierung des Aktionärsschutzes durch den BGH
in: NZG 2003, 601 ff.
Zitiert: *K. Schmidt*, NZG 2003

Schmitz, Ulrike Der Einfluss neuer Technologien auf die Aktionärsmitverwaltung
Köln 2003
Zitiert: *Schmitz*, Einfluss neuer Technologien

Schneider, Uwe H. Zur Wahrnehmung von Mitgliedschaftsrechten an Tochtergesellschaften einer Personengesellschaft
in: Lutter, Marcus (Hrsg.), Recht und Wirtschaft in Geschichte und Gegenwart: Festschrift für Johannes Bärmann zum 70. Geburtstag, S. 873 ff.
München 1975
Zitiert: *Schneider*, FS Bärmann

ders. Die Personengesellschaft als herrschendes Unternehmen im Konzern
in: ZHR 143 (1979), 485 ff.
Zitiert: *Schneider*, ZHR 143 (1979)

ders. Konzernleitung als Rechtsproblem
in: BB 1981, 249 ff.
Zitiert: *Schneider*, BB 1981

ders. Die vertragliche Ausgestaltung der Konzernverfassung
in: BB 1986, 1993 ff.
Zitiert: *Schneider*, BB 1986

ders.
Burgard, Ulrich Übernahmeangebote und Konzerngründung - Zum Verhältnis von Übernahmerecht, Gesellschaftsrecht und Konzernrecht
in: DB 2001, 963 ff.
Zitiert: *Schneider/Burgard*, DB 2001

Schockenhoff, Martin Informationsrechte der HV bei Veräußerung eines Tochterunternehmens – Zugleich Besprechung der Altana / Milupa-Entscheidung des BGH
in: NZG 2001, 921 ff.
Zitiert: *Schockenhoff*, NZG 2001

Scholtissek, Wolfgang Companies Act und Nebengesetze 1985
in: RIW 1985, 706 f.
Zitiert: *Scholtissek*, RIW 1985

Schubel, Christian	Verbandssouveränität und Binnenorganisation der Handelsgesellschaften Tübingen 2003 Zitiert: *Schubel,* Verbandssouveränität
Schubert, Werner	Hundert Jahre modernes Aktienrecht Berlin u.A. 1985 Zitiert: Schubert/Hommelhoff - *Bearbeiter,* 100 Jahre Aktienrecht
Schürmann, Walter ***Groh,*** Elmar	KGaA und GmbH & Co KGaA in: BB 1995, 684 ff. Zitiert: *Schürmann/Groh,* BB 1995
Schwark, Eberhard	Börsengesetz – Kommentar 3. Auflage, München 2004 Zitiert: Schwark – *Bearbeiter,* BörsG
ders. ***Geiser,*** Frank	Delisting in: ZHR 161 (1997), 739 ff. Zitiert: *Schwark/Geiser,* ZHR 161 (1997)
Schwichtenberg, Jörg	Going Private und Squeeze - outs in Deutschland in: DStR 2001, 2075 ff. Zitiert: *Schwichtenberg,* DStR 2001
Seiffert, Marc	Going Private und Anlegerschutz nach der Macrotron – Entscheidung des BGH Tübingen 2005 Zitiert: *Seiffert,* Going Private
Semler, Johannes ***Volhard,*** Rüdiger	Arbeitshandbuch für die Hauptversammlung 2. Auflage, München 2003 Zitiert: Semler/Volhard – *Bearbeiter,* Arbeitshandbuch
Semler, Johannes	Einschränkung der Verwaltungsbefugnisse in einer Aktiengesellschaft in: BB 1983, 1566 ff. Zitiert: *Semler,* BB 1983
ders. (Hrsg.) ***Stengel,*** Arndt	Umwandlungsgesetz – Kommentar München, 2002 Zitiert: Semler/Stengel – *Bearbeiter*
Servatius, Wolfgang	Strukturmaßnahmen als Unternehmensleitung Köln u.A. 2003 Zitiert: *Servatius,* Strukturmaßnahmen

Sethe, Rolf
Die personalistische Kapitalgesellschaft mit Börsenzugang
Köln 1996
Zitiert: *Sethe,* Kapitalgesellschaft

Seydel, Eberhard
Konzernbildungskontrolle bei der Aktiengesellschaft
Baden – Baden 1995
Zitiert: *Seydel,* Konzernbildungskontrolle

Sieger, Jürgen J.
Hasselbach, Kai
Die Holzmüller-Entscheidung im Unterordnungskonzern
in: AG 1991, 241 ff.
Zitiert: *Sieger/Hasselbach,* AG 1991

Simon, Stefan
Von „Holzmüller" zu „Gelatine" – Ungeschriebene Hauptversammlungszuständigkeiten im Lichte der BGH-Rechtsprechung
in: DStR 2004, 1482 ff.
Zitiert: *Simon,* DStR 2004

Sonnenschein, Jürgen
Die Eingliederung im mehrstufigen Konzern
in: BB 1975, 1088 ff.
Zitiert: *Sonnenschein,* BB 1975

Spindler, Gerald
Deregulierung des Aktienrechts?
in: AG 1998, 53 ff.
Zitiert: *Spindler,* AG 1998

ders.
Haftung und Aktionärsklage nach dem neuen UMAG
in: NZG 2005, 865 ff.
Zitiert: *Spindler,* NZG 2005

Steck, Kai – Uwe
„Going private" über das UmwG
in: AG 1998, 460 ff.
Zitiert: *Steck,* AG 1998

Streit, Georg
Delisting Light - Die Problematik der Vereinfachung des freiwilligen Rückzugs von der Frankfurter Wertpapierbörse
in: ZIP 2002, 1279 ff.
Zitiert: *Streit,* ZIP 2002

ders.
Anmerkung zu BGH ZIP 2003, 387 ff. (Macrotron)
in: ZIP 2003, 392 ff.
Zitiert: *Streit,* ZIP 2003

Stützle, Rudolf
Walgenbach, Joachim
Leitung der Hauptversammlung und Mitspracherechte der Aktionäre in Fragen der Versammlungsleitung
in: ZHR 155 (1991), 516 ff.
Zitiert: *Stützle/Walgenbach,* ZHR 155 (1991)

Sünner, Eckart — Aktionärsschutz und Aktienrecht
in: AG 1983, 169 ff.
Zitiert: *Sünner,* AG 1983

Süßmann, Rainer — Obligatorisches Kaufangebot beim Delisting – Anmerkung zum Urteil des BGH vom 25.11.02 (Macrotron)
in: BKR 2003, 257 ff.
Zitiert: *Süßmann,* BKR 2003

Teichmann, Arndt — Die Gesetzesumgehung
Göttingen 1962
Zitiert: *Teichmann,* Gesetzesumgehung

Timm, Wolfram — Die Aktiengesellschaft als Konzernspitze
Köln u.A. 1980
Zitiert: *Timm,* Konzernspitze

ders. — Hauptversammlungskompetenzen und Aktionärsrechte in der Konzernspitze
in: AG 1980, 172 ff.
Zitiert: *Timm,* AG 1980

ders. — Zur Sachkontrolle von Mehrheitsentscheidungen im Kapitalgesellschaftsrecht
in: ZGR 1987, 403 ff.
Zitiert: *Timm,* ZGR 1987

ders. — Anmerkung zum Urteil des OLG Köln vom 24.11.1992 - abgedruckt in ZIP 1993, 110 ff. (Winterthur/Nordstern)
in: ZIP 1993, 115 ff.
Zitiert: *Timm,* ZIP 1993

Trapp, Christoph
Schick, Werner — Die Rechtsstellung des Aktionärs der Obergesellschaft beim Börsengang von Tochtergesellschaften
in: AG 2001, 381 ff.
Zitiert: *Trapp/Schick,* AG 2001

Tröger, Tobias — Treupflicht im Konzernrecht
Köln u.A. 2000
Zitiert: *Tröger,* Treupflicht

ders. — Informationsrechte der Aktionäre bei Beteiligungsveräußerungen
in: ZHR 165 (2001), 593 ff.
Zitiert: *Tröger,* ZHR 165 (2001)

Uhlenbruck, Wilhelm
Insolvenzordnung – Kommentar
12. Auflage, München 2003
Zitiert: *Uhlenbruck*, InsO

Ulbricht, Holger
Abwehrmaßnahmen gegen feindliche Übernahmeversuche nach deutschem und englischem Recht
Frankfurt 2006
Zitiert: *Ulbricht*, Abwehrmaßnahmen

Ulmer, Peter
Richterrechtliche Entwicklungen im Gesellschaftsrecht
Heidelberg 1986
Zitiert: *Ulmer*, Entwicklungen

ders.
Entwicklungen im Kapitalgesellschaftsrecht 1975-1999
in: ZGR 1999, 751 ff.
Zitiert: *Ulmer*, ZGR 1999

Vollmer, Lothar
Grupp, Alexander
Der Schutz der Aktionäre beim Börseneintritt und Börsenaustritt
in: ZGR 1995, 459 ff.
Zitiert: *Vollmer/Grupp*, ZGR 1995

Vollmer, Lothar
Lorch, Bernhard
Der Ausschluss des Bezugsrechts von Minderheitsaktionären auf Genussscheine und andere stimmrechtslose Titel
in: DB 1991, 1313 ff.
Zitiert: *Vollmer/Lorch*, DB 1991

von Godin, Reinhardt
Wilhelmi, Sylvester
(Bearb.)
Aktiengesetz
Bd. 1, §§ 1 – 178
4. Auflage, Berlin u.A. 1971
Zitiert: *von Godin/Wilhelmi*

von Rechenberg, Wolf – Georg Frhr.
Die Hauptversammlung als oberstes Organ der Aktiengesellschaft
Heidelberg 1986
Zitiert: *v. Rechenberg*, Hauptversammlung

ders.
Holzmüller – Auslaufmodell oder Grundpfeiler der Kompetenzverteilung in der AG?
in: Westermann, Harm Peter, Festschrift für Gerold Bezzenberger zum 70. Geburtstag, S. 359 ff.
Berlin u.A. 2000
Zitiert: *v. Rechenberg*, FS Bezzenberger

Wackerbarth, Ulrich
Aktionärsrechte beim Börsengang einer Tochter - obey the law, if not the spirit
in: AG 2002, 14 ff.
Zitiert: *Wackerbarth*, AG 2002

Wahlers, Henning W. — Konzernbildungskontrolle durch die Hauptversammlung der Obergesellschaft
Köln u.A. 1995
Zitiert: *Wahlers,* Konzernbildungskotrolle

Wank, Rolf — Richterliche Rechtsfortbildung und Verfassungsrecht
in: ZGR 1988, 314 ff.
Zitiert: *Wank,* ZGR 1988

Wasmann, Dirk — Anmerkung zu DB 2002, 1094 ff. (Urteil des OLG Karlsruhe vom 12.03.02; Vorinstanz Gelatine)
in: DB 2002, 1096 f.
Zitiert: *Wasmann,* DB 2002

Weißhaupt, Frank — Der „eigentliche" Holzmüller – Beschluss
in: NZG 1999, 804 ff.
Zitiert: *Weißhaupt,* NZG 1999

ders. — Holzmüller-Informationspflichten nach den Erläuterungen des BGH in Sachen „Gelatine"
in: AG 2004, 585 ff.
Zitiert: *Weißhaupt,* AG 2004

Weißmüller, Wolfgang — Der Betriebsführungsvertrag – eine Alternative zum Unternehmenskauf?
in: BB 2000, 1949 ff.
Zitiert: *Weißmüller,* BB 2000

Werner, Horst S. — Konzernrechtliche Abhängigkeit und einheitliche Leitung in mitbestimmten Konzernen
in: ZGR 1976, 447 ff.
Zitiert: *Werner,* ZGR 1976

Werner, Winfried — Zuständigkeitsverlagerungen in der Aktiengesellschaft durch Richterrecht? – Besprechung der Entscheidung BGHZ 83, 122 ff.
in: ZHR 147 (1983), 429 ff.
Zitiert: *Werner,* ZHR 147 (1983)

ders. — Zur Treuepflicht des Kleinaktionärs
in: Bierich, Marcus (Hrsg.), Festschrift für Johannes Semler zum 70. Geburtstag: Unternehmen und Unternehmensführung im Recht, S. 421 ff.
Berlin u.A. 1993
Zitiert: *Werner,* FS Semler

ders.
Kindermann, Elmar
Umwandlung mittelständischer Unternehmen in eine Aktiengesellschaft - Gesellschaftsrechtliche Vor- und Nachteile und Verfahren
in: ZGR 1981, 17 ff.
Zitiert: *Werner/Kindermann,* ZGR 1981

Westermann, Harm Peter
Organzuständigkeit bei Bildung, Erweiterung und Umorganisation des Konzerns
in: ZGR 1984, 352 ff.
Zitiert: *Westermann,* ZGR 1984

ders.
Grundfragen der Rechtsfortbildung im Aktienkonzernrecht
in: Hofmann, Paul (Hrsg.), Festschrift für Klemens Pleyer zum 65. Geburtstag, S. 421 ff.
Köln u.A. 1986
Zitiert: *Westermann,* FS Pleyer

ders.
Individualrechte und unternehmerische Handlungsfreiheit im Aktienrecht
in: ZHR 156 (1992), 203 ff.
Zitiert: *Westermann,* ZHR 156 (1992)

ders.
Die Holzmüller – Doktrin – 19 Jahre danach
in: Kramer Ernst A. (Hrsg.), Beiträge zum Unternehmensrecht: Festschrift für Hans – Georg Koppensteiner zum 70. Geburtstag, S. 259 ff.
Wien 2001
Zitiert: *Westermann,* FS Koppensteiner

ders.
Due Diligence beim Unternehmenskauf
in: ZHR 169 (2005), 248 ff.
Zitiert: *Westermann,* ZHR 169 (2005)

Wichert, Joachim
Die GmbH & Co KGaA nach dem Beschluss BGHZ 134, 392
in: AG 2000, 268 ff.
Zitiert: *Wichert,* AG 2000

Wieacker, Franz
Gesetz und Richterkunst
Karlsruhe 1958
Zitiert: *Wieacker,* Gesetz und Richterkunst

Wiedemann, Herbert
Gesellschaftsrecht – Bd. 1, Grundlagen
München 1980
Zitiert: *Wiedemann,* GesR

ders. Die Unternehmensgruppe im Privatrecht: methodische und sachliche Probleme des deutschen Konzernrechts
Tübingen 1988
Zitiert: *Wiedemann,* Unternehmensgruppe

ders. Minderheitsrechte ernst genommen
in: ZGR 1999, 857 ff.
Zitiert: *Wiedemann,* ZGR 1999

***Wieland,* Karl** Systematisches Handbuch der deutschen Rechtswissenschaft – Handelsrecht Abt. 3, Teil 1, Bd. 2: Die Kapitalgesellschaften
Leipzig 1931
Zitiert: *Wieland,* Handelsrecht

***Wilsing,* Hans - Ulrich**
***Kruse,* Tobias** Börsenrechtliches Delisting nach Macrotron
in: WM 2003, 1110 ff.
Zitiert: *Wilsing/Kruse,* WM 2003

dies. Die Änderung des § 54a BörsO/Ffm - Ein Schritt in die richtige Richtung?
in: NZG 2002, 807 ff.
Zitiert: *Wilsing/Kruse*, NZG 2002

***Windbichler,* Christine** Anmerkung zu BGHZ 119, 1 ff. (BBC/ABB)
in: EWiR 1992, 953 f.
Zitiert: *Windbichler,* EWiR 1992

dies. Die Hauptversammlungszuständigkeit bei Umstrukturierungen im Konzern
in: EWiR 2001, 651 f.
Zitiert: *Windbichler,* EWiR 2001

***Winter,* Martin** Mitgliedschaftliche Treubindungen im GmbH – Recht
München 1988
Zitiert: *Winter,* Mitgliedschaftliche Treubindungen

ders.
***Harbarth,* Stephan** Verhaltenspflichten von Vorstand und Aufsichtsrat der Zielgesellschaft bei feindlichen Übernahmeangeboten nach dem WpÜG
in: ZIP 2002, 1 ff.
Zitiert: *Winter/Harbarth,* ZIP 2002

***Wirth,* Gerhard**
***Arnold,* Michael** Anlegerschutz beim Delisting von Aktiengesellschaften
in: ZIP 2000, 111 ff.
Zitiert: *Wirth/Arnold,* ZIP 2000

Wolf, Martin	Der Minderheitenausschluss qua „übertragender Auflösung" nach Einführung des Squeeze - Out gemäß §§ 327a-f AktG in: ZIP 2002, 153 ff. Zitiert: *Wolf,* ZIP 2002
Wollburg, Ralph ***Gehling,*** Christian	Umgestaltung des Konzerns – Wer entscheidet über die Veräußerung von Beteiligungen einer Aktiengesellschaft in: Niederleithinger, Ernst (Hrsg.), Festschrift für Otfried Lieberknecht zum 70. Geburtstag, S. 133 ff. München 1997 Zitiert: *Wollburg/Gehling,* FS Lieberknecht
Wortberg, Sven	Holzmüller und die Stellung eines Insolvenzantrags wegen drohender Zahlungsunfähigkeit in: ZinsO 2004, 707 ff. Zitiert: *Wortberg,* ZinsO 2004
Zeidler, Finn	Die Hauptversammlung der Konzernmutter - ungeschriebene Zuständigkeit und Information der Aktionäre in: NZG 1998, 91 ff. Zitiert: *Zeidler,* NZG 1998
Zetsche, Dirk	Reguläres Delisting und deutsches Gesellschaftsrecht in: NZG 2000, 1065 ff. Zitiert: *Zetsche,* NZG 2000
Zimmermann, Klaus ***Pentz,*** Andreas	Holzmüller – Ansatzpunkt, Klagefristen, Klageantrag in: Hommelhoff, Peter (Hrsg.), Gesellschaftsrecht, Rechnungslegung, Steuerrecht: Festschrift für Welf Müller zum 65. Geburtstag, S. 151 ff. München 2001 Zitiert: *Zimmermann/Pentz,* FS W. Müller
Zöllner, Wolfgang (Hrsg.)	Kölner Kommentar zum Aktiengesetz Bd. 1, §§ 1 – 147 AktG Köln u.A. 1985 Zitiert: KK AktG - *Bearbeiter*
ders.	Kölner Kommentar zum Aktiengesetz Bd. 2 §§76 117 AktG 2. Auflage, Köln u.A. 1996 Zitiert: KK AktG – *Bearbeiter*
ders.	Kölner Kommentar zum Aktiengesetz Bd. 5 §§ 260 - 290 AktG 2. Auflage, Köln u.A. 2004 Zitiert: KK AktG – *Bearbeiter*

ders. Kölner Kommentar zum Aktiengesetz
Bd. 6 §§ 291 – 328 AktG
2. Auflage, Köln u.A.
Zitiert: KK AktG, 2. Aufl. – *Bearbeiter*

ders. Kölner Kommentar zum Aktiengesetz
Bd. 6 §§ 291 – 328 AktG
3. Auflage, Köln u.A. 2004
Zitiert: KK AktG, 3. Aufl., - *Bearbeiter*

ders. Aktienrechtsreform in Permanenz - Was wird aus den Rechten des Aktionärs?
in: AG 1994, 336 ff.
Zitiert: *Zöllner,* AG 1994

Zweigert, Konrad „Juristische Interpretation"
in: Studium Generale 1954, 630 ff.
Zitiert: *Zweigert,* Studium Generale 1954

Kolibri 360 GmbH
Ferdinand-Jühlke-Straße 7
99095 Erfurt, Deutschland
produktsicherheit@kolibri360.de

Druck:
CPI Druckdienstleistungen GmbH
im Auftrag der
Kolibri 360 GmbH
Ferdinand-Jühlke-Str. 7
99095 Erfurt